Henri Wesseling

Les empires coloniaux européens

1815-1919

Traduit du néerlandais
par Patrick Grilli

Gallimard

DANS LA MÊME COLLECTION

LE PARTAGE DE L'AFRIQUE, n° 107.

Ouvrage publié avec le soutien de la Fondation
pour la production et la traduction
de la littérature néerlandaise.

L'édition d'origine de cet ouvrage a paru à Harlow, traduit du néerlandais, chez PEARSON EDUCATION LIMITED, sous le titre *The European Colonial Empires 1815-1919* en 2004.

Toutefois, cette histoire n'incluait pas l'histoire de l'Empire britannique. Cette dernière a été intégrée à l'édition néerlandaise de l'ouvrage publiée aux Éditions Bert Bakker, à Amsterdam, sous le titre *Europa's koloniale eeuw. De koloniale rijken in de negentiende eeuw, 1815-1919* (2003). C'est cette édition qui a été traduite en français.

© Pearson Education Limited, 2004.
© Éditions Gallimard, 2009, pour l'édition en langue française.

Professeur d'histoire contemporaine et fondateur de l'Institut pour l'histoire de l'expansion européenne à l'université de Leyde, Henri Wesseling, qui a été chercheur à l'École pratique des Hautes Études aux côtés de Henri Brunschwig et à l'Institute for Advanced Study de Princeton, a publié de nombreux ouvrages sur la colonisation en Afrique et en Asie. Il est membre de l'Académie royale néerlandaise, de l'Académie royale belge des sciences d'outre-mer et de l'Academia Europaea.

Préface à l'édition française

« Toute histoire est une histoire contemporaine », affirme le philosophe Benedetto Croce, pour qui chaque historien aborde le passé en posant des questions et selon des points de vue qui lui sont contemporains. Dans son livre *Napoleon: For and Against*, l'historien néerlandais Pieter Geyl écrit semblablement que l'histoire est un débat qui jamais ne se clôt[1]. La chose est devenue une évidence, chez les historiens du moins. Rien ne l'illustre mieux que les ouvrages sur la Révolution française ou sur les causes de la Première Guerre mondiale : les interprétations historiques en varient au cours des époques. Cela vaut aussi et dans une large mesure pour l'histoire coloniale.

En 1933, Gabriel Hanotaux — il fut ministre des Colonies et des Affaires étrangères dans les années 1890 et rédigea au cours des années 1930 une histoire des colonies françaises — affirme : « En occupant Alger la France remplissait la mission que la Providence et l'Histoire lui avait confiée. Et ce fut de nouveau une de ces belles aventures à la française : l'attirance de l'inconnu, la joie du risque, du sacrifice, le déploiement du courage individuel, le désintéressement dans le dévouement, l'élan de la création généreuse et éducatrice. Conquête généreuse : pas un marchand[2] ! » On ne saurait mieux exprimer le point de vue colonial sur cette histoire. De même, ce point de vue fut exprimé trente ans plus tard dans le discours que Baudouin, le roi des Belges, prononça le 30 juin 1960, date où l'ancien Congo belge obtint son indépendance : « L'indépendance du Congo constitue l'aboutissement de l'œuvre conçue par le génie du roi Léopold II, entreprise par Lui avec un courage tenace et continuée avec persévérance par la Belgique. (...) Pendant 80 ans, la Belgique a envoyé sur votre sol les meilleurs de ses fils. (...) En ce moment historique, notre pensée à tous doit se tourner vers les pionniers de l'émancipation africaine et vers ceux qui, après eux, ont fait du Congo ce qu'il est aujourd'hui. Ils méritent à la fois, notre admiration et votre reconnaissance, car ce sont eux qui, consacrant tous leurs efforts et même leur vie à un grand idéal, vous ont apporté la paix et ont enrichi votre patrimoine moral et matériel[3]. »

Un tout autre point de vue sur le passé colonial se fit entendre dans le discours que prononça ensuite le premier Premier ministre de la République du Congo, Patrice Lumumba : « Nous avons connu que la loi n'était jamais la même selon qu'il s'agissait d'un Blanc ou d'un Noir : accommodante pour les uns, cruelle et inhumaine pour les autres. Nous avons connu qu'il y avait dans les villes des maisons magnifiques pour les Blancs et des paillotes croulantes pour les Noirs, qu'un Noir n'était admis ni dans les cinémas, ni dans les restaurants, ni dans les magasins dits européens ; qu'un Noir voyageait à même la coque des péniches, aux pieds du Blanc dans sa cabine de luxe. Qui oubliera enfin les fusillades où périrent tant de nos frères, les cachots où furent brutalement jetés ceux qui ne voulaient plus se soumettre au régime d'une justice d'oppression et d'exploitation (applaudissements). Tout cela, mes frères, nous en avons profondément souffert. Mais tout cela aussi est désormais fini[4]. »

On pourrait simplement mettre ces deux discours en parallèle et les considérer comme des perceptions coloniale et anticoloniale d'un même passé, ce qu'ils constituent en effet. Mais il y a plus, car dans les années cinquante le même Patrice Lumumba avait exprimé des opinions fort différentes et exposé une tout autre manière de percevoir les rapports coloniaux : « À ceux qui ne veulent voir dans la colonisation que le mauvais côté des choses, nous les prions de faire une balance entre le bien réalisé et le mal pour voir ce qui l'emporte. La délivrance de cette traite odieuse que pratiquaient de sanguinaires Arabes et leurs alliés — ces malandrins dépourvus de tout sentiment humain qui ravageaient le pays, à qui la devons-nous ? (...) Par un idéalisme humanitaire très sincère, la Belgique nous vint en aide et, avec l'aide de vigoureux combattants indigènes, elle parvint à chasser l'ennemi, à enrayer la maladie, à nous instruire, à faire disparaître de nos mœurs des usages peu humains, à nous rendre notre dignité humaine, à faire de nous des hommes libres, heureux, rigoureux, des civilisés. (...) Tout homme réellement humain et raisonnable doit témoigner de la reconnaissance et s'incliner avec respect devant l'œuvre grandiose réalisée dans ce pays au prix d'incalculables sacrifices matériels et humains[5]. » Tout comme Lumumba, nul historien ou homme politique belge ne ferait aujourd'hui le même bilan idyllique de l'action de Léopold II que celui que le roi belge dressa en 1960.

Ce qui vaut pour la France et pour la Belgique vaut aussi pour la Hollande. Le gouverneur général des Indes néerlandaises, le général J. B. van Heutsz, fut en son temps glorifié en tant que grand militaire et héros colonial. On érigea en son honneur un impressionnant monument à Amsterdam. Cependant ce monument ne porte plus aujourd'hui le nom de van Heutsz, il a été rebaptisé « Monument des Indes néerlandaises, 1596-1949 » et le buste du général van Heutsz a disparu.

De tout cela, que conclure sinon que c'est moins la différence entre la position du colonisateur et celle du colonisé qui détermine la façon de considérer le passé que les changements que subit l'esprit du temps. Cela ne veut pas dire pour autant que l'histoire, pour reprendre le mot célèbre de Fontenelle, ne soit qu'une « fable convenue » et que chaque point de vue en vaille un autre. L'histoire repose sur des faits, à tel point que les premiers historiens positivistes souhaitaient disparaître de leurs œuvres pour ne laisser parler que les faits. Mais les faits ne sauraient parler. En revanche, ils possèdent un pouvoir de contradiction. L'idée que l'activité de Léopold II à la tête de l'État libre du Congo fut une bénédiction pour l'humanité ne peut plus se défendre. Les faits rendent une telle interprétation impossible. À cet égard, force est de constater que la science historique a progressé.

Les idées actuelles sur le colonialisme montrent assez combien l'esprit du temps s'est modifié. Il reste très peu de chose de la foi inébranlable dans la vocation de l'Occident, dans les bienfaits que le colonialisme a apportés aux peuples de couleur et la reconnaissance qu'ils lui en doivent. Nous exerçons une critique plus sévère envers nous-mêmes. Le motif principal de l'intérêt personnel a supplanté celui du dévouement apostolique. Domine le sentiment de culpabilité devant les bénéfices obtenus grâce à l'exploitation des colonies.

Les différences entre les évaluations coloniales et postcoloniales sont par conséquent très grandes. Cependant une analogie subsiste : que l'on considère le colonialisme comme porteur de civilisation ou comme une forme d'abus et la cause des problèmes au sein des anciennes colonies, dans les deux cas chacun part du principe que l'influence du colonialisme a été considérable. On pourrait parler d'une école maximaliste. Néanmoins il existe également, notamment dans l'historiographie asiatique, une école minimaliste qui estime que l'influence de l'expansion occidentale sur les civilisations asiatiques séculaires est extrêmement réduite. Ces civilisations présentaient une plus grande stabilité et étaient plus impénétrables qu'on l'avait imaginé. « Un château de sable », c'est ainsi qu'on a pu résumer un jour le résultat de plusieurs siècles de colonialisme néerlandais en Indonésie. Nul historien ne défend encore la thèse que les peuples d'outre-mer ne furent que les victimes apathiques des maîtres coloniaux. On souligne aujourd'hui fortement combien les puissances coloniales européennes, au plus fort de l'âge d'or du colonialisme, restèrent dépendantes de la collaboration des peuples colonisés.

Cela ne signifie pas pour autant que l'expansion européenne prise dans son ensemble ait été un phénomène marginal. Au contraire, elle n'a pas édifié un « château de sable » mais elle a laissé des traces indélébiles. La profondeur de ces traces et l'importance de leurs conséquences ne pourront être mesurées qu'au prix de recherches comparatives sérieuses. L'histoire coloniale se heurte ici à un problème d'importance : si le colonialisme fut un phénomène mondial, il fut exercé par des pays aux méthodes et aux traditions très variées. Seule une approche comparative des diverses puissances coloniales peut parvenir à mettre au jour les ressemblances et les différences entre celles-ci et par conséquent à comprendre le colonialisme lui-même. C'est cette approche qui sous-tend ce livre.

Le premier enseignement de l'approche comparative est bien qu'au XIXe siècle, si nombre de pays européens possédèrent alors des colonies, parler d'empires coloniaux dans tous les cas est peut-être un peu excessif. En 1815, il ne restait déjà plus grand-chose de l'empire mondial espagnol naguère si grandiose et en 1914 il n'en subsistait presque plus rien. Après la perte du Brésil, les possessions portugaises furent limitées principalement à l'Afrique. Elles étaient relativement vastes mais ne revêtaient pas un très grand intérêt. L'Allemagne et, dans une mesure encore plus importante, l'Italie connurent une situation similaire. L'empire colonial de la Belgique ne se composait que d'une seule colonie, si immense fût-elle comparée à la petite métropole.

S'agissant des Pays-Bas, en revanche, on peut parler à bon droit d'empire colonial. Les possessions coloniales néerlandaises s'étendaient toujours — ce serait du moins le cas jusqu'en 1872 — sur trois continents ; toutefois les Indes néerlandaises étaient de loin la plus importante de ces possessions, voire en réalité la seule colonie vraiment importante. Au cours de ce siècle, la France se dota d'un nouvel empire colonial qui, avec ses dix millions de kilomètres carrés, peut prétendre légitimement au titre d'*imperium*. L'Empire russe s'étendait sur une superficie bien plus vaste encore mais la question demeure de savoir jusqu'à quel point, dans son cas, l'expression « empire *colonial* » est pertinente. Le seul véritable empire colonial à l'échelle mondiale était l'Empire britannique.

Beaucoup de ces empires ne virent le jour qu'au XIXe siècle. Le Congo belge avait son origine dans l'État indépendant du Congo fondé par le roi des Belges Léopold II et qui avait été reconnu par la communauté internationale en 1884-1885. Durant ces mêmes années se constituèrent les empires coloniaux allemand et italien. Les colonies françaises furent, elles aussi, acquises en grande partie au cours des années 1880 et suivantes. En cette fin de XIXe siècle, des pays non européens tels que le Japon et les États-Unis participaient également à la compétition coloniale. Ainsi prit fin le monopole colonial de l'Europe. Aussi le XIXe siècle peut-il être appelé avec juste raison le « siècle colonial de l'Europe », même si les empires coloniaux européens n'atteignirent leur plus grande envergure qu'au XXe siècle avec le partage des reliquats de l'empire ottoman lors de la conférence de la paix de 1918-1919. Hormis l'annexion de l'Éthiopie par l'Italie mussolinienne en 1936, plus aucune mutation territoriale majeure ne surviendrait après 1918-1919.

Je traite de la conquête, de l'occupation, de l'organisation et de l'exploitation des colonies européennes, ainsi que des sociétés qui s'y formèrent. L'étude des empires coloniaux européens doit restituer les grandes différences entre les possessions coloniales européennes à presque tout point de vue. Leur superficie était éminemment variable puisqu'il n'y avait rien de commun entre Saba, île caraïbe minuscule, et l'immense colonie du Congo belge. Il en allait de même de leur population dans la mesure où s'il y avait des régions désertiques quasi inhabitées, il y avait également des îles d'une densité de population extrême comme Bali et Java. Il existait en outre de très profondes disparités entre elles sur les plans culturel, religieux et linguistique et en ce qui concernaît leur niveau de développement. Seul leur climat n'était pas très différent car il s'agissait presque toujours, à l'exception des colonies d'implantation britanniques comme le Canada et l'Australie, de régions tropicales ou subtropicales.

Je n'examinerai pas en profondeur les implantations britanniques. En un certain sens, elles furent pourtant des véritables colonies au sens premier du terme, c'est-à-dire des peuplements. Elles étaient liées à la métropole par la langue et la culture. En outre, elles se dotèrent très tôt de plusieurs formes d'autonomie. L'élément de la domination étrangère, si essentiel à la relation coloniale, fait donc défaut dans leur cas. C'est la raison pour laquelle ces colonies sortent en grande partie du cadre de ce présent ouvrage qui s'attachera seulement à décrire leur genèse.

Les peuples et les régions traités ici n'ont quasiment pour seul point commun que le fait d'avoir été, sous une forme ou une autre, pendant une courte ou une longue période, sous administration européenne. Cet aspect, l'aspect colonial, doit dès lors occuper une place centrale dans mon propos. Quiconque s'intéresse à l'histoire intérieure de ces régions doit plutôt se tourner vers les nombreux ouvrages, volumineux et sérieux, consacrés à l'histoire de l'Asie, de l'Afrique et des Caraïbes — ou de parties de ces régions —, qui ont paru au cours des vingt à trente dernières années. Cette histoire intérieure ne sera évoquée ici que comme toile de fond du récit.

Abstraction faite du cas britannique, il n'est pas habituel de considérer tout le XIXe siècle comme un siècle impérial. Il est plutôt d'usage d'établir une distinction entre, d'une part, une première période non coloniale et, d'autre part, la période de l'impérialisme moderne qui correspond grosso modo aux années 1870-1914. J'aborderai plus en détail au chapitre III la question de la justesse de cette distinction et la signification du concept d'impérialisme. Toutefois, la subdivision en chapitres du présent ouvrage montre déjà qu'aux yeux de son auteur cette périodisation est bien pertinente.

Il est en effet difficile de nier que, même après le long débat historiographique consacré à cette question depuis les années 1960, la période 1870-1914 ne puisse être considérée comme une période particulière. Un certain nombre de développements néanmoins doivent être considérés dans la perspective temporelle plus longue du XIXe siècle. Voilà pourquoi ce livre commence, après une introduction évoquant les origines (de 1492 à 1815) par un long chapitre consacré à tout le siècle où sont abordés des thèmes généraux tels que les évolutions dans les domaines de la démographie, de l'économie, de l'administration et des idées. Le chapitre II traite ensuite de la première moitié du XIXe siècle, jusqu'à 1870, puis est abordée l'ère de l'impérialisme moderne. Le dernier chapitre, enfin, analyse les aspects coloniaux de la Première Guerre mondiale et du traité de Versailles.

Je traite des colonies d'un grand nombre de pays européens qui ont tous une histoire et une historiographie qui leur sont propres. Ces colonies se situaient sur trois continents (Asie, Afrique et Amérique) qui ont également une histoire et une historiographie spécifiques et qui diffèrent beaucoup l'une à l'autre. Un tel ouvrage ne repose évidemment pas — ou à titre tout à fait exceptionnel — sur une étude personnelle des sources. Il est fondé sur le travail titanesque accompli avant comme après la décolonisation par quantité d'historiens européens mais aussi asiatiques, africains et américains.

Il est inévitable que l'auteur d'un livre comme celui-ci soit plus familiarisé avec certains pays et certaines régions qu'avec d'autres. Pour ma part, je me suis surtout occupé, au cours de ces vingt-cinq dernières années, des aspects généraux de l'expansion européenne et, plus particulièrement, de l'impérialisme moderne. Le sujet avec lequel je suis le plus familiarisé est l'impérialisme européen en Afrique ; je lui ai consacré une étude approfondie et publiée dans cette même collection : *Le Partage de l'Afrique, 1880-1914*. Ce sujet est également abordé dans le présent ouvrage, quoique beaucoup plus succinctement, et les passages y ayant trait sont évidemment inspirés, pour une part importante, de cette étude.

Qu'il me soit permis de remercier mes collègues Wim van den Doel, Piet Emmer, John Kleinen, Dirk Kolff, Leo van Maris, Herman Obdeijn et Robert Ross pour leurs observations et corrections. Je porte bien sûr l'entière responsabilité des erreurs éventuelles qui entacheraient ce livre.

HENRI WESSELING
Leyde, 2009.

CARTES

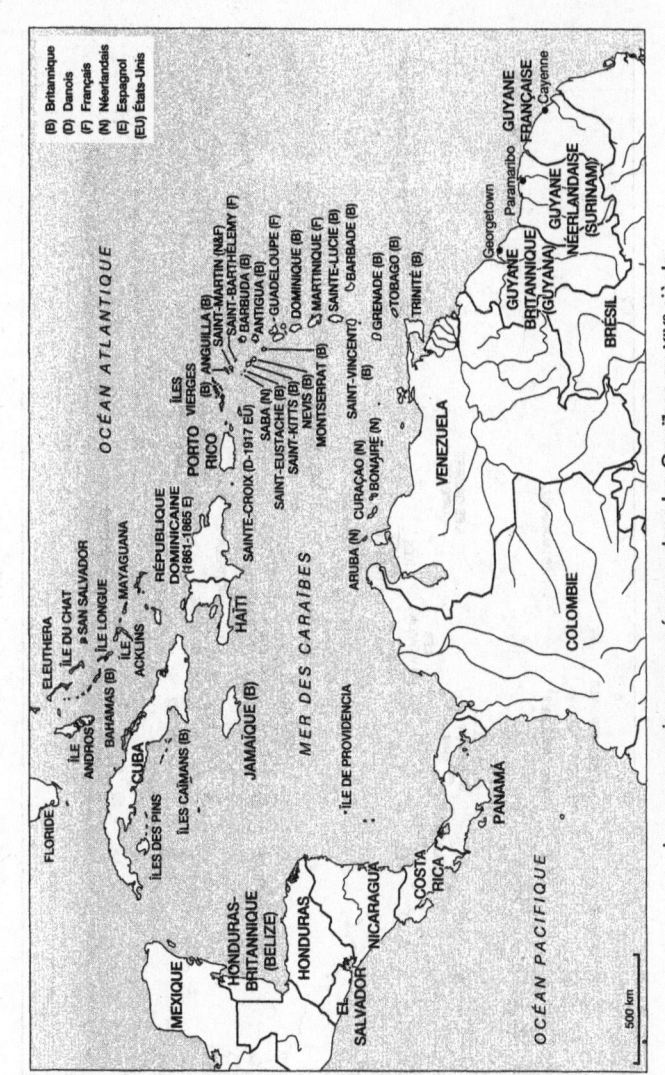

Les possessions européennes dans les Caraïbes au XIXᵉ siècle

L'Océanie

1815

1919

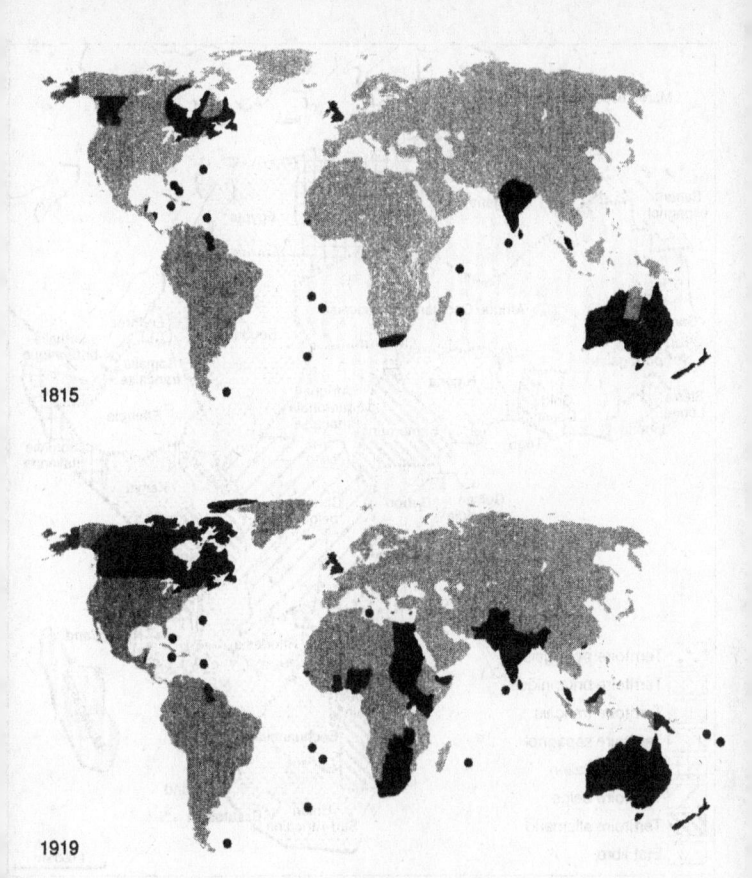

L'empire colonial britannique

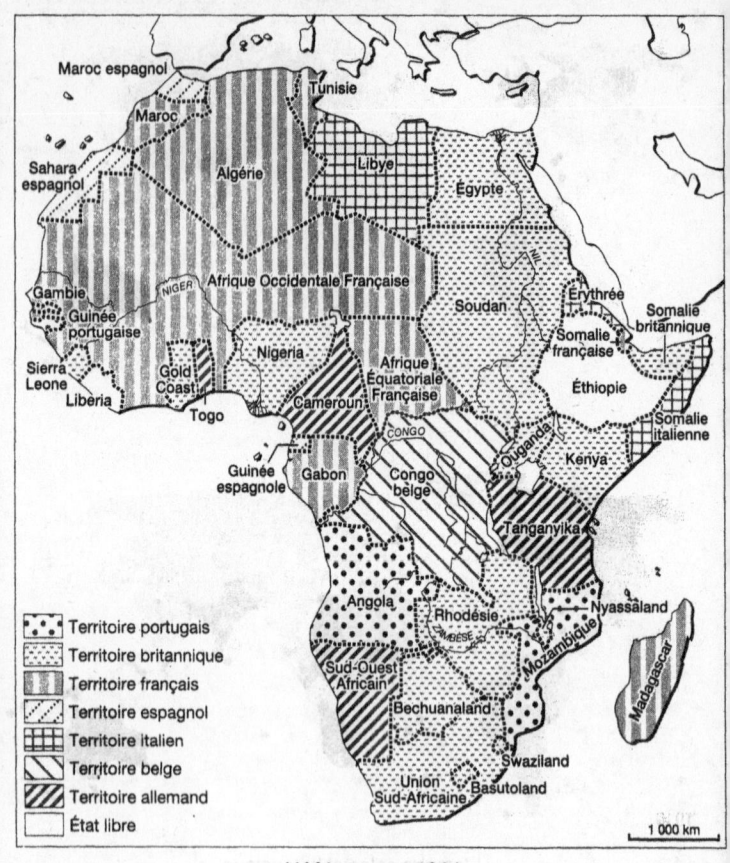

L'Afrique vers 1914

INTRODUCTION

L'expansion de l'Europe, 1492-1815

> *La découverte de l'Amérique, et celle d'un passage aux Indes par le cap de Bonne-Espérance sont les deux plus grands et plus importants événements advenus dans l'histoire du monde.*
>
> Adam Smith, Recherches sur la nature et les causes de la richesse des nations.

LE COMMENCEMENT

L'expansion de l'Europe commence à la fin du XVe siècle. Christophe Colomb « découvre » alors l'Amérique en 1492 et Vasco de Gama parvient en Asie en 1498. Aujourd'hui, nous mettons l'expression « la découverte de l'Amérique » entre guillemets, non pas tant parce que l'Amérique avait déjà été explorée antérieurement par des Européens — des marins groenlandais originaires de Norvège peu avant l'an 1000 — que parce que l'idée d'une « découverte » de l'Amérique par l'Europe ne nous agrée plus. Ce mot suggère en effet que l'Amérique n'existait pas avant d'être «découverte» par l'Europe et que l'histoire de cette région du monde ne commença vraiment qu'alors. Il n'en est rien. Aujourd'hui, les historiens sont plus conscients qu'autrefois de l'importance de l'époque précolombienne — notion qui est d'ailleurs elle-même européocentriste — et des effets néfastes que la «découverte» et la conquête subséquente de l'Amérique ont produits sur les premiers habitants de ce continent. L'on ne dira jamais assez, cependant, combien cet événement fut crucial et 1492 demeure l'année la plus importante de l'histoire de l'expansion européenne.

Les explorations européennes durant les années 1490 n'étaient pas impromptues. Elles avaient été précédées d'autres expéditions. Les Portugais avaient déjà exploré les côtes d'Afrique occidentale, accostant aux Açores dès 1431. Dans le cadre de leur *Reconquista* séculaire, du refoulement des occupants arabes de la Péninsule, les Espagnols s'étaient emparés de territoires en Afrique du Nord. Ces présides espagnols, Ceuta et Melilla, étaient les premières implantations européennes en Afrique depuis l'Empire romain et ce sont les seules qui existent encore aujourd'hui. Mais ces événements paraissent mineurs en regard des répercussions qu'eurent les expéditions de Christophe Colomb et Vasco de Gama.

Il ne viendrait également à l'idée de personne de soutenir que Vasco de Gama découvre l'Asie en 1498. Son expédition revêt une importance exceptionnelle dans la mesure où elle ouvre une nouvelle voie d'accès, maritime, vers l'Asie avec laquelle l'Europe entretenait déjà des relations depuis des temps immémoriaux. Les guerres qui opposèrent les Perses et les Grecs au Ve siècle av. J.-C. en témoignent. En 362 avant notre ère, Alexandre le Grand amena ses troupes jusqu'à l'Indus. Depuis lors, l'Europe et l'Asie ne cessèrent jamais de rester en contact. L'itinéraire terrestre vers l'Extrême-Orient, la fameuse route de la soie, en fut l'illustration la plus connue. Il n'en demeure pas moins qu'en contournant le cap de Bonne-Espérance et en poursuivant sa route vers l'Asie Vasco de Gama accomplit une action qui revêtira une importance immense pour l'Europe aussi bien que pour l'Asie. L'historien indien K.M. Panikkar parle avec raison de « la période Vasco de Gama dans l'histoire de l'Asie[1] ». L'expansion européenne en Asie, commencée modestement par des contacts commerciaux, aboutira finalement à l'hégémonie coloniale de l'Europe dans presque toute l'Asie du Sud et du Sud-Est. En 1914, des centaines de millions d'Asiatiques en Inde, en Indonésie, en Indochine et ailleurs seront assujettis au pouvoir européen.

L'expansion européenne n'était pas un cas unique dans l'histoire mondiale. Les Assyriens et les Romains avaient fondé bien plus tôt de vastes empires. L'expansion arabe n'avait pas été moins spectaculaire. Au VIIe siècle, les disciples du Prophète avaient essaimé sur les côtes de la Méditerranée, soumis l'Afrique du Nord puis gagné l'Europe. Leur invasion n'était arrêtée qu'en 732, lors de la bataille de Poitiers. Il faudrait attendre plus de sept cents ans avant qu'ils ne fussent chassés de la presqu'île Ibérique. La chute du califat de Grenade, qui marqua la fin de la *Reconquista*, eut lieu en 1492, la même année, donc, que la découverte de l'Amérique.

À l'expansion arabe avait succédé l'expansion ottomane. L'empire ottoman ou plutôt l'empire des Osmanlis, doit son nom à son fondateur, Osman Ier, qui fonda au XIIIe siècle un État indépendant en lisière de l'empire byzantin. L'expansion turque s'orienta essentiellement vers l'ouest et atteignit son apogée en 1453 avec la conquête de Constantinople. Ainsi furent jetées les bases du grand empire ottoman qui finirait par s'étendre, en Europe, jusqu'à Vienne et, en Afrique du Nord, jusqu'au Maroc. L'expansion de cet empire au Moyen-Orient eut lieu principalement sous Sélim Ier (1512-1520). La gloire ottomane fut à son zénith sous son successeur, Soliman le Magnifique (1520-1566), dont le prestige vint de ses conquêtes, de ses qualités militaires et de ses talents d'administrateur et de législateur. Constantinople comptait alors une population que l'on estime entre 600 000 et 750 000 habitants, ce qui en faisait de loin la plus grande ville d'Europe et l'une des plus grandes villes du monde.

L'avènement et l'essor de l'empire ottoman adviennent au XVIe siècle, alors que s'amorce l'expansion européenne mais que s'achève une autre expansion : celle de la Chine. En 1368, la dynastie Ming était arrivée au pouvoir à la suite de l'effondrement graduel du pouvoir mongol dans le sud de la Chine. Des rivalités qui en résultèrent entre les chefs rebelles, Zhu Yuanzhang, le fondateur de la dynastie Ming, sortit vainqueur. La capitale fut d'abord établie à Nankin mais, en 1409, la cour se transporta à Pékin qui devint la capitale officielle en 1421.

La Chine, pays très vaste, était très peuplée. Les données démographiques ne sont pas d'une parfaite fiabilité mais, selon le recensement officiel de 1393, la Chine comptait alors soixante millions d'habitants ; toutefois, la plupart des experts estiment que le chiffre réel de la population était beaucoup plus élevé. Sous la dynastie Ming, ce chiffre fit plus que doubler. L'extension des terres agraires et l'introduction de nouvelles variétés de riz firent croître nettement la production agricole. Les grandes villes comme Nankin, Pékin et, plus tard, Canton étaient d'une taille supérieure aux capitales européennes. Outre l'agriculture, l'activité de l'industrie de la soie et du coton était considérable. Le commerce était surtout florissant dans les provinces côtières du Sud. Le niveau de la science et de la technique était plus élevé qu'en Europe. Parmi les inventions et les innovations chinoises, figurent au premier chef le papier, la poudre à canon, la presse à imprimer et la boussole.

La navigation chinoise prospérait. Les navires et les procédés de navigation chinois n'avaient rien à envier à ceux de l'Ancien Continent. Au contraire, la jonque — mot portugais dérivé du terme javanais signifiant « navire », *ajong* — était un excellent voilier. Les cargos chinois jaugeaient 1 500 tonneaux et davantage ; leur capacité dépassait donc de loin celle des cargos européens. Des centaines de bateaux naviguaient sur les fleuves de Chine et le long de ses côtes continentales. Au début du XVe siècle, les Chinois entreprirent pas moins de sept grandes expéditions dans l'océan Indien et l'archipel indonésien. La première flotte qui s'aventura dans une telle expédition sous la direction de l'amiral Tcheng Ho en 1405 se composait de 317 bâtiments qui avaient à leur bord 28 000 hommes. Les jonques chinoises explorèrent de grandes parties de l'Asie. Quand Vasco de Gama contourna vers l'est le cap de Bonne-Espérance, les Chinois avaient déjà découvert les côtes de l'Afrique orientale d'où ils avaient ramené une girafe pour leur empereur. Mais ces activités maritimes firent long feu. La Chine était et demeurerait une puissance terrestre qui veillait en priorité à sécuriser ses frontières. Toutes ces expéditions coûteuses avaient en outre grevé lourdement le Trésor public et une lutte d'influence s'était engagée entre les mandarins, qui répugnaient au commerce, et les eunuques qui avaient organisé ces odyssées navales. Aussi l'empereur décida-t-il de mettre un terme à l'aventure de l'outre-mer. La construction navale fut interdite et, à partir de 1551, prendre le large avec un bateau de plus d'un mât fut passible de sanctions. C'est ainsi qu'au moment précis où l'expansion européenne s'amorça la China cessa ses activités d'outre-mer.

Plusieurs facteurs expliquent les différences entre l'expansion de l'Europe et celle de la Chine. D'abord leurs motivations n'étaient pas les mêmes : la ferveur religieuse et la cupidité qui poussèrent les Européens à faire route vers les pays d'outre-mer, ainsi que la curiosité européenne, faisaient défaut dans le cas de la Chine. De surcroît les Chinois n'avaient aucune raison d'aller en Europe. Les Européens convoitaient les trésors de l'Orient tels que les produits de luxe et les épices, que les Chinois, pour leur part, avaient à portée de main.

Mais il est une différence tenue pour essentielle par les historiens : l'Europe, contrairement à la Chine, n'avait pas un seul souverain. Certes, il y avait un empereur, celui du Saint Empire romain germanique, mais son pouvoir impérial était en fait très limité. Élu par les princes-électeurs allemands et sacré empereur par le pape, l'empereur, depuis 1438, avait toujours été issu de la maison d'Autriche. À la suite de divers héritages, Charles Quint (1500-1558) cumula la fonction de souverain autrichien, et donc aussi celle d'empereur allemand, et de souverain de quelques autres territoires encore, avec celle de roi d'Espagne. Grâce aux découvertes de Christophe Colomb et aux conquêtes des conquistadors, il régna également sur l'Amérique. Son empire était le plus grand qui eût jamais existé et aussi le premier où le soleil ne se couchait jamais. Toutefois, le pouvoir qu'exerçait l'empereur sur les régions qu'il ne gouvernait pas directement était plus symbolique que réel et, après l'abdication de Charles Quint en 1555, l'empire des Habsbourg fut divisé. Il se scinda en une branche autrichienne et une branche espagnole dont les intérêts dynastiques n'étaient plus communs. Semblablement, les rois de France fondèrent eux aussi une monarchie puissante et s'opposèrent avec succès au pouvoir des Habsbourg. Les Pays-Bas se révoltèrent en 1568 et accédèrent de fait à l'indépendance vers 1600. L'Angleterre fut unifiée sous les Tudor. L'Italie se composait de républiques et de cités indépendantes ainsi que d'un État pontifical, d'autres parties de la péninsule étant assujetties à l'influence de la France, de l'Espagne ou de l'Autriche. Bref, l'Europe se transforma en une série d'États indépendants et rivaux qui s'équilibraient plus ou moins.

Cet équilibre du pouvoir — qui au demeurant ne fut jamais stable — aboutit assurément à cette interminable série de guerres qui demeure emblématique de l'histoire moderne de l'Europe mais également, à la différence de ce qui se passa en Chine, à l'impossibilité pour aucun empereur ni souverain d'arrêter d'un trait de plume l'expansion européenne. Chaque pays était maître chez lui et nombreux furent ceux qui jouèrent un rôle dans le long processus de l'expansion européenne à la suite des premières expéditions. Au cours des premières années, le centre de gravité de l'Europe se situait encore dans la région où il s'était fixé depuis que le mot « Europe » avait fait son apparition, c'est-à-dire dans le bassin méditerranéen. Vasco de Gama était un Portugais et Christophe Colomb était un Génois au service de la couronne espagnole, et ce furent l'Espagne et le Portugal qui prirent l'initiative. Ils jouèrent tous deux un rôle majeur et spectaculaire, quoique différent. En effet, après avoir découvert l'Amérique et accosté en Asie dans les années 1490, les Européens furent devant un dilemme crucial que Fernand Braudel a bien résumé : soit l'Europe tirait tout profit de la découverte de Christophe Colomb et jouait l'Amérique, soit elle décidait de tirer tout profit de la découverte de la liaison maritime continue par le cap de Bonne-Espérance, et mettait l'Asie en coupe réglée[2].

L'Europe fit les deux mais en appliquant un système bien particulier de division du travail. Ce fut surtout l'Espagne, qui comptait alors quelque 7,5 millions d'habitants, qui peupla et colonisa le Nouveau Monde. Le petit Portugal, qui ne comptait pas beaucoup plus d'un million d'habitants, ne disposait pas du potentiel démographique requis à cet effet. Les Portugais s'orientèrent essentiellement vers le négoce avec l'Asie où ils tissèrent un formidable réseau commercial. En 1494, cette répartition fut entérinée par le traité de Tordesillas qui divisa le monde en une sphère d'influence espagnole et une sphère d'influence portugaise, la frontière entre les deux étant la « ligne de marcation » formée par le méridien tracé du pôle aux îles du Cap-Vert : tout territoire découvert à l'ouest du Cap-Vert, au-delà de 370 lieues, serait sous domination espagnole. Ainsi, dans l'hémisphère occidental, le Brésil, ou du moins sa pointe est, fut-il inclus de justesse dans la sphère d'influence portugaise, le reste étant dévolu à l'Espagne.

LE XVIIe SIÈCLE

Les trésors du Nouveau Monde, l'or et l'argent, que l'Espagne expédiait par bateau en Europe, suscitaient la jalousie des Néerlandais qui étaient en guerre avec ce pays. En 1628, l'amiral néerlandais Piet Heyn captura la flotte de l'or espagnol, haut fait qui fut commémoré jusqu'au cœur du XXe siècle dans une chanson entonnée dans toutes les écoles des Pays-Bas. Les Néerlandais enviaient aussi le monopole très lucratif que le Portugal détenait sur le commerce des épices. Aussi mirent-ils sur pied des expéditions en Asie. En 1596, une flotille emmenée par Keyser et de Houtman accosta en rade de Bantam (l'ancienne Banten). Cet événement marque le début de trois siècles et demi de présence néerlandaise dans l'archipel indonésien. En 1602, les Compagnies néerlandaises d'Orient furent regroupées au sein d'une entreprise de plus grande taille, la Compagnie néerlandaise des Indes orientales (la VOC), première multinationale de l'histoire ainsi que la plus grande puissance d'Asie. La VOC était financée par des actions émises à la Bourse d'Amsterdam et gérée par un conseil d'administration de dix-sept membres connu sous le nom de Conseil des Dix-Sept. Les États Généraux néerlandais lui attribuèrent le monopole du commerce en Asie et, en échange, elle devait y assumer défense et justice. En 1621, fut fondée également une Compagnie des Indes occidentales (la WIC) dotée pour la zone atlantique d'une charte comparable.

Le système des compagnies présentait l'avantage de ne pas faire supporter les frais de gestion à l'État mais aux négociants, qui faisaient les bénéfices. En Angleterre, diverses entreprises commerciales d'outre-mer avaient déjà été créées dans les années 1560 et, en 1600, une East India Company (EIC) y vit également le jour, dont le quartier général fut établi, en 1648, à l'East India House, non loin des ports et des docks de Londres. En 1657, cette entreprise reçut une charte qui fit d'elle une société de capitaux. Ses activités étaient essentiellement concentrées sur l'Inde et la Chine.

Les Français entreprirent des expéditions vers l'Asie aux environs de 1600 et la Compagnie des Indes orientales reçut une charte royale. Cependant cette entreprise fut un fiasco puisqu'elle cessa ses activités dès 1609. En 1642, fut fondée la Compagnie de l'Orient qui ne prit jamais son essor non plus et il fallut attendre l'entrée en fonctions de Colbert en qualité d'intendant des finances en 1661 pour que commence une nouvelle ère. Le « colbertisme » devint le synonyme d'interventionnisme de l'État dans le commerce et l'économie. À l'initiative de Colbert, deux compagnies furent fondées en 1664, sur le modèle néerlandais : une nouvelle Compagnie des Indes orientales et une Compagnie des Indes occidentales. La couronne de France fournit un apport considérable à leur capital. Mais ces entreprises firent, elles aussi, long feu et, à la fin du XVIIe siècle, elles ne jouaient déjà presque plus aucun rôle.

Des compagnies ayant vocation à faire le commerce en Asie furent aussi mises sur pied dans d'autres pays avec des ambitions et une dimension plus modestes. C'est ainsi qu'au Danemark fut fondée, en 1616, une Compagnie des Indes orientales au sein de laquelle des marins néerlandais jouèrent un rôle central. Elle fut réorganisée plusieurs fois et rencontra un certain succès. À Ostende, ville qui faisait alors partie des Pays-Bas autrichiens, la Compagnie générale des Indes fut créée au début du XVIIIe siècle. Dans l'empire allemand, le Brandebourg s'activa dans le domaine du commerce d'outre-mer et sous le Grand Électeur Frédéric-Guillaume y furent échafaudés des projets coloniaux qui aboutirent en 1682 à l'avènement de la Compagnie afrobrandebourgeoise. Celle-ci fut toutefois un échec et périclita définitivement en 1721.

L'essor des compagnies néerlandaises, anglaises, françaises et autres s'inscrit dans le grand processus historique mondial qui s'accomplit au cours du XVIe siècle, à savoir le déplacement du centre de gravité économique et politique de l'Europe, de la Méditerranée vers la mer du Nord et l'océan Atlantique. Au XVIIIe siècle, ce processus aboutit à l'hégémonie mondiale de l'Angleterre mais, au XVIIe siècle, rien ne laissait prévoir une telle évolution. À cette époque-là, en effet, l'entreprise la plus puissante était la VOC. Elle avait chassé les Portugais de l'archipel indonésien, s'était emparée du centre de production des épices, les Moluques, et avait contraint ses habitants à lui fournir des produits d'exportation. Dans ce contexte, il n'était pas rare qu'elle eût recours à des méthodes brutales. L'extermination de la population de Banda en fut l'illustration la plus sinistrement célèbre.

Du reste, la VOC ne se cantonna nullement à l'archipel indonésien. Elle avait des comptoirs sur les deux côtes de l'Inde (Malabar et Coromandel), au Bengale, en Birmanie, en Malaisie, en Indochine et au Siam, ainsi qu'en Perse et à Surat. Elle régna quelque temps sur Formose (Taïwan). Elle possédait aussi une factorerie au Japon : située sur l'île artificielle de Dejima dans la baie de Nagasaki, elle fut le seul établissement qui resta ouvert après que le Japon, en 1640, se fut fermé au commerce occidental et demeura donc pendant plus de deux cents ans (de 1640 à 1854) le seul endroit où le Japon put entrer en relation avec l'Occident.

La VOC fonda également une base de ravitaillement pour ses navires au cap de Bonne-Espérance. Cet établissement donnerait naissance à la colonie du Cap et jetterait du même coup les bases de la future domination de l'Afrique du Sud par les Blancs.

Pour ce qui regardait les Pays-Bas, la côte occidentale de l'Afrique relevait de la charte de l'autre compagnie, la WIC. La WIC n'acquit jamais la notoriété de sa sœur aînée et plus puissante, la VOC. Cependant, son importance ne fut pas négligeable. Elle aussi combattit les Portugais — dans le Nouveau Monde — avec succès. De 1630 à 1661, elle les chassa du Brésil. Elle commerça également en Amérique du Nord et l'un de ses exploits les plus légendaires fut, outre la capture de la flotte de l'or espagnol, l'achat de l'île de Manhattan aux Indiens pour la somme dérisoire de soixante dollars. Elle perdit toutefois cette possession lors de la Paix de Breda conclue avec l'Angleterre en 1667. En échange, les Pays-Bas obtinrent le Surinam. À partir de cette date, la présence néerlandaise dans l'hémisphère occidental se limita aux Caraïbes.

Les Caraïbes comptent parmi les régions les plus colonisées du monde. L'Angleterre y posséda des colonies, de même que l'Espagne, évidemment, la France, les Pays-Bas et le Danemark. Toutes les îles de la mer des Caraïbes passèrent d'une manière ou d'une autre sous administration européenne. Mais la présence européenne dans cette région alla bien au-delà d'une simple administration. Toute la société changea de caractère. Les Caraïbes furent organisées pour la production de cultures tropicales lucratives, et avant tout celle de sucre mais aussi celle de tabac, de café et d'autres denrées encore. Le biotope s'en trouva modifié. Flore et faune furent importées.

La population autochtone fut décimée. À l'époque de Christophe Colomb, ces îles comptaient d'après les estimations entre 400 000 et un million d'habitants. Cent cinquante ans plus tard, il ne subsistait plus que quelques milliers d'indigènes. Les Européens, aménageant les plantations, importèrent de la main-d'œuvre esclave : au total quelque 5 millions d'Africains. C'est ainsi que se constitua une société très métissée, tant du point de vue ethnique que culturel, et dont l'économie se fondait sur le triangle commercial atlantique : des navires européens partaient de l'Ancien Continent pour gagner l'Afrique occidentale où ils troquaient contre des marchandises des esclaves qu'ils transportaient ensuite en Amérique (au Brésil, aux Caraïbes, dans le sud de l'Amérique du Nord), d'où ils repartaient pour l'Europe avec les produits des plantations. Le trafic atlantique des esclaves débuta au XVIe siècle et atteignit son apogée aux XVIIe et XVIIIe siècles. Ensuite s'engagea le combat anti-esclavagiste mais il fallut attendre le milieu du XIXe siècle pour qu'il y soit mis fin définitivement.

Les relations commerciales que l'Europe entretint avec l'Asie furent de nature différente, quoiqu'il fût question là aussi, d'une certaine façon, d'un triangle, en l'occurrence celui formé par l'Amérique, l'Europe et l'Asie. C'était la convoitise des denrées asiatiques — les épices, en particulier le poivre, le textile, la soie et autres produits de luxe —, qui avait poussé les Européens à aller en Asie. Conrad remarque dans *Lord Jim* que l'engouement pour le poivre semblait brûler comme le feu de l'amour dans la poitrine des aventuriers hollandais et anglais.

Mais pour commercer encore faut-il avoir soi-même quelque chose à offrir ; or l'Europe à cette époque ne produisait pas de marchandises qui puissent satisfaire une demande en Asie. Aussi fallait-il les acheter, ce que permit justement l'exploitation du Nouveau Monde : les mines d'or et d'argent d'Amérique fournirent aux Européens les métaux précieux avec lesquels ils achetèrent les denrées asiatiques. La formule anglaise « bullions for goods » (des lingots pour des denrées) résume parfaitement le fonctionnement de ce système commercial qui exista jusqu'au XIXe siècle. Les navires européens regagnaient l'Europe avec une cargaison de produits asiatiques mais à l'aller leurs soutes étaient généralement vides.

Au demeurant, ce trafic intercontinental n'était qu'un aspect de l'activité des compagnies. En effet, elles déployaient des activités tout aussi importantes à l'intérieur même du continent asiatique où elles assurèrent une part considérable des échanges commerciaux interasiatiques. Portugais et Néerlandais étaient les plus entreprenants, mais les Français, pas en reste, jetèrent surtout leur dévolu sur les côtes indiennes où se forma un embryon d'Inde française qui n'aurait toutefois qu'une brève existence. La compagnie anglaise (l'EIC) finit par devenir l'acteur le plus important, d'abord en Inde puis dans toute l'Asie. La VOC néerlandaise fut reléguée au second plan. Vers 1750, la suprématie anglaise était déjà manifeste et elle le sera définitivement au terme de la guerre de Sept Ans.

LE XVIIIe SIÈCLE

La guerre de Sept Ans (1756-1763) fut lourde de conséquences non seulement pour l'Europe, mais aussi pour l'outre-mer. Elle mit fin au premier empire colonial français. Les Anglais vainquirent les Français en Inde et au Canada. C'en fut ainsi terminé, du moins provisoirement, du rôle de la France en Asie. Elle conserva quelques comptoirs en Inde (entre autres à Pondichéry) mais sans plus aucun poids politique. Cette guerre donna également une tournure décisive à l'évolution des rapports de force dans le Nouveau Monde. Là aussi, la France avait perdu son influence. L'Amérique située au nord du

Rio Grande deviendrait essentiellement une région anglophone et dominée par la culture anglaise avec une minorité française au Québec, vestige de temps révolus. Au sud se constituerait un continent hispanophone, le Brésil lusophone étant l'exception, unique mais importante, à la règle.

L'expansion coloniale dans l'hémisphère occidental revêtit une importance durable. Une nouvelle Europe d'outre-mer, un nouveau monde y virent le jour. En témoignent les noms des colonies (Nouvelle-Espagne, Nouveaux-Pays-Bas, Nouvelle-Écosse, Nouvelle-Angleterre, Nouvelle-France) et des villes (Nouvelle-Amsterdam, Nouvelle-Orléans, Nouvelle York). En Asie, un tel processus n'eut pas lieu car aucune colonie européenne importante n'y fut implantée quoique des Européens s'y installassent de façon permanente. En effet, tous les employés des compagnies ne retournaient pas dans leur patrie, non seulement parce que beaucoup périssaient en route ou outre-mer, mais aussi parce que d'autres préféraient rester en Asie. Dans certaines villes et régions, les mariages et d'autres types d'unions sexuelles entre Européens et Asiatiques donnèrent naissance à des sociétés mixtes. Batavia en fut un bon exemple.

Cependant, il n'y eut pas en Asie de véritable colonie comme en Amérique. Les raisons en sont diverses : la distance entre l'Europe et l'Amérique était inférieure à celle entre l'Europe et l'Asie ; la différence de climat eut une plus grande importance : pour les Européens, l'Asie était une zone d'habitat peu appropriée alors que, si le climat et le cadre de vie des Caraïbes ne se prêtaient guère plus à l'immigration européenne, en revanche, les conditions en Amérique du Nord étaient favorables.

Par ailleurs la densité de population était bien moindre en Amérique qu'en Asie. La forte mortalité parmi la population indigène, essentiellement à la suite de l'importation en Amérique de maladies européennes, réduisit encore cette population qui passa de 50 à 60 millions à l'époque de Christophe Colomb à environ 10 millions vers 1650. Les pertes démographiques en Amérique du Nord et dans de grandes parties de l'Amérique du Sud sont évaluées entre 80 et 90 %. L'Australie et la Nouvelle-Zélande connaîtront plus tard un dépeuplement similaire. Aussi l'Amérique pouvait-elle et devait-elle être repeuplée. Le développement des colonies requérait de la main-d'œuvre. Outre des colons volontaires, qui arrivaient par leurs propres moyens, il y avait des travailleurs sous contrat qui, en échange de leur traversée, vendaient leur force de travail pendant un certain temps. C'est ainsi que se constituèrent dans les colonies nord-américaines de nouvelles sociétés qui avaient un caractère, une identité et des intérêts propres mais qui étaient liées étroitement à l'Europe par des liens de filiation, de langue, de religion, de culture, de valeurs et d'usages. Cela se vérifiera en 1776, lorsque les colons américains se révolteront contre la domination britannique et gagneront leur indépendance à l'issue d'une guerre de sept ans. Mais après 1783, création des États-Unis d'Amérique, ceux-ci demeureront étroitement liés à l'Angleterre pour laquelle ils seront d'un plus grand intérêt économique. En effet, c'est précisément à cette époque que l'Angleterre vit sa révolution industrielle.

La machine à vapeur de Watt, la machine à filer le coton d'Arkwright et le métier à tisser mécanique de Cartwright entraînent de gigantesques gains de productivité. Conjuguée à une marine marchande et à une flotte de guerre puissantes, cette supériorité industrielle constitue la base de l'hégémonie mondiale de l'Angleterre et, partant, de la *Pax Britannica* qui caractérise la plus grande partie du XVIIIe siècle et quasi tout le XIXe.

Lors des grands remous qui ébranlent le continent européen durant les années qui suivent la Révolution française de 1789 et qui prennent fin avec la défaite définitive de Napoléon à Waterloo en 1815, cette hégémonie mondiale est confirmée et scellée. Au cours de ces années-là, l'Angleterre occupe les possessions coloniales de la France et de ses alliés, dont les Pays-Bas. Après Trafalgar, la flotte britannique domine les mers du globe, sans qu'aucune rivale lui dispute cette suprématie. La France ni ses alliés ne sont en mesure de reconquérir leurs colonies. Dans ces circonstances, les habitants des colonies espagnoles et portugaises d'Amérique du Sud suivent l'exemple indépendantiste de Washington et de Jefferson.

La décolonisation de l'Amérique latine ressemble à celle qui se produira un siècle et demi plus tard en Asie. De nouvelles classes sociales autochtones voient le jour et s'opposent à l'élite coloniale, sous l'influence des idées modernes mais aussi de l'exemple des États-Unis et plus tard du Japon, qui prendra avec succès son destin en main.

La résistance commence en 1808, lorsque Napoléon place son frère Joseph sur le trône d'Espagne, et elle se poursuit lorsqu'il s'avère, au lendemain de la Restauration, qu'à l'instar des autres Bourbons en France le roi d'Espagne n'a rien appris ni rien oublié, refusant toute concession aux colons. Conformément au principe consacré au Congrès de Vienne, les souverains européens auraient dû prêter main-forte aux Bourbons d'Espagne dans leurs tentatives de reconquête des possessions d'outre-mer. Le tsar de Russie y est favorable, mais la perspective n'enthousiasme pas les Anglais et, sans le soutien de ce qui était alors la seule grande puissance maritime au monde, une intervention est exclue. Les anciennes colonies resteront donc indépendantes et, hormis quelques territoires, l'Espagne a perdu définitivement son empire mondial. Le Portugal, de même, a perdu sa plus importante possession coloniale, le Brésil. Les États-Unis apportent leur soutien à l'accession à l'indépendance de leurs voisins du sud par la déclaration Monroe de 1823.

En 1815, s'achève donc la première phase de l'expansion européenne, au bilan contrasté. En Amérique, tout a déjà été consommé : exploration et exploitation, colonisation et décolonisation. Un monde nouveau est né qui est politiquement indépendant de l'Europe et dont l'avenir sera dans une large mesure tributaire des États-Unis. En Asie, les bases d'une nouvelle ère dans les relations séculaires que ce continent entretenait avec l'Europe ont été établies. Si, jusque-là, c'était l'Europe qui accusait un retard sur l'Asie et qui n'offrait aux Asiatiques que peu de denrées, il en irait autrement au lendemain de la révolution industrielle. L'Angleterre et, plus tard, le reste de l'Europe fourniront dorénavant des produits industriels, d'abord essentiellement des produits textiles, que les produits asiatiques traditionnels ne pourront concurrencer du point de vue des coûts de production.

La révolution industrielle du XVIIIe siècle jette les bases de nouveaux rapports de force en Asie. La supériorité technique européenne ne se limite pas, en effet, à la production textile. L'industrie européenne se développe dans d'autres domaines. Machines à vapeur, bateaux à vapeur et armes à feu deviennent des instruments majeurs dans le contexte de l'avènement de nouveaux équilibres entre les puissances. En outre, les gouvernements européens manifestent désormais de l'intérêt pour l'exercice du pouvoir colonial. L'époque du mercantilisme et des compagnies monopolistiques étant révolue, les négociants vont pouvoir déployer leurs activités en toute liberté sous l'égide des gouvernements européens.

Durant les trois siècles qui s'étaient écoulés entre 1492 et 1815 et qui avaient vu un nouveau monde naître en Amérique et l'Europe s'implanter durablement dans de grandes parties de l'Asie, l'expansion européenne avait quasi ignoré l'Afrique. La seule colonie, modeste, qui y avait vu le jour était la colonie néerlandaise au Cap. Pour le reste, les activités européennes en Afrique s'étaient principalement limitées à la côte occidentale où la traite des esclaves avait été la plus importante occupation. Des factoreries et des forts européens avaient été fondés sur la côte de Guinée et ailleurs en Afrique occidentale. Sur la côte orientale, il y avait une poignée d'établissements portugais au Mozambique. Cependant, toutes ces possessions étaient petites et limitées à la côte. Pour les Européens, l'intérieur des terres était en grande partie un monde inconnu. Seuls quelques voyageurs avaient pénétré dans certaines de ses parties. La situation va drastiquement s'inverser au cours du XIXe siècle, le siècle colonial de l'Europe.

CHAPITRE I

Évolutions à long terme, 1815-1919

Depuis le xve siècle, l'expansion européenne, processus complexe, fit de l'économie européenne une économie mondiale et elle propagea idées, religions, convictions et idéologies propres à ce continent, ainsi que l'exercice politique et militaire du pouvoir par des États européens sur de vastes parties du monde. Mais au premier chef l'expansion européenne fut une expansion humaine, rendue possible par la croissance démographique constante de l'Europe au sens absolu aussi bien que relatif du terme.

On ne saurait saisir le siècle colonial sans prendre en considération ce phénomène démographique.

LES HOMMES

Le développement de la population européenne

L'expansion européenne débuta à la fin du xve siècle, après que l'Europe se fut remise de la « mort noire », la peste qui, vers le milieu du XIVᵉ siècle, avait laminé un tiers de sa population et peut-être même davantage. Cette reprise démographique ne s'arrêterait plus. La part de l'Europe dans la population mondiale, qui, au milieu du XVIIᵉ siècle, n'était encore que de 18,3 %, atteindra 24,9 % en 1900. Cette croissance constitue la toile de fond de cinq siècles d'expansion européenne.

Ce processus de croissance, au sens absolu du terme, se poursuit encore au XXᵉ siècle mais commence alors à décroître au sens relatif. Pour deux raisons : d'une part, après le taux de mortalité, ce fut au tour du taux de natalité de baisser, entraînant un affaissement de la croissance démographique ; d'autre part, dans les colonies, le taux de mortalité baissa graduellement alors que le taux de natalité y demeurait encore provisoirement élevé.

Une part considérable de la population européenne quitta le continent pour l'outre-mer. C'est ainsi qu'en Amérique du Nord naquit une « nouvelle Europe » qui resterait étroitement liée à l'Ancien Continent. Au XXᵉ siècle, on parlerait alors du monde occidental et, le cas échéant, du monde atlantique. Le tableau ci-dessous montre la croissance démographique de ce monde occidental (tableau 1).

Tableau 1. Chiffres de la population
(en millions)

	1750	1850	1900
Europe	140	266	401
Amérique du Nord	1	26	81
Total «Occident»	141	292	482
Reste du monde	585	877	1 120
Total monde	726	1 169	1 602

Part de l'Europe dans la population mondiale

1750	1850	1900
19,3 %	22,7 %	25 %

Part de « l'Occident » dans la population mondiale

1750	1850	1900
19,4 %	24,9 %	30 %

Peu avant le tournant du siècle, un ralentissement de la croissance démographique, causé par une baisse du taux de natalité, s'amorça. Cette évolution commença en France dans les années 1870-1880 et elle se poursuivit en Grande-Bretagne dans les années 1890 ainsi qu'en Allemagne à partir des années 1900.

Les graphiques suivants montrent respectivement l'évolution de la population européenne (figure 1) et la part de l'Europe dans la population mondiale (figure 2).

On attribue généralement la décrue de la natalité à un meilleur contrôle des naissances, à l'augmentation générale de la prospérité, à l'expansion de l'urbanisation et aux structures familiales propres à un nouveau mode de vie marqué par une certaine individualisation. À cette époque se dessinent également différents profils démographiques nationaux. C'est ainsi qu'au XIXe siècle la population russe connaît la croissance relativement la plus grande, devant l'Allemagne et la Grande-Bretagne. La France, qui, exception faite de la Russie, avait été pendant des siècles le pays le plus peuplé d'Europe, connaît un fort ralentissement de sa croissance démographique avant que celle-ci ne s'arrête (figure 3).

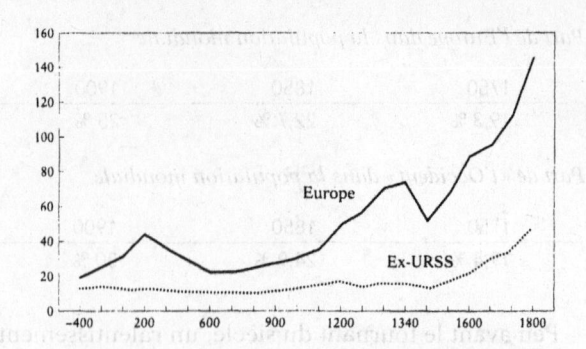

Figure 1. Croissance démographique en Europe
(en millions), 400 av. J.-C.-1800 apr. J.-C.

Source : Dirk J. van de Kaa (dir.), *European Populations: Unity in Diversity*, Dordrecht, Kluwer Academic Publishers, 1999, p. 10.

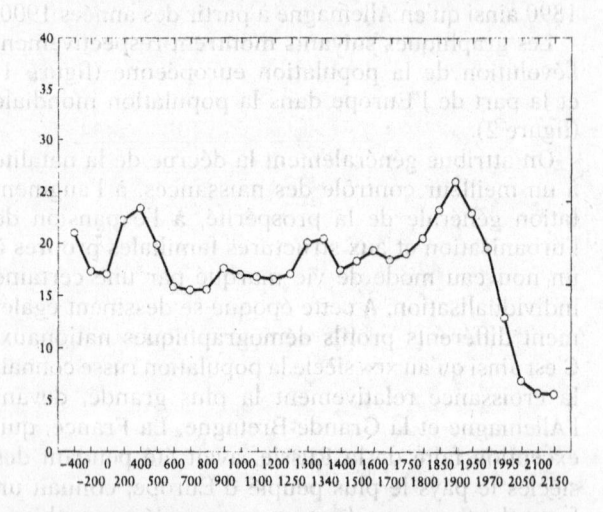

Figure 2. Part de l'Europe dans la population mondiale
(en pour cent), 400 av. J.-C.-2150 apr. J.-C.

Source : Dirk J. van de Kaa (dir.), *European Populations: Unity in Diversity*, Dordrecht, Kluwer Academic Publishers, 1999, p. 21.

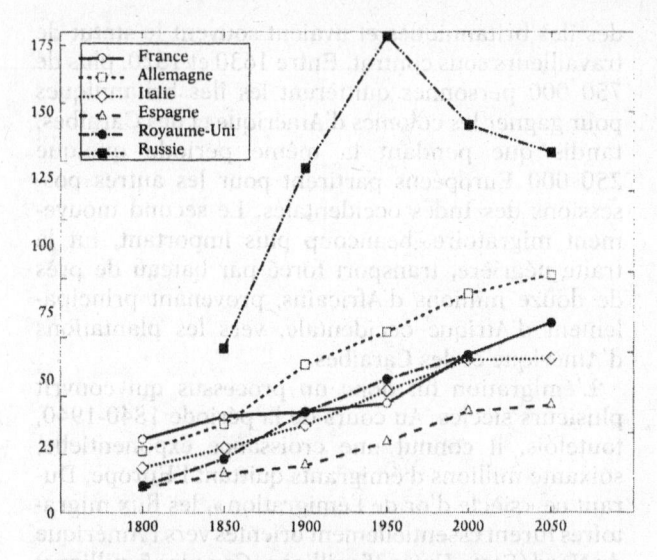

Figure 3. Croissance démographique dans les principaux États européens (en millions), 1800-2050.

Source: Dirk J. van de Kaa (dir.), *European Populations: Unity in Diversity*, Dordrecht, Kluwer Academic Publishers, 1999, p. 18.

Mouvements migratoires

L'expansion de l'Europe s'accompagna de mouvements migratoires intercontinentaux très importants. Avant 1800, il s'agit essentiellement de deux grands flux migratoires, tous deux orientés vers le Nouveau Monde. Entre 1500 et 1800, environ deux millions de personnes quittèrent l'Europe. Pendant la seule période 1500-1650, près d'un demi-million d'Espagnols gagnèrent l'Amérique espagnole. De 1500 à 1800, plus d'un million de Portugais quittent leur pays. Les autres migrants provenaient principalement des îles britanniques et avaient souvent le statut de travailleurs sous contrat. Entre 1630 et 1820, plus de 750 000 personnes quittèrent les îles britanniques pour gagner les colonies d'Amérique et des Caraïbes, tandis que pendant la même période quelque 250 000 Européens partirent pour les autres possessions des Indes occidentales. Le second mouvement migratoire, beaucoup plus important, fut la traite négrière, transport forcé par bateau de près de douze millions d'Africains, provenant principalement d'Afrique occidentale, vers les plantations d'Amérique et des Caraïbes.

L'émigration fut donc un processus qui couvrit plusieurs siècles. Au cours de la période 1840-1940, toutefois, il connut une croissance exponentielle, soixante millions d'émigrants quittant l'Europe. Durant ce « siècle d'or de l'émigration », les flux migratoires furent essentiellement orientés vers l'Amérique du Nord (États-Unis : 35 millions ; Canada : 5 millions) et l'Amérique du Sud (au total 14 millions dont 6,5 millions vers l'Argentine et 4,5 millions vers le Brésil). Avec, au total, 45 millions de personnes, le Nouveau Monde absorba trois quarts de l'immigration. Avec 7 à 8 millions, l'Asie russe fut une autre zone importante de colonisation, tout comme l'Australie et la Nouvelle-Zélande (qui accueillirent ensemble 4 millions d'émigrants).

À cette époque, les émigrants étaient essentiellement et au premier chef originaires des îles britanniques. L'Allemagne fournit beaucoup d'émigrants entre 1850 et 1890 mais, ensuite, la croissance de l'industrie allemande et la demande grandissante de main-d'œuvre firent chuter l'émigration (qui passa de 1,3 million dans les années 1880 à 500 000 dans les années 1890 et à 250 000 au cours de la première décennie du XXe siècle). En revanche, l'émigration italienne augmenta constamment pour culminer dans les années 1900-1910. Au cours de ces dix années, plus de 3,5 millions d'Italiens quittèrent leur pays. Aux yeux de nombreux nationalistes, cet exode de citoyens italiens constituait un argument important en faveur de la colonisation italienne. Le tableau 2 présente une vue d'ensemble de l'émigration européenne.

Ces flux migratoires à grande échelle furent rendus possibles par une forte baisse du prix des transports. L'essor du bateau à vapeur engendra l'organisation de liaisons régulières qui facilitèrent la traversée, de même que l'aménagement de chemins de fer simplifia le voyage vers les villes portuaires et entre le lieu d'arrivée et les nouvelles résidences.

L'aide fournie par des membres de la famille déjà installés dans les pays d'immigration et la croissance de la prospérité en Europe réduisirent conjointement les coûts des voyages et stimulèrent en conséquence le processus.

L'émigration avait également, pour une part, son origine dans les crises qui secouèrent l'Europe. Les pogroms en Europe de l'Est, la persécution des insurgés après les révolutions réprimées de 1848 en Pologne et en Hongrie, la fameuse famine irlandaise des années 1840 et la crise agraire italienne des années 1870 en sont les exemples les plus connus. Autant que les facteurs qui poussaient les émigrants à partir, d'autres facteurs les attiraient vers l'outre-mer : l'espoir de meilleures conditions de vie offertes outre-mer, notamment grâce aux conditions d'obtention de terres agricoles. La croyance au « rêve américain » synthétisait ces grandes espérances.

À côté de l'émigration européenne vers l'Amérique du Nord, l'expansion coloniale au XIXe siècle mit en branle deux flux d'émigration nouveaux et majeurs, quoique d'importance plus modeste. Il y avait

Tableau 2. L'émigration européenne (en milliers d'émigrants), 1851-1910.

	1851-1860	1861-1870	1871-1880	1881-1890	1891-1900	1901-1910	Total
Total (dont émigrants:)	2 170	2 810	3 240	7 790	6 770	11 270	34 050
Britanniques	1 310	1 570	1 850	3 260	2 150	3 150	13 290 (39 %)
Italiens	5	27	168	992	1 580	3 610	6 382 (18,7 %)
Allemands	671	779	626	1 340	527	274	4 217 (12,4 %)
de la péninsule ibérique	48	86	144	757	1 060	1 410	3 505 (10,3 %)

Source : Yvan-Georges Paillard, *Expansion occidentale et dépendance mondiale*, Paris, Armand Colin, 1994, p. 166.

d'abord les émigrants qui trouvèrent à s'employer dans les nouvelles colonies, le plus souvent dans le service administratif colonial et l'armée coloniale, la mission, l'enseignement et les services de santé, et évidemment les exploitations agricoles et minières, la navigation, les ports et les chemins de fer coloniaux, etc. Toutefois, la plupart de ces émigrants ne restèrent pas dans leurs colonies, mais retournèrent dans leur pays une fois leur tâche accomplie. La seconde émigration coloniale est celle des colons au sens strict, c'est-à-dire ceux qui s'établirent durablement dans les colonies et y fondèrent par exemple des entreprises agricoles. Parmi les exemples typiques de ces colonies de peuplement l'on peut citer l'Afrique du Sud, l'Algérie, le Kenya, la Rhodésie et, à une échelle plus modeste, l'Afrique du Sud-Ouest allemande et l'Angola. En France, l'émigration coloniale s'orienta dans une mesure prépondérante vers l'Algérie. En 1914, 700 000 Français vivaient dans les colonies dont 500 000 en Algérie. Au Maroc étaient implantés quelque 25 000 Français, un peu plus de la moitié de la population européenne de l'empire chérifien. En Tunisie, la présence française se chiffrait à plus de 45 000 ressortissants, ce qui représentait moins d'un tiers du total de la population européenne. En Indochine, vivaient près de 25 000 Français. L'émigration des Allemands et des Italiens vers leurs colonies respectives fut négligeable.

D'un volume nettement plus considérable furent les flux de main-d'œuvre en provenance d'Asie et d'Afrique que généra au XIXe siècle le colonialisme européen. Ces flux concernèrent au total cinq à six millions de personnes. La moitié d'entre eux étaient des esclaves car, même après son abolition officielle, l'esclavage se poursuivit encore longtemps au XIXe siècle. Entre 100 000 et 200 000 Africains partirent en outre pour le Nouveau Monde en tant qu'émigrants «volontaires» du travail bien que ce mot «volontaire» ne soit sans doute pas l'adjectif approprié. Beaucoup plus nombreuse que ce dernier groupe fut la main-d'œuvre asiatique qui fut recrutée et liée par des contrats pour compenser la pénurie de main-d'œuvre dans les colonies de plantations des Caraïbes après l'abolition de l'esclavage. Au total, quelque 1,6 million de travailleurs indiens sous contrat quittèrent le pays. 450 000 d'entre eux s'en allèrent dans les colonies britanniques des Indes occidentales, 80 000 partirent pour les Caraïbes françaises et 30 000 gagnèrent le Surinam. Les autres rejoignirent des colonies dans l'océan Indien (les îles Maurice: 455 000; La Réunion: 75 000), l'Afrique de l'Est et du Sud (respectivement 40 000 et 160 000) et l'océan Pacifique (les îles Fidji: 60 000). Environ 300 000 Chinois gagnèrent également ces régions. De nombreux Chinois partirent aussi pour les Indes néerlandaises. Entre 1876 et 1901, 86 000 Chinois s'installèrent à Sumatra.

Villes coloniales

Les Européens qui émigrèrent le firent généralement pour des raisons économiques. Une de leurs activités importantes était évidemment le commerce. En effet, dès les premiers moments de l'expansion européenne en Asie, son objectif avait été l'acquisition de produits indisponibles en Europe. Il s'agissait surtout de produits agricoles tels que les épices, le thé, etc. Ultérieurement, les colons européens se lancèrent aussi dans la production de «cash crops» (denrées lucratives) tropicales, ce qui donna naissance à l'agriculture coloniale. Le deuxième objectif de l'expansion fut l'exploitation des richesses naturelles comme l'or et l'argent. Les colons européens assumèrent également la production de ces richesses, ce qui donna naissance à l'exploitation minière coloniale. Une troisième forme de colonisation fut la colonisation au sens classique du terme, c'est-à-dire le départ d'émigrants qui voulaient refaire leur vie à l'étranger.

C'est ainsi que l'émigration des Européens a conduit à l'avènement de villes coloniales. Le caractère de ces villes dépendait des activités exercées par les colons. Les agriculteurs n'eurent d'abord pas besoin de villes quoique des communautés urbaines vissent le jour dans les colonies espagnoles d'Amérique centrale. L'industrie minière, en revanche, nécessitait de grands nombres de travailleurs et, de ce fait, elle aboutit à une urbanisation dans les endroits souvent situés à l'écart où on trouvait les minerais et alentour. Toutefois, la plupart des villes coloniales s'aménagèrent autour des centres d'activité des grandes entreprises commerciales. Par conséquent, les villes coloniales étaient souvent des villes portuaires et quelques-unes des grandes métropoles actuelles d'Asie, telles que Djakarta et Calcutta, sont nées et se sont développées comme des centres d'activité des Compagnies des Indes néerlandaises et anglaises (VOC et EIC). Dans ces villes prirent aussi graduellement leur essor d'autres secteurs liés au négoce tels que le secteur bancaire et celui des assurances. Certaines villes se virent attribuer une fonction administrative au service des autorités coloniales. Dans un stade ultérieur, certaines villes déployèrent aussi des activités industrielles. L'essor des villes coloniales eut lieu au XIXe siècle. Djakarta demeura la grande métropole indonésienne. En Inde, outre Calcutta, Bombay et New Delhi prirent de l'importance, l'une après l'ouverture du canal de Suez, l'autre en tant que centre administratif. En Afrique, Alger et Johannesburg se muèrent en métropoles coloniales. Les villes françaises de Dakar au Sénégal et de Brazzaville au Congo français comptaient une forte population française (environ 10 % du total) qui était principalement employée dans l'administration et le commerce. Saint-Louis, également au Sénégal, fut rénovée de fond en comble par Faidherbe comme Paris le fut par Haussmann.

Les établissements européens étaient souvent associés à des centres urbains existants. Les structures étaient diverses avec, aux deux extrêmes de l'arc, soit la conservation et l'extension de l'ancienne ville, soit la destruction pour faire place à de nouvelles constructions. Mais généralement on optait pour des solutions intermédiaires. Celles-ci étaient différentes de nature. Tantôt les constructions existantes étaient intégrées à un nouvel aménagement urbain ou bien étendues, tantôt une nouvelle ville était édifiée aux côtés de la ville existante mais à une certaine distance (New Delhi). Dans certaines villes telles qu'Alger, aucune limite nette ne séparait d'abord les zones autochtones des zones blanches. Mais lorsque la population algéroise connut une croissance constante et que dans ses murs il n'y eut plus de place pour les Français, ceux-ci construisirent à côté d'Alger une nouvelle ville française, la « Cité nouvelle ».

Plus tard, il y eut dans la plupart des cas une ligne de démarcation physique. L'argument souvent avancé pour la justifier était qu'il était nécessaire pour des raisons d'hygiène de séparer les villes ou parties de ville européennes et autochtones. Aussi, la crainte des maladies et des contaminations conduisait, là où cela était possible, à l'aménagement d'une zone tampon sanitaire. Si surprenant que cela puisse paraître, c'est un médecin africain qui, en 1893 à Accra, émit pour la première fois l'idée qu'une ségrégation raciale s'imposait dans les villes. La ville de Dakar fut en proie à la panique lorsque la peste, qui avait éclaté en 1894 à Hongkong, atteignit la ville à l'issue d'un long voyage. Quarantaine, isolement, incinération et désinfection furent les premiers remèdes, mais finalement la population africaine fut évacuée et un nouveau quartier de la ville fut aménagé à son intention. En règle générale, les diverses catégories de la population avaient leurs propres quartiers aux délimitations claires.

Sociétés coloniales

La société coloniale était une société d'hommes. Il en irait ainsi pour les colonies de peuplement et les comptoirs commerciaux de l'Ancien Régime aussi bien que pour les sociétés coloniales à une époque ultérieure. Pour les colons, trouver des femmes était et resterait une difficulté. En revanche, la fertilité matrimoniale était très élevée. Dans les colonies, presque toutes les femmes se mariaient et elles convolaient dès leur plus jeune âge. Au XVIIIe siècle dans le Canada français, chaque femme avait en moyenne plus de huit enfants. L'émigration vers l'Amérique du Nord s'effectuait souvent par le biais de contrats qualifiés d'«*indentured labour*». Or du personnel de maison féminin était quelquefois associé à ce travail sous contrat. Et des navires transportant des orphelines étaient envoyés dans le Nouveau Monde. Bugeaud, le commandant français qui au XIXe siècle voulut transformer l'Algérie en véritable colonie française et, sur le modèle de la Rome classique, la coloniser avec de vrais «coloni», d'anciens soldats, donc, rechercherait une solution comparable. «Le gros problème, écrivit-il dans son *Mémoire* de 1837, c'est de trouver des femmes pour nos soldats colons. Il me semble que les orphelinats et les maisons d'arrêt pourraient y remédier[1].»

En Asie, il en alla autrement. La solution habituelle y était le concubinage. Les femmes européennes y étaient rares. Cette réalité n'était pas sérieusement déplorée. Au contraire, les voluptés sexuelles de l'Orient étaient un des attraits de la vie outre-mer. Il y avait un très vif engouement des hommes européens pour le monde raffiné, libertin et sensuel de l'Orient. Ils rêvaient tout d'abord du Proche-Orient et en particulier de l'empire ottoman et de ses sultans et harems. Ces délices encouraient quelquefois la réprobation. Abraham Kuyper, leader du parti protestant et futur Premier ministre néerlandais, se félicitait que l'islam ait dressé un barrage «contre la prédilection autochtone en Asie pour les orgies sexuelles[2]». Mais le sentiment général était de la séduction mêlée de jalousie. Les textes arabes et indiens traitant de sexualité et d'aphrodisiaques étaient traduits et lus. Par ailleurs, des mises en garde contre les périls de l'Orient étaient souvent lancées: le climat chaud accroissait la libido et détournait l'attention de choses plus utiles. La polygamie était condamnée en Europe, ce qui, au Proche-Orient, était considéré comme une forme d'hypocrisie. On raconte que lorsque le Premier ministre anglais de l'époque, Lord Palmerston, réprimanda un jour un pacha au sujet de la polygamie, celui-ci lui répondit: «Ah! milord! nous ferons comme vous, nous présenterons l'une et nous cacherons les autres[3].» Plus tard, l'océan Pacifique et en particulier Tahiti seraient considérés comme le paradis de l'amour libre.

Dans les colonies, le métier des armes offrait des possibilités inouïes sur le plan sexuel, surtout dans la première phase de la conquête. La mission de Ségou fut à un moment donné saisie de plaintes concernant un sergent français de 52 ans qui avait fondé une famille africaine mais qui néanmoins chargeait tous les jours un soldat d'aller lui chercher deux jeunes femmes attrayantes. Son commandant ne pouvait le blâmer car il avait lui-même six femmes dont cinq avaient entre dix et quinze ans. Il n'était pas du tout inhabituel qu'une concubine soit si jeune. Le gouverneur du Sénégal, Louis Faidherbe, contracta un « mariage à la mode du pays » avec une Sénégalaise de quinze ans qui en 1857 lui donna un fils, Louis-Léon Faidherbe, qui servirait au sein du corps de l'infanterie de marine mais mourut jeune. Faidherbe était un chaud partisan de ces mariages, pour des raisons sociales mais aussi politiques. Il les considérait comme un moyen de fraternisation.

Les avantages et les inconvénients de ces différents types de relations étaient discutés ouvertement. En 1820, dans le *Cadet's Guide*, publication destinée aux fonctionnaires d'outre-mer, les avantages et les inconvénients relatifs de ce qu'on appelait « l'établissement d'une fille du pays » et de la prostitution étaient débattus objectivement[4]. Et aux yeux des administrateurs coloniaux britanniques, les femmes autochtones étaient des guides précieuses pour comprendre la langue et les autres mystères des sociétés autochtones[5], cependant qu'en Indochine les colons français appréciaient beaucoup la « petite Tonkinoise » en qui ils voyaient un « dictionnaire allongé ». En général, les relations sociales se déroulaient sans anicroche et les liaisons libertines entre Européens et femmes indigènes n'étaient soumises à aucun contrôle social puissant ni officiellement condamnées. Pour les colons européens, cette situation était plaisante car les femmes asiatiques étaient belles, gentilles et expertes en amour. Et elles connaissaient leur place. Quant aux enfants issus de telles liaisons, ils ne posaient pas de problèmes car ils étaient rarement reconnus. Après un certain temps, beaucoup de femmes indigènes réintégraient le cercle familial. En 1902, dans son *Guide pratique de l'Européen dans l'Afrique Occidentale*, Louis Banot écrivit : « Chez les nègres, il existe une forte demande d'ex-femmes d'Européens car elles sont généralement considérées comme un bon parti[o]. » C'est ainsi que Sir Garnet Wolseley, le célèbre général colonial britannique, put faire savoir d'un ton réjoui à sa mère qu'il avait trouvé « une princesse orientale » qui lui était utile pour remplir avantageusement les fonctions d'une épouse sans les inconvénients[7].

Mais, à l'époque de Garnet, cette période bénie était déjà en train de changer. Après des insurrections coloniales comme la guerre de Java (1825-1830) et la « Révolte des Cipayes » en 1857, il serait souhaitable d'augmenter la distance entre les maîtres et les asservis. Le ton changea et les mariages mixtes ne furent plus jugés acceptables. Plus la mission se développait, plus le concubinage était critiqué. L'Angleterre joua à cet égard un rôle de pionnier. Aux Indes britanniques, le concubinage tomba quasiment en désuétude après la « Révolte ». En 1909, lord Crewe, le ministre des Colonies, promulgua sa fameuse « Circulaire Crewe » qui interdisait aux fonctionnaires de l'administration britannique de fréquenter des femmes autochtones. Cela marqua le début d'une véritable « campagne de pureté » où fut soulignée l'importance de la continence et de l'abstinence sexuelles.

Dans les colonies, le nombre de femmes européennes demeura toujours limité. La vie dans l'armée coloniale, mais aussi celle dans les endroits reculés, n'était pas très propice à une vie de famille à l'européenne. D'autres facteurs aggravaient la situation : les émoluments versés aux colons étaient inadaptés, la vie y était trop périlleuse, les maladies y faisaient peser une menace trop grande, le climat était trop accablant, la traversée était pesante. Les fonctionnaires de l'administration coloniale étaient généralement jeunes et on ne les encourageait pas à se marier tôt. L'armée britannique n'autorisait pas ses hommes de troupe et ses sous-officiers à convoler. Les généraux Gallieni et Lyautey ainsi que le gouverneur général de l'Afrique-Occidentale française, William Ponty, étaient opposés au fait que les militaires et les fonctionnaires se marient car le mariage avait pour effet qu'ils étaient moins actifs et qu'on pouvait les solliciter plus difficilement.

L'arrivée à plus grande échelle de femmes européennes ne devint possible que lorsqu'une partie de ces entraves furent levées. Les progrès de la médecine tropicale constituèrent à cet égard un premier paramètre majeur, les liaisons plus régulières par bateau en constituèrent un second. En 1860, on recensait aux Indes néerlandaises un peu moins de 43 000 Européens, dont 11 000 femmes. En 1905, on en dénombrait 95 000, dont 38 000 femmes. En 1910, le rapport entre hommes et femmes était de 100 pour 47 et, en 1930, ce rapport s'élevait à 100 contre 88. Aux Indes britanniques, on observa des rapports comparables. En 1901, elles comptaient 384 femmes européennes pour 1 000 hommes. Mais dans certaines zones habitées par des pionniers et marquant la *frontier*, la proportion de femmes européennes était nettement plus faible. En Indochine, leur nombre demeura longtemps très limité. À Hanoi, on en comptabilisait vingt en 1855, soixante-dix en 1888 et un peu plus de deux cents en 1900. Jusque dans les années 1930, le rapport était environ d'une femme pour cinq hommes.

Afin de favoriser l'émigration des femmes — et par la même occasion la vertu des hommes — fut fondée en Angleterre l'« United British Women's Emigration Association » dont l'exemple fut suivi en France par la Société d'émigration des femmes aux colonies, laquelle représenta l'une des nombreuses initiatives de l'infatigable propagandiste colonial Joseph Chailley-Bert. Dès la première année, un peu moins de cinq cents femmes se portèrent candidates à l'émigration, essentiellement pour exercer des professions telles qu'infirmière, enseignante ou postière.

L'arrivée de femmes européennes entraîna de profondes mutations dans la société coloniale. Dans les foyers, une séparation claire se créa entre la famille blanche et les autres habitants. Les relations entre les maîtres blancs et le personnel de maison furent formalisées, ce qui inspira à celui-ci des sentiments d'aversion. Comme le dit un domestique dans le livre de George Orwell *Burmese days* (*Une histoire birmane*) : « Si notre maître se marie, je devrai partir le jour même. » Les règles vestimentaires furent également durcies. C'est pourquoi on a dit que l'arrivée de la femme européenne avait contribué à la ségrégation raciale. Le *memsahib* en Inde, un personnage prisé des caricaturistes (bête, pudibond et arrogant) aurait institué une sorte d'« apartheid » et mis fin aux relations relativement libres d'autrefois. Mais cette présentation des choses est un peu outrancière. D'une part, les relations anciennes telles que les concevaient les femmes asiatiques n'avaient jamais été aussi libres et aussi attrayantes que pour les hommes européens dans la mesure où ces femmes ne pouvaient en tirer aucun droit social ni politique. D'autre part, les femmes européennes offraient aux administrateurs coloniaux fébriles et fatigués un port d'attache plus familier et plus sûr.

Pour les femmes européennes, la vie aux colonies était souvent une source de problèmes, d'abord d'ordre sexuel. D'après nombre d'auteurs, le climat tropical éveillait en elles une grande lasciveté. Le romancier français Paul Vigné d'Octon écrivit par exemple dans ses *Siestes d'Afrique* : « Avec l'anémie les désirs sexuels s'exaspèrent. On s'aime ici à toute heure du jour et de la nuit. » Mais le médecin français Courtois ne partageait pas cet avis. À l'en croire, on ressentait au début une certaine « excitation » mais celle-ci était de courte durée et « si l'excitation persiste, c'est plus en désirs qu'en fait »[8]. Par bonheur, un séjour en France pourrait restaurer les forces.

Quant aux femmes britanniques en Inde, selon certains auteurs elles étaient exposées à de nombreux périls : diminution de leur fertilité, indolence, dégénération et forte inclination à des comportements adultères[9]. En 1900, l'écrivain néerlandais Marie van Zeggelen révéla les difficultés, d'une autre nature encore, avec lesquelles étaient aux prises les femmes blanches aux Indes néerlandaises : « Ici, les femmes issues de milieux intellectuels ou artistiques sont dénuées de tout. C'est terrible, ce vert éternel, ces journées éternellement passées à rester à la maison entre les murs de chaux blanche, ces visites ennuyeuses chez des personnes totalement étrangères, ces conversations sans intérêt, l'absence totale de tout ce qui est de l'art[10]. »

LES MARCHANDISES

> *All the business of the world is to be done in a new way.*
>
> Dr Samuel Johnson

La révolution industrielle

Nous avons évoqué, à plusieurs reprises, la « révolution industrielle », notion qui remonte à Arnold Toynbee senior et à ses fameuses conférences de 1884 sur *the Industrial Revolution*. Peu nous importe ici que l'expression donne lieu à des controverses chez les historiens pour savoir s'il y eut un basculement soudain, rapide et violent ou plutôt un processus graduel, celui d'une « première révolution industrielle », qui se déroula dans la seconde moitié du XVIIIe siècle et resta limitée à l'Angleterre, et d'une « seconde révolution industrielle » qu'on observa à la fin du XIXe siècle dans des zones importantes de l'Europe de l'Ouest ainsi qu'aux États-Unis. En toute hypothèse, il est établi qu'au milieu du XVIIIe siècle s'est enclenché un processus qui s'étendrait progressivement à l'ensemble du monde occidental et aboutirait à un accroissement constant de la productivité et à une croissance économique soutenue, de même qu'à de profondes mutations sociales consécutives à l'avènement d'une classe laborieuse et d'une société urbaine.

La révolution industrielle eut pour conséquence une augmentation énorme de la productivité. Dès 1830, un ouvrier anglais produisait avec sa trameuse mécanique 350 à 400 fois plus de fil à l'heure qu'un artisan indien avec son rouet, ce qui eut des conséquences fatales pour le textile indien. En 1814, l'Inde importait 915 000 mètres de textile anglais ; en 1820, elle en importa près de 12 millions et, en 1890, elle en importerait plus d'un milliard 800 millions. Grâce à l'hégémonie britannique en Inde, les fabricants ne connaissaient aucune limitation légale et les producteurs autochtones ne pouvaient bénéficier d'aucune protection. Ce n'est pas par hasard que Karl Marx considérait que la classe des manufacturiers textiles (*millocracy*) était le moteur de l'expansion anglaise en Inde, et ce n'est pas sans raison non plus que Gandhi choisit le rouet comme symbole de son mouvement.

Cette industrialisation de l'Europe eut des effets majeurs sur les relations avec les colonies. Elle engendra un nouveau mode de division du travail où les pays européens prirent la tête dans un environnement économique mondial. Dorénavant, il ne fut plus question d'un négoce d'ampleur modeste en produits agricoles lucratifs (*cash crops*) et produits de luxe tropicaux. Le monde se mua en un seul grand marché. Dans ce contexte, les évolutions que connut la navigation jouèrent un rôle capital.

Au XIXe siècle, la capacité de la marine marchande européenne connut une croissance inouïe. La navigation intercontinentale au XVIIe siècle était certes impressionnante mais il n'empêche que le tonnage total de tous ces navires ne représentait pas davantage que celui de quelques pétroliers géants d'aujourd'hui. Le volume de la navigation crût fortement au XVIIIe siècle et la navigation par voiliers atteignit au XIXe siècle, avec les clippers, sa vitesse la plus rapide. Cependant, au XIXe siècle, le voilier cessa définitivement de servir de moyen de transport sur les mers du globe.

La seconde moitié du XIXe siècle vit l'essor de la navigation à vapeur. En 1850, le tonnage total des voiliers en Grande-Bretagne s'élevait à 3 396 000 tonnes tandis que celui des bateaux à vapeur se montait à 168 000 tonnes. En 1880, le voilier fut encore plus important mais, en 1890, le rapport s'inversa : si les voiliers représentaient 2 936 000 tonnes, les bateaux à vapeur en représentaient 5 042 000. En France, si le rapport voilier-bateau à vapeur était en 1850 de 674 000 contre 13 000 tonnes, en 1890 il était de 444 000 tonnes contre 499 000.

Les bateaux à vapeur avaient deux gros avantages : ils augmentaient le rythme et réduisaient le coût. Au XVIIe siècle, la durée du voyage d'Amsterdam à Java était d'une année. Dans les années 1850, elle n'était plus que de trois à quatre mois ; en 1900, elle était d'un mois. Au début du XIXe siècle, les navires rapides reliaient Londres à Calcutta en deux mois. En 1914, ce périple ne durait plus que deux semaines. Le creusement du canal de Suez joua un grand rôle à cet égard car il permit de réduire de 41 % la distance séparant Londres de Bombay. Et Bombay put ainsi assumer le rôle de centre économique de l'Inde joué jusque-là par Calcutta. Quant à la durée du voyage à destination de Singapour et de Hongkong, elle fut réduite d'environ un tiers.

Un paramètre plus important encore que la vitesse des navires fut la baisse du prix du fret. Entre 1870 et 1914, il diminua de 50 % et même dans une proportion plus élevée sur certains itinéraires. Cette révolution des transports permit l'importation de marchandises en vrac telles que la jute, la laine et les minerais mais aussi le blé d'Amérique. L'agriculture européenne en subirait les répercussions dans les années 1870.

Entre 1850 et 1910, l'ampleur de la flotte de la

marine marchande fut multipliée. Les navires étaient, en outre, de plus en plus grands. Cette évolution fut d'abord lente puisque entre 1800 et 1860 ils passèrent de 1 000 à 3 000 tonnes. Mais, dès 1910, les tonnages oscillant entre 30 000 et 50 000 tonnes n'étaient déjà plus inhabituels. Les grandes compagnies anglaises comme la Peninsular and Oriental Steam Navigation Company (P&O) dominaient le trafic commercial entre l'Europe et l'Orient tandis que les compagnies allemandes telles que la Hamburg-Amerika Linie jouèrent un rôle très important sur la route atlantique au début du XXe siècle. Quant à la France, elle joua un rôle plus modeste avec sa Compagnie générale Atlantique, axée sur l'Amérique, et ses Messageries maritimes, spécialisées dans le commerce asiatique. La navigation eut d'importantes répercussions : toute forme de navigation présuppose en effet des chantiers de construction navale, l'aménagement de ports, de docks, d'entrepôts de charbon et de canaux. En outre, un tas d'autres activités y étaient liées : le stockage, le transbordement, le courtage de navires, les assurances et les banques. Par conséquent, la navigation fut un moteur de l'activité coloniale.

Au cours du dernier quart du XIXe siècle, des mutations majeures commencèrent à s'accomplir sur le plan du processus de production industrielle. L'industrie chimique prit son essor. Outre le charbon et le gaz, le pétrole et l'électricité devinrent des sources nouvelles d'énergie. Le laboratoire occupa désormais une place importante dans le processus de production et de renouveau industriels. Le système du travail à la chaîne accrut la rationalisation de ce processus.

Les banques se mirent à jouer un rôle majeur et, en Belgique et en Allemagne, même un rôle directeur dans l'économie. Le besoin de capital était très grand. L'instauration de la société anonyme fut un moyen d'y parvenir. Ces sociétés étaient un prolongement des «joint stock companies» qui dataient déjà du XVIIe siècle. Durant le XVIIIe siècle, les sociétés en commandite, entreprises à responsabilité limitée, s'étaient popularisées. La société anonyme était l'aboutissement de cette évolution. Au Royaume-Uni ces sociétés furent rendues possibles par le «Joint-Stock Companies Act» de 1844. En France, cette forme juridique fut établie par la loi du 24 juillet 1867. Dans l'empire allemand, la «société à responsabilité limitée» fut créée par la loi du 20 avril 1894. C'est ce qui permit l'avènement des grandes entreprises que les théoriciens marxistes considérèrent comme si importantes et à l'origine du capitalisme monopolistique. La Bourse de valeurs devint le centre nerveux de l'économie, et l'Europe, le grand financier de l'économie mondiale. La Grande-Bretagne était le chef de file. Les exportations de capitaux britanniques étaient plus importantes que celles de la France et de l'Allemagne réunies (tableau 3).

En 1915, le total des capitaux européens exportés était presque cinquante fois plus important qu'en 1825. Du reste, la grande majorité de ces capitaux fut allouée en Amérique et en Europe elle-même.

Tableau 3. Exportations de capitaux accumulées en millions de dollars

	1825	1870	1915
Grande-Bretagne	500	4 900	19 500
France	100	2 500	8 600
Allemagne	100	2 500	6 700
Total	700	9 900	34 800

Source : Bill Warren, *Imperialism : Pioneer of Capitalism*, New York-Londres, Verso Books, 1980, p. 62.

Un facteur important qui favorisa le développement de l'économie internationale fut la relative stabilité monétaire. Après l'émergence de monnaies nationales qui supplantèrent les différentes monnaies régionales, vient le temps des banques centrales nationales. En Angleterre, cette fonction fut assurée après 1844 par la Bank of England. En France, la Banque de France obtint en 1848 le monopole de l'émission des billets de banque. En Allemagne et en Italie, cela se produisit plus tard, après l'unification — en Italie, il fallut même attendre 1907. Un élément d'une importance considérable pour le circuit des paiements internationaux fut l'instauration de l'étalon-or. L'Angleterre fut en 1821 le premier pays qui passa totalement à l'or. Les autres pays connurent encore longtemps le bimétallisme, caractérisé par la coexistence de monnaies en or et en argent. L'Allemagne instaura l'étalon-or en 1871. Aux alentours de 1880, la plupart des pays développés avaient adopté cet étalon-or. Le Japon suivit après 1900. Une grande stabilité monétaire en résulta, stabilité qui fut encore consolidée par la position dominante de la livre sterling anglaise, due au fait que Londres jouait un rôle clé comme centre financier. La livre sterling était alors ce que le dollar serait après 1945 : la devise de réserve internationale.

L'économie mondiale

Pour l'Europe, le XIXe siècle fut donc une période de productivité croissante, de croissance économique et de prospérité en augmentation constante, surtout dans le dernier quart du siècle. Cette prospérité était répartie inégalement mais bénéficia à des couches de plus en plus larges de la société. En France et en Allemagne, le pouvoir d'achat des salariés s'enchérit alors d'environ 30 % en moyenne. En Grande-Bretagne, il augmenta même de 45 %.

Cette croissance fut structurelle mais saccadée. Douze crises économiques au total éclatèrent entre 1810 et 1914. La période entre 1815 et 1845 fut marquée par une croissance économique calme. Lui succéda une période de croissance rapide. En revanche, les périodes 1867-1869 et 1889-1891 virent l'économie stagner. En Europe, la croissance baissa jusqu'à 0,1 % par an et elle fut donc quasi nulle. La cause en fut essentiellement l'afflux de produits agricoles d'outre-mer, permis par la chute des prix des transports et par la politique de libre-échange. Les agriculteurs européens, qui représentaient encore, à l'époque, la majorité de la population, connurent des difficultés. Après 1889, ce secteur reprit du poil de la bête, notamment grâce à l'adoption de mesures protectionnistes, puis, jusqu'à 1914, la croissance fut plus forte qu'elle ne l'avait jamais été : 1,5 % par an.

Ces évolutions étaient dues dans une large mesure à la politique commerciale. La mutation la plus importante dans ce domaine fut l'essor du libéralisme économique. Cette théorie était fondée sur les idées d'Adam Smith et de David Ricardo. Toutefois, il existait une autre école économique fondée par l'économiste allemand Friedrich List et sur son livre *Das nationale System der politischen Ökonomie* de 1841. Contre les idées de libre-échange de Smith, fructueuses surtout pour les pays économiquement avancés comme l'Angleterre, il soutenait que les pays les moins avancés du point de vue économique avaient besoin d'une période temporaire de protection pour bâtir leurs industries et développer leur économie.

Ces deux courants, le libre-échange et le protectionnisme, se manifestèrent tout au long du XIXe siècle. Au début du siècle, le protectionnisme était encore la règle générale. Il pouvait prendre différentes formes, comme le contingentement et les tarifs douaniers. Cette politique protectionniste fut graduellement atténuée, essentiellement sous l'influence de l'Angleterre. L'abrogation, en 1846, des *Corn Laws*, lois protectionnistes qui jusque-là avaient empêché toute importation de blé étranger en Angleterre, représenta un pas important dans cette direction. Cet événement inaugura l'ère du libre-échange dans l'histoire britannique. La pensée libre-échangiste gagna aussi du terrain ailleurs en Europe. Le traité de libre-échange franco-britannique du 23 janvier 1860, mieux connu sous le nom de traité Cobden-Chevalier, est considéré comme l'avancée la plus importante à cet égard. L'empereur Napoléon III, qui s'était converti au libre-échangisme durant ses longs séjours d'exilé en Angleterre, fit adopter ce traité contre la volonté du Parlement et de la population.

Durant le dernier quart du siècle, l'idéologie favorable au libre-échange régressa. En 1879, l'Allemagne fut le premier pays à instaurer un tarif protectionniste sous l'impulsion de Bismarck qui voulait ainsi réconcilier les principales catégories sociales auxquelles il s'adossait, d'une part, les Junkers prussiens et leurs intérêts agraires et, d'autre part, les industriels rhénans. En France, le gouvernement décida en 1881 de procéder à une révision tarifaire qui institua une protection limitée pour les produits industriels mais eut en pratique une portée insignifiante. Mais par la suite le protectionnisme finirait aussi par avoir droit de cité en France. En 1892, le tarif très protectionniste de la loi Méline y fut instauré. La fin de l'ère libre-échangiste approchait à grands pas.

La révolution industrielle, la révolution des transports et le système libre-échangiste permirent une forte croissance du commerce mondial. Entre 1850 et 1914, le volume total du commerce mondial s'accrut de près de 600 %, passant de 15 à 100 milliards de dollars. Il faut bien se rendre compte, cependant, que la majeure partie du négoce international était constituée de transactions entre pays européens. La part des Européens dans le commerce intercontinental était également prédominante. Deux tiers de toutes les importations étaient à destination de l'Europe et la moitié des exportations provenait d'Europe, ce qui implique que l'Europe avait une balance commerciale structurellement négative qui était compensée par ses exportations invisibles de services et de capitaux, notamment dans les secteurs de la navigation et des assurances, ainsi que par les rendements de ses investissements à l'étranger. Quant aux importations de l'Europe, elles se composaient de denrées alimentaires (blé, riz, café, thé, sucre, huile), d'autres produits agricoles (laine, coton, soie, jute et caoutchouc) et de minerais tels que l'or, l'argent, les diamants, l'étain, le plomb et, plus tard, le pétrole. Les exportations se composaient essentiellement de produits industriels tels que le textile et les biens d'équipement (machines, matériel ferroviaire, etc.). Dans la dernière partie du XIXe siècle, l'exploitation du monde colonial se fit plus systématiquement et à plus grande échelle par le biais du développement de l'industrie minière et d'une agriculture des plantations.

À cette époque-là, de nouvelles idées apparurent aussi au sujet de la colonisation. En France, elles sont connues sous le nom de politique de la « mise en valeur », forme plus éclairée de colonisation qui n'était pas axée sur l'exploitation pure et simple mais sur l'exploitation à long terme par l'application de nouvelles méthodes rationnelles et scientifiques, et par une stratégie d'investissements publics. Aux Pays-Bas, on parle à cet égard de la « politique éthique » qui mettait l'accent sur la responsabilité du colonisateur envers le colonisé, et sur le rôle de l'État dans le domaine de l'infrastructure économique, des soins de santé, de l'enseignement, etc.

Les infrastructures coloniales

Un des plus grands projets coloniaux en matière d'infrastructures fut l'aménagement du chemin de fer. Les Anglais en avaient été les grands précurseurs en Inde. En 1845, ils avaient créé leur première entreprise, l'East Indian Railway Co. Sous la pression du lobby ferroviaire en Angleterre, l'East India Company, qui y était au départ opposée, leva ses objections et en 1852 débutèrent les travaux de pose de la première ligne de chemin de fer qui relierait Bombay à Kalyani, deux villes distantes de 55 kilomètres. Beaucoup d'autres entreprises suivirent. Résultat : en 1902, l'Inde britannique disposait d'un réseau ferré de près de 42 000 kilomètres qui n'était alors dépassé en importance que par celui de la Russie, des États-Unis et du Canada, et était plus vaste que celui du reste de l'Asie.

Dans ce domaine comme à bien des égards, les Indes néerlandaises étaient dépassées par l'Inde britannique. Des projets d'aménagement du chemin de fer y avaient été aussi échafaudés dans les années 1840 mais n'avaient pas abouti, faute d'accord sur la façon de les aménager et de les exploiter (secteur privé ou public ?), sur les lignes à poser, ou même sur la largeur souhaitée des voies. Une Société indo-néerlandaise des Chemins de fer fut finalement créée et obtint une concession pour l'aménagement d'une voie ferrée reliant Semarang et les États princiers et dont le terminus était Djogjakarta. Sa construction commença en 1864 et la ligne fut achevée en 1873. À la fin des années 1870, au total 300 kilomètres de voie ferrée étaient en service à Java. En Inde britannique, le réseau ferroviaire couvrait déjà, à la même époque, plus de 13 000 kilomètres. En 1914, 2 288 kilomètres de voie ferrée au total étaient en service à Java dont 2 078 kilomètres appartenaient à l'État et le reste (210 kilomètres) était entre les mains du secteur privé. À Sumatra, il s'agissait de 245 kilomètres de rail étatique et de 122 kilomètres de lignes privées. À la fin de l'ère coloniale, le réseau ferré total aux Indes néerlandaises couvrait plus de 7 000 kilomètres. La situation dans la colonie des Pays-Bas n'était évidemment pas comparable à celle des Indes britanniques, car l'Inde est un sous-continent alors que les Indes néerlandaises étaient un archipel où les liaisons par bateau, surtout, revêtaient de l'importance. À titre de comparaison : en 1914, il y avait en Indochine française 2 056 kilomètres de voie ferrée.

Comme en Inde, ingénieurs et technocrates jouèrent à cet égard un rôle primordial en Afrique. Le ministre français des Travaux publics, Charles de Freycinet, qui était lui-même ingénieur, institua en 1879 une commission chargée de plancher sur l'aménagement d'une voie ferrée transsaharienne, projet d'une envergure comparable à celui du transsibérien en Russie. D'autres projets ferroviaires, comme celui d'une ligne transafricaine, furent annoncés avec grand enthousiasme. Encore plus fantastique fut l'idée d'inonder le Sahara et d'en faire une mer intérieure adaptée à la navigation. Peer Gynt, dans la pièce éponyme d'Ibsen, en avait déjà rêvé en 1867 :

> *Comme un flot de vie, les eaux, par cette passe,*
> *Coulant à grands flots, rempliraient le désert !*
> *Ce tombeau brûlant ne serait plus bientôt*
> *Qu'une vaste mer où les vagues se jouent.*

Aucun de ces projets ne sera jamais réalisé. L'aménagement de voies ferrées fut confié aux diverses administrations coloniales, lesquelles concrétisèrent un certain nombre de projets régionaux. Toutefois, le rêve des technocrates — relier la France au Tchad en quatre jours et Londres à Johannesbourg en neuf jours — resta dans les limbes. Mais le rail réduisit considérablement la durée des voyages dans les colonies. À pied, il fallait presque une année pour parcourir la distance séparant Mombassa et la frontière ougandaise. Une fois la voie ferrée posée, quelques jours y suffisaient.

Un autre moyen de communication important était le télégraphe. Les premières lignes télégraphiques virent le jour au moment où, aux Indes britanniques, débuta l'aménagement du chemin de fer. Elles revêtirent de l'importance pour l'administration aussi bien que pour le monde des affaires et lors de la Révolte de 1857-1858, elles prouvèrent aussi leur utilité militaire. La France avait une liaison câblée avec l'Algérie depuis 1861. Elle y disposait d'un bon réseau télégraphique qui avait été géré par les autorités militaires avant d'être mis à la disposition des civils. Dans les autres colonies françaises, ce ne fut le cas que plus tard.

LES POUVOIRS

> *Dominer pour servir.*
> Devise de Pierre Rijckmans, gouverneur général du Congo belge (1934-1947).

Guerre et paix

La colonisation de grandes parties de l'Asie et de presque toute l'Afrique a été émaillée de nombreux épisodes violents. La guerre de Java aux Indes néerlandaises, la Révolte en Inde britannique, la défaite française à Lang Son en Indochine, les longues guerres contre Samori en Afrique de l'Ouest, la très cuisante défaite italienne à Adowa en 1896, le triomphe des zoulous à Isandhlwana en 1879, l'interminable guerre d'Atjeh qui s'est déroulée de 1873 à 1903, et bien d'autres guerres et batailles encore en sont autant d'illustrations éclatantes.

Outre ces conflits, il y eut d'autres formes de violence et d'intimidation, comme la «diplomatie de canonnière», les châtiments et les expéditions punitives. Une intervention armée s'imposait parfois pour établir l'autorité et il arrivait que les problèmes se posent après que cette autorité eut été établie. D'après les estimations, l'Europe a, entre 1750 et 1913, dû sacrifier quelque 300 000 de ses ressortissants pour conquérir 34 millions de kilomètres carrés de territoire africain et asiatique, et soumettre 534 millions d'individus. Chez les colons, le nombre de victimes directes de ces guerres s'est situé entre 800 000 et un million de personnes. Mais le nombre total de victimes imputable aux déplacements de populations, aux famines, etc., qui ont accompagné ces conflits s'est élevé à environ 25 millions[11]. Des conflits ont également opposé les grandes puissances, comme la guerre hispanico-américaine de 1898, les heurts russo-britanniques à la frontière nord-ouest de l'Inde qui sont entrés dans l'histoire sous le nom de « Grand Jeu », la guerre des Boers, la guerre russo-japonaise de 1904-1905, etc. Cependant, compte tenu de l'ampleur énorme du processus d'expansion impérialiste, on ne peut pas parler d'une période de grandes guerres. Car, en comparaison des guerres européennes, il s'agissait de conflits limités. Il convient toutefois de faire observer que la guerre coloniale était une forme de guerre particulière qui n'était pas toujours, tant s'en faut, identifiable comme telle ni consignée comme telle dans les annales historiques européennes. La guerre coloniale était une guerre *sui generis*.

Ce qui caractérisait ces guerres, c'était qu'elles avaient pour but non seulement de vaincre l'ennemi, mais de coloniser son territoire et d'assujettir sa population. En effet, les conquérants coloniaux n'avaient pas l'intention de repartir de sitôt. Leur objectif était l'assujettissement durable de la population ou, comme ils le concevaient eux-mêmes, l'établissement d'une paix durable. Leur visée était donc la pacification. La nature particulière de cet objectif militaire eut aussi une incidence multiple sur le déroulement de la guerre. Les conflits ordinaires se terminent par une victoire ou une défaite. Mais quand une guerre coloniale fut-elle jamais gagnée, et l'adversaire, vaincu ? Les conditions de paix n'étaient généralement jamais définies et il n'était pas rare qu'on ne sût même pas qui était l'adversaire. Le colonel anglais C.E. Callwell, auteur d'un ouvrage classique sur les guerres coloniales, avait déjà mis en évidence cette difficulté. Dans les « small wars », comme il les appelait, il est impossible, comme dans une «guerre civilisée», de prendre pour cible un objectif clair tel que le souverain, le gouvernement, la capitale, les grandes villes ou quelque chose de ce genre, car de tels objectifs sont inexistants. Callwell exagérait quelque peu mais il est un fait que l'adversaire était souvent difficile à identifier et même à définir.

Aussi l'on peut établir une distinction entre deux sortes de guerres : celles contre des États plus grands et dotés d'une forme supérieure d'organisation, et celles contre des adversaires présentant un degré très faible d'organisation politique ou, comme on disait alors, contre des «nations non civilisées». Paradoxalement, on peut dire que ce ne sont pas les États faibles mais justement les États forts et bien organisés qui furent pour les Européens les adversaires les plus faciles, tant militairement que politiquement. Du point de vue militaire, l'avantage était qu'un adversaire de ce genre cédait parfois à une tentation à laquelle il ne devait justement pas céder : livrer bataille. Car habituellement les Européens remportaient les batailles livrées à la régulière. L'adversaire qui évitait ce piège et se bornait à pratiquer la guérilla était beaucoup plus difficile à combattre. Le deuxième avantage était de nature politique. Une fois l'adversaire défait, le colonisateur européen pouvait adopter l'organisation politique existante et la perpétuer sous sa supervision coloniale. En revanche, si cet État n'existait pas, il fallait d'abord l'édifier.

Cependant, l'adversaire n'était pas un gouvernement ni une armée hostile, mais la population elle-même. La guerre coloniale présentait alors le caractère d'une guerre populaire, ce qui ne signifiait pas qu'aucune distinction n'était établie entre civils et combattants mais que cette distinction, qui en Europe, précisément au cours de ces années-là, prenait corps de plus en plus nettement, était fluctuante. Le fait que la guerre coloniale tendît à assurer une présence permanente du colonisateur signifiait que l'on ne pouvait se satisfaire d'une approche purement militaire. Il ne s'agissait pas seulement de conquérir le pays mais aussi « les cœurs et les esprits » de la population.

Toutefois, le caractère de la guerre coloniale n'était pas seulement déterminé par l'objectif mais aussi par les moyens. Lorsque cela se révélait nécessaire, des troupes importantes étaient quelquefois engagées. C'est ainsi que les Français disposèrent, pour la conquête du Tonkin, d'une armée de 35 000 hommes commandée par neuf généraux et 700 officiers. Mais il s'agissait là d'exceptions. Pour des raisons financières, les Européens ne pouvaient engager des quantités illimitées de soldats et leur supériorité militaire leur permettait généralement de ne pas avoir à le faire. Car les armées coloniales étaient presque toujours supérieures à leurs adversaires. Bien entendu, cette supériorité était d'abord et avant tout une question d'armes et de technique. Le premier grand progrès dans ce domaine fut l'arme à chargement par la culasse que l'on pouvait charger — et donc aussi décharger — beaucoup plus rapidement que le fusil traditionnel se chargeant par la bouche. Ensuite furent inventés le fusil à répétition puis, enfin, la mitrailleuse dont la Maxim (brevetée en 1884) fut le plus célèbre exemple. Les fusils à chargement par la culasse et les fusils à répétition firent leur apparition dans les colonies dans les années soixante-dix, la mitrailleuse dans les années quatre-vingt-dix. Cette dernière arme démontra lors de la bataille d'Omdurman en 1898 toute l'importance qu'elle pouvait revêtir.

Mais nous devons nous garder d'absolutiser l'aspect technique. L'image d'Africains munis de flèches et de lances qui se font massacrer par des Européens armés de mitrailleuses n'est pas inexacte mais elle est néanmoins simpliste. La supériorité technique européenne n'était pas toujours utile, loin de là. Les canonnières ne pouvaient évidemment être utilisées que dans un nombre très restreint de régions. L'artillerie lourde était à peine transportable et l'artillerie légère n'était pas toujours efficace, tant s'en faut, car en Asie et en Afrique les fortifications étaient souvent très solides. Quant à la cavalerie, elle était généralement indisponible ou posait de gros problèmes logistiques. Certes, les Européens possédaient de meilleures armes, mais leurs adversaires étaient, le plus souvent, munis d'armes à feu également. Il y avait en Afrique une profusion de fusils en circulation, même s'ils n'étaient pas toujours de bonne qualité. Fait notable à ce propos : lors de la guerre d'Atjeh, la manœuvre décisive fut le fait du Corps Marechaussee, qui ne se servait pas de la fameuse Maxim mais du sabre, arme primitive par excellence. Son commandant n'hésita pas à envoyer ses hommes au combat sans armes à feu afin de développer en eux une authentique ardeur guerrière.

La supériorité technique des Européens était malgré tout incontestable et elle fut l'un des éléments de leur puissance. Mais il y en avait d'autres. La force des armées européennes était aussi de nature socioculturelle. Elles étaient disciplinées et entraînées ; elles savaient comment assurer l'entretien de leurs armes ; elles étaient animées d'un haut moral et soudées par un fort esprit de corps. Elles constituaient un instrument prêt à l'emploi que leur hiérarchie pouvait déplacer à sa guise et utiliser selon des règles stratégiques et tactiques qui avaient été mises au point au cours de nombreux siècles de combat.

Mais les Européens étaient désavantagés sur plusieurs plans. Tout d'abord, bien entendu, sur les plans de la connaissance du terrain et de l'adaptation au climat tropical. Les armées coloniales se trouvaient souvent dans des régions tout à fait inconnues où, pour prospecter de nouvelles zones et obtenir des informations, elles dépendaient complètement de la collaboration des populations locales. Par surcroît, elles étaient très vulnérables à la contamination par des maladies et des maux tropicaux. L'Afrique de l'Ouest n'avait pas sans raison la réputation d'être «la tombe de l'homme blanc». Nombre d'études ont montré que la majorité écrasante des soldats ne décédait pas à la suite d'actes guerriers mais de maladies. Aussi la plupart d'entre eux n'arrivaient jamais sur le champ de bataille mais rendaient l'âme avant. C'est encore Callwell qui avec juste raison a qualifié les guerres coloniales de «campagnes contre la nature[12]».

La cause principale de mortalité des Européens en Afrique était la malaria. Quoique la cause n'en fût connue qu'à la fin du siècle, un remède avait déjà été introduit sous la forme de l'usage prophylactique de la quinine. Dès les années trente, en effet, les médecins militaires français avaient déjà expérimenté ce produit en Algérie mais il faudrait attendre encore quelques décennies avant que son utilisation ne soit généralisée. La matière première de la quinine, l'écorce de quinquina, provenait d'Amérique du Sud mais elle fut surtout cultivée plus tard dans le jardin botanique colonial de Buitenzorg à Java. Au début du XXe siècle, Java fournissait 90 % de la production mondiale de quinine.

Pendant la première moitié du XIXe siècle, 6 % seulement des soldats de l'armée coloniale britannique moururent sur le champ de bataille. Tous les autres moururent après avoir contracté une maladie.

Au milieu du XIXe siècle, la mortalité des soldats européens d'outre-mer diminua fortement, moins grâce à l'utilisation de quinine ou aux vaccinations qu'au fait qu'on déplaça les troupes dans des zones non affectées par la malaria ou qu'on les caserna dans des camps situés en dehors de la ville de façon à éviter les épidémies de choléra et de fièvre jaune[13]. Malgré les progrès de la médecine, les maladies restèrent encore longtemps la principale cause de décès. Durant la guerre des Boers, les Britanniques perdirent 13 000 hommes à cause du typhus contre 7 000 en raison des violences guerrières. Quant aux pertes subies par les Américains lors de la guerre contre l'Espagne à Cuba, elles résultèrent pour les trois quarts de maladies et, pour un quart seulement, de combats. Ces deux conflits éclatèrent aux alentours de 1900. De ce point de vue, les campagnes françaises au Maroc quelque temps plus tard furent les premières guerres modernes, c'est-à-dire les premières lors desquelles la majorité des soldats mourut sur le champ de bataille et non dans un hôpital de campagne.

LES ARMÉES COLONIALES

Enfin, il y avait les effectifs des armées en présence. En comparaison de celles de leurs adversaires, les armées coloniales n'étaient pas numériquement très importantes. Quoiqu'on ne sache pas grand-chose des armées africaines de ce point de vue, il est établi que les armées coloniales affrontaient souvent un ennemi alignant dix fois plus d'homme. Dans certains cas, l'adversaire était même vingt fois supérieur. Le colonel Kemball s'empara de Sokoto avec une armée de 1 200 hommes, dont la moitié de porteurs, et dut affronter 30 000 adversaires. En ce qui concerne le recrutement, l'enrôlement et le financement, de grandes disparités distinguaient les pays européens. Les Anglais se trouvaient dans une situation unique en ce sens qu'ils possédaient au sein de leur Indian Army un réservoir énorme de soldats qu'ils pouvaient, si nécessaire, engager partout dans le monde — et cela aux frais du budget indien. Entre 1829 et 1856, l'armée britannico-indienne fut engagée en Chine (trois fois), en Perse, en Éthiopie, à Singapour, à Hongkong, en Afghanistan, en Égypte, en Birmanie, au Soudan et en Ouganda. Au cours de la période qui suit la Révolte de 1857, elle dut intervenir en Chine, en Éthiopie, au Baluchistan, à Malte, à Chypre, en Afghanistan, en Égypte, en Birmanie, au Nyasaland, à Mombassa, en Ouganda et au Soudan[14].

Pour les besoins de leurs armées coloniales, les Européens recouraient presque toujours à des soldats autochtones. Les Portugais avaient à cet égard joué un rôle de précurseurs dès le XVIIe siècle en Angola. Quant aux Français, ils avaient, en Algérie, incorporé également, dans leurs régiments de chasseurs spahis, des soldats locaux. Mais les zouaves, dont le nom est dérivé de celui de la tribu kabyle zwawa, étaient un corps exclusivement français. Le général Faidherbe fut le créateur du célèbre corps des tirailleurs sénégalais. À l'origine, ces soldats avaient été recrutés avec plus ou moins de violence, mais plus tard ils furent surtout attirés par les divers avantages et privilèges que leur offrait la vie militaire. Leur bel uniforme avait été dessiné par Faidherbe lui-même : une cape noire munie d'un capuchon, un veston court et une veste de drap bleu, une ceinture rouge, un pantalon turc de coton bleu, des chaussures avec des guêtres blanches et un bonnet de zouave rouge. Ce corps bigarré, qui fut créé officiellement en 1857, deviendrait une des composantes majeures de l'armée coloniale française, même lorsque les tirailleurs noirs ne proviendraient plus du Sénégal depuis longtemps mais de tous les coins du Soudan. Comptant seulement 500 hommes en 1857, il se métamorphoserait en 1914 en une force de plus de 17 000 soldats. En Afrique de l'Est, les soldats indigènes étaient appelés *askaris*. Les Anglais utilisèrent ces troupes en Afrique de l'Est pour les besoins de leurs King's African Rifles. En Afrique de l'Ouest, leur armée s'appelait West African Frontier Force. Ils recrutaient les soldats africains dans différentes parties de l'Afrique et, de préférence, dans les « martial castes ».

De même que l'Angleterre avait son Indian Army, les Pays-Bas avaient leur armée indo-néerlandaise. L'élément blanc de cette armée se composait de volontaires qui étaient recrutés en Europe. Étant donné que les Pays-Bas — pays prospère à la population peu nombreuse — ne pouvaient fournir eux-mêmes suffisamment de soldats pour leur armée coloniale, ils recrutèrent aussi, pour celle-ci, des soldats à l'étranger. Ces étrangers furent rassemblés au dépôt d'enrôlement colonial à Harderwijk. Le surnom de Harderwijk, « le caniveau de l'Europe », indique bien que l'armée indo-néerlandaise n'attirait pas le dessus du panier. Entre 1814 et 1909, année qui vit la fermeture du dépôt, 176 250 individus au total sont entrées en service à Harderwijk. Il y avait parmi eux 106 000 Néerlandais dont la plupart étaient des militaires ou d'anciens militaires. Les autres venaient principalement de Belgique (24 000 hommes) et d'Allemagne (23 000 hommes). En outre, 7 500 Français et à peu près autant de Suisses se présentèrent. Le mercenaire le plus célèbre fut sans nul doute le poète français Arthur Rimbaud qui arriva à Harderwijk le 18 mai 1876, s'y embarqua pour les Indes à bord du *Prince d'Orange*, arriva à Java le 22 juillet mais omit de se présenter à l'appel dès le 15 août 1876. Il avait déserté et rentrerait en Europe à bord d'un cargo écossais.

Les soldats autochtones de l'armée indo-néerlandaise se composaient de deux groupes principaux. En premier lieu, il y avait les Ambonais, généralement chrétiens, qui, plus ou moins comme les « castes de guerriers » en Inde, étaient considérés comme l'élite militaire. En outre, il y avait les Javanais dont les qualités militaires faisaient l'objet d'une appréciation moins positive. Et il convient de citer aussi les soldats africains d'Afrique de l'Ouest que les Indonésiens appelaient « les Hollandais noirs » (*Belanda Hitan*). Mais, après la cession de la Côte-de-l'Or à l'Angleterre, leur enrôlement par l'armée indo-néerlandaise prit fin. Plus tard, celle-ci importerait encore des soldats noirs des États-Unis et du Liberia, mais ça ne serait pas une réussite.

En France, la situation était plus compliquée. La notion d'armée coloniale n'y fut introduite qu'en 1900. La conquête et la pacification de l'Afrique furent réalisées par l'Infanterie de marine qui dépendait du ministre de la Marine. En 1900, vit le jour l'armée coloniale qui releva du ministre de la Guerre. Du reste, cette armée coloniale ne comprenait pas toutes les troupes coloniales. Les troupes d'Afrique du Nord constituaient l'armée d'Afrique. En outre, il y avait depuis 1831 la Légion étrangère qui joua un rôle majeur en Algérie mais aussi, plus tard, en Indochine et en Afrique de l'Ouest.

L'armée coloniale française était composée pour

une part de Français, notamment au sein de l'artillerie coloniale, mais au sein de l'infanterie coloniale ils ne représentaient qu'une minorité. La majorité se composait de troupes indigènes telles que les tirailleurs annamites, les Canaques, les tirailleurs sénégalais, etc. Il s'agissait en grande partie de volontaires dont le contingent était, au besoin, complété par un «appel». Cela dit, les soldats européens occupèrent cependant une place importante dans l'armée française au cours de la première phase de la conquête et de la pacification. En 1900, les troupes autochtones ne représentaient plus que la moitié de l'armée coloniale française. Les officiers français ne chérissaient pas particulièrement la carrière coloniale bien qu'elle offrît de bonnes chances de promotion, en particulier aux officiers moins talentueux ou moins disciplinés. Par ailleurs, les colonies étaient également considérées comme une possibilité de recruter des troupes pour la mère patrie, troupes qu'on baptisa du nom de «force noire». Lorsque le roi des Belges, Léopold II, demanda au ministre français des Affaires étrangères, Gabriel Hanotaux, ce que la France cherchait vraiment en Afrique, il dit simplement : «Sire, des soldats[15].»

GUERRE OU PACIFICATION ?

La limite entre assujettissement et résistance, entre régions pacifiées et régions non encore soumises, n'était pas toujours nette. Mais l'on peut dire que dans la plupart des cas le but était de procéder à l'une ou l'autre forme d'administration civile après une phase de pacification et d'administration militaire. Dans la doctrine militaro-coloniale française, cette transition fut considérée comme aisée. Cette doctrine de guerre est souvent désignée sous l'appellation de « méthode Gallieni-Lyautey ». Son véritable concepteur était cependant le colonel (et plus tard général) Pennequin (1877-1926). Ce haut gradé moins célèbre avait mis au point cette méthode lors de deux séjours en Indochine. Plus tard cette doctrine fut développée par deux militaires réputés : le général Gallieni et son adjudant, le futur maréchal Lyautey. Selon cette doctrine, la pacification revêtait deux aspects : l'action lente et l'action vive. La première, également appelée action politique ou occupation progressive, était la plus importante. Elle consistait en l'établissement de postes permanents et en l'assainissement graduel de la zone conquise. Dans ce contexte, il était nécessaire de traiter la population indigène conformément au principe : diviser pour régner. C'est ainsi que Gallieni écrivit qu'il s'agissait « de développer les éléments politiques utilisables et de neutraliser ou de détruire les éléments inutilisables[16] ».

Outre cette approche à long terme, l'action vive, axée sur la destruction de l'adversaire, était parfois nécessaire. Toutefois, le recours à cette action était exceptionnel et, lorsqu'on y recourait, il fallait tendre à un minimum de dévastations. Sitôt les opérations terminées, il importait de reconstruire les villages, de rebâtir les écoles et de recréer les marchés. Car il ne s'agissait pas seulement de vaincre l'ennemi mais aussi de susciter le moins de haine et de causer le moins de destructions possible. Aussi, l'action militaire devait aller de pair avec une organisation socio-économique, avec l'aménagement de routes, l'établissement de liaisons télégraphiques, etc. Suivant cette conception, la guerre était donc une forme d'œuvre civilisatrice. C'est dans cet esprit que Gallieni compara la pacification à une tache d'huile, métaphore qui, du reste, est souvent attribuée à Lyautey : « Avec la pacification avance, comme une tache d'huile, une grande bande de civilisation[17]. »

Collaboration et résistance

L'expansion occidentale ne s'explique pas seulement par les grandes avancées industrielles, techniques et militaires ; elle n'aurait pas non plus été possible sans le concours des peuples d'outre-mer eux-mêmes. Le nombre d'Européens qui ont été associés à l'expansion coloniale dans quelque fonction que ce soit, en tant que militaire, fonctionnaire, entrepreneur ou autre, est pour finir très restreint. Les colonisateurs européens étaient tributaires de la collaboration des Africains et des Asiatiques, lesquels, d'une manière ou d'une autre, jouèrent un rôle dans le système colonial : ils servirent dans les armées coloniales, remplirent des fonctions au sein de l'administration coloniale ou opérèrent comme intermédiaires entre marchands européens et producteurs autochtones.

Le système colonial influait sur les rapports sociaux dans les régions qu'il dominait. D'une part, les colonisateurs utilisèrent l'élite existante. Celle-ci faisait office d'une seconde strate administrative sous celle formée par les administrateurs coloniaux. Tel fut le cas des Indes néerlandaises : aux côtés de l'administration néerlandaise, de hauts personnages autochtones composaient l'administration coloniale. D'autre part, on assista à l'avènement d'une nouvelle élite économique composée de colonisés qui avaient fait carrière dans le commerce, l'agriculture et l'industrie.

Dans les situations pré- et semi-coloniales, des procès analogues se manifestaient par des contacts et «l'articulation» — terme emprunté au registre marxiste — des modes de production. Le négoce européen en Afrique de l'Ouest avait été axé pour une part importante sur les esclaves et l'ivoire, «produits royaux» à l'évidence et dont ne pouvait disposer que l'élite dirigeante. L'abolition de l'esclavage correspondit à l'apparition d'une nouvelle demande européenne désormais orientée vers des produits autres, tels que l'huile de palme et les graines de palmiste qui étaient produites par des cultivateurs ordinaires. C'est ainsi que de nouvelles formes de prospérité firent leur apparition dans de nouveaux milieux sociaux. Entre les chefs traditionnels et cette nouvelle classe de marchands, des conflits d'intérêts apparurent qui amenaient quelquefois l'ancienne élite à chercher un soutien auprès de l'oppresseur européen. Le pouvoir colonial influençait donc les rapports sociaux à l'échelon local mais de très diverses manières dans la mesure où il existait de grandes disparités entre les formes de pouvoir.

Administration coloniale

ADMINISTRATION DIRECTE ET INDIRECTE : Il faut distinguer entre trois principales formes d'administration coloniale, qui composent une gamme de nuances allant de l'immixtion limitée à l'ingérence intensive : protectorats, colonies et zones qui étaient considérés comme une composante de la mère patrie. Il n'existe du reste qu'un seul exemple de cette dernière catégorie, l'Algérie, qui fut subdivisée, selon le modèle français, en départements dirigés par des préfets recevant leurs instructions de Paris. Ces départements, qui relevaient du ministre de l'Intérieur, étaient considérés comme des composantes de la France elle-même, à peu près comme la Corse.

Le protectorat, en tant que modèle d'administration, apparut avec les grandes extensions territoriales de la fin du XIXe siècle. Les empires d'outre-mer s'étendirent trop rapidement pour permettre une croissance, adaptée à cette extension, de l'administration coloniale. Les charges financières et administratives auraient été trop importantes. Le système du protectorat permit de remédier à ce problème. Son principe était que le souverain qui se plaçait sous protection conservait son autorité sur le plan intérieur mais cédait la gestion de ses relations extérieures à la puissance protectrice. Aussi, la tutelle sur les protectorats relevait dans la plupart des cas du ministre des Affaires étrangères.

La forme administrative du protectorat changea au fil des années. Au début, on établissait une distinction très nette entre les protectorats, qui possédaient une certaine autonomie, et les colonies, caractérisées par une cession intégrale de la souveraineté. Il en était encore ainsi, par exemple, à l'époque de la Conférence de Berlin. Mais dix ans plus tard les «law officers» britanniques en concluaient déjà que l'exercice du protectorat dans un pays non civilisé impliquait le droit d'assumer une juridiction, de quelque nature qu'elle fût, sur toute personne, à seule fin que le mandat fût effectif[18]. C'était aussi le point de vue des experts français et allemands. En conséquence, la distinction entre colonie et protectorat perdit beaucoup de son sens. La Tunisie et le Maroc étaient des protectorats français mais en pratique l'influence française y était quasi aussi grande qu'en Algérie.

Outre cette différence de souveraineté entre colonies et protectorats, la différence d'idéologie de l'administration coloniale revêtait aussi une importance majeure. À cet égard, il y avait grosso modo deux courants ou écoles, à savoir l'assimilation et l'association. Ces termes sont empruntés au débat français consacré à cette matière mais ils peuvent aussi bien être employés au sens large. Le concept d'assimilation remonte à la Révolution française. La constitution de l'an III (1795) a décrété les territoires d'outre-mer « parties intégrantes de la République » et les a subdivisés, tout comme la France elle-même, en départements. C'est ainsi que fut amorcée et fondée la politique d'assimilation. Il s'agit là d'un concept typiquement français, à en croire Arthur Girault, théoricien colonial faisant autorité. Il soutenait que si l'autonomie convient à des Anglo-Saxons, elle ne convient pas aux Français dont les esprits, comme ceux de tous les Latins, avaient été pétris par l'influence de Rome pendant des siècles[19]. Pour sa part, Lyautey affirmait que l'administration directe était une évidence pour les Français[20]. Au demeurant, cette notion n'a pas exclusivement une signification purement administrative. Elle implique également qu'il faille tendre vers une adaptation culturelle des peuples colonisés aux idées et aux conceptions françaises.

Le concept d'association est beaucoup plus récent puisqu'il remonte aux années 1890, quand les théoriciens coloniaux français débattirent du maintien de la politique coloniale traditionnelle à l'heure où l'empire colonial s'était étendu d'une façon si inattendue et sur une telle échelle. D'aucuns jugèrent que le maintien n'était pas possible. Le représentant le plus important de cette tendance était Jules Harmand. Il exposa dans un ouvrage classique, *Domination et colonisation* (1910), que la mission première du colonisateur devait être de préserver et de perpétuer sa domination. Les moyens idoines pour y parvenir étaient un système d'administration indirecte et le respect des us et coutumes et de la religion des peuples indigènes. Voilà pourquoi il fallait substituer au système d'administration directe prôné par le courant assimilationniste une forme d'administration indirecte.

Les idées de Harmand ne sont guère éloignées de la politique coloniale anglaise qui était axée sur le maintien des structures administratives existantes et le respect ou, du moins, l'acceptation de la nature propre des civilisations et des sociétés autochtones. À première vue, il existait d'ailleurs une certaine similitude entre les deux visions car la France et l'Angleterre se servaient d'administrateurs autochtones. Mais en Afrique britannique les chefs avaient un autre statut que ceux d'Afrique française. L'autorité du *chief* britannique reposait généralement sur son statut précolonial et l'autorité traditionnelle qu'il exerçait sur la population locale. Il possédait donc une forme personnelle de pouvoir et de légitimation. Le chef français, en revanche, n'était rien de plus qu'un fonctionnaire qui n'avait généralement aucune expérience précoloniale de l'exercice du pouvoir et qui, souvent, n'était même pas originaire de la région concernée. Un sergent pensionné des tirailleurs sénégalais pouvait être chef partout. Le gouverneur général de l'Afrique-Occidentale française, Joost van Vollenhoven, aimait à rappeler que les chefs ne détenaient aucun pouvoir personnel car il n'y avait pas deux autorités dans cette région, la Française et l'autochtone, mais une seule, en sorte que le commandant français est le seul responsable légitime. Le chef autochtone n'étant qu'un instrument, un auxiliaire[21]. Dans les colonies françaises, les chefs se voyaient souvent imposer de nouvelles tâches pour le moins ingrates, telle la perception d'impôts. Le caractère religieux du pouvoir du chef ne jouait plus aucun rôle. Tout cela contribua au démantèlement des structures de pouvoir précoloniales.

Alors que le système britannique de l'*indirect rule* conservait autant que possible intactes les formes de pouvoir traditionnelles, les chefs français n'étaient donc rien de plus, en pratique, que des instruments entre les mains du colonisateur. Il y avait aussi une différence de culture administrative. Une grande partie des fonctionnaires de l'administration britannique appartenaient à la *gentry*, ce qui expliquerait qu'ils ressentaient une certaine sympathie pour les pouvoirs traditionnels, y compris les souverains africains. Les Français, en revanche, étaient généralement issus de la petite bourgeoisie, nourrissaient des idéaux républicains et étaient allergiques à tout ce qui, de près ou de loin, rappelait le féodalisme et l'Ancien Régime. Ils tenaient les chefs pour des parasites et doutaient de leur loyauté.

Sur le plan théorique, les politiques d'assimilation et d'association étaient diamétralement opposées, mais en pratique il n'était pas rare qu'elles coïncident. Gallieni, le pacificateur de Madagascar, pensa même qu'une synthèse de ces deux politiques était possible[22].

LES MINISTÈRES : On ne savait pas toujours très bien de quel ministère relevait l'administration des colonies. Cela variait d'un pays à l'autre et d'une époque à l'autre. De profondes rivalités opposaient souvent les différents ministères. C'est ainsi que l'administration de l'Indochine française releva d'abord de la Marine puis fut reprise par le ministère de la Guerre et ensuite par les Affaires étrangères, après quoi elle dépendit finalement des Colonies. Du reste, les puissances coloniales créèrent toutes, tôt ou tard, un ministère des Colonies responsable de la plupart des régions d'outre-mer.

En Angleterre, ce fut tout d'abord le ministre de la Guerre qui assuma cette responsabilité mais, en 1854, un ministère des Colonies distinct (le Colonial Office) en fut chargé. Celui-ci ne fut toutefois pas compétent pour toutes les possessions d'outre-mer. L'Inde, par exemple, ne dépendit pas du ministre des Colonies — après qu'en 1858 la responsabilité pour l'Inde assumée jusque-là par l'East India Company eut été transférée à la Couronne — mais du Secretary for India. L'India Office était un appareil puissant doté d'un personnel beaucoup plus nombreux qu'au ministère des Colonies. Un autre ministère gérait aussi les régions d'outre-mer : le Foreign Office. Initialement, la majorité des colonies africaines ressortissait à ce ministère et était administrée par des consuls ou *commissioners*. Un règlement spécifique existait pour le Soudan qui, sur la base d'un accord anglo-égyptien, était administré comme un condominium anglo-égyptien et disposait de son propre organe administratif : le Sudan Political Service. De même, l'Égypte, qui ne devint officiellement un protectorat britannique qu'en 1914, relevait des Affaires étrangères et était gérée par un haut-commissaire. Lors de la conférence coloniale de 1907, le Colonial Office fut subdivisé en trois sections : les colonies de la Couronne, les dominions et la Section générale. En 1926, un ministre des dominions fut nommé. Les ministères et leurs services administratifs, l'Indian Civil Service, le Colonial

Administrative Service et le Sudan Political Service, demeuraient des mondes séparés. Et une nette démarcation existait dans le service colonial administratif entre Londres et chaque colonie.

Aux Pays-Bas, un ministère du Commerce et des Colonies avait déjà été créé en 1814. Plus tard, l'administration des colonies fut attribuée au ministre de la Marine. Il fallut attendre 1842 pour que voie le jour un ministère autonome des Colonies qui n'adopta sa forme définitive qu'en 1857. Il comportait différentes sections mais la section A, celle des Affaires des Indes orientales, était de loin la plus importante. Depuis lors ne cessa de croître par ailleurs le nombre des fonctionnaires coloniaux. Et plus spectaculairement au cours des années 1905-1910.

En France, les colonies relevaient traditionnellement du ministère de la Marine. Entre 1815 et 1871, la France n'eut quasiment pas de colonie et sa possession la plus importante, l'Algérie — qui ne pouvait cependant porter l'appellation de « colonie » —, était de la compétence du ministre de l'Intérieur. Après l'avènement de la Troisième République en 1871 débuta une nouvelle ère d'expansion coloniale. Les territoires alors acquis devinrent soit des protectorats, et alors ils ressortissaient aux Affaires étrangères, soit des colonies et ils relevaient du ministère des Colonies. L'histoire de ce dernier est mouvementé : créé en 1881, au sein du cabinet Gambetta, son existence fut aussi éphémère que celle du cabinet lui-même, il disparut dès 1882 pour réapparaître sous la forme d'un secrétariat d'État relevant, cette fois, non plus de la Marine comme auparavant mais du Commerce. C'est seulement en 1894 que fut formé, une fois pour toutes, un ministère autonome des Colonies. Il avait son siège au Pavillon de Flore, une aile du Louvre superbe mais peu appropriée à un tel département. Il fallut attendre 1910 pour qu'il trouve hébergement définitif rue Oudinot.

L'Allemagne fit son entrée sur la scène coloniale tardivement. Elle n'acquit sa première colonie qu'en 1884. Les questions coloniales y relevaient des Affaires étrangères. Initialement, un seul homme en fut chargé, le Geheimer Legationsrat Heinrich von Kusserow, qui travaillait au sein de la division juridico-commerciale. Lorsque, dans les années quatre-vingt, l'Allemagne acquit soudain un empire colonial, cette organisation ne suffit plus et, en 1890, une administration distincte en fut chargée — la Kolonial-abteilung. Quoiqu'elle fût subordonnée au ministre des Affaires étrangères, cette division se trouvait dans une situation unique puisque son dirigeant faisait directement rapport au chancelier du Reich et défendait généralement lui-même le budget colonial au Reichstag. En 1907, enfin, un ministère autonome des Colonies fut institué et, en 1910, fut adoptée une nouvelle organisation du service administratif colonial. Mais quatre ans plus tard l'Allemagne perdit ses colonies.

La situation au Congo belge était compliquée parce que ce territoire commença par être un État indépendant de 1885, année où il fut reconnu en tant que tel, à 1908, lorsque la Belgique en prit possession après qu'il eut appartenu à titre personnel au roi Léopold II. En réalité, les services administratifs étaient déjà, au demeurant, installés à Bruxelles, et les postes les plus importants se trouvaient entre les mains de Belges, quoique environ un tiers des agents de l'État se composait de personnes d'autres nationalités. Après sa reprise par l'État belge, ce territoire devint officiellement le Congo belge. La Belgique se dota alors d'un ministre des Colonies. Il y eut du reste, dans toute cette histoire, beaucoup de continuité. La fonction publique et l'administration furent en grande partie maintenues en place. Le corps de fonctionnaires en poste à Bruxelles, qui était déjà important, crût encore davantage. Il n'y avait pas moins de cinq directions générales comptant plus de soixante haut fonctionnaires — nombre inouï à cette époque-là. Dans les autres pays, les ministères des Colonies virent le jour encore plus tard, en 1911 pour ce qui est du Portugal et 1912 pour l'Italie.

ORGANISATION ADMINISTRATIVE : Comme la plupart des colonies européennes (contrairement aux britanniques) ne furent acquises qu'à la fin du XIXe siècle, la nécessité de mettre en place un système administratif colonial n'apparut qu'encore plus tardivement. Avant cette époque-là, seules deux régions avaient déjà une tradition administrative importante : les Indes néerlandaises et l'Algérie.

Les Indes néerlandaises avaient le système administratif le plus ancien et le plus élaboré. Leur administration était constituée d'un gouverneur général qui opérait quasiment en toute autonomie, surtout durant les premières années, et était assisté par un Conseil des Indes. Il dirigeait un service administratif connu sous le nom d'Administration intérieure. À cet égard, il convient toutefois de noter que jusqu'aux années 1870 l'autorité du pouvoir colonial et l'intérêt manifesté par lui se limitèrent essentiellement à l'île de Java qui était le centre de l'exploitation économique. L'administration néerlandaise était une forme de gouvernement double dans la mesure où, aux côtés du corps restreint de fonctionnaires néerlandais, existait une administration indigène, principalement dirigée par des chefs traditionnels, eux-mêmes placés sous la tutelle des Néerlandais.

En Algérie, un autre modèle fut suivi. La tradition centralisatrice et militaire française y régna. Au début, l'Algérie fut placée sous la seule autorité militaire mais la côte et les villes principales, où vivaient beaucoup d'Européens, furent dotées d'une administration civile sur le modèle français. Lorsque le nombre de colonies s'accrut, ce système s'avéra ne plus suffire et une forme d'administration coloniale distincte fut mise sur pied pour les nouvelles colonies. La Tunisie et le Maroc devinrent des protectorats jouissant, en théorie, d'un degré élevé d'autonomie intérieure. Initialement, ce système fut également le lot d'Annam et du Tonkin mais, après une période transitoire, toutes les possessions indo chinoises furent réunies sous le gouverneur général de l'Indochine française qui était en poste à Hanoi. En Afrique, il en alla de même. Les colonies françaises d'Afrique de l'Ouest et d'Afrique centrale furent rassemblées en deux fédérations, respectivement l'Afrique-Occidentale française (A-OF) et l'Afrique-Équatoriale française (A-EF). Un gouverneur général se trouvait à la tête de chacune d'elles. Madagascar avait son propre gouverneur général. À l'instar du vice-roi britannique en Inde, le gouverneur général était l'incarnation du pouvoir colonial. On observa une évolution identique en Angola et au Congo belge, ainsi qu'au Kenya et au Nigeria.

Sous cette autorité suprême opérait un corps de fonctionnaires dont la subdivision était, grosso modo, la même dans la plupart des colonies. L'entité la plus grande était la province (ou le district ou la colonie) placée sous l'autorité d'un gouverneur, puis le district (ou *cercle* ou *circonscricao*) dirigé par un commandant (ou *resident* ou *commissioner*) et enfin l'entité la plus basse, le poste (ou division ou sous-division ou territoire) aux ordres d'un chef (ou administrateur ou *district officer*). Les noms et les titres variaient mais cela revenait au même : c'est au niveau le plus bas qu'était réalisé le travail proprement dit. Les fonctionnaires européens y étaient les véritables maîtres, les « rois de la brousse ». Ils étaient en contact direct avec la couche administrative autochtone, qui n'était présente qu'à ce niveau-là, de régents, de *chiefs*, de chefs, de *headmen*, etc. Là aussi, les noms changeaient mais le contenu était à peu près le même.

LES FONCTIONNAIRES COLONIAUX ET LEUR FORMATION : La croissance du corps de fonctionnaires rendit nécessaire la création d'une formation spéciale. Les Pays-Bas, les premiers, la créèrent ; certains autres pays, comme la France, s'en inspirèrent. En 1825, le gouvernement néerlandais formula pour la première fois des exigences à l'intention de ses fonctionnaires coloniaux (conduite irréprochable, niveau minimal de connaissance). Qui y satisfaisait se voyait décerner une sorte de certificat (le Brevet de fonctionnaire colonial) et pouvait alors se hisser jusqu'aux rangs supérieurs de l'administration. Aucune formation n'était prévue à cette fin. Un cursus propre à cette formation est organisé en 1843, à Delft. Qui n'y avait pas étudié ne pouvait se voir attribuer que le grade le plus bas (fonctionnaire de troisième classe). Pour accéder au rang supérieur (la deuxième classe), il fallait obligatoirement avoir suivi la formation de quatre années à Delft. Cette formation comportait l'apprentissage de langues indonésiennes telles que le javanais et le malais, et l'étude des sciences naturelles et de la comptabilité. Un jury d'État faisait passer les examens. Les docteurs en droit pouvaient être nommés fonctionnaires de première classe.

Pour accéder aux rangs inférieurs, il suffisait de présenter le «petit examen de fonctionnaire». À partir de 1867, une formation dans cette optique fut organisée à Batavia. Un tiers des places était réservé à ces élèves, dont la plupart étaient des Indo-Européens. Chaque année, les candidats avaient la possibilité de présenter aux Indes et aux Pays-Bas le «grand examen de fonctionnaire» donnant accès à une progression de carrière. En 1843, l'École polytechnique de Delft commença à dispenser une formation à cet effet. En 1864, toujours à Delft, *l'Indische Instelling* (Institut des Indes) fut fondé. Sa fondation avait été précédée par un arrêté stipulant que cette formation était requise pour être admis aux rangs supérieurs de l'administration néerlandaise. Un régent indonésien ne portait pas dans son cœur «ces jeunes messieurs qui arrivent de Delft et qui ont l'impression d'être Dieu lui-même, et quand on leur dit la vérité et qu'elle n'est pas conforme à ce qu'ils souhaiteraient, ils ne la croient pas[23]». Ultérieurement, une formation fut également organisée à Leyde et, plus tard encore, celle-ci fut intégrée à l'université de Leyde.

En France, existait depuis 1886 l'École cambodgienne qui avait été créée pour familiariser les jeunes Indochinois avec la langue et la culture françaises et pour les former afin qu'ils s'insèrent dans l'administration coloniale. En 1888, quand le fils du roi de Porto-Novo y fut inscrit, cette école fut rebaptisée École coloniale (indigène) et demeura donc exclusivement destinée aux sujets coloniaux. L'année suivante vit une mutation décisive. L'École coloniale se vit doter d'une section européenne où des Français furent formés pour servir dans l'administration coloniale. En 1887, le Corps d'Administrateurs coloniaux avait été fondé à cette fin. En 1896, l'École put emménager dans un immeuble qui lui était spécialement destiné, avenue de l'Observatoire.

L'admission à l'École et l'examen final se faisaient, sur le modèle des « grandes écoles » françaises, par concours. Les premiers lauréats choisissaient l'Indochine qui était considérée comme la colonie la plus attrayante. Le Congo français (A-EF), en revanche, était pour ainsi dire méprisé. Tout comme la formation néerlandaise, la formation française consacrait beaucoup d'attention au droit mais était moins axée sur les connaissances linguistiques. « Colo » fournissait l'élite de l'administration coloniale qui était censée tout connaître et être fonctionnelle partout. Mais « Colo » n'eut jamais le prestige des vraies grandes écoles et elle dut donc se résoudre à admettre ceux qui se présentaient comme élèves. Par surcroît, ces fonctionnaires de formation théorique se heurtaient à une certaine opposition, l'expérience pratique étant jugée plus importante. En 1914 encore, un cinquième seulement du corps d'administrateurs coloniaux provenait de « Colo ».

Les Britanniques s'y prenaient tout autrement. Ils recrutaient les fonctionnaires de l'Indian Civil Service parmi les anciens élèves des grandes universités. C'est pourquoi le niveau social des fonctionnaires coloniaux britanniques était élevé, beaucoup plus élevé en tout cas que celui de leurs homologues français et néerlandais. Un grand nombre d'entre eux étaient issus, nous l'avons dit, des rangs de la *gentry*. John Bright, homme politique libéral, déclara avec pertinence que l'Empire britannique était un gigantesque système d'opportunité offerte aux aristocrates anglais[24].

La majorité d'entre eux avait fréquenté une *public school* et très nombreux étaient ceux qui étaient diplômés d'Oxford, de Cambridge, du Trinity College (Dublin) ou de Sandhurst. Lord Cromer, le chef du gouvernement anglais en Égypte, déclara que les Français et les Allemands avaient peut-être une meilleure formation technique mais que les Britanniques compensaient ce handicap par « le pouvoir effectif, la volonté d'assumer des responsabilités et leur ductilité dans des circonstances inédites — ce en quoi, plus que toute autre nation, excellent les Anglo-Saxons[25] ». Lord Lugard, le premier gouverneur général du Nigeria, décrivit, dans son fameux livre *The Dual Mandate in British Tropical Africa*, le fonctionnaire anglais comme étant « un gentilhomme anglais animé par une conception passionnée de l'équité, de la protection du faible et du respect des règles du jeu[26].

Les *Commissioners* de l'Indian Civil Service étaient chargés de sélectionner les candidats à une fonction au sein du service administratif indien. Ils examinaient leur expérience, leur formation et leurs recommandations, et décidaient de les admettre ou non à l'issue d'un entretien. Une fois admis, les candidats sélectionnés devaient accomplir en Angleterre un stage de deux ans durant lequel ils se consacraient à l'étude du droit et des langues. Après un ultime examen, ils se rendaient en Inde où ils devaient suivre un nouveau stage de deux années. Ensuite, ils étaient nommés à titre définitif. L'admission à cette filière était ouverte aux jeunes Indiens tout autant qu'aux jeunes Britanniques, mais dans la pratique la participation des premiers demeura fort restreinte.

Outre l'Indian Civil Service, il y avait le Colonial Administrative Service, qui était un agglomérat, résultat des aléas de l'histoire, de services administratifs appelés à gérer Ceylan, les *Straits Settlements* (établissements des détroits de Malacca et de Singapour) et Hong-kong. Mais on ne peut parler d'un Colonial Service moderne qu'à partir de l'arrivée de

Joseph Chamberlain aux Colonies en 1895. On y était admis par patronage, contrairement à ce qui était d'usage pour entrer au ministère même puisqu'il fallait, dans ce cas-là, passer un concours. Là aussi, les grandes universités et les *public schools* assuraient d'ordinaire la formation préparatoire.

Pour ce qui est de la Belgique, Léopold II avait fondé en 1893 une École coloniale à Bruxelles en vue de former des administrateurs dans ce qui s'appelait encore à l'époque l'État indépendant du Congo. Après que cet État fut devenu, en 1908, une colonie belge, il fut procédé en 1911 à une réorganisation. Comme les écoles du même type dans les autres pays, l'École coloniale mettait l'accent sur les aptitudes juridiques et administratives. Les officiers et les militaires subalternes y étaient formés également.

L'Italie instaura en 1905 un concours en vue de l'admission au service colonial mais elle n'était pas dotée d'une école spécifiquement axée sur ce service.

L'Association géographique de Lisbonne fonda en 1906 l'Escola Superior Colonial qui avait pour vocation de former des fonctionnaires coloniaux.

L'Allemagne fut dotée en 1908 d'un Kolonialinstitut qui avait son siège à Hambourg et qui était chargé de diffuser l'information sur les colonies et de former les fonctionnaires appelés à y servir. Outre des disciplines comme le droit, l'histoire et l'ethnologie, des matières pratiques telles que la botanique et l'élevage de bétail y étaient enseignées.

L'importance du corps de fonctionnaires coloniaux variait beaucoup d'un pays à l'autre. L'Inde britannique était administrée par un nombre incroyablement réduit de fonctionnaires. Aux alentours de 1890, l'Indian Civil Service comptait en tout et pour tout

900 agents administratifs britanniques. À Java, à la même époque, environ 300 fonctionnaires néerlandais étaient en poste alors que l'Inde comptait dix fois plus d'habitants que Java (trois cents millions contre trente millions). Aussi, il n'y a rien d'étonnant à ce que le spécialiste — et admirateur — français du système colonial néerlandais, Joseph Chailley-Bert, jugea que « Java [était] trop gouvernée[27] ». Quoique les Français soient connus pour l'ampleur de leur administration, le nombre de fonctionnaires français en Afrique était très limité. En 1912, il n'y avait que 341 administrateurs coloniaux français en Afrique occidentale française, laquelle était de loin, avec une superficie de près de 5 millions de kilomètres carrés, la plus grande colonie française.

Les appareils administratifs étaient dotés d'une structure hiérarchique. Au sein de l'administration néerlandaise aux Indes, il y avait environ dix rangs entre le rang le plus bas et le rang le plus élevé. Outre les *administrateurs coloniaux*, la France et la Belgique avaient des *inspecteurs coloniaux*. Ces derniers — des fonctionnaires hautement appréciés et grassement payés — dépendaient directement du gouverneur général. Au Congo belge, le salaire d'un *inspecteur général* était presque aussi élevé que celui d'un *vice-gouverneur général*. En France, un gouverneur gagnait autant qu'un général et un gouverneur général gagnait même le triple. Mais les administrateurs les mieux payés étaient les fonctionnaires britanniques. En 1914, le gouverneur général du Nigeria avait des revenus une fois et demie supérieurs à ceux du ministre des Colonies et deux fois et demie à ceux du militaire le plus haut gradé.

FORCES AUTOCHTONES : Du point de vue administratif, l'administration coloniale s'avérait souvent être un patchwork. C'est ainsi qu'il y avait des protectorats où, en principe, l'administration précoloniale, si le pays colonisé en était doté, était maintenue. En Inde britannique, certaines régions étaient placées sous autorité britannique mais une très grande partie du pays était constituée d'États princiers plus ou moins indépendants qui étaient gouvernés par une autorité locale. De même à Java, centre de l'empire colonial néerlandais, Soerakarta et Djogjakarta, les deux principautés dirigées respectivement par leur sultan et leur *soesoehoenan*, n'ont jamais cessé d'exister.

Les Européens étaient très tributaires de la collaboration des Africains et des Asiatiques. Cela ne valait pas seulement pour les armées coloniales, qui en règle générale étaient composées majoritairement de soldats indigènes, mais aussi pour l'administration. Il n'était pas rare qu'il y ait l'une ou l'autre forme de double administration. Aux côtés des fonctionnaires administratifs européens siégeaient des administrateurs autochtones. Puis il y avait à l'échelon intermédiaire des fonctionnaires de police et des interprètes.

Aux Indes néerlandaises, la situation était simple. La *lingua franca* dans l'archipel indonésien était le malais. Mais le javanais était répandu également. Par conséquent, les fonctionnaires administratifs coloniaux apprirent ces deux langues. Les élèves de « Colo » suivaient des cours de langues indochinoises.

L'Afrique, caractérisée par une pluralité incroyable de langues, imposait l'existence d'une armée d'interprètes. Les langues officielles de l'administration étaient évidemment les langues européennes et leur influence est encore grande aujourd'hui. C'est pourquoi les commandants locaux devaient faire appel à des interprètes africains pour leurs contacts avec la population autochtone. Dès 1862, le gouverneur général du Sénégal, Jauréguiberry, créa un corps spécial d'interprètes et d'interprètes auxiliaires. Les administrateurs des autres colonies suivirent plus tard cet exemple. Il y avait un système extrêmement complexe de rangs, qui était constitué d'interprètes principaux (six classes), d'interprètes titulaires (cinq classes), d'interprètes auxiliaires (deux classes) et de stagiaires et d'élèves. Henri Brunschwig a dit l'importance de ces fonctionnaires : leur influence était considérable mais aussi reconnue par l'administration coloniale, comme l'attestent leurs salaires relativement élevés. Les interprètes étaient les fonctionnaires africains les mieux payés. Les interprètes principaux gagnaient même le double de ce que gagnaient en début de carrière les administrateurs coloniaux français[28]. Le pouvoir des interprètes africains est attesté par le dicton : « Le commandant passe, mais l'interprète reste[29]. »

SYSTÈMES JURIDIQUES ET SYSTÈMES FISCAUX : Un argument légitimait à la fois l'expansion européenne et le pouvoir colonial : ils promouvaient le christianisme, la civilisation et la justice. Il en résulta logiquement une propagande en faveur de la foi chrétienne et de la législation européenne. Dans la pratique, de profondes divergences existaient dans le domaine juridique et beaucoup d'entre elles dépendaient de la situation locale. Au Maghreb, les Français trouvèrent des systèmes juridiques très différents : le droit islamique, le droit coutumier berbère et les lois régissant les communautés juives. Ils maintinrent en grande partie cette législation mais décidèrent en même temps que la jurisprudence française primait toutes les autres.

Sur le plan juridique, l'Inde britannique donnait à voir un tableau très varié. Dans la province de

Bombay existait un système que l'on pourrait comparer au mieux au droit coutumier hindou. Au Bengale et à Madras était en vigueur une forme de législation hindoue anglaise et, au Pendjab, le droit coutumier anglais était d'application.

Quant aux Indes néerlandaises, elles connaissaient un système dual. Le système juridique applicable aux Néerlandais et aux « autres Européens » (catégorie à laquelle les Japonais appartinrent aussi à partir de 1899!) devait ressembler le plus possible au système néerlandais. La population autochtone, dans laquelle étaient également rangés les prolifiques Chinois, ressortissait à ses propres lois, institutions et usages religieux. Vers 1900, ce système essuya un feu de critiques et d'aucuns plaidèrent en faveur de l'instauration d'un système juridique européen uniforme. Cependant, il n'en fut rien car un tel système aurait eu des répercussions trop importantes pour la population indonésienne. L'illustre juriste Cornelis van Vollenhoven milita en faveur du maintien du droit coutumier indonésien (le droit *adat*) et de sa codification. Il obtint gain de cause.

Les droits fonciers constituaient un aspect particulier de la problématique juridique. Dans la plupart des régions non européennes, le sol n'était pas considéré comme une marchandise négociable. Certes, ces régions connaissaient le droit foncier mais il concernait généralement certains droits d'usage (chasse, élevage, production agraire) et non la pleine propriété. Dans ce domaine, l'expansion européenne n'engendrait pas des problèmes partout. En Inde et en Afrique occidentale, aucun colon européen ou presque ne chercha à s'attribuer des terres agricoles. Aux Indes néerlandaises, les terres cultivées étaient considérées comme étant la propriété de la communauté villageoise (*desa*), l'autorité publique n'accordant qu'un bail emphytéotique pour les «terres sauvages». Certes, certains planteurs avaient des propriétés foncières mais ils étaient peu nombreux. Dans les régions comptant beaucoup de colons européens, telles que l'Afrique du Nord et de l'Est, la réglementation relative à la propriété foncière était un point fondamental.

La législation sur la fixation de la propriété foncière était également importante du point de vue de l'impôt, du moins si celui-ci était assis sur la propriété foncière. C'était le cas en Inde britannique où la rente foncière était la plus importante source de deniers publics. Certains économistes anglais y voient une forme de fermage et non un impôt. C'est ce qui permit à John Maynard Keynes d'affirmer que les impôts en vigueur en Inde étaient faibles pour la bonne et simple raison qu'il ne comptabilisait pas le revenu foncier.

Dans l'État indépendant du Congo était en vigueur une règle selon laquelle toute possession sans maître — donc, aussi, les possessions foncières — appartenait à l'État. En fait, ces possessions foncières d'État étaient considérées comme des possessions privées du roi des Belges Léopold II, qui régnait en souverain unique sur l'État indépendant.

Une autre méthode usuelle de collecter des recettes était celle des impôts solidaires. Elle consistait généralement à contraindre au paiement d'un certain montant la communauté villageoise qui décidait ensuite elle-même de sa répartition. Aux yeux des coloniaux, cet impôt solidaire revêtait une triple utilité. D'abord, il produisait des recettes pour le budget colonial, recettes qui, sinon, auraient dû provenir des impôts récoltés en métropole. Deuxièmement, pour acquitter cet impôt, il fallait contraindre la population indigène au travail salarié. Cela était censé leur inculquer le goût du travail régulier sans qu'il fût nécessaire de leur imposer les travaux forcés. Troisièmement, cela favoriserait la monétarisation de l'économie et, partant, la modernisation des colonies[30]. Outre la rente foncière et les impôts solidaires, l'État colonial disposait d'autres moyens pour collecter des recettes, comme les impôts indirects, les taxes sur les denrées telles que le sel, l'opium et l'alcool, ou les régies, c'est-à-dire des monopoles d'État sur le négoce de ces denrées.

LES IDÉES

Le colonialisme et les sciences

Francis Bacon soutient que la connaissance est source de puissance. Dès l'origine, l'expansion européenne a contribué au développement de la connaissance et de la science. Avant tout, le besoin de connaissance concernait évidemment le temps et le climat, la géographie et la topographie — notions qui étaient en effet indispensables à la navigation et à l'exploration. Les scientifiques s'intéressaient aussi à la flore et à la faune de l'outre-mer. Les épices étaient en effet l'enjeu fondamental. Rumphius rédigea en ce domaine son célèbre *Amboinsche Kruytboeck* qui comptait pas moins de douze tomes et qui lui valut une notoriété telle qu'il fut appelé « le Pline de l'Indonésie ». Jacob Bontius rédigea un ouvrage important sur la médecine tropicale. Henric van Reede tot Draakestein, gouverneur de l'établissement hollandais de Malabar mais botaniste à ses heures, publia entre 1678 et 1703 son célèbre *Hortus Indicus Malabaricus* qui fut continué au XVIIIe siècle par des agents de l'East India Company, dont Johan Gerhard Koenig.

L'étude scientifique ne cessa jamais de susciter l'intérêt. Les services topographiques prirent bientôt la relève des anciens cartographes, en sorte que l'œuvre des premiers botanistes trouva un prolongement dans les jardins des plantes tropicaux. En 1786 fut inauguré le jardin botanique de Calcutta. L'aménagement du célèbre jardin des plantes de Buitenzorg à Java fut entamé en 1817. Plus tard, une station expérimentale agricole sera installée non loin de là. Le jardin de Buitenzorg était le plus riche du monde, et cela également au sens financier du terme puisque son budget dépassait même celui des jardins royaux de Kew en Angleterre. Il atteignit son apogée sous la direction de Melchior Treub (1851-1910). Tout aussi célèbres sont les études botaniques de Franz Wilhelm Junghuhn, le grand explorateur des Indes néerlandaises : Junghuhn était géographe, cartographe, ethnologue, vulcanologue, topographe, paléontologue et linguiste, ce qui lui valait d'être appelé le «Humboldt de Java». Il écrivit le livre célèbre *De Bataklanden op Sumatra* (*Les pays Batak de Sumatra*), mais si l'on se souvient de lui, c'est en raison de son ouvrage en quatre tomes intitulé *Java, zijn gedaante, zijn plantentooi en inwendige bouw* (*Java, sa physionomie, ses plantes et sa construction intérieure*).

Outre cet intérêt scientifique pour la flore, les colons s'intéressèrent également à la culture et à la société orientales, aussi bien du point de vue matériel (produits et objets) que symbolique (langue, us et coutumes). Cet intérêt, manifeste depuis le début, s'accrut au XVIIIe siècle sous l'influence des Lumières.

Cette impulsion fut décisive, elle permit la création de nombreuses sociétés savantes. Ainsi la Bataviaasch Genootschap van Kunsten en Wetenschappen, fondée en 1778, est la société savante la plus ancienne d'Asie, plus ancienne encore — même si c'est de peu — que l'Asiatic Society of Bengal qui fut créée en 1784 par l'illustre orientaliste anglais sir William Jones.

Les Lumières donnèrent aussi de nombreuses impulsions à la collection d'objets et au glanage de connaissances sur l'Orient. Cet engouement avait trait essentiellement à la culture de l'Orient, culture dont le passé inspirait une profonde admiration. Au XVIIIe siècle, le face-à-face ne se jouait pas entre un Occident développé et un Orient sous-développé, entre un Occident jugé supérieur et un Orient proclamé arriéré. Montesquieu faisait le détour par l'Orient dans ses *Lettres persanes*, Voltaire, malgré ce qui lui paraissait être une arriération du point de vue technique, concluait toutefois que la Chine était l'exemple d'une haute civilisation.

Graduellement, toutefois, se forma l'image d'une Asie en état de léthargie et de stagnation face à une Europe vivante, active et dynamique. Hegel, dans sa philosophie de l'Histoire, cantonne l'Asie sur le bas-côté de l'Histoire, ruine majestueuse et identique à elle-même[31] — image proche de celle peinte par Karl Marx, pour lequel la Chine était une momie couchée dans un cercueil scellé et sur lequel l'Histoire ne saurait avoir de prise[32].

À l'égard des Africains, l'attitude était radicalement différente. Les colonisateurs n'avaient pas dressé l'image d'une grande civilisation ancienne qui serait ensuite entrée en stagnation. Au contraire, les Africains étaient tenus depuis des siècles pour l'incarnation de la sauvagerie primitive. Et les Lumières, en ce domaine, ne brillèrent assurément pas par l'intelligence. Voltaire considérait tout simplement les Noirs comme des animaux et se livrait à des spéculations sur le croisement d'orangs-outangs et de négresses. Buffon, aujourd'hui célèbre comme le grand naturaliste des Lumières, tenait les Hottentots — que le gouverneur néerlandais de la colonie du cap Jan van Riebeeck avait déjà désignés comme des «chiens noirs et puants[33]» — pour des créatures repoussantes aussi dégénérées que les nègres. Comme il convient à un véritable chercheur moderne, il proposa une expérience qui consistait à transférer un groupe de Noirs du Sénégal au Danemark afin de voir combien de temps il faudrait pour qu'ils redeviennent blancs et, partant, civilisés. Ainsi, il serait possible de découvrir combien de temps cela avait pris pour que, de Blancs qu'ils étaient, ils deviennent Noirs[34].

Nombreux étaient ceux qui refusaient de croire que les Blancs et les Noirs appartenaient à la même espèce. Le grand explorateur de l'Afrique Samuel Baker, qui soutenait avoir «une longue expérience des sauvages d'Afrique», concluait qu'on ne saurait ni condamner les Noirs en général ni prétendre à les comparer, au plan de l'intelligence, avec les Blancs. Le tort de certains était, selon lui, de vouloir mettre à égalité ce qui ne l'était pas et d'oublier les raisons pour lesquelles le Noir était un être inférieur[35]. Ce que l'*Encyclopaedia Britannica*, dans son édition de 1884, résumait en ces termes: «Jamais un nègre de souche ne s'est distingué comme homme de science, poète ni artiste et l'égalité que réclament pour lui les philanthropes ignorants est démentie par l'histoire des races depuis les commencements[36].»

LE MOUVEMENT GÉOGRAPHIQUE : Samuel Baker fut l'un des célèbres explorateurs du XIXe siècle, parmi beaucoup d'autres. Car voyager et, surtout, explorer étaient alors l'une des grandes passions humaines. Cet engouement pour les voyages de découverte était lié à l'essor de la géographie. Ces expéditions eurent pour effet de stimuler cette science et, inversement, les géographes promurent de nouvelles explorations.

L'association géographique de loin la plus connue fut la Royal Geographical Society de Londres, qui vit le jour en 1830. Mais la plus ancienne était la Société de Géographie de France, qui avait été créée à Paris dès 1821 mais qui ne connaîtrait son grand essor que vers 1875. De 1860 à 1880, le nombre de ses membres, qui était plutôt stable depuis sa création, explosa, passant de 300 à 2 000. Par surcroît, au cours de la seule période 1873-1884, 26 autres associations géographiques furent fondées en France et trois associations supplémentaires virent le jour en Algérie. En 1896, les associations géographiques françaises comptaient, ensemble, 20 000 membres, ce qui constituait un record mondial. En effet, en 1894, on comptait à travers le monde 111 associations géographiques comptant au total plus de 53 000 membres. Avec près de 19 000 membres, la part de la France s'élevait à 35 %. En 1871, une chaire de géographie fut créée au Collège de France et, en 1872, la géographie devint une matière scolaire. L'engouement français était considérable. Le président de la République Mac-Mahon considérait la géographie comme « la philosophie de la Terre[37] ». Mais cette passion pour la géographie n'était pas désintéressée. En 1874, fut fondée à Bordeaux une association de géographie commerciale et, en 1876, une association analogue fut créée à Paris. La vocation de la géographie n'était pas seulement de découvrir le monde mais aussi de l'assujettir.

Des associations géographiques virent le jour ailleurs également. Berlin suivit en 1828, Saint-Pétersbourg en 1845. La *Societa Geografica Italiana*, créée en 1862, déménagea en 1873 de Florence à Rome où elle devint une organisation influente. En 1888, elle comptait déjà 1 232 membres parmi lesquels nombre de personnes influentes : quatre (anciens) Premiers ministres et quantité de ministres, de généraux, d'amiraux et de politiciens. Ils menaient une campagne coloniale active. À Lisbonne, une société géographique fut créée en 1875. Aux Pays-Bas, ce fut chose faite en 1873. Mais il faut ajouter que, dès 1851, avait été créé le Koninklijk Instituut voor Taal-, Land- en Volkenkunde qui était très actif dans les domaines cités. Les fondateurs du Nederlands Aardrijkskundig Genootschap provenaient essentiellement du monde de l'enseignement secondaire. Son premier président fut le professeur P.J. Veth (1814-1895), un homme qui avait énormément de centres d'intérêt, une très grande érudition ainsi qu'une assiduité et une ardeur au travail inépuisables, et qui stimulait de multiples manières l'attention des Pays-Bas pour le monde d'outre-mer colonial. Cette association éditait une revue et disposait d'une collection de livres et de cartes. Elle optait pour une approche pratique et manifestait un vif intérêt pour les colonies néerlandaises, notamment aux Indes. Parmi ses premiers membres, nous trouvons le ministre des Colonies en fonction à l'époque, I.D. Fransen van de Putte. La société prit l'initiative de lancer quelques expéditions scientifiques, comme celle vers la région centrale de Sumatra. Cette expédition poursuivait elle-même un but pratique : une meilleure connaissance de Sumatra était nécessaire pour pouvoir assujettir ce pays. L'association mènerait plus tard des expéditions analogues à Bornéo et en Nouvelle-Guinée.

EXPLORATIONS : Semblables expéditions et explorations furent entreprises à grande échelle au XIXe siècle. Les Français furent actifs en Indochine, plus précisément sur le fleuve Rouge et le Mékong qui étaient considérés comme des voies d'accès à la Chine. Francis Garnier leur consacra, en 1873, sa célèbre et passionnée relation de voyage intitulée *Voyage d'exploration en Indochine*. Mais de telles expéditions furent également menées aux Indes néerlandaises. L'étude réputée de A.R. Wallace, *The Malay Archipelago*, qui parut en 1869, était notamment fondée sur des voyages qu'il avait effectués dans l'archipel indonésien au cours des années 1854-1862. Ce grand biologiste et codécouvreur du principe de la sélection naturelle était par surcroît un grand admirateur du système colonial néerlandais.

Cependant, c'est à l'Afrique, où les grands fleuves — le Nil, le Niger et le Congo — étaient utilisés comme voies d'accès, que l'on portait le plus vif intérêt. La grande aventure des explorations africaines avait commencé dès le XVIIIe siècle. Dans les années 1780, une Association for Promoting the Discovery of the Interior Parts of Africa avait été créée à Londres. Peu de temps après fut lancée la fameuse expédition de Mungo Park qui partit à la découverte des fleuves Gambie et Niger durant les années 1795-1796. De 1805 à 1830, le gouvernement britannique finança une série d'expéditions qui explorèrent une grande partie de l'Afrique de l'Ouest. Mais le plus célèbre et le plus romantique de tous les fleuves était le Nil. Pendant la période napoléonienne, il y avait eu un fort engouement pour l'Égypte antique. L'expédition militaire, qui avait investi l'Égypte en 1798, emmenait dans ses bagages une commission des arts et des sciences qui comptait 167 savants pratiquant les disciplines les plus diverses. Leur *Description de l'Égypte* deviendrait un classique. Par ailleurs, ce vif intérêt pour l'Égypte entraîna un intérêt pour les sources du Nil. Dans les années 1858-1859, Richard Burton et John Speke atteignirent les lacs Tanganyika et Victoria. Toutefois, l'heure des plus grandes expéditions était encore à venir. Parmi les nombreux explorateurs du continent africain, trois sont devenus très célèbres : Livingstone, Stanley et Brazza.

Livingstone (1813-1873), médecin, missionnaire et explorateur, avait déjà accompli plusieurs grands voyages — son périple transafricain de Luanda sur la côte ouest à Quelimane sur la côte est fut le plus illustre — avant de se lancer à corps perdu, en 1866, dans une expédition dont l'objectif était de résoudre l'énigme des sources du Nil. Au cours d'un de ses voyages, il suivit, en 1871, le cours du Lualaba. Ce fleuve puissant et long est, en réalité, le cours supérieur du Haut-Congo. Mais Livingstone était convaincu que c'était un prolongement du Nil. Cette erreur de jugement eut pour conséquence de placer l'Afrique centrale au cœur des préoccupations et de permettre son exploration tant à partir de l'Afrique de l'Ouest que de l'Afrique de l'Est.

L'homme dont le nom est indissociablement lié à cette évolution, Stanley, deviendrait l'explorateur le plus célèbre de son temps et le plus grand de toute l'histoire de l'exploration de l'Afrique. Henry Morton Stanley (1841-1904) s'appelait en réalité John Rowlands. Il était né le 28 janvier 1841 à Denbigh, au Pays de Galles. Son acte de naissance stipule que sa mère s'appelait Elizabeth Parry et que John Rowlands reconnut sa paternité. Quoique cette description fût sans équivoque, la mention « bâtard » avait été ajoutée pour éviter tout malentendu. Après une jeunesse misérable, il trouva en Amérique une nouvelle patrie de même qu'une vocation nouvelle, celle de correspondant de guerre et, plus tard, de correspondant itinérant. Pour le compte du *New York Herald* et du *Daily Telegraph*, il dirigea l'expédition «Anglo-American», cette traversée de l'Afrique de côte à côte censée résoudre toutes les énigmes qui subsistaient. À quoi ressemblait le lac Victoria? Le Nil y prenait-il sa source? Le Loualaba, découvert par Livingstone, était-il la source du Nil, du Congo ou du Niger? Pour l'histoire du Congo, ce voyage revêtit une grande importance: Stanley démontra en effet qu'après le Stanley Pool ce fleuve constituait une excellente voie d'accès à l'Afrique centrale.

Les Anglais n'aimaient pas vraiment Stanley. Petit, corpulent et le visage couperosé, il n'était pas très séduisant. La reine Victoria trouvait que Stanley était «un petit homme déterminé et laid, avec un fort accent américain[38]». Au début, la *Geographical Society* le tenait pour un charlatan. En revanche, le roi des Belges, Léopold II, l'admirait profondément. Aussi Stanley entra-t-il à son service jusqu'en 1885. Ensuite, il dirigerait encore l'Emin Pasha Relief Expedition.

Le troisième grand explorateur du continent africain, Savorgnan de Brazza (1852-1905), était un tout autre personnage. Pierre Savorgnan de Brazza était né à Rome dans une famille de douze enfants dont il était le septième fils. Son père ainsi qu'un ami de la famille, l'amiral français de Montaignac, l'incitèrent dès son plus jeune âge à s'intéresser à la marine — la marine française, s'entend. À cette époque-là, il n'y avait pas encore de marine italienne et, d'ailleurs, l'Italie n'existait pas encore sous la forme d'un État unifié et souverain. En 1875, il fut chargé d'une mission en Afrique. Cette expédition amena Brazza à remonter le cours de l'Ogoué en traversant la forêt tropicale jusqu'au cours supérieur de ce fleuve où, plus tard, Franceville serait fondée. En pénétrant dans le bassin de cet affluent du Congo, Brazza découvrit une voie d'accès nouvelle et relativement aisée au bassin du Congo supérieur. Les répercussions pour la région du Congo seront, elles aussi, énormes.

ORIENTALISME ET OCCIDENTALISME : Les Lumières, le mouvement géographique et les expéditions des explorateurs contribuèrent beaucoup à la connaissance des sociétés d'outre-mer. Le colonialisme qui se développait au XIXe siècle eut évidemment la même portée. Compte tenu de la participation croissante du colonisateur dans la gestion des colonies, il lui était nécessaire d'acquérir sur ces sociétés conquises des connaissances dans les domaines les plus divers. Pour propager le christianisme, il fallait traduire la Bible dans les langues des peuples asiatiques et africains. C'est ainsi que les missions donnaient des impulsions à l'étude de ces langues. Le premier dictionnaire swahili fut fabriqué par un missionnaire allemand. Et dans le cadre de la formation des fonctionnaires coloniaux, il fut prêté attention également à l'apprentissage des langues autochtones. Aux Indes néerlandaises, il y avait, aux côtés des fonctionnaires administratifs, des fonctionnaires linguistiques.

C'est ainsi qu'à l'aube du XXe siècle virent le jour les sciences coloniales et tout ce qui y était apparenté, c'est-à-dire, pour employer les termes de lord Salisbury : « l'ameublement nécessaire de l'Empire[39] » : instituts coloniaux (à Amsterdam mais aussi à Bruxelles et à Paris), académies des sciences coloniales, congrès coloniaux internationaux, associations pour une sociologie coloniale, etc. L'Institut colonial international publia en l'espace de quelques années quarante livres consacrés à des matières comme le droit du travail, l'administration, les systèmes fonciers, les systèmes d'irrigation, la législation, l'enseignement, etc.

La croissance de la taille des empires coloniaux et celle des connaissances des cultures étrangères aboutirent aussi à un grand dilemme : fallait-il développer ou non, changer ou non, imposer les valeurs occidentales en les érigeant en valeurs universelles ou respecter les valeurs autochtones ? Au XVIIIe siècle, les Anglais s'étaient déjà demandé, en Inde, de quel droit ils s'immisçaient dans cette société et tentaient de changer sa culture. Au XIXe siècle, ce dilemme déboucha sur le fameux débat « orientalisme contre occidentalisme ». Ce grand débat puisait son origine dans un article ambigu qui en 1813 avait été inséré dans la Charte de l'East India Company. Il prévoyait que, chaque année, 10 000 livres sterling devaient être allouées à la promotion de l'enseignement et de la science en Inde, plus exactement « au renouveau et à l'amélioration de la littérature, à l'enseignement des Indiens cultivés et à l'introduction et à la promotion d'un savoir scientifique parmi les habitants des territoires britanniques en Inde[40] ». Cette formulation légitimait deux options : soit la promotion de la langue, de la culture et de la science de l'Inde, soit la promotion de la science et de l'enseignement occidentaux. Les orientalistes tenaient en haute estime l'ancienne science orientale et considéraient que la science occidentale y plongeait ses racines. Aussi étaient-ils partisans d'un enseignement dans les langues asiatiques classiques (le sanscrit, le perse et l'arabe). En revanche, les anglicistes ou occidentalistes jugeaient l'ancienne science orientale dénuée de valeur et promouvaient l'enseignement occidental en langue anglaise. Il ne s'agissait pas ici d'un antagonisme opposant Anglais et Indiens. Car certains Anglais respectaient profondément l'Inde antique, souhaitaient promouvoir le sanscrit et diffuser des connaissances modernes dans les langues locales par le biais de l'enseignement. Et certains Indiens y étaient farouchement opposés et prônaient un enseignement de la science occidentale en langue anglaise. Le plus célèbre d'entre eux était Ram Mohan Roy. Dans une lettre qu'il adressa en 1823 au gouverneur général, lord Amherst, il s'insurgea contre l'établissement du Sanskrit College à Calcutta.

D'éminents penseurs comme James Mill et Charles Trevelyan optèrent résolument pour l'approche occidentale. Le plus important document qui en témoigne provenait du beau-frère de Trevelyan, Thomas Babington Macaulay, qui deviendrait plus tard un historien célèbre mais qui était encore à l'époque, tout comme Trevelyan, fonctionnaire du Service administratif indien. Dans sa « Minute on Education in India » de 1835, il décrivit la civilisation indienne comme une combinaison d'absurdités historiques, métaphysiques, physiques et théologiques, au point, disait-il, qu'« une seule étagère d'une bibliothèque occidentale [valait] mieux que tous les savoirs indiens et arabes réunis. Il ambitionnait de créer, au moyen d'une bonne éducation, une catégorie d'hommes qui serait « indiens par le sang et la couleur, mais anglais dans leurs goûts, leur moralité et leur intelligence[41] ».

Le gouverneur général, lord Bentinck, l'approuvait. En conséquence, un arrêté du 7 mars 1835 stipulait que le premier objectif du gouvernement britannique devait être la promotion de la littérature et de la science européennes parmi les Indiens et l'anglicisation de l'élite indienne[42]. L'anglais supplanta le perse comme langue administrative officielle. Après 1900, le mot d'ordre fut « développement ». Le colonialisme suivait sa dynamique interne. L'économie, la science et la technique furent mobilisées tout ensemble pour réaliser la mise en valeur des régions d'outre-mer. Les connaissances sur l'Orient furent intégrées puis systématisées dans les sciences occidentales. C'est ainsi que virent le jour des disciplines telles que l'hygiène tropicale et la médecine tropicale, l'agriculture et la sylviculture tropicales, bref les sciences qui présentaient un intérêt du point de vue du développement.

Enseignement

Tout le monde était convaincu de la nécessité d'un enseignement. La question était d'en définir l'objet et la manière d'y pourvoir. À cet égard, deux questions revenaient sans cesse : l'enseignement devait-il s'adresser aux masses ou tendre à former une élite? Et aussi : l'enseignement devait-il aboutir à une occidentalisation ou s'inscrire dans la transmission de la tradition? En Inde, l'on opta pour l'anglicisation de l'élite autochtone. Certes, un enseignement populaire était dispensé en hindi et en bengali mais il ne s'agissait pas d'un enseignement de l'État. En Indochine, les Français commencèrent par ne rien faire dans le domaine de l'enseignement, hormis former des interprètes. Cette tâche était laissée aux écoles locales existantes qui dispensaient un enseignement dans les langues régionales et aux missionnaires. Plus tard apparut l'enseignement franco-indigène où les élèves autochtones pouvaient étudier tant leur langue maternelle que le français. En Algérie existait l'enseignement franco-arabe mais ce ne fut pas une réussite et, par surcroît, l'enseignement autochtone périclita. C'est ce qui inspira à Tocqueville sa fameuse conclusion selon laquelle la France avait rendu la société musulmane plus ignorante et plus barbare qu'elle ne l'était avant la conquête[43].

Les efforts fournis dans le domaine de l'enseignement étaient passablement variables et les résultats obtenus étaient à l'avenant. À la fin de la période coloniale, 8 % seulement de la population de l'Indonésie étaient alphabétisés ; 10 % de celle de l'Indochine française ; 12 % de celle de l'Inde britannique mais 50 % de celle des Philippines. La politique linguistique des divers pays était également très variable. L'anglais et le français devinrent les langues les plus importantes de l'Afrique, devant le portugais. En revanche, les Pays-Bas n'ont jamais mené de politique linguistique aux Indes néerlandaises, mais aux Indes occidentales où, notamment au Surinam, vivait une population très métissée et en grande partie importée, l'on s'efforça avec succès d'introduire le néerlandais comme langue populaire. Mais il s'agissait d'une population fort peu nombreuse. Aux Indes néerlandaises, l'introduction à grande échelle du néerlandais fut rejetée massivement, l'Inde britannique faisant figure d'épouvantail. Le ministre des Colonies, J.C. Baud, conclut qu'« un peuple auquel ses oppresseurs s'adressent toujours dans une langue étrangère a l'impression qu'ils lui rappellent ainsi constamment et désagréablement sa subordination[44] ». La politique linguistique aux Indes néerlandaises poursuivait un double objectif : les masses recevaient un enseignement élémentaire dans leur langue locale — de très nombreuses langues sont parlées dans l'archipel — ou en malais. Seule une petite élite pouvait recevoir une formation occidentale avec le néerlandais comme langue véhiculaire, le but étant que cette élite se solidarise avec les autorités néerlandaises.

Au Congo belge, une politique linguistique comparable fut mise en œuvre. La langue administrative officielle était le français. L'alphabétisation des masses s'effectuait dans des langues autochtones sélectionnées.

En Afrique subsaharienne, l'enseignement ne commença à être organisé qu'au XXe siècle. L'enseignement occidental fut réalisé par plusieurs institutions. Les missions jouaient à cet égard un rôle majeur. Les Anglais laissèrent en grande partie aux missionnaires le soin d'organiser l'enseignement. Les premières écoles anglaises pour Africains furent créées en Sierra Leone et au Cap. Ces écoles étaient très simples. La « bush-school » (école de la brousse) servait d'école pendant la semaine et d'église le dimanche. L'étude de la langue du maître était généralement un objectif pédagogique important, sinon le plus important. Il arrivait que dans les premières classes un enseignement fût aussi dispensé dans la langue vernaculaire mais à titre exceptionnel. L'enseignement était en outre axé sur des choses élémentaires telles que l'apprentissage de la lecture et de l'écriture, et l'étude de la religion. Ces aptitudes étaient garantes d'une certaine mobilité sociale. Ceux qui possédaient un certain degré d'instruction pouvaient acquérir des fonctions dans l'administration coloniale ou au sein du clergé.

La mission n'était pas la seule institution qui s'occupait d'enseignement. La première école européenne en Afrique de l'Ouest fut une école du gouvernement français créée au Sénégal en 1818. La lutte pour l'école publique et le conflit entre l'Église et l'État en France entraînèrent également des conséquences pour les colonies françaises. Jusqu'en 1905, les missionnaires avaient joué le rôle le plus important dans le domaine de l'enseignement mais la loi sur la séparation de l'Église et de l'État mit un terme à cette situation. Les écoles de la mission perdirent alors leurs subsides et, dans les services publics, les anciens élèves des écoles publiques eurent désormais la priorité à l'embauche sur ceux des écoles de la mission. En 1914, le gouvernement décida d'interdire tout futur développement de l'enseignement privé.

De même, les administrateurs anglais, dans les régions fortement islamiques comme Cromer au Soudan et Lugard dans le nord du Nigeria, s'efforcèrent de restreindre l'enseignement de la mission par crainte de répercussions parmi la population islamique. Ils craignaient en outre que, si cet enseignement était dispensé à grande échelle, il pourrait provoquer l'avènement d'un ample mouvement nationaliste. Le directeur de l'enseignement du Soudan, James Currie, résuma ainsi les objectifs que devait poursuivre tout enseignement : 1) susciter l'avènement d'une classe compétente de travailleurs manuels ; 2) transmettre certaines connaissances au plus grand nombre de manière qu'il puisse comprendre les principes les plus simples de l'administration coloniale ; 3) susciter l'avènement d'une classe administrative autochtone très réduite[45]. L'enseignement était principalement limité au primaire. Les écoles secondaires étaient très peu nombreuses et, à quelques exceptions près, l'enseignement supérieur ne fut institué qu'après la Première Guerre mondiale. En Inde, il en alla autrement. Le Hindu College fut créé à Calcutta dès 1817 et, en 1857, Bombay, Calcutta et Madras furent dotées d'une université. En 1914, les universités indiennes comptaient au total 50 000 étudiants.

Œuvre missionnaire et missions

Aux XIXᵉ et XXᵉ siècles, la mission joua un rôle majeur dans l'enseignement bien que ce ne fût pas là sa première priorité. En réalité, la mission avait entamé son œuvre beaucoup plus tôt. Elle est aussi ancienne que l'expansion européenne elle-même. Avant toute chose, Christophe Colomb, lorsqu'il eut mis pied à terre sur l'île de Guanahani en 1492, planta la croix du Christ. Les premiers missionnaires arrivèrent l'année suivante. Au cours des siècles suivants, de grandes parties de l'Amérique furent christianisées.

Vasco de Gama partageait ce zèle de missionnaire. Il aimait à déclarer que deux choses lui importaient : « le poivre et les âmes ». Cependant, les activités déployées par la mission en Asie ne récoltèrent pas un franc succès. Ici aussi, les missionnaires européens arrivèrent peu de temps après l'arrivée de Vasco de Gama en 1498 ; cette fois-ci, il s'agissait principalement de franciscains, de dominicains et de jésuites. Mais, en Chine et au Japon aussi bien qu'en Inde, ils se heurtèrent à une forte résistance de telle sorte que le christianisme ne parvint pas à s'imposer dans ces pays. L'œuvre de la mission ne fut pas très importante non plus en Indonésie où le pouvoir dirigeant, la VOC, ne manifesta qu'un intérêt modéré, voire aucun intérêt, pour la propagation de la foi. Aux Philippines, en revanche, la christianisation progressa rapidement sous le régime espagnol.

L'Afrique se révélerait — mais tardivement — la région la plus importante pour la mission. L'Afrique du Nord avait déjà été christianisée à l'époque romaine mais, après l'expansion de l'islam, le christianisme avait quasi disparu dans presque tous les territoires nord-africains. En Afrique du Sud, une petite communauté chrétienne existait parmi la population blanche du Cap. Les Portugais s'étaient déjà établis au XVIe siècle en Gambie où ils avaient fondé des familles, des communautés et des églises. En 1591, ils conquirent Mombassa et y fondèrent Fort Jésus. Toutefois, celui-ci tombe définitivement aux mains des musulmans en 1729. Pour le reste, le continent noir demeura pendant de nombreux siècles inaccessible aux Européens et, par voie de conséquence, à la mission.

À la fin du XVIIIe siècle, la mission catholique périclita. Deux événements en furent la cause : la dissolution de l'ordre des jésuites et la Révolution française. En revanche, la mission protestante, qui avait connu des débuts très modestes, prospéra. Outre les hernhutters, qui envoyaient des missionnaires dans différents territoires depuis 1732, nombre de nouvelles sociétés de missionnaires protestantes virent le jour non seulement en Allemagne et dans les pays scandinaves, mais aussi en Angleterre (la Baptist Missionary Society en 1792 et la London Missionary Society en 1795), en Écosse, aux Pays-Bas (1797) et en Amérique (1810). Par ailleurs, passé 1850, l'organisation missionnaire pontificale, la Congrégation pour la Propagation de la Foi, connut un nouvel essor. C'est ainsi que les années de la fin du XIXe siècle et celles du début du XXe furent celles de la grande aventure des missions.

La mission se déploya vers toutes les régions des quatre points cardinaux qui n'étaient pas encore christianisées. En Asie, même à cette époque-là, son succès fut limité et elle ne fut quasiment active que dans les régions colonisées par l'Europe. En Indochine, non seulement la mission précéda la colonisation, mais elle l'engendra car la persécution des chrétiens par les Annamites donna lieu à une intervention militaire française qui déboucherait ensuite sur l'occupation. Il en alla de même en Nouvelle-Calédonie où des missionnaires français étaient déjà actifs depuis dix ans lorsque Napoléon III prit possession de l'île en 1853.

Aux Indes néerlandaises, la mission n'atteignit sa vitesse de croisière qu'après 1850. Le pouvoir en place y manifesta la même réticence à l'égard du zèle des missionnaires que le pouvoir britannique en Inde qui avait interdit la mission jusqu'en 1813. Par crainte de conflits, les autorités néerlandaises interdirent les activités de la mission dans les régions islamiques. La mission n'eut donc qu'une activité très réduite à Java et fut même interdite dans de grandes parties de Sumatra. Ne purent être christianisés que les territoires animistes ou, comme l'on disait alors, païens comme ceux des Bataks autour du lac Toba. Et il en alla de même d'autres parties de l'archipel, comme Bornéo, où les missionnaires durent affronter de grands périls, et Célèbes où la mission déploya une grande activité avec succès dans une sous-région appelée Minahasa. Une poignée d'îles des Moluques étaient déjà chrétiennes, en l'occurence protestantes, depuis longtemps. Mais la mission catholique ne fut active aux Indes néerlandaises qu'au XXe siècle. Si cette colonie ne fut pas le théâtre de conflits majeurs entre les deux croyances, la concurrence entre le catholicisme et le protestantisme fut âpre à Madagascar, où la rivalité féroce entre les deux religions fit naître un antagonisme entre la France et l'Angleterre, engendrant des difficultés politiques.

En France, la mission était impliquée dans les relations pour le moins complexes entre l'Église et l'État depuis la Révolution française. Le renouveau catholique après la période révolutionnaire fut une des causes du nouvel élan missionnaire. *Le Génie du christianisme* de Chateaubriand (1802) fut à cet égard une importante source d'inspiration. La fondation de l'œuvre de la Propagation de la Foi en 1822 à Lyon fut suivie, en 1856, encore à Lyon, la ville qui deviendrait le centre de la mission française, par celle de la Société des Missions africaines. En 1868, à Alger, le cardinal Lavigerie créa la Société des Pères blancs lesquels, assistés plus tard des Sœurs blanches, deviendraient une congrégation missionnaire majeure. Charles Martial Lavigerie (1825-1892) fut l'une des grandes figures du réveil catholique français. Originaire du sud-ouest de la France, il monta à Paris où il devint professeur d'histoire ecclésiastique à la Sorbonne dès l'âge de vingt-huit ans. Après un séjour en Syrie et à Rome, il devint évêque de Nancy en 1863. Mais c'est en 1867 qu'il connut son heure de gloire avec sa nomination comme archevêque d'Alger où un diocèse avait été institué en 1838. Cependant, Lavigerie caressait des ambitions qui allaient bien au-delà d'Alger, cette ville qu'il tenait pour «une porte ouverte par la Providence sur un continent barbare de 200 millions d'âmes[46]». Et il se considérait lui-même comme le successeur de saint Augustin, à preuve le fait qu'il portait le titre d'«archevêque d'Alger et de Carthage, primat d'Afrique». Le nom de «Carthage» faisait évidemment référence aux siècles de gloire du premier âge du christianisme en Afrique du Nord. Les termes «primat d'Afrique» se rapportaient au fait qu'il exerçait aussi la tutelle sur la préfecture apostolique du Sahara occidental et du Soudan, et par voie de conséquence sur toute l'Afrique de l'Ouest et l'Afrique centrale. Ses activités, qui étaient placées sous le signe de la lutte contre l'esclavage, purent bénéficier d'un large soutien en Europe.

La mission d'Afrique se développa pleinement durant les années 1890. Les sociétés missionnaires qui y étaient actives provenaient généralement de pays coloniaux. Au Sierra Leone, la mission anglaise (Church Missionary Society, Wesleyan Methodist Society) fut active dès le début du XIXe siècle, principalement parmi les esclaves libérés et rentrés en Afrique. À partir de là, les missionnaires anglais étendirent leurs activités dans d'autres territoires britanniques d'Afrique de l'Ouest comme le Ghana et le Nigeria. En 1857, la mission entama son œuvre sur les rives du cours inférieur du fleuve Niger. En Afrique du Sud, la mission fut active très tôt. En 1799 y arrivèrent deux missionnaires de la London Missionary Society qui s'intéressèrent tout particulièrement aux Khoi-Khoi. Toute l'Afrique australe fut ainsi ouverte à une œuvre missionnaire essentiellement protestante. Outre les missionnaires britanniques y travaillaient aussi des missionnaires allemands, américains et scandinaves. Livingstone fut le fondateur de l'œuvre missionnaire dans la région des Grands Lacs. Après sa mort en 1873, la mission active dans cette région et dans l'ensemble de l'Afrique de l'Est suscita un vif engouement. Les Français se concentrèrent surtout sur leurs colonies d'Afrique de l'Ouest et d'Afrique centrale. Quant à l'Allemagne, elle n'acquit des colonies que tardivement. Encore n'étaient-elles pas très considérables. Mais la mission allemande, et notamment la Rheinische Missionsgesellschaft, n'était pas dénuée d'importance. Enfin, des sociétés missionnaires norvégiennes et suisses déployèrent leurs activités en Afrique.

De manière générale, les Africains prêtaient peu d'importance aux différences théologiques entre catholiques et protestants, si fondamentales aux yeux des Européens. En pratique, le travail effectué par un missionnaire catholique différait fort peu de l'œuvre accomplie par un missionnaire protestant quoique le célibat du premier ne fût pas sans importance. Tout missionnaire commençait par fonder un poste, ce qui consistait d'abord à construire une maison, ensuite à ériger une église et enfin à bâtir une école. L'objectif était évidemment de propager la parole de Dieu et de convertir les païens. La question centrale était comment atteindre cet objectif.

Cette question fournissait matière à des divergences de vues. Une des solutions préconisées consistait à convertir un seigneur au christianisme dans l'espoir qu'il soit suivi par ses sujets, suivant le principe de la paix religieuse d'Augsburg de 1555: «Cujus regio, illius et religio.» Toutefois, à l'époque coloniale, ce principe n'était plus praticable. La méthode la plus courante était alors la conversion directe. Les premiers convertis étaient généralement des gens qui n'avaient pas grand-chose à perdre puisqu'il s'agissait d'esclaves affranchis par les missionnaires. Le procédé le plus fructueux consistait à se focaliser sur la jeunesse, d'amener les enfants à se rendre dans un poste missionnaire et de leur enseigner non seulement la foi chrétienne, mais d'autres matières. Et c'est ce qui explique qu'un lien puissant unissait la mission et l'enseignement. Il s'agissait souvent d'enseignement professionnel. Au Sénégal, on commença dès 1840 à former les Africains pour qu'ils puissent exercer le métier de mécanicien naval. À cette fin, les candidats étaient envoyés en France mais ce ne fut pas une réussite. Voilà pourquoi, dans les années cinquante, les pères du Saint-Esprit se mirent à organiser une formation de ce genre sur place. Au

Gabon, il fallut attendre 1907 pour qu'il y ait un enseignement public mais les pères du Saint-Esprit s'attachaient à former des menuisiers, des maçons et d'autres travailleurs manuels alors que les sœurs de l'Immaculée Conception apprenaient aux jeunes filles à cuisiner, à lessiver, à repasser, à coudre, etc. Dans certaines parties de l'Afrique britannique, des missionnaires anglais et écossais faisaient la même chose.

Santé

Une autre forme importante d'influence occidentale sur la société s'exerçait dans le domaine de la santé. Pendant longtemps, celle-ci ne fut pas l'objet d'une intervention des pouvoirs publics. Comme en Europe, chacun était abandonné à son sort. Mais, comme en Europe également, les conceptions évoluèrent dans ce domaine au XIXe siècle. Les missionnaires jouèrent aussi un rôle à cet égard — Livingstone n'était pas seulement missionnaire mais aussi médecin. Pour les Occidentaux, la santé des armées coloniales était l'un des principaux soucis et l'une des préoccupations majeures.

En France, la marine était dotée depuis 1722 d'un service médical qui lui était propre. La marine étant responsable pour les colonies, elle y déploya des hôpitaux. Pour soigner ses malades, elle faisait souvent appel à des religieuses. Les premières sœurs de Saint-Joseph de Cluny, qui étaient au nombre de sept, arrivèrent au Sénégal en 1819. Les soins médicaux étaient en premier lieu destinés aux militaires mais ils furent graduellement destinés aussi aux autres Européens et, plus tard, également à la population indigène. En 1890, le Corps de Santé coloniale fut créé. La formation fut d'abord dispensée à l'École de Santé navale de Bordeaux, qui venait d'être créée, puis à l'Institut Pasteur de Paris. À partir des années 1890, tout un réseau d'Instituts Pasteur vit le jour dans les colonies françaises.

Aux Indes néerlandaises, les médecins relevèrent jusqu'en 1911 de l'une ou l'autre forme de tutelle exercée par le chef du Service médical de l'armée. Là comme ailleurs, les maladies dont étaient atteints les militaires stimulèrent la recherche et l'action. Depuis le début du XVIIe siècle, la maladie du béribéri était connue et redoutée. Dans les années 1885-1886, lorsque fit rage la guerre d'Atjeh, et qu'un homme de la garnison sur cinq en mourut, l'enquête de grande envergure qui fut réalisée montra que la carence en vitamine B était la cause de ce fléau. Une solution fut trouvée : le riz non pelé était plus riche en vitamines que celui qu'on avait coutume, jusque-là, de peler. Au demeurant, le Service médical de l'armée ne se bornait pas à traiter les problèmes d'ordre militaire. Au milieu du XIXe siècle, toute la population de Java fut vaccinée contre la variole à l'initiative de l'armée, ce qui souleva de loin en loin des protestations. En Algérie, la population musulmane s'opposa à cette vaccination contre la variole. Il fallut attendre l'arrivée de médecins arabes pour qu'elle soit acceptée. En 1911, des opérations de désinfection chimique de grande ampleur furent menées en raison d'une épidémie de peste dans la région centrale de Java, ce qui suscita une grande défiance des Javanais à l'égard de ce qu'ils tenaient pour de la magie malveillante de la part des Néerlandais. De même en Inde, les médecins européens et leurs médicaments inspiraient la suspicion.

Garder les soldats en vie était une motivation, la santé de la population blanche en était une autre.

Les Européens comprenaient naturellement que les infections ne s'arrêteraient pas à la frontière des quartiers indigènes. Aussi, dans les nouvelles villes coloniales, une zone sanitaire, verte, était souvent créée entre la ville européenne et la ville autochtone mais cela ne suffisait pas non plus. Car le personnel indigène était indispensable dans les usines et les bureaux, mais aussi et surtout dans les maisons. C'est la raison pour laquelle la lutte contre les grandes maladies tropicales (la peste, le choléra, la fièvre jaune et la maladie du sommeil endémique et très redoutée en Afrique) devint un objectif majeur.

Art et littérature

Le siècle colonial de l'Europe n'eut pas seulement des retombées dans la science, il en eut aussi dans l'art et la littérature. Dans ce domaine également, il existait une tradition ancienne. Johan Maurits van Nassau-Siegen, gouverneur du Brésil néerlandais de 1637 à 1644, et fondateur de la Mauritshuis à La Haye, avait déjà recruté des artistes dans sa suite afin d'inventorier les régions et les peuples, la flore et la faune de la nouvelle colonie. Les peintres Post et Eeckhout sont demeurés les plus célèbres d'entre eux. Mais nombre d'artistes ne se sont pas aventurés à entreprendre de longs voyages dans des pays lointains où, en outre, la lumière fut jugée inadéquate à l'accomplissement de réalisations artistiques. Gauguin, qui s'exila à Tahiti, est l'exception la plus importante à cette règle. Plus prisés que les tropiques furent le Proche-Orient puis, plus tard, le Maghreb. Marius Bauer, le peintre et artiste graphique néerlandais, voyagea beaucoup dans l'empire ottoman. Jacobus van Looy, un autre artiste néerlandais, visita le Maroc. Mais, parmi les artistes qui explorèrent l'Afrique du Nord, les artistes français et notamment Delacroix sont demeurés les plus renommés. Certaines de ces peintures avaient une connotation érotique comme *Femmes d'Alger* de Delacroix (1834) et le célèbre *Bain turc* d'Ingres (1862), œuvres qui donnaient à voir un monde mystérieux et sensuel.

Les colonies stimulèrent aussi les arts plastiques en métropole. Quantité de succès et triomphes coloniaux furent fixés sur de grands tableaux historiques. D'autres aboutirent à l'érection de statues et de monuments. Même aux Pays-Bas, pays connu pour être peu militariste, le vainqueur d'Atjeh, J.B. van Heutsz, eut droit à un monument grandiose. Dans des pays comme l'Angleterre et la France, et notamment dans leurs capitales, d'innombrables monuments de ce genre furent érigés. La découverte de l'art africain fut une autre forme d'inspiration, quoique tardive. À partir de 1879, date de l'inauguration du Trocadéro à Paris, le grand public put admirer dans des musées anthropologiques des masques africains mais ce n'est qu'après 1900 que ceux-ci commencèrent à influencer des peintres français comme Braque, Matisse et surtout, évidemment, Picasso, dans sa fameuse « période nègre », entre 1907 et 1910. Une certaine influence fut perceptible aussi dans la musique, mais pas avant 1914.

Toutefois c'est dans la littérature qu'on décèle l'influence la plus marquante des colonies, et de loin. L'Angleterre en est un exemple frappant. Carlyle et Kingsley, mais aussi Disraeli, s'en inspirèrent. Rider Haggard écrivit son fameux *King Solomon's Mines*. Winwood Reade, l'infatigable écrivain et voyageur, conféra à l'Afrique une place dans l'histoire mondiale telle qu'il la concevait et qu'il exposa dans son ouvrage *The Martyrdom of Man*. Le plus illustre exemple de l'imagination et de la célébration littéraires qui prirent pour objet l'expansion et la vocation impériales de l'Angleterre fut bien entendu Rudyard Kipling. Son célèbre poème «The White Man's Burden» de 1899 et *Kim*, son récit d'aventures de 1901, font aujourd'hui partie de la mémoire collective anglaise et européenne.

Rudyard Kipling (1865-1936) naquit en Inde en 1865 d'un père professeur. Il accomplit sa scolarité en Angleterre mais en 1882 il revint en Inde où il travailla sept ans comme journaliste dans le Pendjab, avant de regagner définitivement l'Angleterre en 1896. En 1901 parut *Kim*, son livre le plus célèbre, et, en 1907, il se vit décerner le prix Nobel de littérature. L'Inde sert de toile de fond à toute son œuvre et celle-ci regorge de considérations à propos de la situation coloniale et de stéréotypes sur l'Occident et l'Orient. L'atmosphère de livres pour garçons qui est aussi perceptible dans cet ouvrage inspira Baden-Powell, le fondateur du scoutisme.

Joseph Conrad, un ancien marin polonais métamorphosé en écrivain anglais, fut sans doute le plus important traducteur de l'ambiguïté de l'expansion occidentale. Son *Au cœur des ténèbres* parut en 1899 en feuilletons publiés dans *Blackwood's Edinburgh Magazine* et il fut publié en volume en 1902. Il relate un voyage en bateau dans l'intérieur des terres africaines mais se veut aussi un commentaire amer des pratiques auxquelles se livrent les colonisateurs européens dans cette région du globe. On le considère aujourd'hui comme l'un des chefs-d'œuvre de la littérature moderne. Le roman de E.M. Forster, *A Passage to India*, est une autre représentation classique de la complexité des relations entre l'Occident et l'Orient.

En comparaison, les littératures des autres puissances coloniales ont contribué assez peu à la littérature mondiale, ce qui ne veut pas dire que la thématique coloniale en ait été absente. Peut-être aucune littérature européenne ne fut-elle autant influencée par l'outre-mer que la littérature néerlandaise. Conrad Busken Huet, essayiste renommé qui avait été lui-même aux Indes, écrivit dès 1880 que les colonies avaient été « une vache à lait, également dans le domaine littéraire[47] ». Le plus grand écrivain néerlandais du XIXe siècle fut Multatuli (pseudonyme de l'ancien fonctionnaire colonial E. Douwes Dekker) et son *Max Havelaar* (1860)[48] est sans nul doute le livre le plus célèbre de ce siècle. Ses premiers mots, « Je suis courtier en café... », sont restés gravés dans la mémoire de beaucoup. Des personnages comme Slijmering et Droogstoppel font partie du patrimoine culturel néerlandais. Saidja et Adinda sont toujours, aujourd'hui, des personnages familiers. *Max Havelaar* de Multatuli est une dénonciation sévère des excès du pouvoir colonial et de l'exploitation du peuple javanais. Certes, cette exploitation était d'abord le fait des seigneurs javanais mais elle se faisait sous le contrôle de l'administration néerlandaise et avec son assentiment. Très critique, ce roman n'est pas un livre anticolonial. Bien au contraire, il lance un appel en faveur d'une bonne administration coloniale et c'est en cela qu'il se différencie de l'œuvre de l'un des plus grands romanciers néerlandais, Louis Couperus, chez lequel l'inévitable déclin du pouvoir néerlandais en Indonésie est un thème majeur.

Louis Couperus (1863-1923) était le fils d'un conseiller auprès de l'Indisch Hooggerechtshof (Cour suprême des Indes). Il connaissait bien les Indes néerlandaises car il y avait passé sa jeunesse. Son livre le plus connu, la tétralogie *De boeken der kleine zielen* (*Les Livres des âmes médiocres*), décrit les vicissitudes d'une famille patricienne de La Haye, les Van Lowe, dont le père avait été gouverneur général des Indes. Son livre le plus célèbre après *De boeken der kleine zielen*, *Van oude menschen, de dingen die voorbijgaan* (*Vieilles Gens et choses qui passent*, Éditions universitaires, « Pays-Bas/Flandre », 1972) parle de deux personnes âgées qui ont été impliquées dans un crime passionnel à Java. *De stille kracht* (*La Force des ténèbres*, Éditions du Sorbier, 1986), le roman le plus indonésien de Couperus, évoque la chute du résident Van Oudijck et prédit le déclin inéluctable de l'hégémonie hollandaise aux Indes.

Quoique quatre des ouvrages majeurs de la littérature coloniale eussent paru en 1900 ou vers 1900, leur ton était totalement différent. Le poème fameux de Kipling, « The White Man's Burden » (*Le Fardeau de l'homme blanc*), écrit en 1899, est un acte de foi envers le colonialisme occidental et son *Kim* de 1901 en est la version romancée. Mais à la même époque parurent *Au cœur des ténèbres* de Conrad (1899), où l'auteur exprime tout son scepticisme, et *De stille kracht*, grand roman du désaveu radical de la présence occidentale en Asie que Couperus fit paraître en 1900. Dès lors, on peut parler à bon droit d'une « fracture » dans les mentalités.

En France, la littérature coloniale accordait une large place non seulement à l'héroïsme, mais aussi à l'exotisme. Alexandre Dumas se rendit en Afrique du Nord pour y chercher l'inspiration et écrivit à ce sujet une recension de voyage mais Jules Verne, dont le premier best-seller, *Cinq Semaines en ballon* (1863), l'histoire fantastique d'un voyage en ballon à travers l'Afrique de l'Ouest, lui acquit la célébrité, exerça une plus grande influence. Par la même occasion, il contribua ainsi à étendre les connaissances géographiques sur cette région du monde qui deviendrait la plus grande possession coloniale de la France. Victor Hugo se fit le héraut de la colonisation de l'Afrique de l'Ouest et Émile Zola consacra à ce thème son roman *Fécondité*, plaidoyer en faveur de la colonisation du delta du Niger.

Mais l'auteur colonial le plus typique était Jules Viaud, un officier qui avait passé sa vie dans la marine française, parcouru une bonne partie du globe et connut un très grand succès littéraire sous le pseudonyme de Pierre Loti. Il fut élu à l'Académie française dès l'âge de quarante et un ans. Il écrivit non seulement sur le Maghreb et l'Empire ottoman, mais aussi sur l'océan Pacifique. Voyageur impénitent, Loti finit par s'expatrier à Tahiti en 1872. Son roman *Le mariage de Loti* (1880) est une glorification de l'édénique océan Pacifique où la misère est inconnue et le travail inutile. Il y tomba amoureux d'une Maorie dénommée Rarahu. Toutefois, le ton de ce livre est tragique car, pour être entrée en contact avec l'Occident, la race de cette jeune femme est vouée au déclin. Nous retrouvons la même thématique dans son livre à succès de 1881, *Le Roman d'un spahi* (qui a bénéficié de 150 réimpressions!), cette fois dans le contexte du Sénégal. Ici, ce sont les amours d'un militaire français, un spahi, et d'une femme indigène qui sont condamnées : quand le soldat meurt au combat, la femme étrangle leur enfant puis se suicide.

Théophile Gautier écrivit un texte empreint du même esprit à propos d'Alger qu'il définit comme « mystérieuse » et « fantastique », et dont il disait que dans ce pays superbe il n'y avait que les Français de trop[49], propos confirmés par Alphonse Daudet qui, au demeurant, brossa dans son fameux *Tartarin de Tarascon* un tableau plus cynique et plus réaliste de l'Algérie qu'il résuma en deux mots: absinthe et casernes[50].

Outre l'exotisme, la religion et le zèle missionnaire jouèrent un rôle littéraire majeur. L'exemple le plus illustre de religiosité profonde est celui de Charles de Foucauld (1858-1916). Cet aristocrate militaire de carrière servit dans l'armée française en Algérie avant de se convertir au catholicisme. Sa conversion fut particulièrement radicale puisqu'il devint trappiste et mena pendant onze ans une existence d'ermite dans une cabane du Sahara où il se consacra notamment à une traduction de l'Évangile dans la langue des Touareg jusqu'à ce qu'il fût assassiné par une bande de rebelles touareg.

Mais l'on trouve le mélange le plus puissant d'exotisme, de prosélytisme et de «splendeur et misère» de la vie militaire dans les colonies dans l'œuvre d'Ernest Psichari. Petit-fils de l'agnostique Ernest Renan et fils de Jean Psichari, célèbre dreyfusard et professeur à la Sorbonne, il choisit la carrière militaire au sein de l'armée coloniale tout en embrassant la foi catholique. Son entrée dans le monde littéraire parisien en 1908 fit sensation: *Terres de soleil et de sommeil* mêle déjà les principaux ingrédients de l'idéologie de Psichari — le zèle missionnaire et le sens des responsabilités. Tels sont les deux aspects de la tradition française qu'il entend représenter. Les colonies sont le lieu où cette mission doit être accomplie et où cette tradition française doit être perpétuée. Dans ce sens-là, la colonisation de l'Afrique est vraiment synonyme de pacification au sens d'établissement de la «paix française», prolongement de la Pax Romana.

Au colonialisme faisait pendant un anticolonialisme. Toutefois, ce qui était critiqué, ce n'était pas tant le système colonial lui-même que les excès du colonialisme. Et cela vaut autant pour le *Max Havelaar* et *Au cœur des ténèbres* que pour un écrivain français célèbre à cette époque-là : Paul Vigné d'Octon, auteur d'ouvrages critiques sur le colonialisme. En 1890, il publia son premier roman : *Chair noire*, l'histoire d'un médecin de la marine en poste en Afrique où il s'éprend d'une femme noire avant de découvrir que le véritable amour (« l'amour au sens psychologique du mot ») est impossible[51]. Vigné d'Octon devint peu à peu un critique sans concession des excès des expéditions coloniales, en sa qualité de député ou d'écrivain, mais on ne peut dire de lui qu'il professait un anticolonialisme de principe.

CHAPITRE II

La première moitié du XIXe siècle, 1815-1870

> C is for Colonies.
> Rightly we boast,
> That of all the great nations
> Great Britain has the most.
>
> *(C comme Colonies.*
> *On se vante avec raison*
> *Que de toutes les grandes nations*
> *La Grande-Bretagne en ait le plus.)*
>
> MARY FRANCES AMES, *An ABC for Baby Patriots,* Londres, Dean and Son, 1899.

CARACTÈRE DE L'ÉPOQUE

Panorama de l'Europe

Les événements qui se sont produits d'abord en France puis dans toute l'Europe entre 1789 et 1815 ont stupéfié les contemporains et transformé radicalement la réalité politique et sociale européenne. Durant les guerres napoléoniennes, les idées de souveraineté du peuple, de liberté et de nationalisme ont été diffusées puis perpétuées dans toute l'Europe.

Le libéralisme et le nationalisme furent les deux grands mouvements du XIXe siècle.

Ces guerres avaient aussi changé fondamentalement la carte politique de l'Europe et les rapports de force entre les puissances européennes. En 1815, quand le Congrès de Vienne fut organisé pour faire triompher l'ordre, il y avait cinq grandes puissances : l'Autriche ; la Prusse, nouvelle puissance dirigeante dans le monde allemand ; la Russie, qui était alors plus que jamais associée aux affaires de l'Europe ; la France, certes vaincue mais néanmoins grande puissance qui continuerait de jouer un rôle majeur ; et bien évidemment la Grande-Bretagne, la superpuissance maritime et industrielle par excellence et le grand vainqueur de Waterloo. Le but du Congrès était de redessiner la carte politique de l'Europe de façon à atteindre un équilibre des forces et une stabilité durable. Les hommes d'État réunis à Vienne ne portaient aucun intérêt aux désirs de souveraineté nationale qu'avait fait naître la Révolution, ni aux sentiments nationalistes stimulés par la volonté de conquête de Napoléon. Ils appelaient de leurs vœux le calme, l'ordre et l'équilibre propices à la défense des intérêts des familles souveraines régnantes.

Cet antagonisme fondamental entre la volonté du peuple et les intérêts des monarchies était source de frictions politiques et sociales permanentes qui à intervalles réguliers débouchèrent sur des révolutions — en 1820, en 1830 et, à grande échelle, en 1848. Au Proche-Orient, la guerre d'indépendance grecque, qui était l'aboutissement d'un mouvement de résistance d'inspiration libérale et nationale des Grecs contre la Sublime Porte, eut pour résultat d'affaiblir davantage encore la Turquie. L'expansion russe vers le sud produisit un effet identique.

Le concert des nations européennes se maintiendrait grosso modo jusqu'à la guerre franco-allemande de 1870. La France fut bientôt réadmise au sein du concert en tant que membre à part entière. Elle intervint dans la question italienne en faveur des nationalistes sardes, ce qui l'amena à entrer en guerre avec l'Autriche. La France et l'Angleterre intervinrent conjointement contre la Russie dans la guerre de Crimée (1854-1856). Mais il n'y eut pas d'autres conflits majeurs entre les grandes puissances. Ce fut donc une période relativement stable sur le plan de la politique internationale.

Les questions coloniales ne suscitaient que peu d'intérêt. C'est pourquoi la période allant de 1815 à 1870 a souvent été opposée à l'époque de l'impérialisme moderne et considérée comme une époque de stagnation coloniale. Ce qui était vrai jusqu'à un certain point. Quelques-uns des pays qui joueraient plus tard un rôle majeur en tant que puissances coloniales n'existaient pas encore et d'autres n'étaient pas encore actifs dans ce domaine. L'Allemagne et l'Italie ne furent des États unifiés qu'en 1870 et la Belgique ne se sépara des Pays-Bas qu'en 1830. Le Japon n'était pas encore «ouvert» et les États-Unis n'étaient pas encore vraiment unis. Certaines anciennes puissances coloniales comme l'Espagne et le Portugal déclinaient nettement. Elles avaient perdu définitivement leurs possessions sud-américaines. L'Empire ottoman était en déclin. Les Pays-Bas avaient assez de soucis avec les Indes néerlandaises. Seule la Russie menait une politique expansionniste vigoureuse en Sibérie, en Asie centrale et dans la direction des Détroits (le Bosphore et les Dardanelles) et de l'Empire turc. Elle trouva sur son chemin la seule autre grande puissance de cette époque, la Grande-Bretagne, et elle entra en conflit avec elle à intervalles réguliers. En Asie, le contexte de tensions qui les opposait s'appelait « The Great Game » (le Grand Jeu) ; dans le bassin méditerranéen, en revanche, on parlait de « la question d'Orient ». En outre, la Grande-Bretagne était en mesure, grâce à son avance sur le plan industriel et à sa suprématie sur les océans, de dominer une grande partie du globe sans devoir réellement mobiliser toutes ses ressources pour y parvenir. Elle étendait parfois son empire de manière classique, c'est-à-dire en annexant ou en assujettissant des territoires, mais elle s'y employait plus souvent par un exercice informel de son pouvoir.

Non seulement les Britanniques ne déployaient pas une grande activité sur le front colonial, mais les débats théoriques étaient dominés par l'école anticoloniale dont les origines remontaient aux « philosophes » des Lumières et aux économistes libéraux classiques. Les philosophes des Lumières, notamment Rousseau, rejetaient la domination coloniale[1] qui était considérée comme étant indissociablement liée à l'esclavage et à la traite des Noirs. Pour Diderot, qui se déclara solidaire avec les colonisés, la colonisation était contraire au droit naturel. Et Robespierre eût préféré que la France ne conservât pas ses colonies au prix de son honneur[2].

Les économistes libéraux faisaient leur cette profession de foi, même s'ils y adhéraient pour d'autres raisons. Les colonies contrevenaient à la doctrine libérale selon laquelle le libre-échange était le fondement de la croissance de la prospérité. Adam Smith avait combattu les monopoles du système colonial et Jeremy Bentham y ajouta des arguments pratiques et moraux dans son livre *Emancipate Your Colonies* qu'il écrivit pour inciter les Français à renoncer à leurs conquêtes. Les colonies sont onéreuses en temps de paix et encore plus onéreuses en temps de guerre. Elles ne présentent aucun intérêt pour le commerce.

De plus, nul n'a le droit de gouverner des populations qui préféreraient ne pas être gouvernées par des Européens. John Stuart Mill était lui aussi convaincu de l'inutilité des colonies. Cette tradition fut perpétuée par des libéraux de l'école de Manchester tels Cobden et Bright. Et des économistes français comme Jean-Baptiste Say et Charles Gide propagèrent des idées analogues. Tout cela faisait que les mentalités au cours de la période allant de 1815 à 1870 différaient énormément de celles des années suivantes.

Panorama du monde colonial

L'Empire britannique était de très loin le plus grand des empires coloniaux. Les bases en avaient été jetées au XVIIe siècle et elles avaient été consolidées au XVIIIe siècle malgré la perte de sa principale colonie, l'Amérique, à la fin de ce siècle. Mais toutes les colonies anglaises de l'hémisphère occidental ne s'étaient pas émancipées. Après la guerre de Sept Ans, le Canada était devenu une sphère d'influence exclusivement anglaise et il le restera ensuite. En 1791, l'Acte constitutionnel institue deux colonies : le Haut-Canada (futur Ontario) et le Bas-Canada (futur Québec). La frontière qui séparait le Canada des États-Unis ne fut fixée qu'en 1818. Le statut du Canada était également indéfini à d'autres égards. Dans les années 1830, des rébellions contre le pouvoir anglais, qui étaient surtout causées par des problèmes financiers et économiques, éclatèrent aussi bien dans le Haut- que dans le Bas-Canada. Militairement, cela ne posait pas de grosse difficulté à l'Empire britannique mais il était clair qu'il fallait apporter à ce problème une solution politique. L'on y parvint en se fondant sur le fameux Durham Report de 1839 qui prévoyait d'unir le Canada ouest (Ontario) et le Canada est (Québec) au sein d'une union dotée d'un Parlement propre et d'un gouvernement, autrement dit d'un degré élevé d'autonomie. En vertu du British North America Act de 1867, les Canada est et ouest furent unis à la Nouvelle-Écosse et au Nouveau-Brunswick en un Canada-Uni. En 1871, la Colombie-britannique rejoignit le Canada. En 1873, ce fut au tour de l'île du Prince Édouard. En 1869, le Canada racheta à la Compagnie de la Baie d'Hudson les régions du Mid-West qui donnèrent plus tard naissance aux provinces du Manitoba (1870), de l'Alberta (1905) et du Saskatchewan (1905).

Les autres possessions britanniques situées dans l'hémisphère occidental se trouvaient dans les Caraïbes. Les principales possessions anglaises de cette région étaient d'anciennes colonies : la Barbade et la Jamaïque, ainsi que des îles acquises plus tard : Grenade, Tobago, Sainte-Lucie, Trinidad et les Bahamas. Sur le continent, il y avait la Guyane britannique qui était constituée des anciennes Berbice, Demerara et Essequibo et de Belize. En 1833, l'Empire britannique annexa les îles Falkland (ou Malouines).

En Afrique, les Anglais possédaient la Gambie, la Sierra Leone et la Gold Coast (Côte-de-l'or). Mais une colonie revêtait plus d'importance que les autres : la colonie du Cap en Afrique du Sud que les Britanniques avaient prise aux Pays-Bas en 1806. Au cours du XIXe siècle, l'océan Indien deviendrait une mer intérieure anglaise : « the British Lake ». Au début du siècle, les Britanniques ne détenaient pas encore de possessions sur la côte orientale de l'Afrique et, dans l'océan Indien, seule Maurice, prise à la France en 1814, était importante. La colonie la plus importante, et de loin, était évidemment l'Inde, qui demeura sous administration d'une compagnie jusqu'en 1858. Les autres possessions anglaises en Asie du Sud-Est étaient limitées. L'Empire britannique avait pris Ceylan aux Pays-Bas pendant la période napoléonienne et il ne leur rendit jamais. Sur la presqu'île de Malakka, les Britanniques avaient un poste à Penang et, à Sumatra, ils en avaient un à Benkulen. En 1819, ils acquirent Singapour, qui deviendrait le plus grand centre commercial de l'Asie du Sud-Est. L'Australie était encore, en grande partie, un continent inconnu et peu attrayant.

Après la période napoléonienne, il ne restait plus grand-chose de l'Empire espagnol, un empire planétaire naguère si orgueilleux. Les premières colonies espagnoles qui se déclarèrent indépendantes furent le Paraguay et le Venezuela en 1811. L'Argentine ou Río de la Plata, comme elle s'appelait à l'époque, suivit en 1816. Puis ce fut au tour du Chili (1818), du Mexique et du Pérou en 1821 et de la Bolivie en 1825. Certes, l'Espagne rêva de reconquérir ces territoires perdus et il fut question de projets dans ce sens mais ils restèrent lettre morte. L'Angleterre et les États-Unis y étaient opposés. Les seules possessions que l'Espagne détenait encore étaient Cuba et Porto Rico dans les Caraïbes et les Philippines dans le Pacifique.

De même, le Portugal avait perdu sa plus importante colonie, le Brésil, pendant les années de la révolution. En 1822, le Brésil se déclara officiellement indépendant. Il ne resta plus dans la besace portugaise qu'une poignée de possessions et de comptoirs disséminés à travers le monde comme Goa (sur la côte occidentale de l'Inde), Macao (en Chine) et la moitié orientale de Timor en Indonésie. Et aucune de ces possessions n'offrait beaucoup de perspectives. Aussi fallait-il trouver à une distance moins éloignée de la métropole le nouveau Brésil dont rêvaient certains Portugais, c'est-à-dire en Afrique de l'Ouest. Les Portugais y possédèrent deux archipels : les îles du Cap-Vert au large de la Guinée Supérieure et Sâo Tomé et Príncipe dans le golfe de Guinée. Sur la côte elle-même, ils étaient établis en Guinée-Bissau et ils possédaient Ajuda dans le royaume du Dahomey. Mais leur colonie la plus importante, et de très loin, était l'Angola. Les centres de la puissance portugaise dans cette région étaient les villes portuaires de Luanda et de Benguela ainsi que leur hinterland. Sur la côte orientale de l'Afrique, les Portugais étaient implantés depuis longtemps au Mozambique où il n'y avait pas de grandes villes portuaires comme en Angola mais seulement de petits comptoirs sur la côte et surtout à l'embouchure du Zambèze. Les marchands portugais étaient également actifs sur ce fleuve et pénétrèrent si profondément à l'intérieur des terres qu'ils entrèrent en contact avec leurs compatriotes venus d'Angola dans l'ouest. Ainsi prit naissance le grand rêve portugais : une liaison *contra-costa* entre l'Afrique occidentale portugaise et l'Afrique orientale portugaise.

Pendant l'Ancien Régime, deux grandes compagnies, la compagnie des Indes occidentales dans la zone atlantique et la compagnie des Indes orientales en Asie, avaient dominé les activités commerciales néerlandaises. Mais ces deux entreprises avaient périclité à la fin du XVIII° siècle et, à l'époque de la Révolution française ainsi qu'au cours de la période napoléonienne, les colonies néerlandaises avaient été occupées par les Anglais. Après cette période, les Pays-Bas entrèrent en possession d'une partie de leurs colonies. La plus importante d'entre elles, et de loin, était les Indes néerlandaises. En Afrique, il s'agissait de quelques possessions sur la côte de

Guinée dont l'établissement le plus important était le fort d'Elmina, lieu stratégique de la traite esclavagiste. L'Afrique du Sud resta toutefois anglaise. Les possessions néerlandaises aux Indes occidentales se composaient du Surinam et de deux archipels, les îles Sous-le-vent (Aruba, Bonaire et Curaçao) et les minuscules Îles du Vent : Saba, Saint-Eustache et Saint-Martin, cette dernière étant partiellement possession française.

Sous la monarchie, la France avait bâti un empire colonial considérable mais, après la guerre de Sept Ans, elle en avait perdu la plus grande partie. Par le traité de Paris (1763), Louis XV avait cédé à l'Angleterre toutes les possessions françaises en Amérique du Nord à l'est du Mississippi et à l'Espagne toutes ses possessions à l'ouest de ce fleuve, et il avait renoncé à toutes prétentions politiques en Inde, ce qui mit fin en grande partie au premier empire colonial français. Il ne lui restait plus qu'une poignée de possessions éparses. Après la bataille navale de Trafalgar, les Anglais s'emparèrent successivement de toutes les colonies françaises restantes. Quelques-unes d'entre elles seulement retournèrent ensuite à la France.

Par conséquent, en 1815, l'empire colonial de la France était extrêmement restreint. Dans l'océan Indien, il s'agissait de l'île de Bourbon (qui au lendemain de la Révolution française avait pris le nom de La Réunion) et de quelques comptoirs sur la côte indienne comme Pondichéry. Sur les côtes de l'Afrique occidentale, il y avait quelques villes françaises au Sénégal comme Dakar, Saint-Louis et Gorée. Mais les colonies françaises les plus importantes étaient les possessions des Indes occidentales : si la France avait perdu Saint-Domingue, elle conservait un bon nombre de possessions — la Martinique, la Guadeloupe, quelques îlots et, sur le continent, la Guyane française.

ÉVOLUTIONS COLONIALES, 1815-1870

En 1815, indépendamment de l'Empire britannique, les colonies européennes faisaient piètre figure. Le Nouveau Monde était devenu indépendant. Une grande partie de l'Afrique était encore inexplorée. Après l'abolition de l'esclavage, beaucoup de possessions européennes en Afrique n'avaient plus de raison d'être. Les nations européennes avaient conservé la plupart de leurs colonies des Caraïbes mais celles-ci n'auraient plus jamais l'importance qu'elles avaient naguère. En Asie, avaient été jetées les bases de l'Inde britannique et des Indes néerlandaises, colonies qui revêtiraient plus tard une si grande importance mais dont le développement n'avait pas encore débuté. Les fondements de ce développement furent posés au cours de la première moitié du XIXe siècle. Cette période vit également les premiers balbutiements de ce qui deviendrait plus tard l'une des principales colonies françaises : l'Indochine.

Les Caraïbes

Par région des Caraïbes, on entend à cet égard les nombreux archipels et îles de la mer des Caraïbes ainsi que les Guyane sur la côte septentrionale de l'Amérique du Sud. C'est une région qui a été dans une mesure très importante colonisée puis transformée par l'économie des plantations qui était axée sur la production de cultures tropicales destinées au commerce et fondée sur l'esclavage et la traite des Noirs. Elle avait été colonisée par divers pays européens dont les principaux furent l'Espagne, la France, l'Angleterre et les Pays-Bas.

Au XVIIIe siècle, les zones caraïbéennes étaient très importantes du point de vue économique, notamment pour la production sucrière. Passé 1760, l'île française de Saint-Domingue fut le plus important producteur de sucre de la région des Caraïbes. En 1780, cette île fournissait également la moitié de la production mondiale de café. À l'aube du XIXe siècle, les Caraïbes britanniques délogèrent la France de la première place qu'elles occuperaient elles-mêmes jusqu'à la fin de ce siècle, passant alors la suprématie aux territoires espagnols. De manière générale, l'importance économique des colonies caraïbéennes pour l'Europe diminua constamment au cours du XIXe siècle. Il y eut à cela plusieurs raisons : l'essor du sucre de betterave en Europe suite au blocus continental hérité de la période napoléonienne, l'exploitation des colonies européennes en Asie, par exemple Java, et la crise économique et sociale dans les zones caraïbéennes elles-mêmes après l'abolition de l'esclavage. En outre, après son indépendance, l'Amérique du Nord devint un facteur important dans la région tant sur le plan économique que politique.

Le 31 juillet 1834 à minuit, l'esclavage fut aboli dans les colonies britanniques. Cette décision fut lourde de conséquences car, en 1834, les esclaves représentaient encore 80 % de la population dans les territoires britanniques de sorte que pas moins de 700 000 esclaves furent alors affranchis. En 1848, lorsque les Français abolirent définitivement l'esclavage, les esclaves représentaient 60 % de la population dans leurs colonies. Au Surinam, ce pourcentage atteignait même près de 70 %. Une grande partie des esclaves affranchis tournèrent le dos aux plantations et se consacrèrent désormais à l'agriculture de subsistance et aux petits métiers. Pour satisfaire leurs besoins de main-d'œuvre, les colons importèrent des travailleurs sous contrat d'Afrique et de Chine mais surtout de l'Inde britannique. Entre 1838 et 1917, plus d'un demi-million d'Indiens gagnèrent la région des Caraïbes (250 000 allèrent en Guyane, 150 000 à Trinidad, le reste dans les autres régions caraïbéennes). Plus de deux tiers d'entre eux choisirent de ne pas retourner en Asie à l'expiration de leur contrat mais de rester dans la région. Les tentatives entreprises en ce sens dans les colonies françaises et néerlandaises récoltèrent moins de succès. Contrairement aux territoires britanniques, les possessions françaises et néerlandaises traversaient une période de stagnation économique et leur intérêt économique pour la métropole diminuait.

LA GRANDE-BRETAGNE

Les possessions britanniques dans les Indes occidentales constituaient un groupe d'îles et de territoires très variés et dispersés qui avaient été rassemblés au cours des siècles. Les colonies anciennes comme la Barbade et la Jamaïque étaient encore les plus importantes à l'aube du XIXe siècle. Au cours du XVIIIe siècle et notamment pendant les guerres napoléoniennes, plusieurs nouvelles colonies comme Trinidad, possession espagnole, et Sainte-Lucie, possession française, s'y étaient ajoutées. Quant à Berbice, Demerara et Essequibo, colonies néerlandaises, elles furent elles aussi reprises par l'Empire britannique et annexées à la Guyane britannique en 1831. Et il y avait d'autres îles, généralement de petites dimensions. En outre, sur le continent, les Anglais possédaient le Honduras britannique.

L'économie était tributaire des esclaves et, étant donné que ceux-ci faisaient trop peu d'enfants pour maintenir leur population au même niveau, les planteurs étaient contraints d'en importer. Il en résultait que les rapports entre races présentaient un caractère tout à fait exceptionnel.

Beaucoup de propriétaires de plantations préféraient vivre en Angleterre, il n'y avait donc que fort peu de Blancs. En Jamaïque, il y avait un Blanc pour dix esclaves et, en Guyane britannique, un Blanc pour vingt esclaves. Outre les Blancs et les esclaves, il y avait une nouvelle classe moyenne qui prenait son essor, composée d'individus de sang mêlé et d'esclaves affranchis et de leurs descendants.

L'administration des colonies britanniques des Indes occidentales était organisée de façons très diverses. Les anciennes colonies avaient des «Assemblies» élues et des conseils législatifs nommés qui détenaient des compétences importantes dans les domaines de la législation et des impôts. Les nouveaux territoires acquis se virent conférer le statut de colonies de la Couronne et furent administrés directement depuis Londres. De plus, le développement économique de ces colonies de la Couronne fut très variable quoique la base en fût toujours le système des plantations et que, partout, la production fût essentiellement axée sur le sucre.

Un facteur important de leur développement administratif fut l'insurrection qui se produisit en Jamaïque en 1865. La raison profonde de cette révolte était la détérioration de la situation des planteurs qui se plaignaient de manquer de terre et de main-d'œuvre. L'événement qui la déclencha fut une marche de protestation des Jamaïcains noirs contre une décision judiciaire. Des échauffourées s'ensuivirent et on déplora des morts. Ces troubles se poursuivirent longtemps et le gouverneur décida d'intervenir en employant la manière forte. Comme la «Révolte des Cipayes» était encore dans toutes les mémoires, la peur de rébellions locales était ancrée profondément. L'État d'urgence fut décrété. Plus de quatre cents personnes furent pendues ou passées par les armes, six cents furent flagellées (cent coups de fouet pour les hommes et trente pour les femmes ; pour cette occasion spéciale, la corde était alors bardée de fil de fer) et un millier de maisons fut incendié.

En Angleterre, toutes ces péripéties provoquèrent une profonde indignation et une vive exaltation. Furent alors constitués un comité de défense de la population, composé entre autres de John Bright, John Stuart Mill, Darwin et Spencer, et un comité de défense du gouverneur qui compta parmi ses membres Ruskin, Carlyle, Tennyson et Charles Dickens. Peu de temps après, l'Assemblée de la Jamaïque céda ses pouvoirs à la couronne britannique. Au cours des années suivantes, il en alla de même dans les autres possessions des Indes occidentales qui n'étaient pas déjà des colonies de la Couronne. Les colons se rendirent compte que seul le gouvernement de Londres pouvait assurer leur avenir.

LA FRANCE

Au XVIIIe siècle, les Antilles françaises avaient eu une grande importance. Ce n'était toutefois pas le cas de la Guyane française qui semblait prédestinée à remplir sa fonction ultérieure de colonie pénitentiaire. Les Petites Antilles (la Martinique, la Guadeloupe et quelques autres) avaient un niveau de développement très élevé. Mais la perle des Antilles était Saint-Domingue, le futur Haïti, qui était en fait la partie occidentale française de l'île de Hispaniola. La production de sucre et de café constituait la base de sa prospérité. Le négoce de ces denrées était limité par ce qu'on appelait «l'exclusif», notion qui signifiait que seuls les Français étaient autorisés à faire du commerce. Les Antilles françaises produisaient la moitié de la production mondiale de sucre et de café et elles étaient de ce fait les plus riches colonies du globe.

La Révolution française mit fin à l'esclavage, fondement de l'économie antillaise, le 4 février 1794. Mais Napoléon, qui était arrivé au pouvoir en 1799, voulut non seulement rétablir l'autorité française, mais réintroduire l'esclavage. Il envoya sur l'île une force armée très importante et le chef de l'insurrection des esclaves, Toussaint-Louverture, fut fait prisonnier, transféré en France et interné au château de Joux où le climat rude du Jura lui fut assez rapidement fatal. Les difficultés sur l'île elle-même ne furent pas résolues pour autant. La guerre se poursuivit, les troupes françaises furent vaincues et, en 1804, Saint-Domingue accéda à l'indépendance et fut rebaptisée Haïti. En raison de tous ces remous et conflits, l'île avait perdu presque un tiers de sa population. Quant aux Blancs, ils avaient été assassinés ou avaient pris la fuite.

En France, l'esclavage fut définitivement aboli en 1848. À partir de ce moment-là, de la main-d'œuvre en provenance d'Asie, essentiellement de Pondichéry et de Calcutta — 70 000 individus —, fut importée dans les Antilles françaises. Mais, à l'époque du blocus continental, la France était devenue elle-même un important producteur de sucre de betterave et il fallait désormais mettre en balance les intérêts des planteurs qui produisaient le sucre de canne et ceux des paysans qui produisaient le sucre de betterave. Cette nouvelle production entraîna une baisse structurelle du prix du sucre de canne. Les beaux jours de l'Ancien Régime ne revinrent jamais.

LES PAYS-BAS

Après la période française, les Caraïbes néerlandaises connurent une situation économique difficile. En 1863, le Surinam comptait quelque 63 000 habitants. Cette colonie produisait des denrées tropicales comme le sucre, le café, le coton et le cacao. Les îles, en revanche, étaient fort peu peuplées (le chiffre total de leur population n'était que de 33 000) et l'agriculture n'y était quasiment pas pratiquée. Elles n'étaient donc utiles qu'au négoce. Toutefois, les Américains du Nord et les Anglais avaient repris la plus grande partie de ce négoce et aucune tentative destinée à promouvoir le commerce néerlandais n'aboutit du fait du scepticisme des marchands amstellodamois eux-mêmes. Les revenus locaux étaient trop maigres et la métropole devait combler le déficit. Le Roi chargea Johannes van den Bosch, qui accéderait plus tard à la notoriété puisqu'il serait l'inventeur du système des cultures forcées, de se rendre dans les Indes occidentales pour y réorganiser l'administration. Les îles et le Surinam furent placés ensemble sous la tutelle d'un gouverneur général qui aurait sa résidence à Paramaribo, au Surinam. Mais cette réorganisation, dont la finalité était les économies d'échelle, ne fut pas une réussite. Les Indes occidentales avaient perdu leur importance économique et, désormais, l'administration coloniale devait être subventionnée presque en permanence par les Pays-Bas.

Les Pays-Bas abolirent l'esclavage tardivement, en 1863. L'ironie du sort veut que les « profits des Indes » (*Indische baten*), c'est-à-dire l'apport des Indes néerlandaises au Trésor public néerlandais, rapportaient suffisamment pour indemniser financièrement les propriétaires d'esclaves des Caraïbes pour les pertes qu'ils subirent en raison de l'abolition. Néanmoins, cette abolition entraîna des conséquences catastrophiques pour les planteurs surinamiens. Et les projets échafaudés en vue d'une colonisation agraire du Surinam par des émigrants indépendants et libres ne récoltèrent pas un franc succès. Afin de pourvoir aux besoins de main-d'œuvre des plantations, l'on chercha, tout comme ailleurs, à partir de 1873, à s'attirer les services de travailleurs sous contrat, venus des Indes britanniques et de Java. Plus de 30 000 personnes arrivèrent de ces deux régions. Le caractère même de la population surinamienne s'en trouva modifié profondément.

Depuis 1840, les îles caraïbes néerlandaises se trouvaient placées sous l'autorité d'un gouverneur qui siégeait à Curaçao, la seule île qui avait une importance économique. L'économie du Curaçao était essentiellement axée sur le commerce de transit et l'approvisionnement des navires ; plus tard, le raffinage du pétrole s'y ajouterait. L'un de ses succès économiques les plus remarquables était la fabrication de chapeaux de paille, les fameux panamas, grâce à laquelle l'économie du Surinam connut une véritable expansion.

L'ESPAGNE

Au XIXe siècle, l'évolution la plus importante fut l'essor des Caraïbes espagnoles. Porto Rico connut une forte croissance de sa population qui, comme celle de Cuba, acquit un caractère étonnamment blanc. Et comme à Cuba, le sucre, qui représentait trois quarts des exportations, y était la production la plus importante. Mais l'esclavage y était moins important qu'à Cuba puisque la proportion d'esclaves dans la population totale vers 1840 y était inférieure à 12 %, contre 43 % à Cuba. En outre, il n'y avait pas comme à Cuba une classe de créoles nombreuse et puissante. C'est la raison pour laquelle Porto Rico, contrairement à Cuba, ne connut pas de mouvement indépendantiste favorable au rattachement aux États-Unis.

Cuba était beaucoup plus importante que Porto Rico. Au cours du XIXe siècle, l'île connut une véritable révolution des plantations. Le sucre y était le produit le plus important. En 1860, la production sucrière s'élevait à 61 % de la production agricole totale et à 80 % (en valeur) du total des exportations. Durant les années 1890, Cuba fournit 60 % de la production sucrière des Caraïbes et ce pourcentage fut même de 75 % au cours de la décennie suivante. Hormis le sucre, seul le tabac jouait un rôle. Mais celui-ci ne représenta jamais plus de 15 % de la production. Du point de vue économique, Cuba devint une monoculture[3].

La question de la main-d'œuvre était également importante à Cuba. Des esclaves y furent importés encore longtemps, contrairement à ce qui se passait ailleurs et en contravention avec l'interdiction officielle. Près d'un demi-million de personnes (deux tiers du total des esclaves importés) arrivèrent après 1820. Et quelque 100 000 travailleurs originaires d'Asie et en particulier de Chine y émigrèrent à la demande des autorités cubaines. Mais plus surprenante fut l'immigration importante d'Européens. Au cours de la seconde moitié du XIXe siècle, des centaines de milliers d'entre eux, principalement originaires d'Espagne, partirent pour Cuba — phénomène qui ne se produisit pas ailleurs et qui aboutit à un rapport entre populations blanche et noire qui se démarquait de celui qu'on trouvait dans le reste de cette région. En 1899, deux tiers des Cubains étaient des Blancs. L'innovation technologique y fut aussi remarquable. Des investissements considérables y furent réalisés, dans les plantations et les raffineries de sucre (machines à vapeur) aussi bien que dans les infrastructures (chemin de fer). Le capital nécessaire à ces investissements provenait de l'île même mais aussi d'Espagne et des États-Unis.

À Cuba s'était développée au cours de nombreux siècles de colonisation et de créolisation une identité nationale propre, la *cubanidad*. Cependant, à l'époque du grand mouvement indépendantiste et de Bolívar, les Cubains étaient restés fidèles à l'Espagne, attitude à laquelle ils devaient leur dénomination honorifique d'« île toujours fidèle » (« la siempre fiel isla »). S'il se trouvait des Cubains qui n'appréciaient pas la pesanteur du régime colonial espagnol, il n'y avait toutefois pas vraiment de mouvement national. Le conflit d'intérêts entre, d'une part, l'oligarchie sucrière et, d'autre part, les Cubains ordinaires était trop aigu. Compte tenu de la grande importance de l'Amérique pour l'économie cubaine, Cuba était évidemment orientée vers les États-Unis mais, après l'abolition de l'esclavage au lendemain de la guerre de Sécession, cette orientation ne fut plus, aux yeux des classes cubaines dirigeantes, une alternative attrayante.

Dans les années 1870, la solution sembla provenir de l'Espagne : les gouvernements libéraux se montraient alors compréhensifs à l'égard du mouvement réformateur cubain qui aspirait à une plus grande autonomie de Cuba. Mais lorsque cette espérance fut anéantie par les gouvernements conservateurs espagnols qui cessèrent de soutenir ces réformes, une insurrection éclata, qui déboucha sur la fameuse guerre de Dix Ans (1868-1878). Les insurgés proclamèrent la République. Toutefois, ils ne prirent possession que de la partie orientale de l'île qui était relativement peu peuplée et sans réelle valeur économique. Les grands propriétaires sucriers de la partie occidentale craignaient que cette rébellion conduisît à une révolution sociale et à l'abolition de l'esclavage. La Paix de Zanjon, conclue en 1878, mit fin au conflit et entérina la domination espagnole. Les années 1890 furent cependant marquées par un regain de tensions qui déboucha sur une nouvelle guerre, au terme de laquelle la domination espagnole prit fin. Porto Rico connut la même évolution historique.

L'Afrique

L'Afrique est une notion européenne. Ce sont les Romains qui donnèrent ce nom à la région située autour de Carthage après qu'ils eurent conquis cette ville. Les Arabes, eux, appelaient la région au sud de l'Afrique du Nord «le pays des Noirs» («bilad el Sudan»). Il est difficile de parler de l'Afrique en général, car c'est un continent qui présente peu d'unité. Il s'étend, du nord au sud, de Tanger au Cap, sur 8 000 kilomètres, et d'ouest en est, sur 7 600 kilomètres de l'océan Atlantique à l'océan Indien. Sa superficie est immense et couvre plus de 30 millions de kilomètres carrés. Son climat varie d'une région à l'autre, de même que la nature de son paysage. Du point de vue climatologique, l'Afrique du Nord est une variante chaude du climat des régions méditerranéennes européennes. En revanche, le climat du Cap est proche de celui du sud de la France. Entre les deux, il y a des zones tropicales présentant des caractéristiques très différentes. Le Sahara s'étend sur presque toute la largeur du continent. En dessous, on trouve des savanes somptueuses et dégagées. L'Afrique centrale est à cheval sur l'équateur et se compose en grande partie de forêt tropicale humide. Au sud, on trouve à nouveau des savanes et des déserts. Il y a de gigantesques fleuves tels que le Nil, le Niger, le Congo et le Zambèze mais la plupart d'entre eux offrent peu de possibilités pour la navigation en raison de grandes chutes d'eau et cataractes qui dans certains cas ne commencent pas loin du littoral puisque le plateau africain s'étend jusqu'à proximité de la côte.

Du point de vue ethnique, linguistique et religieux, on y observe une très grande diversité également.

Les spécialistes distinguent, dans l'Afrique précoloniale, des centaines de peuples et d'États, et 1 500 langues y sont parlées. L'islam s'est propagé dans toute l'Afrique du Nord à partir du XVIIe siècle puis a pénétré dans de vastes parties de l'Afrique de l'Ouest et de l'Afrique de l'Est sans toutefois aller au-delà des zones de savane. La forêt tropicale humide est peu propice aux manifestations du zèle religieux des missionnaires. Aussi, jusqu'à l'arrivée des missionnaires européens, ces peuples étaient-ils animistes.

Division et diversité sont caractéristiques de ce continent et l'on ne peut se livrer à des généralisations qu'au niveau de quelques très grandes régions comme l'Afrique du Nord, l'Afrique de l'Ouest, l'Afrique du Sud, l'Afrique de l'Est et l'Afrique centrale. Toutefois, au cours du XIXe siècle, se manifestèrent dans de grandes parties de l'Afrique deux phénomènes généraux, à savoir une stagnation démographique et une influence croissante de l'Europe. Dans un certain sens, ce second phénomène était une conséquence du premier. Vers 1600, il est vraisemblable que l'Europe (y compris le territoire de la future Union soviétique) et l'Afrique comptaient autant d'habitants chacune, soit environ 110 millions, c'est-à-dire plus de 19 % de la population mondiale. En 1850, la part de l'Afrique avait régressé à 8,2 %. Mais, en 1900, la part de l'Europe s'était portée à 26 %.

L'une des causes de la faiblesse démographique de l'Afrique était la traite des esclaves. Toutefois, dans les régions qui n'avaient pas été associées à la traite, on observa aussi une stagnation, voire une régression. En Afrique du Nord, la peste en était la cause principale : au XVIIIe siècle, il y avait eu cinq épidémies de peste en Algérie et trois en Égypte et en Tunisie.

Entre 1900 et 1910, cette maladie se propagea encore pendant quelque temps. Dans les années 1818-1820 survint la dernière grande épidémie de peste au Maghreb et, en 1835, ce fut au tour de l'Égypte de connaître l'ultime manifestation de ce fléau. Ensuite, ce mal disparut. Mais d'autres maladies telles que la variole et le choléra ont continué à exister et des famines ont éclaté à intervalles réguliers. En Afrique de l'Ouest, il y eut bien une croissance démographique modeste même si cette région resta elle aussi sous-peuplée. En Afrique du Sud, la population stagna au cours de la première moitié du XIXe siècle. Les années 1860-1863 furent marquées par une crise profonde résultant d'une grave sécheresse qui s'était ajoutée à des épidémies de variole et de rougeole. Tout cela entraîna un taux de mortalité très élevé. Les années suivantes virent la croissance démographique se rétablir. En Afrique de l'Est, on observa un schéma inverse : après une phase de croissance initiale, un déclin démographique s'amorça après le milieu du siècle[4].

La seconde évolution majeure fut l'influence croissante de l'Europe. En Afrique du Nord, cela se traduisit par le fait que le pouvoir ottoman s'immisça graduellement dans la sphère d'influence officielle ou officieuse de l'Europe. En Afrique de l'Ouest, l'intégration au sein de l'économie atlantique présenta un caractère nouveau lorsque la traite des esclaves céda lentement la place au négoce de produits agricoles et que des tentatives furent entreprises pour mettre en place une production agricole régulière. Par ailleurs, au cours du XIXe siècle, les Européens prospectèrent et cartographièrent l'intérieur du continent noir, qui vers 1800 était encore presque totalement inexploré. En Afrique du Sud, la dynamique de l'expansion territoriale émanait essentiellement des tensions entre les Boers, colons d'origine néerlandaise, et les Anglais, et, en Afrique de l'Est, elle était surtout le fait des commerçants arabes avec lesquels les Anglais, en particulier, entretinrent de plus en plus de contacts.

L'AFRIQUE DU NORD : De toutes les parties de l'Afrique, c'est celle du Nord qui entretint des contacts avec l'Europe depuis le plus longtemps. À une certaine époque, l'Empire romain s'étendait sur les deux rives de la Méditerranée. Il en alla de même des Arabes qui en firent la conquête au cours des siècles suivants et des seigneurs ottomans qui leur succédèrent. L'expansion ottomane avait commencé en 1517, lorsque les troupes turques vainquirent l'armée égyptienne. En 1551, Tripoli fut soumise. En 1574, une force turque prit Tunis. L'Algérie devint une régence turque en 1687. Tunis, Tripoli et Alger devinrent des capitales provinciales ottomanes. Cependant, l'empire ottoman était fortement décentralisé et, au cours du XVIIIe siècle, des potentats locaux s'emparèrent *de facto* du pouvoir. Officiellement, leur pouvoir s'étendait sur toute l'Afrique du Nord moins le Maroc, mais, en réalité, leur hégémonie était déjà très faible au XVIIIe siècle et, dans le domaine économique, les Européens prirent la direction des opérations.

À la fin du XVIIIe siècle, les sultans sentirent nettement la nécessité de réaliser des réformes. Les réformes de 1792-1793, mieux connues sous le nom de Nouvel Ordre, introduisirent un nouveau système militaire et consistèrent à réaliser des changements administratifs et fiscaux. Ces réformes menacèrent l'ancienne élite militaire (les janissaires) et les chefs religieux (les oulamas) et, partant, l'ordre établi. En 1807, les forces conservatrices déposèrent le sultan et restaurèrent l'ordre ancien, ce qui signifia à la fois la fin des réformes ottomanes et le début de la fin de la sphère d'influence turque en Afrique du Nord. Au cours du XIXe siècle, les seigneurs régionaux continuèrent de se soustraire au pouvoir de la Sublime Porte et ils entrèrent de plus en plus dans la sphère d'influence formelle ou informelle de l'Europe. Le premier pays où ce revirement se produisit fut l'Égypte, et le second, l'Algérie.

Dans l'histoire de l'Afrique, l'Égypte occupe une place exceptionnelle. D'une part, ce pays a toujours été lié à son arrière-pays noir et, à l'époque de l'impérialisme moderne, son histoire ressemble aux péripéties de la plupart des autres régions du continent africain. L'Égypte diffère toutefois du reste de l'Afrique, sur le plan économique du fait de son intégration au système commercial méditerranéen, et sur le plan culturel par les influences conjuguées de la Grèce, de Rome, de la chrétienté et, bien entendu, de l'islam. Politiquement, elle a longtemps fait partie de l'empire ottoman.

L'histoire moderne de l'Égypte commence avec Mohammed Ali. Mohammed Ali (1769-1849) était un négociant en tabac de Kavalla qui arriva en Égypte en 1799 à la tête d'un régiment albanais au service du sultan turc. À l'issue d'une lutte compliquée pour le pouvoir, il réussit à évincer le gouverneur turc officiel et à se faire reconnaître en tant que tel par la Sublime Porte. C'était en 1805. En 1811, son pouvoir était définitivement établi et le règne de ce premier khédive (vice-roi) d'Égypte commença. Il dura jusqu'en 1848 et couvrit donc presque toute la première moitié du XIXe siècle. Quoique l'Égypte se trouvât sous souveraineté ottomane et fût assujettie au paiement d'un tribut, l'Égypte fut en réalité, à partir de Mohammed Ali, une puissance indépendante. Mohammed Ali jeta les bases de l'Égypte moderne. Il modernisa l'administration, développa l'armée et la flotte, et étendit la sphère d'influence de l'Égypte. Il conquit aussi le Soudan.

Mohammed Ali et ses successeurs s'attachèrent à accroître le pouvoir et l'efficacité de l'administration et à en améliorer le fonctionnement. Pour la majorité des paysans, cela se traduisit surtout par un surcroît du travail forcé, plus de service militaire et une augmentation des impôts. Résultat : les petits paysans furent contraints de vendre des terrains et on assista à l'avènement d'un groupe de grands propriétaires terriens, en premier lieu évidemment le khèdive lui-même et sa famille, et parallèlement les notables des villages et les propriétaires fonciers locaux. L'autre innovation apportée par Mohammed Ali fut l'introduction de la culture du coton. Dans les années 1860, cette culture prospérerait en raison de la stagnation de la production américaine de coton et de son exportation pendant la guerre de Sécession (1861-1865). À l'époque, le coton représentait 75 % des exportations égyptiennes.

L'Égypte avait été longtemps une province turque et sa couche sociale supérieure se composait de Turco-Égyptiens qui étaient les descendants des anciens occupants étrangers. Ils dominaient l'armée et l'administration. Les Européens, en revanche, dominaient de plus en plus le secteur économique. À la veille de l'occupation anglaise de l'Égypte en 1882, il y avait environ cent mille Européens en Égypte. Ils vivaient essentiellement dans les grandes villes, Alexandrie et Le Caire, et faisaient en sorte que l'Égypte fût, avec l'Algérie et l'Afrique du Sud, le pays le plus européen d'Afrique. D'ailleurs, nombre d'Européens n'avaient d'européen que le nom. C'était par exemple le cas de la petite quarantaine de milliers de « Grecs » qui représentaient près de 40 % de la colonie européenne mais étaient généralement nés et avaient grandi en Égypte. Quant aux « Anglais », c'étaient presque tous des Maltais, des sujets britanniques, dont la nationalité était tout ce qu'il y avait d'anglais en eux. Et les « Français » et les « Italiens » étaient principalement des Levantins, c'est-à-dire des Européens orientalisés.

Si les Européens, et notamment les Français et les Anglais, s'intéressaient à l'Égypte, c'était dans une large mesure pour des motifs financiers et en particulier en raison des emprunts d'État égyptiens. En outre, ils étaient étroitement associés à l'aménagement du canal de Suez qui serait inauguré en 1869 et qui ferait de l'Égypte, encore plus qu'auparavant, un objet de convoitise européenne.

En France, l'Algérie suscitait peu d'intérêt. Pourtant, de même que l'Égypte deviendrait un protectorat britannique, l'Algérie deviendrait la plus importante colonie française. Au début du XIXe siècle, l'Algérie comptait quelque trois millions d'habitants dont environ la moitié se composait de Berbères, et le reste principalement d'Arabes. Il y avait aussi des chrétiens, des juifs et une couche sociale supérieure d'occupants turcs. Le pays s'étendait sur plus de 1 000 kilomètres le long des côtes méditerranéennes où quelques baies comme celle d'Alger, de Bône et d'Oran se prêtaient à l'aménagement d'infrastructures portuaires. Deux chaînes de montagnes traversent son territoire d'est en ouest : le Petit Atlas dans le nord et le Grand Atlas dans le sud. C'était un pays pauvre et peu développé dont l'économie reposait pour l'essentiel sur l'agriculture de « subsistance ». Des famines y sévissaient régulièrement. Il n'y avait que deux vraies villes, Alger avec 50 000 habitants et Constantine avec 25 000 habitants, où se déployait une certaine activité économique sous deux formes : l'artisanat et le commerce. Le commerce était principalement le fait de négociants juifs qui entretenaient des échanges dans d'autres lieux du bassin méditerranéen, en particulier à Marseille et à Livourne.

Officiellement, l'Algérie était encore, elle aussi, une partie de l'empire turc à l'aube du XIXe siècle. C'est la raison pour laquelle elle était désignée dans les cercles diplomatiques sous le nom de La Régence. Le dey d'Alger était assujetti au sultan mais en réalité il était très indépendant. Il était choisi par l'élite turque des janissaires qui comptait quelque 15 000 hommes. En pratique, le dey ne régnait du reste que sur Alger et ses environs. Le reste du territoire algérien était gouverné par des potentats subalternes qui étaient qualifiés de beys. Les frontières du pays n'étaient pas stables. À l'ouest, il y avait le royaume chérifien, autrement dit le Maroc. À l'est, la province turque de Tunis. Au nord, la mer et au sud, l'Algérie se perdait dans le désert.

La présence de la France en Algérie était le résultat d'une série d'événements fortuits et peu cohérents. L'élément déclencheur de cette évolution historique était un incident qui remontait à la Révolution française. À cette époque, l'Algérie avait fourni du blé aux armées françaises. Il avait été convenu que le paiement s'effectuerait par l'intermédiaire d'un banquier mais la France, qui avait tardé à s'en acquitter, souhaitait d'abord examiner le dossier. Cet examen fut extrêmement lent, le dey perdit patience. En 1827, il convoqua le consul de France à Alger et leur entretien fut si animé que le dey, en proie à la colère, le frappa sur le nez avec une tapette. Cette offense était d'une telle gravité qu'elle devait être vengée. Et elle le serait, même si ce ne fut que plusieurs années plus tard.

En 1830, la décision d'intervenir fut prise. Elle avait son origine profonde dans la politique intérieure française. La Restauration était très impopulaire. Le nouveau roi, Charles X, qui en 1824 avait succédé à son frère aîné, Louis XVIII, était encore moins apprécié que son prédécesseur. Le seul moyen de sauver la monarchie, se disait-on à Paris, était de mener une action d'éclat qui contribuerait à rétablir le prestige du régime et de la France elle-même. La méthode appropriée pour y parvenir était de mener une expédition militaire réussie qui rappellerait aux Français la grande époque des victoires napoléoniennes. Un autre argument militait en faveur d'une opération de ce genre : la pression exercée par les négociants marseillais qui ne cessaient de se plaindre des préjudices que les pirates algériens faisaient subir à leur commerce et à leur navigation. La décision fut prise le 31 janvier 1830 par Polignac, le Premier ministre honni, de mener une expédition militaire à Alger, sans aucun autre dessein d'expansion coloniale.

Cette expédition fut un succès. À Toulon, fut rassemblée une grande flotte de guerre et l'expédition comptait au total 635 navires, dont 103 étaient des bâtiments de guerre, et une armée de 34 000 hommes. L'invasion eut lieu le 14 juin 1830. Les troupes françaises débarquèrent à Sidi-Ferruch, à 27 kilomètres à l'ouest d'Alger, et entamèrent leur marche. Le 4 juillet, ils bombardèrent le fort L'Empereur près d'Alger. Le lendemain, le dey se rendit. Le drapeau blanc des Bourbons fut hissé sur le palais et le dey s'exila.

Cette expédition fut donc une réussite mais les Bourbons n'en profiteraient pas. Le 27 juillet, Paris s'insurgea contre ce régime exécré et, le 30 juillet, Charles X fuit son pays. Il s'exila à l'exemple du dey d'Alger. Son successeur Louis-Philippe était placé devant un dilemme : renoncer à cette nouvelle acquisition ou occuper réellement l'Algérie. Si les libéraux étaient partisans du renoncement, les militaires et les négociants marseillais voulaient conserver l'Algérie pour des raisons qui leur étaient propres (la gloire et l'argent). Mais la question la plus importante était : que ferait l'Angleterre ? Et c'est la raison pour laquelle Louis-Philippe décida au départ qu'il ne ferait rien. L'Angleterre fit savoir finalement qu'elle ne voyait aucun inconvénient à ce que la France occupe l'Algérie et c'est ainsi qu'en 1833 Louis-Philippe décida de rester en Algérie, décision qui impliquait la nécessité de mettre sur pied une forme d'administration. En 1833, fut créé à cette fin le Bureau arabe qui fut chargé d'organiser l'administration et de rendre la justice. Le pouvoir était entre les mains du gouverneur général qui dépendait du ministre de la Guerre. On parla, à partir de 1834, des « Possessions françaises dans le nord de l'Afrique ». Le mot « Algérie » ne fut employé pour la première fois qu'en 1839. Au demeurant, seules trois villes furent occupées réellement : Alger, Bône et Oran.

La réaction des Algériens à l'arrivée des nouveaux maîtres fut mitigée. Dans la ville d'Alger elle-même, la population autochtone n'opposa qu'une faible résistance. En dehors, la résistance fut plus vigoureuse. Elle était menée par Abd el-Kader, le « serviteur du puissant ». Abd el-Kader (1808-1883) deviendrait l'un des grands dirigeants politiques de l'histoire algérienne. Il était issu d'une famille distinguée dont l'arbre généalogique remontait au prophète. C'était donc un musulman pieux qui avait fait le pèlerinage à La Mecque. C'était aussi un lettré et un érudit, et il était courageux et élégant. Il avait suivi une formation très étendue. Il avait étudié le Coran, le droit islamique, la grammaire arabe et la théologie et un peu les mathématiques, l'astronomie et la géographie. Après le bannissement du dey par les Français, il fut élu émir par un certain nombre de tribus. Mohammed Ali fut sa source d'inspiration sur le plan politique. Son but était de transformer le réseau de seigneurs islamiques locaux algériens en une nouvelle hiérarchie administrative. Profondément religieux, il aspirait à créer un État qui serait fondé sur les enseignements de l'islam. Il leva une armée de dix mille hommes et, en 1832, il engagea la lutte contre l'occupant étranger.

Comme la guerre ne tourna pas à son avantage, la France décida en 1837, après une série de défaites, d'envoyer à Alger un nouveau commandant : Thomas-Robert Bugeaud. Pendant l'occupation napoléonienne de l'Espagne, Bugeaud avait acquis de l'expérience en matière de lutte contre la guérilla. L'Algérie n'enthousiasmait pas Bugeaud. C'est ainsi qu'il rappela dans un discours prononcé à la tribune de la Chambre que nul n'ignorait qu'il avait toujours considéré l'Algérie comme le plus funeste présent que la Restauration ait fait à la révolution de Juillet. Mais puisque la France s'y trouvait, il fallait que son autorité soit reconnue : il fallait donc que le pays soit conquis, et la puissance d'Abd el-Kader détruite[5].

Les différences entre son approche et celle de ses prédécesseurs se situaient aussi bien sur le plan politique que sur les plans stratégique et tactique. Son action politique consistait à tenter d'appliquer le principe « diviser pour régner » en jouant des antagonismes internes. Le principe stratégique le plus important de Bugeaud était qu'il ne se battait pas contre une armée hostile mais contre un peuple hostile. Il fallait soumettre les Arabes car il était nécessaire de faire reconnaître l'autorité de la France.

Mais conquérir ne suffisait pas. Il ne faisait pour lui aucun doute que la conquête serait stérile sans colonisation et que l'agriculture et la colonisation étaient un tout[6]. La force des guérillas résidait dans leur vitesse et leur mobilité. Aussi n'était-il pas convaincu de l'opportunité de continuer à développer un système de fortifications. Au lieu de cela, il répartit les soldats français en colonnes mobiles qui portaient un équipement léger et étaient donc à même de riposter rapidement. Sa tactique était surtout fondée sur l'utilisation de l'infanterie pour mener des raids éclair. Ces « procédés énergiques » de Bugeaud se révélèrent très efficaces non seulement contre Abd el-Kader, mais aussi, ultérieurement, dans la guerre encore plus difficile contre les Kabyles du Rif. Son célèbre rapport intitulé *De la stratégie, de la tactique, des retraites et du passage des défilés dans les montagnes des Kabyles* deviendrait un ouvrage classique dans la littérature militaire coloniale française.

En 1837, Bugeaud conclut avec Abd el-Kader le traité de Tafna aux termes duquel il reconnaissait la souveraineté de l'émir devenu sultan sur à peu près deux tiers de l'Algérie. En 1839, une nouvelle guerre éclata. En 1841, Bugeaud fut nommé gouverneur général et il fut décidé de soumettre complètement Abd el-Kader. Bugeaud sortit vainqueur de ce conflit et, le 23 décembre 1847, Abd el-Kader se rendit. Il fut d'abord interné en France mais, en 1852, il fut libéré sur l'instruction de Napoléon III, qui entre-temps avait été sacré empereur. Il mourut en exil à Damas en 1883, non sans s'être vu décerner d'abord la Légion d'honneur. Du reste, la reddition d'Abd el-Kader ne mit pas un terme définitif à la guerre. Dans les années cinquante, la guerre contre les Kabyles fut poursuivie et l'Algérie ne fut conquise et « pacifiée » que dans les années soixante. En France, la campagne menée par Bugeaud fut l'objet d'une vive controverse. Si Tocqueville soutenait son approche, Alphonse de Lamartine compara l'intervention de Bugeaud à celles de Néron et de Tibère.

Finalement, l'Algérie deviendrait la seule vraie colonie de peuplement française. D'où son importance absolument unique dans tout l'empire colonial de la France. L'immigration en Algérie fut un très long processus. En 1840, 37 000 Européens vivaient en Algérie. La révolution de 1848 puis l'occupation allemande de l'Alsace-Lorraine donnèrent des impulsions nouvelles à l'immigration en Algérie. En 1850, les Européens étaient 130 000 et, en 1890, plus d'un demi-million. Un peu plus de la moitié d'entre eux étaient des Français, les autres provenaient d'autres pays, surtout d'Espagne.

Entre-temps, outre l'administration militaire, une administration civile avait aussi été mise en place, du moins pour les trois grandes villes. Le reste du pays restait provisoirement sous administration militaire. Trois départements virent le jour : Alger, Oran et Constantine, et un préfet fut nommé à la tête de chacun d'eux. Tout comme leurs collègues en fonction en France, ils relevaient du ministre de l'Intérieur. Ces provinces étaient donc considérées comme des composantes du territoire français. Elles élisaient en outre des représentants au Parlement français. Cette configuration administrative résultait de la politique d'assimilation qui tendait à traiter toute colonie comme une partie de la métropole et à gommer autant que possible leurs différences.

Plus tard, lorsque l'empire français poursuivrait son expansion, cette politique d'assimilation suscitera des réticences de plus en plus fortes. En Algérie, Napoléon III remettrait en question cette politique dès les années 1860. Si, au début, Napoléon considérait aussi l'Algérie comme une province française dont la population devait être assimilée, il déclara ensuite que l'Algérie n'était pas une colonie mais un royaume arabe et lui-même se déclara tout autant empereur des Arabes que des Français[7]. Ses idées sur la colonisation peuvent être qualifiées de modernes. De son point de vue, la colonisation n'était pas une affaire de colons et d'agriculteurs mais de banques et de commerce. Selon lui, les Européens devaient se borner à ces activités et s'établir dans les villes. Cette conception de la colonisation, qui tenait compte davantage des disparités locales et tendait moins à la francisation des territoires acquis, serait connue plus tard sous le nom de politique d'association.

L'AFRIQUE DE L'OUEST : Définir la frontière occidentale de l'Afrique de l'Ouest est une tâche aisée. C'est l'océan Atlantique. Il est plus malaisé de désigner sa frontière orientale. Où finit, en effet, l'Afrique de l'Ouest et où commence l'Afrique de l'Est ? En vérité, il est impossible de le dire avec exactitude et l'on n'en savait quasiment rien à une époque où l'intérieur du continent africain était encore presque inexploré. Quant à ses frontières septentrionale et méridionale, elles ne sont pas simples à définir non plus. Au sens strict, l'Afrique de l'Ouest s'étend de Ceuta au Cap. En pratique, toutefois, ce terme a un sens plus restreint.

Avant l'époque où elle fut subdivisée en colonies et en protectorats, deux termes étaient employés pour désigner son territoire : la Guinée et le Soudan. Le mot « Guinée » vient du portugais et il est probablement dérivé d'Akal n'Iguinawen, terme berbère signifiant « Pays des Noirs ». Ce mot était principalement employé pour la côte car c'était la région avec laquelle les Européens étaient le plus en contact.

Cette côte était subdivisée en deux parties : la Haute-Guinée, qui s'étend du nord au sud, du cap Blanc à la Sierra Leone, et la Basse-Guinée, bande côtière qui s'étend d'ouest en est, de la Sierra Leone au Cameroun. L'intérieur des terres de cette région était généralement désigné par le terme de Soudan occidental.

Cette région est caractérisée par de profonds antagonismes sur les plans géographique et climatologique. Au nord, on trouve le Sahara. Au dessous, le Sahel, région de steppes et de savanes aux vastes plaines dégagées à mi-chemin entre désert et prairie. La région inférieure et la plus grande partie de la côte sont recouvertes de forêt tropicale humide. Ces deux régions sont aussi très diverses du point de vue historique et culturel. Les zones de savane étaient déjà islamisées avant le XVIe siècle. À la suite des guerres de conquête (*jihads*), des États islamiques de dimensions quelquefois considérables s'y étaient en effet constitués. L'islam se propageait rapidement en pays haousa qui, après le jihad de 1804, serait intégré au califat de Sokoto, un grand royaume de 400 000 kilomètres carrés. Le pays haousa devint la région la plus riche d'Afrique tropicale. La zone de forêt tropicale humide étant, en revanche, quasi impénétrable en raison de sa végétation très dense, et se prêtant mal à la constitution d'un État à grande échelle, les missions islamiques y furent peu actives. Les unités politiques étaient de taille très modeste, se limitant le plus souvent à quelques groupes de villages.

Deux grands systèmes fluviaux donnent accès à l'intérieur du pays. Le premier est constitué du Sénégal et de la Gambie, deux fleuves qui s'écoulent principalement d'est en ouest. Le puissant Niger, dont la longueur atteint presque 4 000 kilomètres, forme le noyau de l'autre système. Dans ce territoire gigantesque, ces voies navigables sont les plus importantes voies de communication. Ces fleuves constituent aussi le noyau des deux grands systèmes économiques de cette région, d'une part le système commercial de la Haute-Guinée et du Soudan occidental, ces deux pays étant reliés par le Sénégal, et d'autre part celui de la Basse-Guinée et du Soudan central auquel le Niger permet d'accéder.

Les contacts entre l'Afrique de l'Ouest et l'Europe remontent au XVe siècle, lorsque les Portugais entreprirent son exploration. D'autres pays suivirent : l'Espagne, les Pays-Bas, l'Angleterre et la France. Le centre du commerce européen se situait en Basse-Guinée ou Guinée maritime : la côte y était subdivisée d'ouest en est, d'après les produits principaux qu'on y trouvait, en Côte-du-Poivre, Côte-d'Ivoire, Côte-de-l'Or et Côte-des-Esclaves. Les Portugais, les Français, les Anglais, les Néerlandais et les autres y tissèrent un réseau de forts et d'entrepôts.

L'activité la plus importante était la traite des esclaves. La traite atlantique avait été commencée par les Portugais. En 1441, un capitaine de vaisseau portugais captura deux Africains de l'Ouest et en fit cadeau au prince Henri le Navigateur. Cette initiative fut lourde de conséquences. Vers 1500, 2 à 3 % de la population du Portugal — et d'Andalousie — étaient composés d'esclaves. Toutefois, la traite atlantique n'était pas orientée vers l'Europe mais vers l'Amérique où était apparue une forte demande de main-d'œuvre, engendrée par l'essor de l'agriculture des plantations au Brésil et de l'exploitation minière dans l'Amérique espagnole. Au XVIIe siècle, le Brésil représentait 42 % des esclaves transportés par bateau et l'Amérique espagnole, 22 %.

La traite des esclaves était une question d'offre et

de demande. La demande émanait des Européens, l'offre, des Africains. En Afrique, il existait depuis très longtemps un trafic intérieur d'esclaves qui palliaient le manque d'offre volontaire de travail qui avait toujours existé en raison de la sous-population relative du continent noir. Le trafic européen d'esclaves s'inscrivit dans cette tradition mais en la rénovant et en la modifiant radicalement. La demande européenne, énorme, changea la nature de la traite. La traite atlantique commença dans le Nord, dans la région comprise entre le Sénégal et la Sierra Leone, mais s'étendit à la longue sur toute la côte occidentale, de la Mauritanie à l'Angola. Au XVIIe siècle, les Anglais allaient essentiellement chercher leurs esclaves en Basse-Guinée. L'Angola fut un pourvoyeur important durant toute l'histoire de la traite. Au XVIIIe siècle, 60 % des esclaves provenaient d'Afrique de l'Ouest, et 40 %, d'Afrique centrale et d'Afrique du Sud-Est.

Après des débuts hésitants aux XVe et XVIe siècles, la traite connut une forte croissance au XVIIe siècle. Outre le Portugal et l'Angleterre, les Pays-Bas, la France, l'Espagne et le Danemark y prirent part. La traite atlantique atteignit son apogée au XVIIIe siècle, au cours duquel fut effectuée plus de la moitié du total de cette traite. Au XIXe siècle, bien que le combat pour l'abolition de l'esclavage s'engageât et revêtît surtout de l'importance en Angleterre, plus de trois millions d'esclaves furent encore transportés. On tente d'expliquer cet abolitionnisme en l'attribuant tantôt à des facteurs relevant de l'idéalisme (les Lumières, la Révolution française et les droits de l'homme, des objections religieuses), tantôt à des facteurs matériels : la révolution industrielle aurait rendu superflue la traite des esclaves et nourri un courant de pensée favorable à la liberté du commerce et à la liberté du travail.

Quoi qu'il en soit, l'Angleterre fut la pionnière du mouvement abolitionniste. En 1805 et 1807, la traite des esclaves y fut interdite définitivement. Des traités internationaux suivirent (en 1814 avec la France et en 1815 avec le Portugal) aux termes desquels ces pays s'engageaient à abolir à terme la traite des esclaves. En 1833, l'esclavage fut également supprimé dans les colonies anglaises, exemple que suivirent plus tard d'autres pays. En dépit de toutes ces bonnes résolutions, l'abolition de l'esclavage fut lente. En 1830, autant d'esclaves furent transportés qu'en 1800. La traite ne disparut pour l'essentiel qu'après 1850. Ensuite, quelque 250 000 esclaves seraient encore transportés.

Les chiffres concernant l'ampleur de la traite des esclaves ont été longtemps l'objet de controverses mais graduellement un certain consensus s'est dégagé à leur sujet. Le tableau ci-dessous donne une vue d'ensemble de la traite des esclaves (tableau 4).

Les effets démographiques de la traite atlantique donnent lieu à des divergences d'interprétation. Ce qui est, en tout cas, certain, c'est que ce trafic a concerné un très grand nombre d'êtres humains. Plus de 11 millions de personnes ont été déportées. À cet égard, il convient, d'un point de vue purement démographique, de faire observer que les esclaves étaient originaires d'un très vaste territoire et qu'il s'est agi d'un processus qui s'est étendu sur quatre siècles. Autrement dit, la ponction démographique ne fut pas exceptionnellement élevée : 30 000 personnes par an sur une population d'environ 20 millions.

Tableau 4. La traite atlantique des esclaves
originaires d'Afrique à travers les siècles.

Périodes	Nombre total d'esclaves embarqués en Afrique (en milliers)
1519-1600	266
1601-1650	503,5
1651-1675	239,8
1676-1700	509,5
1701-1725	958,6
1726-1750	1 311,3
1751-1775	1 905,2
1776-1800	1 921,1
1801-1825	1 610,6
1826-1850	1 604,5
1851-1867	231,7
Total	11 061,8

Source : Olivier Pétré-Grenouilleau, *Les traites négrières*, Paris, Gallimard, « Folio histoire » n° 148, 2004, p. 200.

Cela équivaut à une proportion de 1,5 pour mille alors que la croissance démographique était de 45 pour mille. Si on la compare à l'exode gigantesque des Européens ayant quitté l'Ancien Continent dans la seconde moitié du XIXe siècle, la perte subie par le continent africain du fait de la déportation des esclaves est relativement moins importante[8]. En outre, il faut se rendre compte que 12 millions de personnes représentent moins de la moitié du nombre total d'esclaves déportés d'Afrique. La traite arabe fut, quantitativement, plus importante. Il s'est aji au total d'un nombre de personnes compris entre 14 et 15 millions. Toutefois, cette traite a commencé plus tôt, au VIIe siècle, et elle s'est poursuivie plus longtemps, jusqu'à la fin du XIXe siècle. Par conséquent, elle a concerné en moyenne moins d'un million de personnes par siècle, alors que la traite atlantique a concerné en moyenne trois millions de personnes par siècle. Au cours du seul XVIIIe siècle, les Européens ont transporté plus de six millions de personnes, soit autant que la traite arabe en six siècles.

L'abolition de l'esclavage eut deux conséquences pour l'Afrique. D'abord, de nouvelles colonies furent fondées pour les esclaves libérés. Plus tard, d'anciens esclaves quitteraient le Nouveau Monde pour retourner en Afrique. En 1791, fut créée la Sierra Leone Company dont la direction avait son siège à Londres. L'objectif de cette société était la colonisation de l'Afrique par des esclaves libérés. En 1792, un groupe d'esclaves affranchis appelés « Nova Scotians » arriva en Afrique où ils fondèrent la ville de Freetown. L'Amérique suivit l'exemple anglais. Jefferson estimait que les Blancs et les Noirs n'étaient pas faits pour vivre ensemble et il prônait donc le retour des Noirs en Afrique. En 1816, fut créée l'American Colonization Society et, en 1822, fut fondé l'État du Liberia, premier État indépendant d'Afrique dont la capitale Monrovia devait son nom au président américain Monroe. En 1849, les Français fondèrent au Gabon la ville de Libreville, équivalent français de Freetown.

La deuxième conséquence fut l'essor d'une nouvelle économie. La traite des esclaves n'existant plus, il fallait commercialiser de nouveaux produits. L'essor de l'industrie en Europe fit naître une demande croissante de lubrifiants destinés à la maintenance des machines, de savon pour les classes laborieuses, de denrées alimentaires pour les ouvriers d'usine et de bougies pour l'éclairage des habitations. L'Afrique de l'Ouest fournit une partie des matières premières nécessaires. L'huile de palme était une matière première importante pour la fabrication de savon, de bougies et d'huile de graissage. Les graines de palmiste étaient employées pour la fabrication de margarine alors que les arachides, le coton, le café et le cacao étaient aussi l'objet de transactions entre l'Europe et l'Afrique de l'Ouest. Plusieurs tentatives furent entreprises pour assurer, par le biais de l'aménagement de plantations, un arrivage plus régulier de produits agricoles mais elles furent presque toujours vouées à l'échec.

Il va de soi que les colonies européennes se trouvaient surtout sur la côte. Depuis 1659, existait en Haute-Guinée la colonie française du Sénégal dont les «Quatre Communes» (Gorée, Saint-Louis, Dakar et Rufisque) étaient représentées au Parlement français. À côté, il y avait la Gambie, petite possession britannique. Ensuite venaient la Guinée portugaise et deux colonies d'anciens esclaves, la Sierra Leone et le Liberia. En Basse-Guinée, les Français étaient présents à Grand-Bassam sur la Côte-d'Ivoire; les Anglais sur la Côte-de-l'Or (Akkra); les Français à Cotonou et Porto-Novo sur la côte du Dahomey et les Anglais à Brass et Bonny dans le delta du Niger. En outre, on trouvait des possessions néerlandaises et danoises sur la Côte-de-l'Or. Au cours de la première moitié du XIXe siècle, peu de choses changèrent dans ce domaine. Les Danois cédèrent leurs possessions en 1850 et les Pays-Bas suivraient leur exemple en 1872, lorsqu'ils céderaient Elmina à l'Angleterre. Les Portugais déployaient peu d'activités. L'Angleterre était plus entreprenante.

La présence anglaise en Afrique de l'Ouest avant 1870 était cantonnée dans quatre régions. À l'embouchure du fleuve Gambie, les Britanniques possédaient la ville de Bathurst sur la Saint Mary's Island, ville qui revêtait surtout de l'importance dans la lutte contre la traite. La Sierra Leone avait été créée pour offrir un foyer aux esclaves libérés. La présence anglaise y était cantonnée autour de Freetown. La ville elle-même était une colonie de la Couronne, et l'hinterland, un protectorat. La présence anglaise dans le delta du Niger était plus importante. En 1841 et 1854, le gouvernement britannique y soutint les expéditions de Barth sur les rives du Niger, expéditions dont le but était l'exploration du pays haousa et du Soudan occidental. Mais s'il était disposé à aider les négociants dans le delta — ce qui était important pour l'arrivée d'huile de palme (cette région n'était pas appelée sans raison «The Oil Rivers») —, il ne voulait pas entendre parler d'une expansion territoriale. Quand Palmerston annexa le Lagos en 1861, le ministère des Colonies, qui en serait responsable, le qualifia de «cadeau empoisonné du Foreign Office[9]».

La plus importante sphère d'influence anglaise avant l'époque du partage de l'Afrique se trouvait dans l'actuel Ghana ou Côte-de-l'Or. Deux peuples s'y opposaient, les Fanti sur le littoral et les Ashanti dans l'hinterland. Les Européens et, en particulier, les Britanniques, les Danois et les Hollandais qui, au fil des siècles, avaient établi des comptoirs sur la côte, avaient conclu des traités avec les Fanti. Sur la Côte-de-l'Or aussi, la traite des esclaves était une activité importante. Les Fanti fournissaient les esclaves aux Européens, après les avoir achetés aux Ashanti, lesquels s'étaient spécialisés dans ce négoce lucratif. Ils faisaient ou achetaient des esclaves dans les États Haousa à l'intérieur du pays pour les revendre aux Fanti. L'abolition de l'esclavage et de ce négoce florissant généra plusieurs guerres entre les Ashanti et les Fanti, soutenus par les Anglais. En 1821, Charles MacCarthy, le gouverneur de la Sierra Leone, fut nommé gouverneur de toute l'Afrique de l'Ouest britannique, Côte-de-l'Or comprise. En 1824, il périt lors d'une campagne qu'il mena contre les Ashanti. Ceux-ci furent vaincus, mais l'Angleterre craignit beaucoup de souscrire de nouvelles obligations. Aussi, peu de temps après, le gouvernement britannique se retira officiellement de la Côte-de-l'Or et remit ses attributions au représentant de l'Association des Commerçants, George MacLean. Mais, de peur que celui-ci ne fasse trop cavalier seul, le gouvernement rétablit l'autorité britannique en 1843.

En 1863, les hostilités entre les Britanniques et les Ashanti reprirent. Ce qui mit, cette fois, le feu aux poudres, ce fut un esclave qui s'était enfui et avait cherché protection sur la côte. L'Asantehene, comme est appelé le roi des Ashanti, pénétra en territoire britannique mais il eut tôt fait de s'en retirer. Quand, en 1869, les Ashanti firent une nouvelle incursion, le gouvernement britannique décida que le moment était venu de se débarrasser de ce peuple importun. Sir Garnet Wolseley, l'un des commandants coloniaux les plus couverts de gloire, fut chargé de l'expédition. Le 4 février 1874, il investit la capitale Kumasi que les Ashanti avaient entre-temps quittée. Pour ne pas rester désœuvrés, les soldats britanniques pillèrent le palais, le firent exploser et incendièrent la ville. La puissance des Ashanti appartenait désormais au passé. La région côtière des Fanti devint alors une colonie de la Couronne. Sa capitale fut déplacée de Cape Coast Castle à Akkra. L'Ashantiland resta provisoirement indépendant. Mais, en 1896, il y fut mis fin également. L'Asantehene fut fait prisonnier, les Ashanti furent contraints de payer un lourd tribut et de céder le Golden Stool («Tabouret d'Or»). Pour les Ashanti, ce tabouret était un symbole national. C'est la raison pour laquelle ils refusèrent de satisfaire à cette exigence et cachèrent le tabouret. En 1900, le gouverneur britannique exigea de pouvoir s'asseoir sur le tabouret. Cette demande fut également rejetée. Une nouvelle insurrection s'ensuivit et après qu'elle fut réprimée, elle aussi, l'Ashantiland fut annexé et transformé en colonie de la Couronne en 1901. L'Asantehene fut envoyé en exil aux Seychelles. Ainsi prirent fin, après près d'un siècle, les guerres Ashanti.

L'expansion la plus importante de la puissance européenne en Afrique de l'Ouest au tout début du XIXe siècle fut l'expansion française, en direction du cours supérieur du Sénégal et du Niger supérieur. Les raisons profondes de cet état de choses résident pour une part dans certains développements en France et pour une autre part en Afrique. En France, l'éphémère Deuxième République, qui était née après la révolution de 1848, avait avancé des idées progressistes sur les colonies (abolition de l'esclavage, assimilation, libertés politiques). Le Second Empire amena un nouvel élan colonial qui était essentiellement d'inspiration économique. Après l'abolition de la traite des esclaves, il fallut chercher à assurer l'avenir économique de la colonie française du Sénégal en faisant le négoce de ses produits agricoles tels que l'huile de palme. Or ces produits ne se trouvaient pas sur le littoral mais à l'intérieur du pays. Si le Sénégal voulait survivre sur le plan économique, il devait préserver son arrière-pays. Or, deux rivaux potentiels s'opposaient : les Anglais, qui étaient actifs sur la Côte-de-l'Or, et les empires islamiques, dont le plus important était l'empire des Toucouleur.

L'empire des Toucouleur était l'un des empires islamiques qui au XIXe siècle étaient nés du jihad, de la lutte pour l'expansion de l'islam, conduite par El-Hadj Omar (env. 1797-1864). Il fit le pèlerinage de La Mecque en 1826, visita sur le chemin du retour

Le Caire, épousa la fille du sultan de Sokoto dans le nord du Nigeria puis retourna dans sa terre natale à Futa Toro. En 1852, il proclama la guerre sainte contre les païens du Soudan occidental et fonda l'empire des Toucouleur qui s'étendit de Tombouctou à l'est au Sénégal français à l'ouest. La capitale en était Ségou.

À l'ouest, les Toucouleur se heurtèrent à l'expansionnisme français. La France leur déclara la guerre et étendit sa puissance vers l'est, sous le commandement d'un officier du génie, Louis Faidherbe, qui fut gouverneur à deux reprises, de 1854 à 1861 et de 1863 à 1865. Lorsque Faidherbe fut nommé gouverneur du Sénégal pour la première fois, il n'avait que trente-six ans. Homme d'initiative et d'imagination, il deviendrait l'une des grandes figures de l'histoire militaire et coloniale française. Son but était de faire du Sénégal une colonie viable. À cette fin, il estimait nécessaire de soumettre militairement les États islamiques dans le Soudan occidental. Cela s'était aussi révélé nécessaire en Algérie où Faidherbe avait servi antérieurement. Ce n'était qu'ensuite qu'il serait possible de mettre sur pied les activités commerciales qui devaient constituer la base de la prospérité du Sénégal. Son grand projet était de mettre en place une liaison reliant l'Algérie à l'océan Atlantique en passant par le Sahara et le Niger.

Mais provisoirement son grand projet d'expansion dans l'intérieur des terres resterait en grande partie dans les limbes. Paris refusait en effet de dégager les capitaux nécessaires. En revanche, son idée que l'expansion militaire fût la condition pour la poursuite de la colonisation fut acceptée. Elle serait le fondement de la future politique française en Afrique de l'Ouest. En 1870, la chute de l'Empire français entraîna la fin brutale de la politique d'expansion au

Sénégal mais cette politique serait reprise à la fin des années soixante-dix. Ainsi commença le partage de l'Afrique.

L'AFRIQUE DU SUD ET L'AFRIQUE AUSTRALE : L'Afrique du Sud est la seule partie de l'Afrique où l'immigration européenne s'est déroulée à grande échelle. On peut s'en étonner dans la mesure où l'établissement néerlandais au cap de Bonne-Espérance n'avait pas été conçu comme une colonie de peuplement mais comme une halte technique pour les navires de la VOC en route vers l'est. Ceux qui, emmenés par Jan van Riebeeck, s'établirent au Cap en 1652 n'étaient donc pas des colons mais des serviteurs de la compagnie qui étaient stationnés là temporairement. Toutefois, l'on eut tôt fait d'autoriser aussi l'établissement d'autres personnes qui n'étaient pas au service de la VOC mais pratiquaient l'agriculture pour leur propre compte. Ces « vrijburgers » (citoyens libres) furent les premiers vrais colons. Par la suite, les Néerlandais seraient suivis par les Allemands, les Anglais et les huguenots français. Et des esclaves d'Afrique de l'Est, de Madagascar et d'Asie viendraient s'y établir aussi.

C'est ainsi que se forma une colonie ethniquement très mélangée, concentrée autour de deux villes : Le Cap, le centre commercial, et Stellenbosch, le centre agraire. Au reste, la population blanche était très réduite. Aux alentours de 1800, environ 20 000 Blancs vivaient au Cap. En outre, il y avait à peu près autant d'esclaves noirs. La population présente aux origines se composait des Khoi-Khoi, qu'on appelait autrefois les Hottentots, et des San (les anciens Bushmen). Et il y avait les Noirs bantous arrivés ultérieurement qu'on subdivise aujourd'hui en Xhosa, Tswana et Sotho.

En 1795, Le Cap fut occupé par les Britanniques. Au début, on crut que cette situation serait temporaire car, en vertu de la Paix d'Amiens de 1802, la colonie revenait à la République batave mais, peu de temps après, les hostilités reprirent et, en 1806, Le Cap fut réoccupé par les Anglais. Cette situation fut entérinée par le traité de Londres en 1814. Adam Smith avait déjà compris le grand intérêt que présentait la colonie du Cap puisque, dans *La Richesse des Nations*, il la décrivait comme la plus importante colonie européenne[10]. Au cours des guerres contre Napoléon, l'Angleterre avait établi pour de bon sa suprématie coloniale et maritime, et n'entendait plus perdre Le Cap. Qui plus est, au XIXe siècle, Le Cap devint le maillon le plus important de la grande chaîne impériale qui reliait l'Angleterre à l'Inde et à l'Extrême-Orient.

Avec l'arrivée de l'administration britannique commença un nouveau chapitre de l'histoire de l'Afrique du Sud. Au fil des siècles, la population blanche du Cap avait développé un style de vie propre. On pourrait même parler d'identité nationale à propos des Afrikaners ou des Boers. Ceux-ci considérèrent la puissance coloniale britannique comme un pouvoir étranger. La venue d'un grand nombre d'immigrants britanniques (dans les années 1820, ils furent à peu près dix mille) accrut les tensions entre les Boers et les Anglais. Ces tensions définiraient pour une bonne part l'histoire moderne de l'Afrique du Sud au XIXe siècle et seraient en outre à la base de l'événement qui donnerait une nouvelle tournure à cette histoire : le Grand Trek.

Le Grand Trek, qui eut lieu de 1835 à 1837, fut un mouvement de migration de milliers de Boers de la région du Cap vers l'intérieur des terres. Il aboutit à l'implantation d'Afrikaners dans de grandes parties de l'est de l'Afrique du Sud. Le Trek déboucha aussi sur différentes guerres avec des peuples africains, en particulier avec les Zoulous qui, menés par Shaka, avaient bâti un gigantesque appareil militaire. En l'espace de dix ans (1818-1828), les Zoulous devinrent le peuple le plus puissant et le plus redouté de la région, ce qui entraîna certaines conséquences pour d'autres ethnies. Les Ngwane partirent vers le nord où ils fondèrent le royaume Swazi. Un autre royaume considérable était le Lesotho, fondé par Moshoeshoe, un petit chef de la Vallée du Caledon. Des territoires entiers se dépeuplèrent du fait que les habitants fuirent devant l'avancée des armées zouloues. En 1828, Shaka fut assassiné par ses deux frères. L'un d'eux, Dingane, perpétua la tradition de Shaka.

Le Trek permit que s'établissent des contacts entre les Boers et les Zoulous. Les Boers voulaient s'établir dans les territoires quasi dépeuplés, ce qui aboutit à une guerre entre eux et les Zoulous. Le 16 décembre 1838, les Boers remportèrent la grande bataille de la Bloedrivier. Un an plus tard, ils s'emparèrent de la moitié du Zoulouland. Ils eurent désormais leur propre république, le Natal. D'autres suivirent : le Transvaal et l'État libre d'Orange. Toutefois, les Boers n'avaient pas un grand avenir au Natal. Cette république fut annexée par les Britanniques en 1843. La valeur stratégique de cette région côtière était trop grande pour l'abandonner à des étrangers. À cet égard, les républiques Boers situées dans l'intérieur des terres revêtaient moins d'intérêt et c'est la raison pour laquelle elles eurent la vie plus facile. Au départ, l'Angleterre entretint des relations plutôt tendues avec ces républiques-là aussi mais par les conventions de Zandrivier (1852) et Bloemfontein (1854), elle reconnut l'indépendance du Transvaal puis de l'État libre d'Orange.

Désormais, quatre établissements blancs existaient en Afrique du Sud : la colonie du Cap et le Natal, qui relevaient de l'autorité anglaise, et les deux républiques Boer indépendantes. Au demeurant, « république » est un terme très grandiloquent pour désigner ce qui n'était en réalité que deux petits États minuscules. Le Transvaal comptait à peine 25 000 habitants blancs et l'État libre d'Orange n'en comptait que la moitié. Quoique ces deux républiques fussent fort similaires, il y avait également entre elles certaines différences. L'État libre était orienté vers la colonie du Cap et connaissait une forme de société plus ordonnée. Le Transvaal, en revanche, était une société typique de la Frontière.

La colonie du Cap n'était pas non plus densément peuplée. À l'époque, elle comptait environ 200 000 habitants dont la majorité était composée de non-Blancs. Quant à la population européenne, elle se composait d'Anglais et de « Hollandais » et était dominée par les Anglais. Du point de vue économique, cette colonie ne revêtait pas un très grand intérêt. En 1845, la valeur des exportations anglaises vers l'Afrique du Sud se montait à un peu plus de 900 000 livres sterling, ce qui est beaucoup moins que celle des exportations anglaises vers l'Argentine ou le Chili. Stratégiquement, toutefois, Le Cap était très important. Comme le déclara en 1900 le célèbre amiral anglais Lord Fisher, Le Cap comptait, avec Douvres, Gibraltar, Alexandrie et Singapour, parmi les cinq principaux points stratégiques de l'Empire britannique[11].

La politique britannique dans les colonies blanches était fondée sur le Rapport Durham de 1839 et axée sur le développement de l'autonomie administrative (« responsible government »). Le premier pas dans cette direction fut l'élection d'une représentation nationale en 1853. En 1872, la colonie du Cap se vit octroyer le droit de se gouverner complètement. Un gouvernement dirigé par un Premier ministre responsable devant le Parlement fut formé. Quant au gouverneur anglais, il avait plus ou moins le statut d'un chef d'État constitutionnel. Par conséquent, il n'avait quasiment pas voix au chapitre sur les questions de politique intérieure. Mais il était également haut-commissaire pour l'Afrique du Sud et, en tant que tel, responsable des relations avec les autres peuples et États en Afrique du Sud. Cette fonction revêtait donc une importance toute particulière. Outre les deux républiques Boers et la colonie du Cap, il y avait une autre colonie blanche en Afrique du Sud : le Natal. Après l'annexion de 1843, le Natal se trouva lui aussi sous autorité britannique. L'évolution vers l'autonomie y fut plus lente qu'au Cap. Il fallut en effet attendre 1892 pour que le Natal l'obtienne.

Ces quatre régions étaient très différentes. Mais elles avaient un point commun : une volonté d'expansion. Au fil des ans, elles étendirent toutes leurs sphères d'influence et entrèrent ainsi, inévitablement, en conflit avec la population noire. De ce fait, la lutte pour la terre entre les Blancs et les Noirs devint un thème permanent dans l'histoire de l'Afrique du Sud. L'expansion la plus importante partit de la colonie du Cap qui chercha à s'étendre vers l'est. Cette expansion aboutit à neuf guerres contre les Xhosa et à l'annexion finale du Xhosaland. Cette expansion permit à la colonie du Cap de repousser sa frontière vers l'est, à tel point qu'elle finit par faire jonction avec le Natal qui, de son côté, était confronté en permanence à des difficultés avec les Zoulous à sa frontière nord. Quant aux républiques Boer, elles tentèrent également d'étendre leurs sphères d'influence et elles s'y employèrent avec un succès modéré. Mais bientôt l'antagonisme entre Boers et Britanniques revêtirait plus d'importance que la lutte entre Blancs et Noirs.

L'Asie

L'Asie est le plus grand des cinq continents. Elle se compose d'un certain nombre de territoires très différents. Le premier d'entre eux est le Proche-Orient ou Moyen-Orient qui comprend la partie occidentale de l'Asie, est en grande partie islamique, fait partie du monde culturel arabe et dont une grande portion a appartenu à la sphère d'influence de l'empire ottoman. Au XIXe siècle, cette région fut marquée par la dissolution et l'affaiblissement de l'empire ottoman, processus qui avait commencé avec la perte de la Hongrie en 1699. Cet empire avait perdu de grandes parties de son territoire mais officiellement le sultan exerçait toujours sa souveraineté sur l'Égypte et l'Arabie alors que l'Asie Mineure se trouvait sous l'autorité directe de la Turquie, de même, évidemment, que la région clé de l'Anatolie, l'Arménie et quelques autres régions au sud du Caucase. En Asie centrale, la Perse et l'Afghanistan restaient indépendantes quoique la Perse fût finalement subdivisée en sphères d'influence anglaise et russe. La rivalité anglo-russe aboutit au «Great Game» en Asie centrale où l'expansion russe se heurta à la résistance britannique. Il en résulterait que l'Afghanistan poursuivrait lui aussi son existence indépendante d'État tampon.

In fine, l'Asie du Sud serait quasi totalement absorbée par l'empire britannique alors que l'Asie du Sud-Est serait divisée entre l'Angleterre (Birmanie, Malaisie), la France (Indochine) et les Pays-Bas (Indonésie). En Asie orientale, la Chine, avec son territoire immense, sa population incommensurable et son histoire politique et culturelle séculaire, était la puissance dominante mais, au cours de la seconde moitié du XIXe siècle, sa faiblesse intérieure apparut de plus en plus clairement. L'influence culturelle de la Chine s'étendit aussi sur le Japon qui, au cours de la seconde moitié du XIXe siècle, eut également à faire face à l'influence occidentale mais y réagit autrement que la Chine. Une grande partie du nord de l'Asie de l'Est fut annexée à l'Empire russe qui s'étendrait finalement de la mer Baltique à l'océan Pacifique. Dans l'est de l'Asie, les Européens durent affronter des forces opposées (la Russie, l'Amérique) qui freinèrent leur expansion. Conséquence : l'expansion européenne ne s'y déroula pas de la même façon qu'en Afrique et n'aboutit pas à la subdivision du territoire en colonies européennes. De telles forces opposées étaient inexistantes ou en tout cas moins présentes en Asie du Sud et en Asie du Sud-Est, et c'est ce qui explique que les grands empires coloniaux se constituèrent dans ces régions-là : outre l'Inde britannique, l'Indochine et les Indes néerlandaises.

LES INDES NÉERLANDAISES : Les anciennes Indes néerlandaises s'appellent aujourd'hui l'Indonésie, terme qui est apparu vers 1850 et qui a probablement été employé pour la première fois par l'anthropologue anglais J.R. Logan. À cette époque-là, c'était une notion très large qui recouvrait, outre l'actuelle Indonésie, les Philippines et quelquefois Taïwan et des parties de l'Indochine. Des érudits néerlandais tels que Christiaan Snouck Hurgronje et Cornelis van Vollenhoven employaient aussi ce vocable mais dans l'acception plus restreinte des Indes néerlandaises. Il fut repris plus tard par les nationalistes indonésiens qui le préféraient à l'expression « les Indes néerlandaises » qu'ils honnissaient.

L'actuelle république d'Indonésie succède à l'ancienne colonie des Indes néerlandaises au sens du droit international mais aussi sur le plan territorial, et cette unité politique était une création des Néerlandais car, lorsque ceux-ci arrivèrent en 1596 dans cet archipel, il ne constituait à aucun égard une unité politique. L'archipel indonésien comprend des milliers d'îles dont certaines, comme Sumatra et Bornéo, sont très grandes tandis que d'autres sont en revanche très petites. En outre, il y a des groupes d'îles comme les petites îles Sounda et les Moluques. La plus grand partie de l'Indonésie est située dans les Tropiques mais la géographie physique de ce pays est très diversifiée. Certaines îles sont volcaniques, comme Java dont de grandes parties se prêtent à la culture du riz sawa, mais d'autres, comme Bornéo, sont couvertes de forêts impénétrables. Du point de vue culturel, l'Indonésie est d'une grande diversité : Sumatra, Java et Bali ont été influencées par la civilisation hindouiste ou bouddhiste ; d'autres zones, en revanche, n'ont pas été perméables à cette influence et sont restées animistes. En Indonésie, pas moins de 250 langues sont parlées et on dénombre 300 groupes ethniques.

L'arrivée de l'islam fut une évolution majeure. L'Indonésie est aujourd'hui le plus grand pays musulman du monde et 87 % de sa population sont de confession islamique. La propagation de l'islam est un processus dont l'accomplissement a nécessité plusieurs siècles et il est donc difficile de le dater avec précision. L'expansion du culte mahométan a probablement débuté avant le Xe siècle mais elle fut lente. Elle partit du nord de Sumatra. Marco Polo y mentionne l'existence d'une ville islamique dès 1292. Entre le XIIIe et le XVIe siècle, une grande expansion se produisit d'ouest en est, jusque dans les îles des épices en Indonésie orientale. Aux alentours de 1600, les régions les plus actives dans le commerce international étaient islamisées. Trois systèmes commerciaux étaient liés les uns aux autres : un système régional, un système international et un système mondial. La particularité soulignée par l'historien indien Ashin Das Gupta est la répartition des principaux produits commerciaux dans les deux régions les plus extrêmes de l'archipel : le poivre provenait de Sumatra (dans l'ouest) et les épices des Moluques (à l'est)[12].

Le riz, le poisson et les denrées agricoles originaires de Java étaient acheminés vers Sumatra. De là, le poivre et les produits étrangers étaient transportés à Java et à Bali. Enfin, dans les Moluques, les produits javanais et le coton balinais étaient échangés contre des épices.

L'archipel indonésien jouait un rôle majeur au sein d'un vaste réseau asiatique international qui allait du Yémen au Japon et qui reliait entre eux le Moyen-Orient, l'Inde et la Chine. Le détroit de Sounda et le détroit de Malakka étaient les principales voies de transit. Si l'Inde fournissait essentiellement coton et poivre, la Chine livrait thé, soie et porcelaine. Quant à l'Indonésie, elle fournissait entre autres du poivre, des épices et de l'or. Les transactions commerciales revêtaient un caractère éminemment international. Dans les villes portuaires d'Indonésie, on trouvait des négociants chinois, indiens, malais, arabes et turcs. Les vents de la mousson déterminaient les possibilités de naviguer, lesquelles étaient donc tributaires des saisons.

Du point de vue politique, l'archipel indonésien

était très divisé. Il comptait de très nombreuses entités politiques. Les collectivités de l'intérieur des terres ne dépassaient généralement pas le niveau du village ou de la famille. Aux embouchures des fleuves vivaient souvent de petites principautés. Sur les routes qui étaient importantes pour les relations commerciales, dans le détroit de Malakka et dans le nord de Java, on trouvait ici et là des principautés de plus grandes dimensions dont les centres présentaient un caractère urbain. Java comptait de très vastes principautés dont la population, nombreuse, était surtout agraire. La plus grande de ces principautés était le royaume de Mataram, situé au centre de Java, qui s'était formé dans l'intérieur des terres, avait assujetti ensuite les régions côtières dans le Nord et était devenu le plus puissant royaume de l'archipel au début du XVIIe siècle.

Les Portugais arrivèrent les premiers dans l'archipel mais ils furent rapidement suivis des Néerlandais, qui les chassèrent. Toute cette région releva désormais de la charte de la Compagnie des Indes orientales (VOC). La VOC était une entreprise commerciale mais, en vertu de sa charte, elle exerçait aussi des fonctions politiques. Par exemple, elle concluait des traités avec des princes indonésiens. La nature de ces traités a fait l'objet de débats entre historiens. Certains les considèrent comme une preuve de l'établissement de l'hégémonie politique néerlandaise et situent donc cette hégémonie très tôt, au XVIIe siècle. D'autres les jugent plutôt comme des accords diplomatiques passés entre égaux et c'est la raison pour laquelle ils estiment que les Néerlandais n'exercèrent que plus tard leur puissance sur l'archipel.

Quoique ce fussent les Moluques qui suscitèrent

en premier lieu l'intérêt des Néerlandais, Java occuperait bientôt une place centrale dans leur système. Batavia, qui avait été fondée en 1619, devint le centre du pouvoir de la VOC, et Adam Smith nota avec pertinence qu'elle jouait entre les principaux pays des Indes orientales le même rôle que le cap de Bonne-Espérance entre l'Europe et les Indes[13]. Tous les navires internationaux jetaient l'ancre dans cette ville. Elle était le centre du commerce interasiatique. C'est alors que la VOC fut impliquée dans une lutte pour le pouvoir qui l'opposa au royaume de Mataram, lequel finit, en 1755, par être partagé en deux sultanats : Djokjakarta et Solo.

Pour la VOC, le XVIIIe siècle fut l'époque du déclin. En particulier, la Quatrième Guerre anglaise de 1780-1784 aboutit à aggraver son endettement. En 1795, la France attaqua la République. La compagnie fut dissoute et un Comité des Affaires touchant au commerce et aux possessions des Indes orientales reprit la gestion en main. Cela marqua le début de la période française. En 1808, Herman Willem Daendels fut envoyé aux Indes en qualité de gouverneur général. Daendels commença par instaurer un système de gestion administrative moderne qui à la longue se substituerait à l'ancien système de la VOC. Java fut subdivisée en préfectures. Si l'Histoire a retenu le nom de Daendels, c'est surtout parce qu'il a fait aménager la Grande Route postale à Java. Ce projet coûta la vie à des milliers d'Indonésiens contraints au travail obligatoire. Pour cette raison et à cause de sa rudesse, les Indonésiens le surnommèrent « le maréchal tonitruant ».

Les Pays-Bas étant devenus une partie de l'Europe napoléonienne et la France étant en guerre avec l'Angleterre, les Pays-Bas entrèrent eux aussi en guerre avec l'Angleterre. En 1811, les Anglais reprirent les possessions hollandaises. Thomas Stamford Raffles fut nommé lieutenant-gouverneur de « Java et de ses dépendances ». La plus importante des réformes réalisées par Raffles fut l'introduction du système fiscal anglais qui supplanta l'ancien système de la VOC, lequel consistait à forcer la population à fournir services et produits. Ce système, appelé « landrente », se fondait sur le fermage. Il reposait sur une fiction juridique selon laquelle la terre est la propriété de l'État, de sorte que celui-ci a le droit de demander à quiconque exploite cette terre de lui verser un bail à ferme. Le fermage, qui s'élevait à un cinquième du rapport de la récolte, devait de préférence être versé en argent. Sous le régime de Raffles, le sultan de Djokjakarta fut aussi soumis en juillet 1812.

Après le Congrès de Vienne fut conclue la Convention de Londres du 13 août 1814, aux termes de laquelle la Grande-Bretagne restitua aux Pays-Bas ses possessions des Indes orientales. En 1819, Raffles signa avec le sultan Hussein, l'un des prétendants au trône de Johore, un traité par lequel celui-ci céda Singapour à la Grande-Bretagne. Des difficultés avec les Pays-Bas en résultèrent. Elles furent surmontées en 1824 grâce à un traité anglo-néerlandais qui délimita les sphères d'influence. L'Angleterre voulant éviter tout conflit avec les Pays-Bas en Asie, elle leur proposa un partage : elle conservait Singapour et Malakka, et cédait Benkoulen, l'établissement anglais à Sumatra. Les Pays-Bas pouvaient régner sur Sumatra et les îles situées entre Malakka et Sumatra. En conséquence, une ligne de démarcation qui n'existait pas auparavant entre la Malaisie et l'Indonésie sépara désormais ces deux pays. Entre-temps l'autorité des Pays-Bas fut réinstaurée dans l'archipel en 1816, autorité qui prit la forme de trois commissaires généraux néerlandais. Ainsi commença une nouvelle phase dans l'histoire des Indes néerlandaises.

Au cours de la première moitié du XIXe siècle, les Pays-Bas ne s'intéressèrent principalement qu'à Java. Dans cette époque, on peut distinguer deux périodes. La première alla du retour de la puissance hollandaise en 1816 jusqu'à l'instauration du système des cultures forcées en 1830. Ce fut une période de transition. La seconde phase représenta l'âge d'or du système des cultures forcées et du «batig slot» (surplus budgétaire) et elle s'acheva en 1870 avec l'introduction d'une nouvelle législation. Débuta alors une période marquée par une nouvelle politique économique et une politique d'expansion plus dynamique qui s'appliqua sur l'ensemble du territoire de l'archipel. Ce fut le temps de l'impérialisme moderne.

Le premier gouverneur général des Indes néerlandaises après l'intermède anglais fut G.A.G. Ph. van der Capellen (1816-1826). C'était un homme remarquable parce que dans sa conception du colonialisme prédominait nettement le souci du bien-être de la population indigène. Sous sa gouvernance, les abus de pouvoir furent réprimés sévèrement. Van der Capellen était en outre opposé à l'exploitation économique de Java par les Européens. Celle-ci, en effet, risquait de menacer la culture du café, laquelle était développée au profit du gouvernement. Or les recettes de l'État étaient déjà en piteux état en raison du faible rapport de la «landrente» et de la baisse des prix du café sur le marché mondial. Ce furent donc des années difficiles. Le commerce restait au point mort et les finances indonésiennes étaient chaotiques. Mais la situation fut encore bien pire lorsque la guerre de Java éclata en 1825.

La première moitié du XIXᵉ siècle, 1815-1870   199

Ce long conflit aboutira à une crise profonde dans l'administration des Indes. Il éclata lorsque Dipo Negoro (1785-1855), le fils du sultan de Djokjakarta qui avait été soumis peu de temps auparavant, s'insurgea contre le pouvoir néerlandais. Ce contexte était délicat. Il y avait d'une part une lutte pour le pouvoir à la cour de Djokjakarta et une exaspération grandissante devant la volonté des Néerlandais de s'immiscer dans les affaires intérieures indonésiennes. À cela s'ajoutait un mouvement de mécontentement parmi la population paysanne face à la pression fiscale élevée qui était le fait des princes javanais et face aux pratiques des intermédiaires chinois. Dipo Negoro était un dirigeant charismatique que beaucoup considéraient comme un sauveur qui arrêterait le déclin de la cour, rétablirait l'islam et mettrait fin aux influences étrangères. Les paysans javanais voyaient en lui le *ratu adil*, le souverain juste de la tradition, qui combattrait l'injustice.

La guerre de Java fut une petite guerre dans la mesure où elle consista en fait en une série d'insurrections régionales. Mais elle fut aussi une grande guerre car elle dura longtemps et causa de grandes pertes dans les deux camps. Les militaires néerlandais réussirent finalement, de haute lutte, à restaurer leur autorité dans la région insurrectionnelle en aménageant des forts (bentengs) et en utilisant des colonnes mobiles. Des troupes furent acheminées des Pays-Bas en grand nombre. En 1830, les Néerlandais convainquirent Dipo Negoro de négocier et, après lui avoir pourtant promis un sauf-conduit, ils le firent prisonnier et l'exilèrent à Makasar. Les sultanats de Djokjakarta et Solo n'étaient plus que des vestiges qui certes disposaient d'une autonomie nominale mais se trouvaient en fait sous autorité néerlandaise. Cette guerre avait coûté 15 000 hommes à l'armée des Indes néerlandaises. Un peu plus de la moitié des victimes étaient des soldats européens, le reste étant des soldats indonésiens. Du côté de la partie adverse, les pertes furent beaucoup plus lourdes : 200 000 Javanais perdirent la vie.

Les premières années d'exercice du pouvoir néerlandais aux Indes connurent donc des échecs. De manière générale, indépendamment de cette guerre longue et coûteuse, la colonie rapportait peu et coûtait beaucoup. Le nouveau gouverneur général qui reprit en main les rênes du pouvoir en 1830 avait pour mission de faire changer les choses. Ce gouverneur général, le général van den Bosch, aurait une très grande influence sur l'histoire des Indes néerlandaises.

Johannes van den Bosch (1780-1844) était le fils d'un médecin de village et son parcours scolaire fut très limité. Il ne retint même pas grand-chose de son passage à l'école primaire car, si l'on en croit son biographe, il fit toujours de nombreuses fautes de langage et d'orthographe même quand il eut accédé aux plus hautes fonctions[14]. Vrai autodidacte, il acquit suffisamment de connaissances en mathématiques pour être admis au génie militaire où il entra en service à l'âge de dix-huit ans et pour le compte duquel il partit aux Indes. Outre ses activités militaires, il s'occupait pour son propre compte d'exploitations agricoles. En 1810, en pleine période française, donc, il regagna les Pays-Bas et, en 1813, il fut l'un des premiers à s'opposer aux Français. Ensuite, il acquit une certaine notoriété aux Pays-Bas en mettant sur pied un système d'assistance aux pauvres par le travail.

L'intérêt qu'il manifestait pour la politique coloniale est attesté par sa publication de 1818 intitulée *Possessions néerlandaises en Asie, en Amérique et en*

Afrique. Les conceptions de van den Bosch allaient à l'encontre de la politique gouvernementale de l'époque. Il estimait que le travail libre ne pourrait pas concurrencer les produits de l'économie des plantations fondée sur l'esclavage. Il plaidait en faveur d'un retour au système des corvées et des cultures forcées de la VOC qui était axé sur la production de biens destinés au marché européen. Selon lui, le Javanais n'en était « pas mécontent » et c'était une tentation dangereuse de « vouloir l'élever au rang de la grandeur morale qui est la nôtre[15] ». Il fit sa première expérience de l'administration coloniale en 1827 lorsque le roi l'envoya aux Indes occidentales en qualité de commissaire du gouvernement chargé de la réorganisation de l'administration. Mais bien plus importante serait la charge de gouverneur général des Indes néerlandaises qu'il assumera de 1830 à 1834. Il retourna ensuite aux Pays-Bas où il fut nommé immédiatement ministre des Colonies. En 1839, il démissionna de ses fonctions ministérielles et le roi lui montra sa gratitude en le nommant ministre d'État et en l'anoblissant. Le comte van den Bosch — un homme qui avait fait fortune mais était aussi devenu un homme de condition — mourut cinq ans plus tard.

Le système d'exploitation instauré par van den Bosch est connu sous le nom de système des cultures forcées. Le terme de « système » est d'ailleurs un peu exagéré car il y avait de grandes différences régionales, voire locales. De plus, le système des cultures forcées ne fut pas instauré dans l'ensemble du territoire des Indes néerlandaises mais seulement à Java, où il ne fut pas introduit dans les principautés (Vorstenlanden). La finalité du système des cultures forcées était de produire des denrées agricoles pour lesquelles une demande existait sur le marché mondial. Pour atteindre cet objectif, le gouvernement adopta un certain nombre de mesures. Au maximum un cinquième des terres agricoles disponibles devait être destiné à la culture des denrées dont le gouvernement avait décidé la production — et qui étaient donc les « cultures » du système de van den Bosch. Il s'agissait principalement du café, du thé, du sucre et de l'indigo. La population devait accomplir le travail requis à cet effet moyennant une rémunération fixée par le gouvernement et qui portait le nom de « salaire de plantation ». Le nombre de journées obligatoires de corvée était au maximum de 66 par an. Les chefs indigènes furent mis à contribution pour le recrutement des travailleurs. Ces chefs, mais aussi les fonctionnaires de l'administration néerlandaise, percevaient un pourcentage de la recette.

La production de sucre était un élément particulier du système. À la différence de celle du café et du thé, c'était une industrie à fort coefficient de capital. Pour inciter des entrepreneurs privés à y investir, des « contrats pour le sucre » furent conclus. Aux termes de ces contrats, les entrepreneurs recevaient certaines garanties de l'État. C'était donc une sorte de capitalisme sans risque. Ces contrats étaient très lucratifs.

Le système des cultures était un dispositif unique en son genre. L'État jouait le rôle de producteur de denrées agricoles qu'il faisait acheminer vers les Pays-Bas où elles étaient vendues aux enchères à Amsterdam. La recette de leur vente, versée dans les caisses de l'État, s'élevait en 1834 à 6 millions de florins. En 1857, elle était de 45 millions ; entre 1831 et 1877, ce sont 823 millions de florins qui tombèrent dans l'escarcelle de l'État néerlandais — montant suffisant pour couvrir un quart de toutes les dépenses publiques. Le gouvernement consacrait cet argent à diverses fins telles que le remboursement de la dette de l'État et l'aménagement de routes et de voies ferrées. Mais le système des cultures forcées présentait d'autres avantages encore. La Nederlandsche Handel-Maatschappij (Société commerciale néerlandaise), qui détenait le monopole du négoce de ces denrées et assurait aussi leur transport (c'était le système dit de « consignation »), connut une période de très grande prospérité, de même que les constructions navales, qui prirent un nouvel essor, et l'industrie de la région de Twente, qui trouva aux Indes un nouveau marché pour ses machines à tisser et son textile. Il ne faut donc pas s'étonner si les Indes furent appelées « le pilier sur lequel reposent les Pays-Bas ». Et il n'y a rien de surprenant non plus au fait que les étrangers observaient avec déférence la réussite financière de ce petit pays baigné par la mer du Nord.

Pour les Indes, le bilan était moins positif car le système des cultures avait des inconvénients évidents pour la population. Non pas tant parce qu'il revenait à accaparer les terres agricoles de la population javanaise — car seul un petit pourcentage était utilisé à cette fin — que parce qu'il impliquait l'exploitation de sa force de travail. Il y avait sur ce plan de grandes disparités locales mais, vers le milieu du XIXe siècle, 50 % environ de la population était mobilisé. En outre, le recours aux chefs indigènes pour le recrutement des travailleurs aboutit à une certaine reféodalisation de la société. Et le fait que les fonctionnaires avaient intérêt à ce que la recette soit élevée favorisa l'exploitation des autochtones. Aussi, dans la pratique, les quotas de production maximale n'étaient-ils pas respectés. Autre phénomène illogique et déraisonnable : outre le travail forcé, la « landrente » subsistait, même si le montant du « salaire de plantation » était plus élevé que celui de la « landrente ».

Par conséquent, une grande partie de la population indigène souffrait de l'exploitation. Vu sous l'angle macroéconomique, ce système aboutit à la stagnation car il n'émanait de lui aucune impulsion susceptible de stimuler l'innovation. C'était un système de pauvreté partagée (« shared poverty »). Comme la population autochtone n'avait pas accès au marché des capitaux, deux économies coexistaient : une économie européenne et internationale, et une économie indigène. L'anthropologue américain Clifford Geertz a parlé à ce propos d'« involution agricole ». L'accentuation des cultures de la canne à sucre et du café eut pour effet de mettre en péril la riziculture. Au cours des années 1849-1850, une famine sévit même dans la région du centre de Java. Malgré cela, la population de Java augmenta rapidement puisqu'elle passa de 4,5 millions d'habitants en 1815 à 12 millions en 1850, puis à près de 20 millions en 1880 et 29 millions en 1900. Du reste, le système des cultures forcées ne produisit pas que des effets négatifs. Il permit aussi, d'une part, une diversification de l'économie et, d'autre part, une forme de monétarisation par le biais du « salaire de plantation ». Enfin, il contribua à une amélioration des infrastructures et amorça l'édification d'un système de soins de santé.

Aux Pays-Bas, un débat critique s'engagea graduellement à propos du système des cultures forcées. En 1848, une révision de la Constitution supprima la responsabilité exclusive du roi pour les affaires coloniales et instaura du même coup, en cette matière également, la responsabilité ministérielle, ce qui permit qu'un débat parlementaire puisse être consacré à la politique coloniale. Les libéraux s'opposèrent au système existant, leurs critiques étant pour moitié d'inspiration humanitaire et pour moitié d'inspiration idéologique. Ils critiquaient l'exploitation du Javanais et plaidaient en faveur de l'instauration du travail libre et de la liberté pour les entrepreneurs. Une de leurs principales critiques visait le népotisme flagrant concernant l'attribution des contrats pour le sucre très lucratifs à des protégés des ministres et des gouverneurs généraux.

L'opposition libérale gagna progressivement du terrain. En 1860, le mécontentement fut à son apogée. Le ministre des Colonies, J.J. Rochussen, démissionna le 1er janvier 1861. Cet événement marqua la fin de la période conservatrice. Les libéraux reprirent en main la conduite des affaires coloniales. Le plus important ministre libéral des Colonies fut I.D. Fransen van de Putte qui entra en fonction le 2 février 1863. Il renforça l'administration néerlandaise en envoyant plus de fonctionnaires dans les colonies. Durant ces années-là commença aussi le démantèlement progressif des cultures forcées. Les cultures du thé s'arrêtèrent en 1860, celles du poivre en 1862, celles de l'indigo en 1863 et celles du tabac en 1864. Ainsi prirent fin toutes les cultures gouvernementales à Java, à l'exception de celles du sucre et du café.

L'INDE BRITANNIQUE : Dans le courant du XIXe siècle, l'Inde britannique deviendrait la plus grande et la plus importante de toutes les colonies et possessions européennes. Le Premier ministre anglais, Disraeli, qui en 1877 proclama la reine Victoria impératrice de l'Inde britannique, ne les appelait pas sans motif « le joyau de la couronne de l'empire ». Cette colonie s'étendait sur le territoire de quatre États souverains actuels dont la population totale s'élève à plus d'un milliard de personnes : l'Inde, le Pakistan, le Bangladesh et la Birmanie. Le Sri Lanka, l'ancien Ceylan, entretenait des liens étroits avec cet Empire mais, sur le plan administratif, c'était une colonie indépendante. Au demeurant, l'ingérence britannique en Inde ne fut qu'un épisode tardif et bref dans la longue histoire de ce sous-continent qui a produit l'une des plus anciennes civilisations du monde.

L'Inde — avant, l'on parlait de la proto-Inde — doit son nom au fleuve Indus qui en constitue la frontière occidentale. Au nord, elle est limitée par l'Himalaya. Au sud de cette chaîne montagneuse s'étend la plaine septentrionale que traversent de grands fleuves comme l'Indus et le Gange qui fertilisent les terres agricoles. Et au sud de cette vaste plaine, on trouve la presqu'île proprement dite que domine le plateau du Deccan. La population est ethniquement variée et les Indiens ont une couleur de peau qui fluctue, grosso modo, entre le blanc dans le Nord (les aryens) et le noir dans le Sud. La religion prédominante est l'hindouisme quoiqu'on trouve beaucoup de musulmans non seulement dans le Pakistan et le Bangladesh actuels, mais en Inde même. Quant à la Birmanie et au Sri Lanka, ils sont majoritairement bouddhistes. Chacun connaît le système de castes des Hindous. Une caste est un groupe endogène fermé qui a ses règles, ses lois et son organisation propres. Il y a en Inde plusieurs milliers de castes qui sont réparties en groupes partiellement issus d'anciennes catégories professionnelles. Elles forment une structure hiérarchique dont les brahmanes, qui représentaient initialement les prêtres, constituent le sommet. Du point de vue linguistique, l'Inde est aussi un pays très varié. Dans ce sous-continent, on parle plus de huit cents langues et dialectes.

Cette région est habitée depuis des temps immémoriaux mais la première grande civilisation est née aux alentours de 2500 avant Jésus-Christ, c'est-à-dire à peu près à la même époque qu'en Égypte et en Mésopotamie. Les plus anciens textes écrits sont les Veda. Ces textes, qui ont été rédigés en sanscrit, ont été transmis oralement pendant des siècles. Les premiers contacts entre l'Inde et l'Europe remontent à Alexandre le Grand qui atteignit l'Indus en 326 avant Jésus-Christ. Dans le sous-continent indien, divers royaumes de grande ou de petite taille existent depuis des temps immémoriaux mais, avec l'arrivée de l'islam, de plus grandes entités virent le jour. L'islam fut introduit en Inde dès le VIIe siècle mais il ne fut propagé à grande échelle qu'à partir du XIIIe siècle, sous l'influence des envahisseurs turcs. Au XVIe siècle apparut le grand empire mongol qui engloberait, lorsqu'il aurait atteint son ampleur définitive, presque la totalité du sous-continent. Les fondements en avaient été jetés en 1526 par un guerrier turc qui descendait de deux conquérants antérieurs, Tamerlan et Gengis Khan. L'Empire mongol s'étendit à partir du Nord et il prit son grand essor sous l'empereur Akbar (1556-1605). Au début, Agra, réputée pour son Taj Mahal, en était la capitale mais plus tard ce rôle sera joué par Delhi. Cet empire était certes étendu mais il était instable et son déclin commença sous l'empereur Aurangzeb qui régna de 1658 à 1707. Au XVIIe siècle, les sikhs, une dissidence de l'hindouisme, entrèrent en guerre avec l'empereur. Plusieurs princes se révoltèrent. Les princes hindous d'Inde centrale constituèrent la confédération Mahratta qui s'opposa à Delhi. Quant aux gouverneurs musulmans, ils optèrent eux aussi pour l'indépendance. L'un d'eux, le nizam de Hyderabad, régna sur un des plus grands États de l'Inde et son successeur fut considéré au XIXe siècle comme l'homme le plus riche du monde. Au XVIIIe siècle, les envahisseurs perses et afghans pillèrent Delhi. Le pouvoir central avait au fond cessé d'exister.

Entre-temps, les Européens étaient eux aussi arrivés en Inde. Les premiers furent les Portugais. En 1498, Vasco de Gama débarqua sur la côte occidentale de l'Inde, à Calicut. En 1510, les Portugais fondèrent leur premier établissement après avoir conquis Goa. Beaucoup d'autres comptoirs suivirent. Toutefois, la plupart furent repris ensuite par les Hollandais qui étaient actifs en Inde depuis le début du XVIIe siècle. Et au XVIIIe siècle, ils furent à leur tour éclipsés par les Anglais. Les activités britanniques en Inde étaient le fait de l'East India Company (EIC) qui avait reçu sa charte en 1600. L'EIC était d'abord une entreprise commerciale qui allait chercher en Asie des denrées pour lesquelles existait une demande en Europe. Elle achetait et payait ces denrées avec de l'argent importé par les Européens. Les historiens de l'économie se sont perdus en conjectures quant à la question de savoir ce qu'il était advenu de tout cet argent. Il fut utilisé en partie pour confectionner des bijoux et en partie il fut aussi monnayé. L'économie indienne était fondée sur l'étalon-argent.

Au début, l'East India Company fut incapable de rivaliser avec les Hollandais mais elle prit graduellement de l'envergure. À partir de 1624, elle exerça, outre ses fonctions commerciales, des fonctions politiques. En 1690, elle fonda Calcutta qui, comme Bombay et Madras, deviendrait un centre d'activités anglaises. Hormis les Portugais et les Hollandais, des compagnies françaises étaient aussi en activité. Tous ces étrangers fondèrent des forts, entretinrent des garnisons et frappèrent leur propre monnaie. Dans la pratique, ils n'avaient de relations qu'avec les potentats locaux, avec lesquels ils concluaient des traités, et ils ne devaient pas négocier avec l'empereur mongol. Le premier commandant européen qui nourrit des ambitions territoriales fut Dupleix, serviteur de la compagnie française. Toutefois, les Anglais récoltèrent plus de succès. Leur grand homme fut Robert Clive. Il vainquit le seigneur de Bengalen à la bataille de Plassey (1757), jetant par la même occasion les bases de l'administration britannique dans la région. La guerre de Sept Ans (1756-1763) mit définitivement fin à l'influence politique française en Inde. Les Anglais étaient désormais, de façon tout à fait claire, la puissance dominante dans le sous-continent. Au demeurant, la conduite de la politique britannique se trouvait toujours entre les mains d'une entreprise privée, l'EIC. Le Regulation Act de 1773 conféra aussi au gouverneur de Bengalen (son titre officiel était «Governor-General of Fort William in Bengal») l'autorité suprême mais maintint la gestion de la compagnie à Londres.

Dix ans plus tard, le Premier ministre William Pitt jeta, avec l'India Act de 1784, les bases de l'administration moderne des Indes britanniques. Dorénavant, l'East India Company conservait une liberté relativement grande sur le plan de la nomination des fonctionnaires mais le gouvernement de Londres détenait le pouvoir suprême sur l'administration. S'il le voulait, le gouvernement anglais pouvait donc rappeler le gouverneur général. Le contrôle politique de la gestion de la compagnie était exercé par un Comité de contrôle qui comptait six membres, lesquels portaient le titre de «Commissaires aux affaires indiennes». Le président du Comité était membre du gouvernement et faisait, *de facto*, office de ministre de l'Inde.

En 1786, Cornwallis, qui était à la fois un grand propriétaire foncier, un militaire respecté et un confident du Premier ministre William Pitt, fut envoyé en Inde en qualité de gouverneur général. Il fut le premier gouverneur qui n'avait pas été au service de la compagnie mais allait en Inde exclusivement en tant que représentant du gouvernement britannique. Cornwallis fut, en fait, le fondateur de l'État anglo-indien. Il fut plus puissant que tout autre gouverneur, avant ou après lui. Il réorganisa l'administration et répartit le personnel de la compagnie en deux catégories : les commerçants et les fonctionnaires. En outre, il assainit l'EIC. Les serviteurs de la compagnie n'étaient plus autorisés à se livrer à des activités commerciales privées mais ils percevaient désormais un salaire convenable. Le but de cette politique était de combattre la corruption. Les plus hauts postes administratifs furent tous attribués à des Anglais. Le Bengale fut subdivisé en 23 districts, dotés chacun d'un administrateur britannique. La réorganisation de la perception des impôts revêtit une très grande importance (la réglementation concernée a été dénommée « the Permanent Settlement »). Avant la mise en place de l'administration britannique, la population indienne payait l'impôt aux *nawabs* du Bengale. Les percepteurs des impôts, les *zamindars*, formèrent au fil du temps une classe de magnats ruraux titulaires de droits héréditaires. En effet, en vertu du « Permanent Settlement », ils ne furent plus considérés comme des percepteurs mais comme les propriétaires des terres faisant partie de la zone où ils percevaient l'impôt. Ainsi devait se constituer une nouvelle aristocratie foncière qui profiterait de l'administration britannique et qui lui serait loyale. Cette perspective ne serait d'ailleurs jamais réalisée. Désormais, l'EIC avait à sa disposition les recettes fiscales dont elle se servait dans les échanges sans avoir désormais à importer de l'argent pour pouvoir acquérir les produits indiens. Il ne faut donc pas s'étonner si William Pitt, qui entre-temps avait été fait comte de Chatham, qualifia cette manne fiscale de « cadeau tombé du ciel [16] » !

Au cours de la Révolution française et des guerres napoléoniennes, les Britanniques menèrent une politique d'expansion territoriale. Cette période fut marquée par de nombreuses guerres intérieures qui résultèrent de la désintégration politique de l'Inde. En 1805, Delhi a été occupée et le seigneur Mongol a été placé sous tutelle britannique. Jusqu'alors, les Anglais n'avaient été en Inde qu'un facteur de pouvoir parmi d'autres. Désormais, ils étaient de loin le plus important. Toute la vallée du Gange, une grande partie de la côte occidentale et toute la côte orientale étaient entre leurs mains. De grandes parties des régions restantes échurent à des princes qui avaient accepté la protection de l'EIC. Lorsqu'en 1813 la charte de l'EIC dut être renouvelée, le système de partage du pouvoir entre la compagnie et le Board of Control resta intact. Mais la compagnie perdit son monopole commercial. À partir de cette date, les fabricants anglais de textile purent vendre eux-mêmes leur marchandise en Inde avec un grand succès grâce à la révolution industrielle. À compter du début du XIXᵉ siècle, le Lancashire serait le principal fournisseur de produits en coton de l'Inde et il menacerait bientôt le marché indien. Quant à l'EIC, son importance en tant qu'entreprise commerciale ne cessa de diminuer au point de devenir un instrument de l'administration britannique.

Après l'époque napoléonienne, la domination de l'Angleterre en Inde ne fut plus menacée. Les Portugais en avaient été chassés depuis longtemps, à trois comptoirs près, dont celui de Goa. Les Français possédaient toujours, eux aussi, quelques comptoirs dont Pondichéry, mais, au lendemain de la guerre de Sept Ans, ils n'eurent plus d'importance militaire ni politique. Les Néerlandais avaient perdu leurs possessions sur les côtes de l'Inde et à Ceylan durant la période française et, après le Congrès de Vienne, ils ne les récupérèrent pas. Dorénavant, l'Angleterre était donc l'unique facteur de pouvoir européen qui restait encore en Inde. En 1815, les Britanniques attaquèrent le roi de Kandy, qui régnait sur l'intérieur des terres à Ceylan, et ils annexèrent son territoire.

Au début du XIXe siècle, l'Empire britannique en Inde présentait encore clairement les traces de son étrange histoire. L'EIC se voulait d'abord et avant tout une entreprise commerciale et, à ce titre, elle s'était surtout attachée à développer des comptoirs commerciaux sur les côtes. Calcutta, Madras et Bombay étaient les plus importants. Toutefois, exception faite du Bengale, l'expansion territoriale des Britanniques demeura très limitée. La Compagnie des Indes orientales n'avait pas envie d'assumer les frais de l'administration, a fortiori dans des régions qui du point de vue économique revêtaient peu d'intérêt. Aussi la puissance britannique, pour autant qu'on pouvait déjà parler de puissance, se composait-elle d'un système complexe d'arrangements de diverses natures. Certaines parties de l'Inde étaient considérées comme territoire britannique mais plus de la moitié de l'Inde était encore gouvernée par des seigneurs indiens qui, du reste, avaient cependant accepté l'autorité suprême des Britanniques. Parmi les principautés indiennes d'importance majeure figuraient Hyderabad, Mysore, Oudh et le Cachemire. L'Inde comptait au total plus de 360 entités politiques d'envergure très variable. Les États et mini-États indiens étaient des entités isolées. Ils ne coopéraient pas du tout entre eux. Cela leur était interdit par traité. La suprématie britannique était fondée pour une part sur cette division. Certains princes préféraient les Anglais aux musulmans, aux Mongols et aux seigneurs Mahratta.

Au début des années 1840, l'Inde ne comptait plus beaucoup de régions qui ne reconnaissaient aucune forme d'autorité britannique. Les plus importantes d'entre elles étaient les États de l'Himalaya (le Népal et le Sikkim) ainsi que Sindh, le Pendjab et le Cachemire dans le Nord-Ouest et Assam dans l'Est. Le Népal et le Bhoutan resteraient toujours indépendants mais le Sikkim devint *de facto* un protectorat britannique en 1861, de même qu'Assam. Sindh fut annexé en 1843 et placé sous la tutelle de la Bombay Presidency. Le Pendjab était dominé par les sikhs dont le grand chef, Ranjit Singh, avait aussi étendu son pouvoir sur le Cachemire. Après sa mort en 1839, son royaume sombra dans le chaos et les Anglais redoutèrent un vide du pouvoir. C'est la raison pour laquelle ils décidèrent d'intervenir. Dans les années 1845-1846 se déroula donc un conflit de courte durée mais très sanglant qui fut remporté par les Britanniques. Le traité de Lahore, conclu ensuite, se révéla impraticable. Les sikhs furent à nouveau vaincus après un nouveau conflit et, en 1849, le Pendjab fut annexé à l'exclusion du Cachemire. Ainsi, vers 1850, l'expansion territoriale britannique en Inde était pratiquement achevée et presque tout le sous-continent était placé sous l'une ou l'autre forme d'autorité anglaise.

Sous Cornwallis, l'administration britannique s'était immiscée directement et profondément dans les affaires intérieures de l'Inde. Cette immixtion fut encore plus accentuée sous le gouverneur général lord William Bentinck (1828-1835). Celui-ci était un fils du duc de Portland et descendait du comte néerlandais Bentinck qui en 1688 s'était expatrié en Angleterre avec le stadhouder Guillaume III, lequel devint roi d'Angleterre, ce qui eut pour conséquence que cette branche de la famille Bentinck fut incorporée dans l'aristocratie anglaise. William Cavendish Bentinck était né en 1774. Il suivit une carrière militaire, combattit en Europe à l'époque napoléonienne et devint gouverneur de Fort Saint-George, autrement dit Madras, en 1803. Il fut nommé gouverneur général en 1827 et arriva à Calcutta en 1828. Modernisateur convaincu, il fut le premier à oser s'immiscer dans les coutumes religieuses indiennes. Il tenta de lutter contre l'usage hindou de la crémation de la veuve. Il combattit aussi les thugs, une branche religieuse du système indien des castes qui, selon les récits de cette époque, croyait qu'elle avait la mission divine de tuer les étrangers. Sa plus fameuse action politique fut l'instauration des idées occidentales comme base de l'enseignement indien.

La politique de Bentinck fut poursuivie ensuite par l'un de ses successeurs, Dalhousie. Celui-ci fut gouverneur général de l'Inde — puisque ce titre portait ce nom depuis la Charter Act de 1833 — de 1848 à 1856. James Andrew Ramsay, troisième fils du neuvième comte de Dalhousie, était né en 1812 à Dalhousie Castle, le plus ancien château d'Écosse. Il avait étudié à Harrow et Christ Church College à Oxford et devint ministre du Commerce dans le gouvernement de Robert Peel en 1845. En 1847, il fut nommé gouverneur général de l'Inde, charge qu'il accepta en 1848 et assumerait jusqu'en 1856. Il combattit plusieurs fois les sikhs et annexa le Pendjab, puis la Birmanie et enfin, en 1856, l'Oudh. Sous son régime, l'Inde britannique atteignit à peu près son envergure définitive. Sur le plan intérieur, il fut un réformateur dans l'esprit de Bentinck. Il promut en effet l'enseignement technique. En outre, c'était un partisan de l'émancipation féminine puisqu'il estimait que les femmes veuves non seulement ne devaient pas être incinérées, mais pouvaient même se remarier. À cette fin, il élabora le « Hindu Widow's Remarriage Act ». Enfin, il était favorable aux innovations économiques et il promut l'aménagement de systèmes d'irrigation et de chemin de fer ainsi que la poste et le télégraphe.

Les innovations de Bentinck et Dalhousie changèrent la société indienne mais elles provoquèrent des troubles, et cela un an après le départ de Dalhousie, car ce fut alors qu'éclata la grande insurrection qui entrerait dans l'histoire sous le nom de « Révolte des Cipayes » et qui changerait définitivement le cours de l'histoire des Indes britanniques.

L'INDOCHINE : Le mot « Indochine » a une longue histoire au cours de laquelle il changea souvent de signification. Il fut introduit au début du XIXe siècle, plus ou moins simultanément, par Konrad Malte-Brun, un Français d'origine danoise, et un Écossais au nom de famille néerlandais, John Leyden. À l'époque, il était employé pour désigner tout le territoire situé entre la Chine et l'Inde. Ce nom suggérait une influence prépondérante de la Chine. Étant donné qu'en réalité c'est le contraire, des tentatives ont été entreprises pour introduire des notions telles que la Sino-India ou la Chin-India mais sans succès. Sous l'influence de la colonisation française et, en particulier, de la formation de la fédération indochinoise, le sens de ce concept a été limité ultérieurement à la seule Indochine française. Depuis lors, le terme « Asie du Sud-Est » est employé pour désigner l'ensemble plus vaste antérieurement connu comme Indochine. En fait, c'est surtout après la

Seconde Guerre mondiale que le nouveau nom s'est imposé.

L'Indochine faisait partie de la presqu'île du Sud-Est asiatique qui comprenait en outre la Birmanie, le Siam et la Malaisie. Le résultat de l'histoire coloniale du XIXe siècle fut que la plus grande partie de ce territoire fut divisée en une colonie anglaise, la Birmanie, qui fut incluse plus tard dans l'Inde britannique, et un territoire français, l'Indochine, qui englobait le territoire des États actuels du Vietnam, du Laos et du Cambodge. En raison de la rivalité franco-anglaise, le Siam, l'actuelle Thaïlande, resta indépendant. Il forma un État tampon entre la Birmanie britannique et l'Indochine française. Quant à la Malaisie, elle devint une colonie anglaise. L'histoire qui nous occupera ici est celle de l'Indochine française. Celle de la Birmanie et de la Malaisie sera abordée dans un chapitre ultérieur.

Du point de vue géographique, l'Indochine est un territoire varié qui comprend de hautes montagnes et des hauts plateaux mais aussi de vastes étendues de forêt pluviale tropicale et de larges deltas. Le climat est dominé par les moussons, ce qui fait que la plus grande partie des précipitations tombe en été. L'agriculture, et en particulier la riziculture, y est traditionnellement la plus importante. Le Cambodge et le delta du Mékong sont deux des plus importants greniers à blé de l'Asie du Sud-Est. Du point de vue ethnique et culturel, on observe aussi une très grande diversité. On y décèle des influences des cultures chinoise, indienne et indonésienne. Pendant plus de mille ans, l'Indochine a fait partie du monde hindou. Le bouddhisme y est actuellement, et de loin, la religion la plus importante.

Le premier empire antique fut celui des Khmers,

qui connut son grand essor au IXe siècle — en témoignent les ruines d'Angkor Vat — et étendit son hégémonie sur de grandes parties de la Thaïlande, du Laos et du Cambodge actuels. Aux XIIIe et XIVe siècles, ce royaume s'étendait de la mer de Chine à l'océan Indien, sur tout le bassin du Mékong et la plus grande partie de celui du Ménam. Ensuite, ce royaume périclita. Deux peuplades du nord, les Thaïs et les Annamites, l'envahirent. Les Thaïs fondèrent le royaume de Siam, et les Annamites, l'empire d'Annam. La terre ancestrale des Annamites était le Tonkin, qui avait longtemps fait partie de la sphère d'influence de la Chine. Le chef annamite Le Loi acquit en 939, après une occupation chinoise de mille ans, l'indépendance de son pays qui reçut le nom de « Dai Viet » (« le Grand Viet »). L'unité du royaume n'était pas solide si bien qu'il eut tôt fait de se décomposer en une partie nord et une partie sud. En 1802, le royaume fut réuni. La nouvelle dynastie des Nguyen baptisa le pays « Vietnam » (« Viet du Sud »). La capitale fut établie à Huê et le prince fut proclamé empereur d'Annam. En 1803, l'empereur de Chine lui donna le droit de se présenter comme le souverain du Vietnam. Ce terme supplanta la notion humiliante d'« Annam » qui signifie « Sud soumis ».

L'empereur d'Annam — car en pratique le nom « Annam » restait toujours en usage — régnait aussi sur le Tonkin dans le nord (capitale Hanoi) et la Cochinchine dans le sud (capitale Saigon). Toutefois, même dans son propre foyer national, l'Annam, son autorité était limitée à environ un quart du pays, les deltas et les plaines côtières. Sa cour était organisée d'après le modèle chinois. Il était assisté d'un Conseil secret. Il vivait à Huê, ville impériale fortifiée, dans les murs de laquelle se trouvait la Cité pourpre interdite. Tel était le nom du grand nombre de palais où il vivait avec une cour de mandarins, de membres de sa famille et de concubines (une centaine) ainsi qu'avec quelques dizaines de milliers de serviteurs. L'autorité était exercée par de hauts fonctionnaires, les mandarins, qui étaient nommés après avoir passé des concours. En théorie, l'empereur était un monarque absolu mais en réalité le pouvoir était entre les mains de collèges, de conseils consultatifs et de ministères concurrents qui se combattaient. Le pays était divisé en provinces elles-mêmes composées des départements, des arrondissements, des cantons et des régions, ces dernières ayant un degré élevé d'autogestion. L'administration centrale était principalement financée par l'impôt foncier mais il y avait aussi de lourdes corvées.

Les premiers contacts avec l'Europe s'établirent au XVIe siècle. D'abord avec le Portugal et les Pays-Bas mais au XVIIe siècle l'influence de la France gagnerait du terrain. Des négociants et des missionnaires français s'établirent dans le pays. En 1658, fut fondée la Société des Missions étrangères de Paris qui serait active au Vietnam. En 1660, fut créée la Compagnie de Chine. En 1787, le chef annamite Nguyen Anh conclut avec la France le traité de Versailles par lequel, en échange d'un appui militaire, il octroya aux Français un monopole commercial et mit à leur disposition l'île de Poulo Condor. La position du gouvernement annamite s'en trouva consolidée mais sa façon d'administrer les affaires publiques déplaisait au gouvernement français. En 1859, la France envoya une expédition pour venger le meurtre de missionnaires et de chrétiens. Mais cet assassinat servit surtout de prétexte aux Français pour intervenir. L'intérêt français grandissant pour l'Indochine avait des causes plus profondes.

Le regain d'intérêt de la France pour l'Asie du Sud-Est survint pendant le Second Empire de Napoléon III. Ce phénomène avait son origine dans des mutations à la fois en France et en Extrême-Orient. Sa cause profonde résidait dans la modernisation économique qui s'accomplissait en France, même si, au demeurant, c'était à une échelle relativement modeste. À cet égard, l'on songe notamment à l'essor, d'une part, de l'industrie de la soie et, d'autre part, du négoce et de la navigation d'outre-mer. Dans de grandes villes portuaires telles que Marseille, Nantes et Bordeaux, et dans des cités industrielles comme Lyon, des chambres du commerce virent le jour. Celles-ci voyaient dans l'expansion coloniale un moyen de réaliser croissance économique et, partant, harmonie sociale.

En Asie s'accomplissaient à la même époque des évolutions qui revêtiraient également de l'importance pour la France. Les Anglais menaient vis-à-vis de la Chine une politique impitoyable qui déboucha sur la guerre de l'opium au cours des années 1839-1842. Résultat : l'Angleterre s'établit à Hongkong et acquit ainsi, après Singapour, un second point d'appui maritime et commercial important dans cette partie du monde. La France serait elle aussi associée à la seconde guerre de l'opium qui se déroula entre 1856 et 1860 mais elle n'en tira aucun gain territorial.

Entre-temps, à la suite de l'ouverture du Japon par l'amiral américain Perry en 1854, l'intérêt de la communauté internationale s'était aussi porté sur ce pays. En outre, les développements de la situation en Inde incitèrent aussi la France à reconsidérer sa position en Asie. La Révolte de 1857-1858 et la reprise par le gouvernement anglais des principales responsabilités en Inde avaient ruiné définitivement les ambitions françaises dans le sous-continent indien, ambitions qui depuis la guerre de Sept Ans étaient déjà très limitées. Si la France voulait encore jouer un rôle en Asie, elle devait entreprendre l'une ou l'autre action. La région indiquée pour cela était l'Indochine.

Un prétexte fut vite trouvé. L'empereur d'Annam était responsable du meurtre d'un certain nombre de prêtres catholiques romains français et espagnols, et d'Annamites chrétiens. Il fallait venger cet assassinat et, à cette fin, Paris dépêcha une expédition punitive. Celle-ci prit Saigon en février puis établit une petite garnison française de sept cents hommes, mais, la flotte française étant indispensable pour mener une nouvelle expédition contre Pékin, l'expédition ne déploya pas d'autres activités. La garnison française fut assaillie de mars 1860 à février 1861 mais, après la réussite de l'opération chinoise, la flotte de guerre française retourna à Saigon et la France put entreprendre de nouvelles tentatives visant à poursuivre son expansion. Le 5 juin 1862, fut signé le Traité de Huê par lequel Tu Duc, l'empereur d'Annam, décréta la liberté de culte en Annam et qui conféra à la France la pleine souveraineté sur la région de Saigon, en ce compris My Tho et Biên Hoa, et l'île de Poulo Condor. Cet événement marqua le début de la nouvelle vague d'expansion française. En 1863, le roi du Cambodge, qui était un vassal du roi du Siam, mit fin à cette relation et se plaça sous protectorat français. Au cours des années soixante s'ensuivirent de nombreuses expéditions françaises sur les fleuves. Parmi ces explorateurs, Doudart de Lagrée et Garnier sont restés les plus connus.

Ernest Doudart de Lagrée (1823-1868) était issu d'une grande famille. Il perdit ses deux parents très tôt et fut scolarisé au collège des jésuites de Chambéry. Les pères auraient voulu qu'il poursuive une carrière ecclésiastique mais il résolut d'embrasser la carrière militaire et, après l'École polytechnique, il entra dans la marine en 1845. Au début de 1863, il fut envoyé à sa demande en Indochine. En 1866, il fut chargé d'une importante mission exploratoire sur le Mékong. Cependant, sa santé le trahit et, après avoir été longtemps tourmenté par de violentes fièvres, il mourut le 12 mars 1868. La mission fut alors reprise en main par le second explorateur, Francis Garnier, qui avait été l'un des grands propagandistes de cette expédition mais avait été jugé trop jeune pour pouvoir la diriger lui-même. Francis Garnier (1839-1873) fut admis à l'École navale en 1855. Il participa à la marche sur Pékin en 1860 puis aux opérations de Saigon en 1861. Il se prit de passion pour l'Indochine et lui consacra deux brochures destinées à convaincre ses compatriotes peu enthousiastes de l'intérêt que présentait cette colonie : *La Cochinchine en 1864* et *De la colonisation de la Cochinchine* (1865). Il prit part à la mission de Doudart de Lagrée et en assura la direction après sa mort. Rentré à Paris, il y écrivit sa célèbre et passionnée recension de voyage. En 1873, il retourna de nouveau en Indochine où un conflit avait éclaté entre-temps. Garnier se jeta avec sa témérité légendaire dans un combat qui l'opposa aux fameux « drapeaux noirs », des mercenaires chinois de l'empereur vietnamien et il finit par y perdre la vie le 21 décembre. Ses compagnons de lutte le retrouvèrent quelque temps plus tard, décapité et le foie arraché. Sous le Second Empire, cette expédition et cette entreprise-là, ainsi que d'autres, avaient jeté les bases de la grande expansion coloniale en Indochine que la France mènerait à bien dans les années quatre-vingt, sous la Troisième République.

LA CHINE ET LE JAPON : Les histoires des relations entre la Chine et le Japon, d'une part, et l'Occident, et en particulier l'Europe, d'autre part, durant la première moitié du XIXe siècle sont à la fois semblables et dissemblables. Semblables parce que ces deux empires furent confrontés tous deux au défi que représentèrent l'expansion occidentale et les exigences occidentales et que ni l'un ni l'autre ne devinrent une colonie européenne. Dissemblables parce qu'ils réagirent différemment à ce double défi. En Chine, la pénétration des Européens dans l'Empire du Milieu aboutit à l'affaiblissement de la structure du pouvoir impérial existant, ce qui offrit à l'Europe les possibilités d'une ingérence très profonde et lui permit de poser des exigences territoriales. Au Japon, les contacts avec les Européens suscitèrent une réaction qui aboutit à un puissant mouvement de renouveau national et de modernisation. Le Japon deviendrait lui-même une puissance impérialiste en très peu de temps.

La présence européenne en Chine a une longue histoire. Le Portugal avait été le premier pays européen à s'emparer d'une partie de la Chine, à savoir Macao en 1557. Cette cité connut une grande prospérité dès le XVIe siècle. Camões y aurait écrit ses *Os Lusíadas*. Mais au XIXe siècle son importance décrut, essentiellement à cause de l'essor de Hongkong puis d'autres villes portuaires. En outre, la Chine n'avait pas grand-chose à craindre du Portugal. La Chine était gouvernée depuis 1644 par la dynastie Qing qui était issue des Mandchous qui avaient conquis l'Empire du Milieu. Cette dynastie régnerait jusqu'à la proclamation de la république en 1912. Son régime était en déclin. Elle eut à relever un grand défi au moment de la révolte Taiping qui éclata en 1851 et durerait jusqu'à 1864. Les rebelles Taiping possédaient en la personne de Hong Xiuquan un dirigeant charismatique mais qui croyait être le jeune frère du Christ. Ils nourrissaient des idées utopiques et s'opposaient à l'hégémonie du confucianisme. Leur philosophie était en partie inspirée de la Bible, du moins de l'Ancien Testament, mais pour le reste elle était non occidentale. C'était un mélange de pseudo-christianisme, de communisme primitif, de puritanisme sexuel et d'utopisme confucéen. Les Taipings croyaient dans l'égalité des hommes et des femmes, et dans la propriété foncière collective, et ils condamnaient le luxe et la jouissance. Leur objectif était l'établissement d'un Royaume céleste de la Paix : Taiping Tien Kwo.

L'insurrection éclata en Chine du Sud qui était depuis toujours le maillon le plus faible de l'empire chinois et où l'influence du négoce européen et la guerre de l'opium se faisaient sentir le plus. À l'origine, ce mouvement rebelle était fortement centralisé mais, après quelque temps, il commença à se désagréger en groupes de combat indisciplinés sous la houlette de chefs de guerre. Les Britanniques mirent beaucoup de temps à réprimer la révolte des Taipings et ils fournirent des efforts colossaux pour en venir à bout. Le général Charles Gordon, qui deviendrait si célèbre par la suite, et son « Ever Victorious Army » y contribuèrent dans une large mesure. C'est à cet épisode que ce général dut son surnom de « Gordon chinois ». Cette insurrection réclama un lourd tribut. La guerre civile qu'elle alimenta durant des années se solda par une véritable hécatombe. Selon des estimations datant de cette époque, le nombre de tués oscillerait entre vingt et trente millions.

L'empire chinois était intérieurement affaibli et

c'est à peine s'il pouvait encore résister aux puissances étrangères. La plus importante d'entre elles était l'Angleterre qui durant ces années-là mena deux guerres contre la Chine. Le nom qui fut donné au premier de ces conflits en désigne explicitement l'objet : la guerre de l'opium. Son enjeu était commercial. Le thé chinois était fort prisé en Europe. Les Anglais en faisaient le commerce mais n'avaient aucune marchandise à offrir en échange aux Chinois. L'unique produit apprécié en Chine était l'opium qui était importé d'Inde. Quand le gouvernement chinois tenta de limiter ce négoce, l'Angleterre lui déclara la guerre en 1839. Ce conflit fut éphémère. En 1842, fut conclu le traité de Nankin aux termes duquel la Chine cédait Hongkong à l'Angleterre.

En 1856, commença une autre guerre, plus importante, menée cette fois conjointement par l'Angleterre et la France. Sa finalité était d'ouvrir la Chine aux marchands européens et de placer des diplomates européens à Pékin. Les deux nations mobilisèrent une armée forte de 17 000 soldats. La capitale, Pékin, fut occupée et pillée. Il fut mis un terme à la guerre en 1858 par les traités de T'ien-Tsin. Ces traités instaurèrent le système des ports conventionnels qui était fondé sur le modèle des capitulations ottomanes. En vertu de ce système, les Européens se virent attribuer dans quelques villes portuaires importantes, telles que Shanghai et Canton, ce qu'on appelle des droits extraterritoriaux qui entraînèrent l'avènement, dans ces cités, de quartiers européens spéciaux où le droit européen s'appliquait aux Européens, ce qui signifiait que, dans une partie du pays, l'autorité souveraine du gouvernement chinois avait cessé d'exister. Pour contraindre les Chinois à appliquer ce système, des navires européens et américains furent stationnés sur le Yangzi Jiang. Il fut aussi décidé que la Chine ne serait pas autorisée à prélever des droits à l'importation de plus de 5 %. De la sorte, le marché chinois fut ouvert aux produits européens et américains.

La forme qu'adopta l'impérialisme européen en Chine fut un exemple typique d'« empire officieux ». Le pays ne fut pas cédé ni placé sous protectorat mais il perdit néanmoins une partie de sa souveraineté. Il ne fut pas partagé entre un certain nombre de pays européens mais il fut contraint de s'ouvrir à tous. L'affaiblissement de la Chine se poursuivrait au cours des années suivantes lorsque d'autres parties, telles que la Russie, l'Amérique et le Japon, posèrent elles aussi leurs exigences.

Entre la première et la seconde guerre avec la Chine se produisit le fameux désenclavement du Japon. Il s'agissait à cet égard de la même exigence que celle qui avait été posée à la Chine : le pays devait s'ouvrir au commerce international. Il ne l'avait plus fait depuis des siècles. Les plus anciens contacts entre l'Europe et le Japon remontaient à 1542 lorsque les Portugais arrivèrent au Japon. Leur objectif était double : commerce et mission. Cette dernière, en particulier, suscita l'irritation du Japon. En 1640, le Japon fut fermé au monde extérieur. Seule la VOC conservait un petit établissement sur l'île artificielle de Dejima dans la baie de Nagasaki.

En fait, le Japon était gouverné depuis 1683 par un fonctionnaire héréditaire, le *shogun*, qui appartenait à la dynastie Tokugawa. Il siégeait à Edo, la future Tokyo. L'empereur, quant à lui, résidait à Kyoto. Edo était une grande ville. Aux alentours de 1800, elle comptait un million d'habitants et non seulement elle était plus grande que Londres et Paris, mais elle était même la plus grande ville du monde. Le Japon à l'époque de la dynastie Tokugawa était caractérisé par la puissance de la bureaucratie militaire. Le pays connaissait un système féodal dans lequel les *daimio's*, les grands seigneurs, occupèrent à l'origine une position relativement indépendante mais acceptèrent ensuite le pouvoir du shogun. Le groupe socialement dominant était celui des samouraïs, une classe héréditaire d'officiers militaires qui occupaient les fonctions les plus importantes de l'appareil d'État. La société japonaise était donc, typiquement, une société féodale, d'une certaine façon comparable à la France d'avant la Révolution. Outre les seigneurs émergea une classe de commerçants qui après 1800 purent acquérir également le titre de samouraïs et constituèrent donc une sorte de « noblesse de robe ». Une nouvelle période commença lorsque le commodore américain Perry arriva dans la Baie d'Edo avec une petite flottille le 7 juillet 1853. Il remit aux autorités japonaises une lettre du président américain dans laquelle celui-ci leur proposait de nouer des liens commerciaux et il annonça qu'il reviendrait dans un an pour connaître leur réponse. Il revint du reste un peu plus tôt, en février 1854. Le shogun céda et signa le traité de Kanagawa par lequel plusieurs ports furent ouverts au commerce. Peu de temps après, les Européens se virent accorder des droits identiques.

Cette influence étrangère grandissante provoqua une réaction. Fit alors son apparition un parti de la modernisation qui reposait sur une vaste assise sociale puisqu'il était constitué de nobles désargentés, de négociants et d'intellectuels, et qui était soutenu par les seigneurs des régions extérieures Shosnu et Satzung. Ces groupes s'opposèrent aux traités imposés, ce qui aboutit à des incidents et à des bombardements par des navires américains et européens. En 1867, éclata une révolte contre le shogun qui entraîna sa destitution. La capitale du pays fut déplacée à

Edo, qui fut rebaptisée «Tokyo» («capitale orientale»). L'empire fut restauré en 1868 et le nouvel empereur donna à son règne le nom de «Meiji» («bon gouvernement»). Cette restauration «Meiji» inaugure l'histoire du Japon moderne.

Le Pacifique

LES PHILIPPINES : L'océan Pacifique intéressa aussi les Européens mais le plus grand océan du monde n'a pas grand-chose à offrir en matière de territoire. Hormis les Philippines, il n'y eut donc aucune possession coloniale de quelque importance que ce soit. Les Philippines sont un archipel de sept mille îles d'une superficie totale d'environ 185 000 kilomètres carrés. Toutefois, seules onze de ces îles revêtent une certaine importance. Des points de vue ethnique et linguistique, la population est variée et fragmentée. Il ne reste que très peu d'habitants originaux, appelés «negritos». Les Malais constituent le groupe ethnique de loin le plus important. Quoiqu'il y ait eu des contacts avec le monde hindou et celui des Chinois, leur influence culturelle fut très limitée. L'islam vint plus tard, avec l'immigration malaise aux XVᵉ et XVIᵉ siècles, et il eut une grande influence tout en restant cantonné dans le Sud.

Ce furent toutefois les Espagnols qui exercèrent de loin la plus grande influence. La colonisation espagnole avait sa base d'opérations en Amérique espagnole, en Nouvelle-Espagne pour être précis. En 1561, une flotte considérable en partit pour gagner les Philippines. En 1571, les Espagnols fondèrent leur capitale à Manille. L'administration philippine fut édifiée d'après le modèle des colonies hispano-américaines, c'est-à-dire qu'un gouverneur général fut placé à sa tête, qu'une cour de justice fut instituée et qu'un conservateur du Trésor public fut nommé. Ces trois instances représentaient la couronne espagnole. Cependant, l'aspect le plus marquant de la colonisation des Philippines fut le rôle de l'Église. L'activité la plus importante était la mission dont la couronne espagnole supportait le coût. Après 1700, le pouvoir de l'Église devint écrasant. Le clergé contestait l'autorité du gouverneur général et n'hésitait pas à monter les masses populaires contre lui, ce qui ne signifiait d'ailleurs pas que le pays se distinguait par sa vertu. Les voyageurs étaient choqués par le relâchement des mœurs et la corruption qui régnaient aux Philippines où les enfants des prêtres étaient élevés dans des couvents.

Après l'indépendance de l'Amérique espagnole, les liens avec celle-ci devinrent plus lâches tandis que ceux noués avec l'Espagne se renforcèrent. Des tentatives furent entreprises pour développer l'économie en stimulant les «cash crops». Mais seule la culture du tabac fut une réussite. Le pouvoir espagnol était cantonné *de facto* dans le Nord. Il fallut attendre la fin du XIXe siècle pour que l'on fût à même de contrôler les côtes des parties méridionales, qui étaient islamiques. L'influence espagnole fut aussi limitée sur le plan économique parce que les Anglais et les Américains mais aussi, et surtout, les Chinois jouaient un rôle majeur dans le commerce et le crédit. C'est la raison pour laquelle les Philippines furent malgré tout considérées comme une colonie anglo-chinoise sous pavillon espagnol. À certains égards, les Philippines ressemblaient aux colonies européennes d'Asie du Sud-Est. À deux grandes différences près, toutefois : le rôle dominant de l'Église catholique, y compris dans la vie économique, et le développement de la grande propriété foncière. À ces deux égards, les

Philippines ressemblaient davantage à l'Amérique espagnole. Le clergé philippin était en proie à des tensions internes, de même qu'il y avait des tensions sociales dues au fait que les ecclésiastiques possédaient de grandes propriétés terriennes. Ces tensions contribueraient à l'émergence ultérieure de la résistance nationaliste à l'hégémonie espagnole qui apparut à la fin du XIXe siècle.

L'OCÉANIE : Au XIXe siècle, les Anglais s'intéressèrent surtout à l'océan Pacifique à cause de ses deux colonies qu'étaient l'Australie et la Nouvelle-Zélande. L'Australie avait été longtemps considérée comme une partie d'un continent inexploré et peu attrayant : les terres australes inconnues («Terra australis incognita»). Seules les côtes nord et nord-ouest avaient été explorées. Le capitaine Cook, le plus grand explorateur de l'océan Pacifique, découvrit plus d'îles et explora plus de côtes que tout autre voyageur avant ou après lui. Il entreprit plusieurs voyages. Le premier eut lieu entre 1768 et 1770. Il visita alors Tahiti, mit sur la carte les côtes de Nouvelle-Zélande et la côte orientale d'Australie et prit officiellement possession de la Nouvelle-Zélande pour le compte de la couronne britannique. Son second voyage commença en 1772 et durerait trois ans. Cette fois, Cook explora de nouvelles parties du Pacifique, s'approcha plus près du pôle Sud que quiconque avant lui et visita entre autres l'île de Pâques. En 1777, le célèbre compte rendu de ces deux expéditions parut sous le titre *A Voyage towards the South Pole, and round the World*. Cook était parti entre-temps pour sa troisième et dernière odyssée dont il ne reviendrait pas puisqu'il fut tué dans des circonstances mystérieuses en 1779 à Hawaï.

Lorsque l'Angleterre ne fut plus en mesure, après

la guerre d'indépendance américaine, de se servir de l'Amérique pour y envoyer ses criminels, l'Australie lui sembla un lieu attrayant pour une colonie pénitentiaire. La première flotte emmenant des brigands arriva en 1788 et une seconde suivit en 1790. Ces malfrats étaient généralement libérés après quelques années et restaient ensuite en Australie, jetant ainsi les bases de la colonie de peuplement ultérieure. Sydney disposait d'un port naturel favorablement situé et elle devint rapidement un centre important de la pêche à la baleine. En 1813, une piste qui permettait de traverser les Blue Mountains fut découverte, ce qui permit l'expansion de la colonie originale du New South Wales. Du reste, le nom « Australie » n'apparut qu'en 1814 et il ne fut introduit officiellement qu'en 1817.

L'Australie devint une colonie de peuplement. La population blanche y connut une croissance exponentielle, passant de 15 000 individus en 1815 à plus d'un million en 1860. Quant à la population aborigène, elle décrut au cours de la même période, passant d'un demi-million d'individus à 250 000. Les colons pratiquaient essentiellement l'agriculture et l'exploitation minière. Comme les moutons étaient très nombreux, la laine devint un article d'exportation important. La première vente de laine australienne en Angleterre eut lieu en 1817. Le charbon et le cuivre étaient des produits importants mais c'est la ruée vers l'or des années cinquante qui provoqua l'affluence du plus grand nombre d'aventuriers. Sur le plan administratif, le gouvernement britannique suivit le modèle appliqué au Canada. En 1850, l'*Australian Colonies Government Act* introduisit la notion de « gouvernement responsable » par lequel les colonies, qui ne seraient réunies au sein d'une fédération que beaucoup plus tard (en 1901), se virent accorder un degré élevé d'autonomie.

Au début, la Nouvelle-Zélande suscita surtout l'intérêt des missionnaires et des baleiniers. Cette île des antipodes étant très éloignée de l'Angleterre, elle parut peu appropriée à l'émigration. Le propagandiste et publiciste colonial Edward Gibbon Wakefield n'était pas de cet avis. Il considérait la Nouvelle-Zélande comme un pays d'immigration idéal tout en ayant bien conscience que cela nécessiterait une organisation. À cette fin, la New Zealand Company fut créée en 1837. Londres encouragea les colons en leur offrant des transports et des terres agricoles bon marché. Une émigration massive se mit en branle. La population européenne en Nouvelle-Zélande passa de 2000 individus en 1840 à plus de 700 000 à la fin du siècle. Tout comme en Australie, l'importance de l'ethnie autochtone, les Maoris, diminua dans le même temps. Les relations avec eux étaient régies par le traité de Waitangi du 6 février 1840. Par ce traité, les chefs maori cédèrent leurs terres à la reine d'Angleterre. En échange, celle-ci leur promettait de protéger leurs possessions et de donner aux habitants tous les droits que les sujets britanniques avaient aussi. Le gouvernement britannique ne tint pas ses promesses et plusieurs guerres en résultèrent. L'autonomie fut accordée à la colonie par la Constitution de 1852. En 1867, les Maoris se virent aussi attribuer quelques sièges au Parlement.

La France s'intéressait au Pacifique depuis le XVIIIe siècle. Aucun explorateur français du Pacifique n'a accédé à une notoriété aussi grande que le capitaine anglais Cook mais l'histoire a retenu également les noms de Bougainville et de La Pérouse. Plus tard, des missionnaires seraient aussi actifs dans cette partie du globe. Les Français manifestaient surtout un grand intérêt pour l'île polynésienne de Tahiti.

En 1841, ils annexèrent les Marquises. Peu après, ils placèrent Tahiti sous protectorat. Ce protectorat servit de base d'opérations à l'expansion de l'hégémonie française sur d'autres îles avoisinantes qui furent réunies administrativement sous le nom des Établissements français d'Océanie (EFO). En 1847, l'Angleterre et la France conclurent un traité par lequel elles reconnaissaient leurs sphères d'influence respectives en Nouvelle-Zélande pour l'une et aux Marquises et à Tahiti pour l'autre. Mais une autre région revêtait plus d'importance que ces deux îles aux yeux de la France: la Nouvelle-Calédonie, qui est située plus à l'ouest, en Mélanésie. Dans cette lointaine partie du monde naîtrait, abstraction faite de l'Algérie, la seule véritable colonie de peuplement française outre-mer. Il s'en était d'ailleurs fallu de peu pour que la Nouvelle-Calédonie ne fût colonie de la France, mais du pape.

En juin 1847, la direction de l'organisation pontificale pour la mission, la Propaganda Fide, se réunit à Rome. Un des points inscrits à l'ordre du jour de cette réunion concernait l'organisation de la mission en Océanie occidentale. La direction décida que la Nouvelle-Calédonie deviendrait un vicariat apostolique, c'est-à-dire une zone de mission indépendante placée sous l'autorité d'un vicaire apostolique. Le 27 juin 1847, le pape nomma monseigneur Douarre, qui avait été jusqu'alors évêque auxiliaire en Océanie centrale, vicaire apostolique de Nouvelle-Calédonie. Un mois plus tard, monseigneur Douarre arriva au bureau principal de la Propaganda Fide (propagation de la foi) et il y déposa son « Mémorandum sur la Nouvelle-Calédonie », un vaste projet en vue de l'installation et de l'organisation de l'Église dans cette colonie. Quelques jours après, l'impétueux évêque déposa un autre mémorandum. Il s'y montrait beaucoup plus audacieux comme le montre son titre surprenant : « Mémorandum sur la prise de possession de la Nouvelle-Calédonie par le Saint-Siège ». Ce document strictement confidentiel ne proposait ni plus ni moins que de faire de la Nouvelle-Calédonie une colonie papale.

Pour quelles raisons profondes ce projet aussi singulier que hardi fut-il échafaudé ? Monseigneur Douarre était un Français et il avait espéré que le gouvernement de son pays fasse de la Nouvelle-Calédonie une colonie française. Mais il n'en avait rien été. Aussi monseigneur Douarre était-il déçu. Il ne voyait qu'une seule solution : la Nouvelle-Calédonie devait devenir une colonie pontificale. N'y avait-il pas un État pontifical ? Pourquoi n'y aurait-il pas une colonie papale ? Le pape, Pie IX, était un homme prudent. Il demanda à cinq cardinaux de la Propaganda Fide d'examiner cette proposition et écrivit au dos de son document : « Partant du principe que le pape n'est pas, et ne peut devenir, un *conquistador*, ce projet pourrait être réalisé à condition 1. que la religion en tire profit et 2. que la France et l'Angleterre donnent au préalable leur assentiment. » L'avis des cardinaux fut probablement défavorable car le prosecrétaire conclut sans détour son rapport sur cette question par ce communiqué : « Le Saint-Père a, en son audience du 23 septembre, chargé Monsieur le prosecrétaire de ne plus rien faire de cette proposition et de laisser l'affaire en l'état[17]. » Monseigneur Douarre fut bien entendu très déçu. Du reste, son vœu initial finirait tout de même par être exaucé mais seulement après qu'en France la Monarchie de Juillet eut laissé la place au Second Empire. En 1853, l'amiral Febvrier-Despointes prit possession de la Nouvelle-Calédonie sur ordre de l'empereur Napoléon III et au nom de la France.

CHAPITRE III

L'impérialisme moderne, 1870-1914 :
aspects généraux

> *Il n'y a que l'expansion. J'annexerais les autres planètes si je pouvais.*
>
> Cecil Rhodes

MUTATIONS STRUCTURELLES EN EUROPE

Le système européen des États

En 1870, la guerre franco-allemande éclate. Elle a pour conséquences la défaite de la France, le départ de l'empereur Napoléon III et la proclamation de la Troisième République, mais aussi l'achèvement de l'unité allemande sous la forme d'un empire allemand avec le Roi de Prusse à sa tête. Cette guerre avait été précédée d'une autre entre la Prusse et l'Autriche qui avait été aussi gagnée par la Prusse, ce qui avait mis fin à l'implication autrichienne dans les affaires allemandes. Dorénavant, l'Autriche n'aurait plus qu'une seule sphère d'influence : les Balkans.

La guerre de 1870 eut une influence déterminante sur les rapports de force en Europe. Depuis la guerre de Trente Ans (1618-1648), qui avait laissé l'empire allemand divisé et désemparé, la France avait été la puissance dominante en Europe. Et le Congrès de Vienne n'avait pas non plus apporté de changement décisif dans la structure du système européen des États. La création de l'Empire allemand, en revanche, changea profondément la donne. Au cœur de l'Europe était né un nouvel État avec un territoire gigantesque qui s'étendait de la France à la Russie, un État avec une population importante et croissant rapidement, et une économie dynamique qui était fondée sur l'industrie, la technique et la science, un État, en outre, doté d'une armée puissante et ayant une tradition militaire impressionnante.

Il apparaîtrait rapidement que Berlin était devenu le centre diplomatique de l'Europe et le chancelier Bismarck, son chef. Bismarck dirigea, de 1870 à 1890, la diplomatie allemande d'une main ferme et avec une vision claire. Sa politique tendait à consolider le jeune État allemand et à le protéger contre d'éventuels dangers par des moyens militaires et diplomatiques. Le plus grand danger pour l'Allemagne était une coalition de la France et de la Russie. Étant donné que la France serait une puissance ennemie tant que durerait l'annexion de l'Alsace-Lorraine par l'Allemagne, Bismarck prêta surtout attention, sur le plan diplomatique, à la Russie qu'il s'efforça de diverses manières d'intégrer dans son système d'alliance. Le problème résidait dans les tensions entre la Russie et l'Autriche, grande alliée de l'Allemagne. Ces tensions étaient liées à la question des nationalités dans les Balkans, laquelle était à son tour une conséquence de la dissolution et de l'affaiblissement de l'empire ottoman ou, comme l'on disait à l'époque, de la question d'Orient.

L'enjeu de la question d'Orient tournait surtout

autour de la question de savoir dans quelle mesure la Russie profiterait de l'affaiblissement de la Turquie pour acquérir, par les détroits, un accès direct à la Méditerranée. Ce problème s'était déjà posé précédemment lors de la guerre de Crimée entre 1854 et 1856, et il redevint aigu après la guerre russo-turque de 1877-1878. Lors de la Paix de San Stefano, qui y mit un terme, la Turquie perdit une si grande partie de son territoire européen que la Russie était désormais en mesure d'asseoir aisément son hégémonie sur les détroits. Comme les autres puissances, et notamment l'Angleterre et l'Autriche, refusaient d'accepter cette perspective, Bismarck les invita à un congrès à Berlin où ces questions seraient réglées sous son égide. Ce Congrès de Berlin — à ne pas confondre avec la Conférence de Berlin de 1884-1885 sur l'Afrique de l'Ouest — illustra et confirma le rôle dominant de Bismarck en Europe. Son système, qui tendait à empêcher une entente entre la France et la Russie, se maintint jusqu'à ce que le nouvel empereur allemand limoge Bismarck en 1890 pour prendre lui-même les rênes de la diplomatie, ce qui offrit à la diplomatie française de nouvelles possibilités, qu'elle exploita en 1892. Le résultat fut l'alliance franco-russe qui modifia en faveur de la France l'équilibre des forces en Europe.

Entre-temps, la France avait, outre l'Allemagne, un nouvel ennemi : la Grande-Bretagne. Et cette inimitié était aussi fondée sur la rancœur de la France, suite au cavalier seul de l'Angleterre en Égypte, en 1882, qui avait débouché sur une occupation britannique de ce pays. La France refusa longtemps d'admettre cette situation. Ce n'est que lorsqu'on se fut résigné à l'accepter qu'une possibilité de se réconcilier avec l'Angleterre s'offrit à la diplomatie française. Cette possibilité se présenta en 1904 sous la forme de la fameuse Entente cordiale.

C'est ainsi qu'entre 1894 et 1904 l'équilibre des forces s'était modifié en faveur de la France. La République française se savait désormais liée à la plus grande puissance terrestre et à la plus grande puissance maritime de l'époque, ou soutenue par elle, ce qui entraîna une diplomatie française rénovée et plus sûre d'elle. La décennie qui précéda 1914 en fut marquée. Cependant, le partage de l'Afrique était déjà presque achevé, et s'était accompli sous le signe d'une rivalité et d'une inimitié franco-britannique que seule effacera l'Entente cordiale de 1904.

L'économie mondiale

Au cours du dernier quart du XIXe siècle, le contexte socio-économique se transforma rapidement et radicalement. Excepté en France, la population augmentait quasiment partout à un rythme très élevé. L'espérance de vie moyenne s'accrut, passant de quarante ans en 1871 à cinquante en 1901.

L'industrie se développa et, outre le fer et le charbon, d'autres produits tels que l'acier, le pétrole, les produits chimiques et l'électricité revêtirent une grande importance. Les tableaux ci-dessous montrent que l'Angleterre avait initialement une avance mais aussi que l'Allemagne s'imposa de plus en plus comme producteur d'acier (tableau 5 et tableau 6).

Combinée à la poursuite de l'industrialisation, la croissance démographique aboutit à une forte urbanisation. En 1851, en Grande-Bretagne, 22,5 % de la population vivaient dans des villes de plus de 100 000 habitants, en France 4,6 % et en Allemagne 3,1 % (aux Pays-Bas 7,3 %). En 1900, on atteignait 35,3 %

en Grande-Bretagne, 13,7 % en France et 16,3 % en Allemagne (28,7 % aux Pays-Bas). Dans les trois grands pays d'Europe de l'Ouest, la population des grandes villes avait donc plus que doublé.

Tableau 5. Production de charbon
en millions de tonnes.

	1870	1913
Grande-Bretagne	117,4	292
Allemagne	29,3	190,1
France	12,9	40,8

Tableau 6. Production d'acier
en millions de tonnes

	1870	1913
Grande-Bretagne	0,24	8,5
Allemagne	0,14	20,5
France	0,09	5,1

Source: Shepard B. Clough et Richard Tilden Rapp,
European Economic History. The Economic Development of Western Civilizations, 3ᵉ édition, McGraw-Hill, 1975, p. 389.

La forte croissance économique en Europe engendra une grosse offre de capital. Dans les pays avec une forte demande intérieure de capital, comme l'Allemagne, ce capital fut investi essentiellement dans l'économie nationale. Un pays comme la France, en revanche, où l'industrialisation se mit en branle tardivement et s'accomplit lentement, connaissait une faible demande de capital et donc un important excédent. Il en résulta que la Bourse de Paris, après celle de Londres, qui restait le centre financier du monde, devint un pourvoyeur relativement important de capital. Les exportations françaises de capital connurent une croissance très sensible puisqu'elles passèrent de 2,5 milliards de dollars en 1870 à 8,5 milliards en 1914. La prudence des épargnants français eut pour effet que les emprunts russes, notamment, étaient très en vogue à la Bourse de Paris.

Un rapport a été souvent établi entre les exportations de capital et l'impérialisme européen, et cela semble aller de soi puisque les deux processus se sont déroulés simultanément. Cependant, les exportations de capital ne furent pas tant destinées aux colonies — ni, à plus forte raison, aux territoires africains acquis à cette époque — qu'aux zones les plus développées de l'économie mondiale. L'Amérique était en tête du peloton avec des importations de capital de quatorze milliards de dollars (huit milliards pour l'Amérique du Nord et près de six milliards pour l'Amérique du Sud). Onze milliards de dollars furent investis dans le monde colonial mais une proportion très réduite de ce montant fut destinée à l'Afrique. L'Europe elle-même reçut quelque sept milliards, la Russie étant le principal bénéficiaire avec quatre milliards. L'empire ottoman et l'Autriche-Hongrie importèrent respectivement pour un et deux milliards de dollars. Par conséquent, le capital européen partit principalement en Amérique, dans les colonies de peuplement britanniques et en Europe elle-même.

Mutations sociopolitiques et culturelles

L'époque de l'impérialisme fut une époque de transformation sociale. Ce fut l'époque où la nouvelle classe moyenne se hissa au sommet de la pyramide sociale. Cela ne signifie pas que l'élite traditionnelle perdit totalement son importance. En particulier dans des pays conservateurs comme l'Allemagne, la Russie et l'Autriche-Hongrie, l'origine aristocratique et la propriété terrienne continuaient de jouer un rôle majeur. Et dans un pays comme l'Angleterre, dont l'élite était plus ouverte, la noblesse propriétaire foncière demeurait la classe la plus importante. Les hommes les plus riches d'Angleterre n'étaient pas des nouveaux riches comme Cecil Rhodes ou Joseph Chamberlain, mais de grands propriétaires terriens comme Lord Rosebery et le duc de Devonshire. La plus profonde transformation sociale s'accomplit en France où, sous la Troisième République, la noblesse perdit beaucoup de son ancienne influence et de son ancien prestige. Un autre phénomène nouveau fut le mélange entre l'ancienne élite et les nouveaux riches. Les mariages entre membres de ces deux groupes étaient très fréquents. La *middle class* imitait le mode de vie de la vieille aristocratie en achetant et en bâtissant des châteaux avec des terres, des pur-sang, etc.

Une évolution sociale très importante fut l'avènement d'une classe ouvrière et, partant, de la «question sociale» comme on disait à l'époque. La révolution de 1848 et surtout la révolte de la Commune de 1871 à Paris avaient donné un nouveau visage au spectre de la révolution, ce qui se manifesta d'une part dans une plus grande attention de l'État aux problèmes sociaux et d'autre part dans l'essor du mouvement ouvrier et du socialisme. Le droit de vote fut généralisé et le suffrage universel fut même quelquefois instauré, du moins pour les hommes, ce qui permit l'avènement de partis ouvriers. Les syndicats furent reconnus. Les interventions de l'État sous la forme de dispositions ayant trait aux conditions de travail et au temps de travail, et de lois d'assurances sociales devinrent monnaie courante.

D'autres formes d'interventionnisme économique inspiré par des considérations sociales furent les investissements de l'État dans des travaux publics, comme le plan Freycinet de 1879 en France. L'expansion coloniale était également considérée comme un instrument permettant d'éviter des tensions sociales. Victor Hugo déclara en 1879 : « Versez votre trop-plein dans cette Afrique, et du même coup, résolvez vos questions sociales, changez vos prolétaires en propriétaires[1]. » Le célèbre écrivain et penseur français Ernest Renan soutient quant à lui qu'une nation qui ne colonise pas est irrévocablement vouée au socialisme, à la guerre du riche et du pauvre[2] !

L'Angleterre était souvent considérée comme un bon exemple de cohésion sociale. Elle avait une société stable et une histoire qui, à la différence de celle de la France révolutionnaire, était caractérisée par un développement progressif. Cette sérénité et cette harmonie salutaires s'expliquaient souvent par le fait que l'Angleterre possédait un grand empire colonial, ce qui faisait que la question sociale ne s'y posait pas. C'est la raison pour laquelle Cecil Rhodes plaida que ceux qui ne voulaient pas de guerre civile devaient devenir impérialistes. Les Fabians, intellectuels socialistes britanniques, étaient partisans d'une combinaison de politique de la canonnière, d'expansion et de réformes sociales, au même titre que des théoriciens allemands tels que Max Weber, Friedrich Naumann et les socialistes dits « de chaire ». En revanche, les marxistes et les radicaux comme Hobson rejetèrent cette philosophie.

Les relations entre Européens et non-Européens étaient de plus en plus teintées de racisme, un racisme qui trouvait un appui semi-scientifique dans le darwinisme social. L'histoire enseignait que le mélange des races était dangereux, en particulier pour les races supérieures. L'éminent colonial néerlandais Jean Chrétien Baud (gouverneur général des Indes néerlandaises et ministre des Colonies) l'avait déjà déclaré dans une note en 1850 : « Le droit de domination est (...) considéré au sens strict comme une propriété de la race blanche pure de telle sorte que, alors que le Noir se courbe docilement devant le Blanc, il obéit avec une mauvaise grâce évidente à l'homme de sang mêlé[3]. » Les Arabes pouvaient peut-être se mélanger aux nègres, écrivit John Crewford, mais pas avec des Anglo-Saxons. La distance était trop grande[4]. Le gouverneur allemand d'Afrique du Sud-Ouest interdit en 1905 les mariages mixtes entre Blancs et Noirs parce que de telles unions nuisaient à la race.

Le darwinisme social exerça une grande influence sur les hommes politiques de l'époque impérialiste. « La race est tout, il n'est d'autre vérité », a dit un jour Disraeli[5]. Lord Salisbury, le politicien britannique le plus influent de cette période, prononça en 1898 son célèbre discours dit des « nations en voie de dépérissement ».

La théorie de l'évolution était une arme puissante dans le débat sur les différences entre les races et les peuples. Herbert Spencer fut le grand propagandiste de l'impérialisme social. L'œuvre de Darwin lui-même est plus biologique de nature mais dans *De l'origine des espèces* (1859) et dans *La Descendance de l'homme* (1871), Darwin se livra également à des comparaisons entre les évolutions dans le royaume des animaux et les relations entre les sociétés humaines. C'est ainsi qu'il écrivit que lorsque des nations civilisées entraient en contact avec des Barbares, le combat était bref[6]. Le destin des aborigènes d'Australie et d'autres peuples comparables en fut une illustration. Aussi d'aucuns en conclurent-ils que toute la « race nègre » était condamnée à l'extinction. Dans la littérature, nous trouvons de nombreux exemples de subdivisions en races et en peuples forts et faibles. Dans *Poison Belt* (*La Ceinture empoisonnée*, 1913), Conan Doyle, le créateur de Sherlock Holmes, considérait que les Africains et les aborigènes étaient très vulnérables alors que, de son point de vue, les peuples slaves étaient plus faibles que les Teutons et le sud de la France plus vulnérable que le nord de la France.

Les peuples primitifs suscitaient un grand intérêt. En 1845 déjà, un capitaine de vaisseau anversois avait offert au zoo d'Anvers un jeune nègre de dix ans qu'il avait emmené. En Allemagne, Karl Hagenbeck, l'illustre propriétaire d'un parc zoologique, fut le premier à organiser en 1874 une exposition des peuples primitifs de Laponie et du Pacifique. Cette exposition remporta un tel succès qu'il monta des expéditions dans le Soudan égyptien pour aller y chercher des animaux et des Nubiens. Il fit des émules. Geoffroy Saint-Hilaire, directeur du Jardin d'acclimatation de Paris, présenta en 1877 deux « spectacles ethnologiques » mettant en scène des Nubiens et des Esquimaux. Lors des expositions universelles, une grande place leur fut réservée.

La biologie jouait un rôle majeur dans ce débat et la craniométrie était à cet égard un procédé prisé. L'anatomiste américain S.G. Morton estimait avoir démontré que les Caucasiens avaient un contenu cérébral significativement plus important que les nègres. Dans *Crania Americana* (1839), il compara les crânes des Indiens, des Caucasiens, des Malais, des nègres et des Mongols. Le fondateur — en 1863

— de l'Anthropological Society de Londres, James Hunt, se fonda sur cet ouvrage pour échafauder sa théorie, «scientifiquement prouvée», des différences innées entre nègres et Européens. On trouvait les plus grands crânes dans le nord-ouest de l'Europe et — oh! quelle surprise! — surtout à Londres et à Paris, et dans leur périphérie. Tant *Le Père Goriot* de Balzac que *Sherlock Holmes* de Conan Doyle étaient pourvus, selon les auteurs, de crânes dont la forme était l'indice de certains traits de caractère. Le médecin dans *Au cœur des ténèbres* de Joseph Conrad qui examinait le personnel de la compagnie mesurait aussi leurs crânes; quant à Kurtz, il exposait des crânes indigènes sur sa grille. Ernest Renan postulait que les conquêtes dans les mêmes races étaient condamnables mais que l'assujettissement de races inférieures par des races supérieures était souhaitable. Jules Harmand, théoricien français de l'administration coloniale, déclara textuellement que le point de départ de la relation coloniale était la supériorité des Européens, la justification fondamentale de cette hégémonie sur les peuples indigènes résidant dans la conviction de notre supériorité technique, économique et militaire, plus que dans notre supériorité morale[7]. Ces idées n'avaient pas seulement cours dans les cercles occidentaux. Hoang Cao Khai, un régent vietnamien, écrivit en 1909: «Que la race forte soit victorieuse, la race faible vaincue c'est la manifestation d'une loi naturelle[8].»

La conception du monde sociodarwinienne se traduisit aussi par une obsession du danger. Certes, l'impérialisme était triomphaliste et chauvin, mais il était souvent teinté de peur et du sentiment qu'une menace planait. Les périls étaient nombreux. Il y avait le péril financier, le péril socialiste, le péril allemand, le péril américain mais le plus grand péril de tous était le « péril jaune ». En France parurent des livres comme *Le péril national* (1888) et, dès 1890, l'illustre économiste Paul Leroy-Beaulieu avait prévenu contre le risque que la Chine et le Japon, sitôt qu'ils auraient appris à employer les machines et les techniques occidentales, dépassent l'Occident parce que dans ces pays l'on savait encore ce que signifiait travailler dur. Aussi il proposa une nouvelle conférence de Berlin à laquelle devraient aussi être conviés le Japon et la Chine de façon à faire naître un nouvel ordre économique mondial.

L'idée du « péril jaune » eut tôt fait de s'imposer. En 1896, le baron d'Estournelles, penseur et pacifiste influent, avertit l'opinion que les produits japonais risquaient de submerger bientôt l'Europe. Il écrivit également que les lignes de chemin de fer qui transportaient des marchandises et des soldats européens en orient pourraient aussi servir à acheminer des marchandises et des soldats japonais vers l'Europe[9]. Comme ce fut souvent le cas, l'empereur allemand tint un discours plus musclé. Dans son fameux « Discours des Huns » du 27 juillet 1900, au cours duquel il s'adressa aux soldats allemands qui participaient à l'expédition internationale envoyée en Chine pour réprimer la révolte des Boxers, il dit à ses soldats : « Pas de pardon ! Pas de prisonniers ! De même que les Huns ont acquis, il y a mille ans, une réputation qu'ils ont toujours, aujourd'hui, de même vous veillerez à ce que le nom "Allemand" inspire pendant mille ans une telle crainte aux Chinois qu'aucun Chinois n'osera regarder un Allemand droit dans les yeux[10]. »

L'IMPÉRIALISME MODERNE : THÉORIE

Généralités

En 1902, fut publié un livre intitulé *Imperialism. A Study*. Malgré ce titre peu exaltant, il deviendrait l'un des livres politiques les plus influents du XXe siècle. Son auteur, J.A. Hobson (1858-1940), était un économiste et un publiciste anglais, ainsi qu'un critique incisif de la politique impérialiste britannique. Il s'était spécialisé dans les langues classiques à Oxford et ses conceptions politiques et économiques s'inspiraient de Mill et Spencer. Il était financièrement indépendant et avait travaillé notamment comme correspondant en Afrique du Sud pour le *Manchester Guardian*. L'année de parution de son ouvrage n'était dès lors pas fortuite car il avait été écrit pendant la guerre des Boers (1899-1902) et il s'en inspirait partiellement.

Le mot « impérialisme » n'était pas nouveau. En Angleterre, il était déjà entré dans l'usage au cours des années 1860. Le terme français était encore plus ancien mais sa signification était différente. Les « impérialistes » étaient les partisans du Second Empire de Napoléon III. En Angleterre, ce terme était aussi employé pour désigner le parti « pro-Empire » mais là, le mot Empire se référait à l'empire colonial. Quoique Hobson ne fût donc pas l'inventeur de ce mot, il lui conféra son sens moderne. Dans son ouvrage, il donna une définition claire de l'impérialisme. Pour lui, il s'agissait de l'expansion des puissances européennes, au premier rang desquelles la Grande-Bretagne, qui avaient assuré leur domination politique sur de vastes portions de l'Afrique, de l'Asie et du Pacifique. Hobson indiqua aussi d'où provenait l'impérialisme : au premier chef des milieux financiers de la métropole. D'autres groupes, tels que les politiques, les militaires et les missionnaires, pouvaient parfois exercer une certaine influence[11].

Chez Hobson, nous trouvons donc une définition de l'impérialisme (l'expansion du pouvoir politique), une périodisation (1870-1900) et un coupable : les capitalistes. Selon lui, la raison pour laquelle les capitalistes promouvaient la politique d'expansion impérialiste était simple. Suivant son raisonnement, le capitalisme aboutissait à la sous-consommation ou, en d'autres termes, à la surproduction. Les travailleurs produisaient plus que ce qu'ils recevaient comme salaire en échange de leur travail de sorte qu'une demande alimentée par un pouvoir d'achat suffisant faisait défaut. Il en résultait que le surplus de capital ne pouvait plus être investi avec profit en Angleterre même. Ce qui engendra une situation dans laquelle, selon les mots fameux de Hobson, les capitalistes cherchaient des marchés étrangers et des investissements à l'étranger, pour s'y emparer des biens et du capital qu'ils ne pouvaient ni vendre ni utiliser sur leur marché national[12].

Le raisonnement de Hobson, où l'on décelait certains éléments de la pensée de Karl Marx, exerça un attrait indéniable sur les théoriciens marxistes des relations internationales, en particulier dans le monde germanophone. Des théoriciens comme Rudolf Hilferding, Rosa Luxemburg et d'autres reprirent ses idées et s'en servirent pour développer une théorie marxiste. Cette théorie deviendrait mondialement célèbre grâce au petit écrit que Lénine consacra à ce sujet en 1916 et auquel il donna le titre accrocheur de *L'Impérialisme, stade ultime du capitalisme*. Ce titre montre déjà la différence entre les conceptions du radical Hobson et du marxiste Lénine : pour Lénine, l'impérialisme était une évolution nécessaire, une phase inévitable du capitalisme. Hobson n'était pas de cet avis. Une consolidation de la demande intérieure dotée d'un grand pouvoir d'achat, par exemple par des interventions publiques, pourrait également résoudre le problème de la sous-consommation.

Mais il y avait une autre différence. Hobson écrivit son livre pendant le dernier épisode du partage de l'Afrique, la guerre des Boers, qu'il concevait comme une partie du grand processus de la division du monde par les puissances impérialistes. Lénine, en revanche, rédigea sa brochure en 1916, durant la Première Guerre mondiale qu'il considérait comme la lutte pour une nouvelle division du monde. Dans son texte, le mot Afrique apparaît à peine.

Quoiqu'il y ait donc eu des différences profondes et de principe, il fut plus ou moins habituel dans l'entre-deux-guerres de parler de la thèse « Hobson-Lénine ». Les causes économiques de l'impérialisme étaient l'objet d'un certain consensus. L'impérialisme s'expliquait par le fait que les pays européens développés avaient besoin de débouchés protégés et de matières premières, et était activé par la longue dépression économique (1873-1896).

Typologie des impérialismes nationaux

LA GRANDE-BRETAGNE : Après la Seconde Guerre mondiale, le débat sur l'impérialisme moderne fut rouvert. L'essor de l'empire américain et la décolonisation des empires coloniaux européens constituèrent le contexte où émergèrent ces idées nouvelles. Ce débat commença en 1953 en Angleterre. Deux historiens de Cambridge, John Gallagher et Ronald Robinson, soutinrent dans l'article devenu célèbre « The imperialism of free trade » que l'âge d'or de l'impérialisme britannique, les années 1880-1914, différait seulement par les méthodes mais non par les objectifs de la période « anti-impérialiste » de libre-échange qui l'avait précédée. Selon eux, les « mid Victorians » (Victoriens de la période médiane) pouvaient pratiquer leur impérialisme sans chercher leur salut dans l'établissement d'un pouvoir politique. Mais les Victoriens de la dernière période estimaient nécessaire de formaliser leur Empire. Cette formalisation de l'Empire britannique fut une conséquence de crises locales et de frontières instables qui aboutirent dans diverses régions à des vides politiques qui devaient être comblés ensuite par le pouvoir britannique. Les actes posés par les impérialistes britanniques avaient des motivations stratégiques et non économiques, et leur politique impérialiste était, en substance, défensive et hésitante. Gallagher et Robinson réduisirent donc à néant le concept traditionnel de période impérialiste, à savoir la dernière partie du XIXe et, du même coup, l'explication économique de cet impérialisme.

L'article de Gallagher et Robinson donna lieu à de grands débats dans le milieu des historiens anglais, des débats qui portaient notamment sur la notion d'« imperialism of free trade » et sur la distinction entre « formal » et « informal Empire ». En 1960, ils creusèrent quelques-unes de leurs idées dans un volumineux ouvrage consacré à la politique africaine de la Grande-Bretagne au XIXe siècle : *Africa and the Victorians. The Official Mind of Imperialism*. Comme son sous-titre l'indique, cette étude était axée sur une analyse de l'élaboration des décisions politiques et des idées et concepts à l'origine de cette élaboration. Certes, Hobson avait dit que le pouvoir financier était l'élément moteur, mais il ne l'avait pas démontré. L'analyse de Gallagher et Robinson montra qu'en ce qui concerne la politique à l'égard du partage de l'Afrique d'autres motivations d'ordre géopolitique, mondialo-impérial et stratégique avaient été déterminantes. Gallagher et Robinson rouvrirent ainsi le débat sur l'impérialisme britannique. Peu de temps après, quantité de nouvelles interprétations de l'impérialisme furent également avancées dans d'autres pays. En effet, quoique l'impérialisme fût un phénomène européen général, en pratique il changeait de nature d'un pays à l'autre.

L'Empire britannique était unique. Lorsqu'il atteindrait son ampleur la plus importante, il engloberait à peu près un quart de la planète et de la population mondiale et, ne serait-ce que pour cela, il ne pouvait être comparé à aucun autre empire au monde. Cependant, l'aspect le plus particulier de l'expansion britannique était qu'elle était un très long processus et qu'elle comportait plusieurs éléments : démographie et économie, politique et culture.

L'influence anglaise prit différentes formes. Au départ, l'établissement de colonies officielles n'était généralement pas nécessaire et, en raison des coûts qui y étaient liés et des complications qu'il entraînait, il n'était pas non plus souhaitable. Plus tard, les sphères d'influence britanniques seraient officialisées sous la forme de colonies et de protectorats. Ce passage de l'« informal Empire » au « formal Empire » fut, pour une part importante, une réaction à des événements qui se produisirent sur la scène politique internationale et qui menacèrent la position autrefois inattaquable de l'Angleterre, tels que l'expansionnisme français en Afrique, l'impérialisme russe en

Asie et la conversion au colonialisme de l'Allemagne de Bismarck. Il fut aussi, quelquefois, une réaction à des événements survenus outre-mer tels que des mutations sur le plan de la situation politique intérieure de l'Égypte ou des glissements au sein du pouvoir en place en Afrique du Sud. Dès lors, l'impérialisme britannique fut d'abord et avant tout défensif et réactif mais il changea progressivement de caractère.

En Angleterre, dans le dernier quart du XIXe siècle, virent également le jour un mouvement colonial et une idéologie coloniale. Sir Charles Dilke publia en 1868 son livre *Greater Britain*, sir John Seeley fit paraître en 1884 *The Expansion of England* et le livre de James Froude, *Oceana*, fut édité en 1886. Tous ces ouvrages faisaient l'éloge des qualités du peuple ou de la race britannique et étaient en même temps des plaidoyers en faveur de l'expansion de l'Angleterre. Au cours des années ultérieures, il y eut des propagandistes comme Kipling et des idéologues comme Cecil Rhodes. L'un des plus fervents colonialistes fut Joseph Chamberlain (1836-1914). Chamberlain était un homme d'action plutôt qu'un grand penseur, mais il avait une vision claire de l'avenir du monde, de l'Angleterre et des colonies. Il croyait que l'avenir appartenait à de grands empires tels que la Russie et les États-Unis, et que l'Angleterre ne pourrait jouer un rôle à ce niveau que si elle maintenait vigoureusement soudé son Empire en faisant collaborer étroitement ses différentes composantes, sous la direction de l'Angleterre. Son impérialisme revêtait une dimension économique importante et était axé sur le développement, les investissements et l'exploitation. Il prônait une «scientific administration» ainsi qu'un «constructive imperialism», ce qui voulait dire concrètement : stimuler la production, attirer des capitaux, construire des lignes de chemin de fer et mettre sur pied des services agronomiques, tout cela sous la direction active de l'autorité publique. Il n'était donc plus question ici de « reluctant imperialism ».

Il en va de même pour l'homme qui l'avait précédé, lord Rosebery (1847-1929). Rosebery était libéral autant qu'impérialiste et, à ce double titre, il symbolisa la rupture des libéraux avec la tradition de la « little England » de Cobden, Bright et Gladstone. Dans l'esprit de Rosebery, l'impérialisme correspondait à une conviction profonde. Il s'agissait chez lui d'un impérialisme d'inspiration idéaliste et patriotique. À ses yeux, l'Empire était une bénédiction pour l'outre-mer mais il était aussi vital pour l'Angleterre elle-même. Il estimait que son pays devait absolument prendre part à la division du monde, division que l'Angleterre n'avait pas souhaitée mais à laquelle d'autres nations la contraignaient à participer.

L'impérialisme britannique a toujours été au centre du débat sur l'impérialisme, à telle enseigne que, depuis Hobson, des auteurs anglais ont publié des conclusions et lancé des théories sur l'impérialisme en général alors que leurs recherches avaient eu trait exclusivement au cas britannique. L'une des études les plus récentes et les plus fouillées, celle de P.J. Cain et A.G. Hopkins, ne tombe justement pas dans ce travers mais analyse les caractéristiques spécifiques de l'impérialisme britannique, que les auteurs qualifient d'« impérialisme de gentlemen[13] ». Ils mettent surtout l'accent sur la fonction majeure du secteur des services qui, pour l'économie britannique, était plus important que l'industrie et sur le rôle crucial de la City de Londres et de ses intérêts financiers. Les hommes qui détenaient les leviers de commande à la City étaient des « gentlemen », une catégorie sociale à la composition variée qui comprenait des grands propriétaires fonciers aussi bien que des banquiers et des professions libérales. Les membres de ce groupe social vivaient principalement à Londres et dans les « Home Counties ». Ils devaient leur prestige et leur influence politique à leur statut de gentlemen parce que les responsables politiques du gouvernement, qui étaient issus des mêmes milieux sociaux et avaient suivi le même parcours scolaire, *public school* et universités d'Oxford et de Cambridge, ne songeaient qu'à défendre les intérêts économiques et financiers de l'Angleterre tels qu'ils étaient définis par ce groupe social. Les responsables politiques partageaient les idées de cette élite de la City et constituaient avec elle une seule et même classe sociale.

LA FRANCE : La même année où Gallagher et Robinson publièrent *Africa and the Victorians*, parut en France un livre qui éclaira sous un jour nouveau l'impérialisme français et exercerait une influence décisive sur son interprétation : *Mythes et réalités de l'impérialisme colonial français 1871-1914* de Henri Brunschwig. Brunschwig livra une interprétation de l'impérialisme français qui était radicalement différente de celle de Gallagher et Robinson, mais ses considérations et ses conclusions étaient comparables aux leurs à plusieurs égards.

Certes, Brunschwig admettait l'idée qu'on pût parler en France d'une période impérialiste, période correspondant grosso modo aux années 1880-1914. (On pouvait d'ailleurs difficilement le nier puisque c'est au cours de ces années-là qu'un vaste empire colonial français vit le jour.) Mais, quoiqu'il fût sur ce plan traditionnel, il était révolutionnaire à un autre égard, à savoir sur la question de son interprétation des causes de l'impérialisme français. Après s'être livré à une analyse scrupuleuse des intérêts économiques des impérialistes français et des résultats économiques de l'impérialisme français, il parvint à la conclusion qu'il était impossible d'expliquer l'impérialisme français par des considérations économiques. L'Empire français ne rapportait aucun profit, il n'y avait aucun lien entre protectionnisme et impérialisme, et les principaux impérialistes français n'avaient ni motivations ni intérêts économiques. Il convenait donc de trouver une autre explication. Selon Brunschwig, il fallait la chercher dans le nationalisme bon teint des classes dirigeantes sous la Troisième République dont l'orgueil national était profondément meurtri depuis la défaite de 1870. Par conséquent, le livre de Brunschwig était, tout comme celui de Gallagher et Robinson, une réfutation de la théorie économique de l'impérialisme.

Il va sans dire qu'en France, où au cours de ces années-là le marxisme était très vivace dans les cénacles intellectuels, l'ouvrage de Brunschwig fit couler beaucoup d'encre. Mais les données fournies par Brunschwig concernant l'intérêt économique limité des colonies étaient suffisamment convaincantes. Afin de sauver la théorie impérialiste marxiste, certains soutinrent qu'il ne fallait pas chercher l'impérialisme français en Afrique mais ailleurs, par exemple en Russie et dans l'empire ottoman où les capitalistes français avaient de gros intérêts. Et ils parvinrent à une conclusion paradoxale : selon eux, le colonialisme français n'était pas impérialiste et l'impérialisme français n'était pas colonial.

En France aussi, l'impérialisme avait connu des débuts hésitants. Une tradition politico-coloniale claire y faisait défaut. Deux groupes de pression coloniaux importants y coexistaient : la marine et les géographes. Le milieu des hommes d'affaires se montrait moins intéressé. L'intérêt économique de la colonisation n'allait pas de soi pour un peuple qui n'émigrait pas volontiers et était en outre confronté à une croissance démographique stagnante. Le commerce extérieur et a fortiori le commerce d'outre-mer ne revêtaient pas non plus une grande importance économique, quoique certaines villes portuaires comme Bordeaux et Marseille eussent une riche tradition dans ce domaine. En outre, une industrie française sérieuse ne s'était pas encore développée.

Il n'empêche qu'il existait en France une doctrine colonialo-économique dont l'influence grandit au fil du temps. Son fondateur était l'économiste libéral Paul Leroy-Beaulieu (1843-1916), qui publia en 1874 *De la colonisation chez les peuples modernes*, ouvrage qui serait réédité plusieurs fois dans des versions modifiées et augmentées. Leroy-Beaulieu y établissait une distinction entre l'« ancienne » et la « nouvelle » colonisation. Dans le cas de la première, il s'agissait de l'exportation de personnes — pour la France, ce n'était pas à l'ordre du jour —; dans le cas de la seconde, il s'agissait de l'exportation de capital, et là, la France se devait d'y prendre part. La France, soutint-il en 1881 lorsque les tensions autour de Tunis s'exacerbèrent, ne devait plus tergiverser mais procéder à une annexion rapide et totale. La thèse de Leroy-Beaulieu trouva un large écho, non parce que les milieux d'affaires, auxquels il s'adressait, y souscrivirent pleinement mais surtout parce que son message patriotique séduisit les plus hauts responsables politiques du parti républicain, Gambetta et Ferry.

Léon Gambetta (1838-1882) était un patriote fervent. Il était obsédé par l'idée de revanche mais il était aussi un colonialiste convaincu. Il pensait — et il n'était pas le seul — que la France pourrait peut-être récupérer l'Alsace-Lorraine si elle cédait en échange à l'Allemagne un certain nombre de colonies. Selon ses propres dires, il était même possédé par cette idée. Mais ce n'était là qu'un aspect de sa pensée coloniale. Gambetta et les gambettistes considéraient que l'expansion coloniale contribuerait surtout à résoudre la question sociale. Les colonies étaient un exutoire pour les mauvais éléments de la société, un terrain de jeu où le peuple pouvait lâcher la bride à ses instincts martiaux, un moyen de conserver la société existante et de freiner la marche du socialisme.

Jules Ferry (1832-1893) n'était pas seulement l'architecte de l'expansion coloniale française mais aussi l'un des théoriciens de l'impérialisme moderne. Dans son célèbre discours prononcé à la Chambre en 1885, il distingua trois types de raisons de mener une politique coloniale : des raisons économiques, des raisons humanitaires et des raisons politiques. Sur le plan économique, il faisait siennes les idées de Leroy-Beaulieu. Il était partisan d'une colonisation moderne, axée sur l'exportation de capital et de marchandises et non sur l'exportation de personnes. À ses yeux, la principale fonction économique d'une colonie consistait à être un débouché pour les produits industriels du colonisateur. Les colonies jouaient en outre un rôle humanitaire : les races supérieures avaient le devoir de civiliser les races inférieures. Toutefois, pour Ferry, les raisons politiques étaient les plus importantes. La France devait reconquérir sa gloire ancienne et reprendre sa place dans le monde.

Nous retrouvons les idées de Ferry, et notamment la combinaison d'arguments économiques et patriotiques, dans le mouvement colonial qui est apparu dans les années 1890 et est entré dans l'Histoire sous le nom de «parti colonial». Ce «parti colonial» n'était pas un parti dans l'acception normale du terme. Collectif, il désignait les nombreux groupes de pression coloniaux qui virent le jour au cours de ces années-là en France. Le premier fut le Comité de l'Afrique française de 1890. D'autres suivirent rapidement et après 1890, à un rythme soutenu: l'Union coloniale (1893), le Comité de l'Asie française (1901), le Comité du Maroc (1904) et beaucoup d'autres de moindre envergure.

L'activité majeure de la plupart de ces comités coloniaux était la propagande coloniale. Du reste, ça n'était pas du tout un mouvement de masse. Toutes ces organisations ne comptaient en tout et pour tout que cinq mille sympathisants, mais leur influence était considérable parce que ce groupe de sympathisants se composait de personnalités et de leaders d'opinion influents. Leur chef incontestable était Eugène Étienne, qui était surnommé «Notre Dame des Coloniaux».

Eugène Napoléon Étienne (1844-1921) était né le 15 décembre 1844 à Oran. Il était le fils d'un officier d'active qui avait acquis en Algérie un patrimoine foncier considérable. Étienne était donc un colon et il le resterait toujours. En 1881, il fut élu député pour Oran, siège qu'il occuperait pendant près de quarante ans, jusqu'à son passage au Sénat en 1919. À la Chambre, il faisait partie des Modérés, autrement dit des partisans de Ferry et de Gambetta. En 1887, il accéda à sa première haute fonction, sous-secrétaire d'État aux Colonies au ministère de la Marine. C'était la première occasion qui s'offrait à lui de prendre une part du gâteau colonial[14]. Quoique Étienne serait encore ministre à de nombreuses reprises, c'est à la Chambre qu'il exerçait vraiment son pouvoir. De

1892 à 1905, il y présida le Groupe colonial qui, en 1902, comptait près de deux cents membres et était le plus puissant groupe de pression dans le domaine de la politique coloniale et étrangère de la France. Étienne était un représentant du colonialisme moderne, un manager et un homme d'affaires. Les journaux anglais l'appelaient « le Mr. Chamberlain français », non seulement en raison de son enthousiasme colonial et de sa grande influence, mais aussi de sa mentalité d'homme d'affaires.

Le « parti colonial » avait une certaine idée de la politique coloniale française. Ce qui lui importait au premier chef, c'était l'Afrique. L'Asie ne venait qu'en seconde position. Quant aux Caraïbes, elles ne comptaient pas. Pour le « parti colonial », le Maghreb constituait le cœur de l'Empire français en Afrique et l'Algérie en était le principal pilier nord-africain. Or ce pilier devait être renforcé et sécurisé par le développement et l'ancrage du protectorat français sur la Tunisie, qui était en place depuis 1881. Cette entreprise permit de consolider la frontière est. Et pour protéger le flanc ouest, il était nécessaire de mener à bien une opération similaire au Maroc. L'Afrique noire se voyait attribuer la fonction d'arrière-pays de cet empire nord-africain. Cette opération impliquait une pénétration par le nord (Algérie) et en passant par le Sahara ; par le sud (Gabon) en longeant la frontière est du Cameroun occupé entre-temps par l'Allemagne ; et par l'ouest. À l'ouest, la France possédait déjà deux têtes de pont, d'une part le Sénégal et le Soudan occidental et d'autre part quelques possessions françaises disséminées sur la côte de Guinée. Ici, il fallait donc accomplir deux choses. Il importait de relier entre eux ces deux territoires ouest-africains puis de relier à son tour cet ensemble aux possessions d'Afrique du Nord et d'Afrique centrale. Le lac Tchad formait la jonction de ces liaisons. Les trois possessions françaises en Afrique devaient y converger. En 1890, Maurice Barrès, l'illustre auteur nationaliste français, résuma en ces termes l'objectif à atteindre : « Fonder en Afrique le plus grand empire colonial du monde[15]. » Les ministres et les fonctionnaires responsables reprirent à leur compte les idées du « parti colonial ». C'est ainsi qu'en France, au cours des années quatre-vingt-dix, se dégagea une sorte de consensus sur l'objectif de la politique coloniale et les moyens à mettre en œuvre pour l'atteindre.

L'ALLEMAGNE : En Allemagne et en Belgique, le colonialisme était en réalité le produit des idées et le résultat des ambitions d'un seul homme. En Belgique, c'était le roi Léopold II ; en Allemagne, le chancelier du Reich Bismarck. Contrairement à la Belgique, l'Allemagne connaissait un mouvement colonial mais au départ il n'exerça que fort peu d'influence sur la politique. Deux livres sont à la base de l'idéologie coloniale allemande : *Bedarf Deutschland der Colonien ?* de Friedrich Fabri (1879) et *Deutsche Kolonisation* de Wilhelm Hübbe-Schleiden (1881). Fabri était un missionnaire, et Hübbe-Schleiden, un avocat. Ces deux auteurs fournirent, certes, des arguments économiques mais ce qui leur importait surtout, c'était l'aspect national, c'est-à-dire étendre la « Deutschtum » (germanité) et sauvegarder l'avenir de l'Allemagne dans un monde dominé de plus en plus par de grands empires.

Ces idées trouvèrent un écho. Le 6 décembre 1882, fut créé à Francfort le Kolonialverein qui, dès 1895, se transformerait en une organisation comptant plus de dix mille membres et éditant son propre journal, le *Kolonialzeitung*. En 1884, vit ensuite le jour une nouvelle organisation d'orientation plus pratique, la

Gesellschaft für deutsche Kolonisation. En 1887, ces deux organisations fusionnèrent, ce qui donna naissance à la Deutsche Kolonialgesellschaft. Mais à ce moment-là les étapes décisives avaient déjà été franchies car, en 1884, Bismarck s'était converti aux principes coloniaux et avait mis sur pied, à un rythme soutenu, un empire colonial allemand. Sous sa direction, 99,9 % du total des possessions coloniales allemandes furent acquis en l'espace de quelques années. La décision de participer à l'expansion coloniale émana en grande partie de Bismarck lui-même. Aussi, pour comprendre l'impérialisme allemand, il est nécessaire d'examiner les raisons qui l'ont amené à prendre cette décision.

Comme il le disait lui-même, Bismarck n'était pas un esprit colonial[16]. Il avait de bonnes raisons de ne pas l'être. L'Allemagne n'avait pas de sociétés commerciales pour exploiter les colonies ni de flotte pour les protéger. En outre, les colonies étaient coûteuses : il fallait beaucoup d'argent pour assurer leur gestion, leur administration et leur défense. Et les crédits nécessaires devraient être approuvés par le Reichstag. Par conséquent, l'expansion coloniale reviendrait à consolider le Reichstag et cette perspective n'enthousiasmait pas Bismarck. Toutes ces raisons expliquent qu'au début il rejeta catégoriquement toutes les propositions d'annexion. Pourquoi, dès lors, réagit-il si différemment en 1884-1885 ?

Ce thème a suscité une longue littérature qui se résume grosso modo à deux courants principaux. La conception classique, illustrée notamment par A.J.P. Taylor, est fondée sur le « Primat de la politique étrangère ». Selon cette conception, ce sont des raisons de politique étrangère qui ont conduit Bismarck à se déterminer comme il l'a fait. La France devait être détournée de sa fixation sur la « ligne bleue des

Vosges » et tourner son regard vers les horizons lointains de l'Asie et de l'Afrique. Selon l'autre interprétation, l'impérialisme de Bismarck était dominé par des initiatives de politique intérieure et constituait une forme d'impérialisme social. Cette thèse a été défendue par exemple par H.-U. Wehler. À l'en croire, la politique de Bismarck tendait à consolider la stabilité et la légitimité du régime allemand imposé en 1871 d'en haut. Atteindre ce but requérait une politique étrangère expansionniste qui permettrait de détourner l'attention de l'opinion publique des problèmes sociaux qui se posaient alors en Allemagne, problèmes aggravés par la crise économique de 1873 et des années suivantes.

Au demeurant, ces deux raisonnements ne s'excluent pas car il se peut fort bien que Bismarck ait voulu poursuivre en même temps ces deux objectifs et chercher à atteindre son objectif de politique intérieure à condition que cela ne porte pas atteinte à son objectif de politique étrangère qui était la consolidation de l'hégémonie allemande. À l'inverse, il se peut aussi qu'il ait été surtout intéressé par les aspects de politique étrangère mais ait considéré comme un effet secondaire agréable un succès électoral remporté grâce à cette politique étrangère. En tout cas, la politique de Bismarck était d'inspiration plutôt pragmatique qu'idéologique et, lorsque s'offrit à lui une occasion d'acquérir des colonies sans trop de problèmes ni trop de risques, il la saisit. Après le départ de Bismarck en 1890, un « nouveau cours » caractérisa la politique étrangère allemande. Cette « Weltpolitik » (politique mondiale) impliquait que l'Allemagne devait poursuivre son expansion si elle voulait rivaliser avec les puissances mondiales de l'avenir (la Russie, les États-Unis, l'Empire britannique) et éviter de descendre jusqu'au rang de la Belgique.

Certains estimaient que cette expansion continuée devait être axée principalement sur l'émigration, la colonisation et l'extension de la « Deutschtum ». D'autres considéraient en revanche que l'essentiel n'était pas l'expansion de la population mais de l'économie. La « Weltpolitik » ne présentait pas une ligne claire. C'était un « nouveau cours » mais ce n'était pas un cours constant. La poigne de Bismarck ne se faisait plus sentir. Diverses personnes et instances influaient sur ce nouveau cours, à commencer par l'empereur lui-même, mais il était aussi influencé par les chanceliers du Reich, les ministres des Affaires étrangères et même des fonctionnaires tels que Friedrich von Holstein, qui avaient tous leurs propres idées et objectifs, souvent très divergents. Conséquence : l'impérialisme allemand revêtit un caractère improvisé et *ad hoc* auquel contribuèrent des annexions dans l'océan Pacifique, des activités en Afrique et même des interventions en Amérique du Sud. L'importance économique de l'empire colonial allemand, qui n'existerait que trente ans (1884-1914), fut modeste. En 1914, la population blanche totale de toutes les colonies allemandes n'atteignait pas 25 000 habitants dont 20 000 étaient des Allemands. Ce nombre était inférieur à la population d'une ville de province et il était également inférieur au nombre d'Allemands qui émigraient chaque année aux États-Unis. En 1914, le commerce total avec les colonies représentait un 0,5 % du total du commerce extérieur allemand.

LA BELGIQUE : Ce qui vaut pour le rôle de Bismarck vaut, dans une mesure bien plus grande encore, pour le roi Léopold II de Belgique (1865-1909). Le gouvernement belge ne voulait pas de colonies. Si la Belgique menait une politique d'expansion coloniale, cela risquerait de mettre en péril sa neutralité et, par voie de conséquence, sa survie elle-même. Mais, malgré ce risque, le roi Léopold II élabora sa propre politique coloniale et c'est à titre de personne privée et non de chef d'État qu'il acquit un vaste empire colonial. En conséquence, l'impérialisme belge fut au premier chef l'affaire d'une seule personne.

Léopold nourrit très tôt des ambitions coloniales. S'il s'intéressait aux colonies, c'était en raison du succès engrangé dans ce domaine par les voisins du nord de la Belgique, les Pays-Bas, et en particulier par la grande richesse que les Indes néerlandaises avaient rapportée à la métropole par le biais du système des cultures forcées. Aussi, initialement, songea-t-il surtout à l'Orient. « Ne connaîtriez-vous pas une île d'Océanie, de la mer de Chine ou de l'océan Indien qui nous conviendrait ? » demanda-t-il en 1861 à un officier de marine belge. Il s'intéressa aussi à Bornéo. Et plus tard, la Nouvelle-Guinée puis Formose, le Tonkin, Sumatra, etc., attirèrent son attention. Mais cet engouement ne dépassa jamais le stade des plans, des projets et des ballons d'essai.

Une fois devenu roi, Léopold suivit un autre cours. Il voulait toujours acquérir une colonie pour la Belgique. Toutefois, il se rendait compte que son pays, ou du moins son gouvernement, ne voulait pas entendre parler d'expansion coloniale. C'est la raison pour laquelle il n'agit pas comme souverain mais comme personne privée. Il jouissait bien entendu du prestige propre à tout souverain et disposait de la fortune de sa famille mais il contourna le gouvernement et le Parlement en faisant appel à différentes organisations internationales qu'il avait créées lui-même. En procédant de cette façon peu orthodoxe, il réussit à acquérir une immense colonie, en premier lieu pour lui-même, puis pour la Belgique : le Congo belge. Son colonialisme était et demeura d'inspiration économique ; la colonie devait rapporter de l'argent à la métropole. La politique d'exploitation dure qui fut mise en œuvre à cette fin au Congo aboutit à l'un des plus graves excès de l'histoire coloniale. Léopold consacra en grande partie les millions ainsi gagnés à l'embellissement de son pays.

LE PORTUGAL : L'impérialisme portugais a été souvent présenté comme une forme d'« uneconomic imperialism ». Aussi cette notion apparaît-elle dans le sous-titre du livre bien connu que Hammond consacra à ce sujet : *Portugal and Africa, 1815-1910. A study in uneconomic imperialism*. Hammond y a soutenu la thèse selon laquelle le Portugal n'avait, au fond, rien à faire en Afrique. Du point de vue économique, les colonies n'avaient aucun intérêt. Et les Portugais ne manifestaient aucun intérêt non plus pour la colonisation, hormis dans des cercles politiques très restreints. Les émigrants préféraient aller au Brésil et les rares capitalistes qui avaient quelque chose à investir préféraient ne pas le faire dans les colonies. Le ministre des Colonies lui-même proposa de vendre un certain nombre de colonies. Les Portugais n'étaient motivés que par deux choses : la recherche de prestige et la nostalgie d'un grand passé. Comme l'écrit un auteur portugais : « Les Portugais ne voulaient posséder des colonies que pour le plaisir de les regarder sur une carte de géographie[17]. »

Cette analyse a été contestée plus tard, entre autres par Gervase Clarence-Smith, comme l'indique le sous-titre de son livre traitant de l'empire colonial portugais : *A Study in Economic Imperialism*[18]. Clarence-Smith y défendit la thèse selon laquelle le Portugal cherchait bel et bien à s'emparer d'intérêts économiques dans les colonies. Par conséquent, l'impérialisme portugais en Afrique ne différerait pas beaucoup de celui des autres pays. Au Portugal, la productivité agricole était très basse. Ce pays avait besoin de débouchés protégés et de devises étrangères. Les colonies étaient censées créer ces débouchés et améliorer, par le biais d'une espèce de système néomercantiliste, l'état de la balance des paiements.

Ce néomercantilisme fit surtout son apparition dans les années quatre-vingt, à un moment où l'économie portugaise traversait une crise due notamment à la récession de 1873. Tout comme les autres pays, le Portugal s'employa d'abord à protéger son propre marché puis chercha à étendre ce marché protégé par une expansion coloniale. En 1892, fut instauré un tarif protectionniste qui aboutit à une extension considérable du négoce africano-portugais, lequel prit essentiellement la forme d'une réexportation de denrées africaines (cacao, caoutchouc, etc.) vers des pays tiers en passant par le Portugal. De plus, les colonies offraient des possibilités d'émigration. Outre ces arguments économiques, des sentiments nationalistes tels que la fierté d'une grandeur depuis longtemps révolue et l'espoir d'un nouvel avenir, ainsi que des raisons liées à la mission, jouèrent un rôle.

L'ESPAGNE : Après le déclin de l'empire mondial espagnol à l'époque napoléonienne, les seules possessions espagnoles qui subsistaient étaient les Philippines, Cuba et Porto Rico. Depuis lors, l'engouement de l'Espagne pour les colonies avait presque exclusivement pour objet Cuba qui était appelée « la plus riche colonie du monde entier[19] ».

Après la défaite des séparatistes en 1878, il ne restait plus à Cuba que deux partis : les autonomistes et les unionistes. Les autonomistes, qui se composaient pour une part importante de riches créoles, réclamaient l'autogestion avec maintien de la souveraineté espagnole. Les unionistes, qui étaient principalement des bureaucrates et des négociants espagnols, craignaient que l'autogestion n'aboutisse à la scission. Cet antagonisme avait son origine dans un conflit d'intérêts économiques. Les colonies espagnoles étaient associées à l'Espagne au sein d'une union douanière protectionniste dont les négociants espagnols profitaient. Les créoles, en revanche, dominaient la production, qui se composait essentiellement de sucre et de tabac. Ces denrées avaient un débouché naturel aux États-Unis mais leur exportation était entravée par le régime commercial. Pour ces produits, la suppression de ce régime et son remplacement par le libre-échange étaient donc préférables. Les impérialistes espagnols considéraient Cuba comme un intérêt vital national et estimaient que l'île était un poste budgétaire déficitaire et que, sans les revenus douaniers, il serait impossible de conserver cette colonie.

Des tentatives entreprises par les Cubains pour acquérir quelque forme d'autogestion que ce fût échouèrent, ce qui redonna du courage aux séparatistes. Un parti révolutionnaire vit le jour en exil. Son dirigeant était J. Marti, un homme de lettres d'origine modeste qui haïssait les Espagnols parce qu'ils l'avaient fait prisonnier pour s'être moqué, alors qu'il était étudiant, des soldats espagnols. En février 1895, Marti donna le signal de la révolte. Marti se rendit lui-même à Cuba avec, dans ses bagages, un revolver et une édition de poche de Cicéron. Il ne tarda pas à être assassiné. Les Espagnols mobilisèrent une force importante et les insurgés réagirent en leur opposant une résistance de type guérila. L'armée espagnole subit des pertes énormes, essentiellement à cause de maladies. Le commandant espagnol se mit ensuite à aménager des camps de concentration, politique qui, comme celle des Anglais en Afrique du Sud deux ans plus tard, susciterait des protestations dénonçant cette méthode barbare. En 1897, un nouveau gouvernement donna l'autogestion à Cuba. Les unionistes réagirent avec virulence. Une guerre civile fut sur le point d'éclater et les Américains envoyèrent un cuirassé pour protéger leurs ressortissants et leurs possessions. Ce navire sauta — explosion qui fut attribuée à une mine espagnole — et cet incident aboutit à une intervention américaine. La guerre hispano-américaine qui commença alors prendrait une tournure catastrophique pour l'Espagne : la perte des derniers restes d'un empire mondial et une crise sociale, politique et morale en Espagne même.

Lors de la Paix de Paris, l'Espagne perdit quasi toutes ses colonies. Cuba fut placée sous administration américaine de 1898 à 1902 puis devint officiellement indépendante. Mais le fameux amendement Platt — baptisé ainsi d'après un sénateur américain — incorporé dans la Constitution cubaine, qui prévoyait que les États-Unis auraient le droit d'intervenir à Cuba en cas de troubles politiques ou sociaux, faisait, au fond, de cette île un protectorat américain. Porto Rico et les Philippines devinrent, *de facto*, des colonies américaines. En Espagne, cette catastrophe eut pour effet que la population ressentit une impression de plus en plus forte de déclin. Dans les années trente, « La génération de 1898 » deviendrait un concept dans la littérature espagnole.

L'ITALIE : Il était tout à fait logique que l'Italie développe une forme d'impérialisme et souhaite jouer un rôle dans le partage du continent auquel elle était si étroitement liée, à savoir l'Afrique. En fin de compte, la Sicile n'est séparée des côtes africaines que de cent cinquante kilomètres et il n'est pas nécessaire de posséder des connaissances historiques très étendues pour savoir que l'essor de Rome comme puissance mondiale avait commencé par la guerre contre Carthage. Au XIXe siècle, en tout cas, on ne le savait que trop. Par surcroît, l'Italie avait assez de colons pour peupler toute l'Afrique du Nord. Au XIXe siècle, les Italiens émigrèrent massivement. Durant les années soixante-dix, près de 170 000 personnes quittèrent le pays. Au cours des années quatre-vingt-dix, les émigrants italiens étaient déjà plus de 1,5 million et, durant la première décennie du XXe siècle, 3,6 millions de personnes quittèrent l'Italie. Au total, plus de 6 millions d'Italiens vivaient, en 1914, hors de l'Italie, contre 35 millions dans le pays même. À l'origine, ces émigrants provenaient principalement d'Italie du Nord mais, dans les années quatre-vingt, la crise qui tourmenta l'agriculture dans le Sud provoqua un exode rural massif. Cette «émigration des désespérés» était une préoccupation importante aux yeux des intellectuels et des responsables politiques et la perte de l'«italianita» était ressentie comme un supplice à une époque où les idées nationalistes et socio-darwiniennes faisaient florès.

L'Italie était devenue un État unitaire en 1870 mais pour les chefs de file du renouveau italien, le Risorgimento, l'Italie était une unité inaboutie. Elle avait un centre impérial mais pas d'empire. Il s'agissait donc de bâtir cet empire. Il en résulta une résurgence des aspirations coloniales qui étaient confuses et quelquefois même contradictoires, mais qui étaient sublimées dans une idéologie vague, variante italienne du «white man's burden»: le fardeau de l'homme latin.

Lorsque Francesco Crispi devint Premier ministre en 1887, les idées impérialistes prirent forme plus clairement. Son credo impérialiste consistait en une combinaison d'arguments économiques et démographiques, étayés par des considérations historiques et des professions de foi messianistes. Son chant impérial différait peu du chant bien connu des impérialistes italiens : il fallait que l'Italie ait des colonies, son passé l'exigeait et son avenir ne pourrait se construire sans elles.

LES PAYS-BAS : Aux alentours de 1900, un débat s'engagea aux Pays-Bas à propos de la guerre des Boers et surtout à cause de la comparaison que certains critiques, essentiellement socialistes, établirent entre l'intervention anglaise en Afrique australe et l'intervention néerlandaise à Sumatra, dans le cadre de la guerre contre Atjeh. Cette comparaison indigna d'autres critiques qui la condamnèrent. Le Premier ministre, Abraham Kuyper, par exemple, estima que parler, dans le cas des Pays-Bas, de «politique impérialiste au sens propre» était «l'ineptie personnifiée[20]». L'impérialisme était en effet, par définition, l'affaire des grandes puissances et la notion même d'impérialisme néerlandais était donc une contradiction dans les termes. Les théoriciens marxistes estimaient eux aussi que les Pays-Bas ne pouvaient être un pays impérialiste étant donné qu'ils ne connaissaient pas le capitalisme industriel de monopole.

Le concept d'impérialisme néerlandais fait donc problème, surtout parce que cette notion est étroitement liée à celle d'expansion et d'extension territoriale. Or, pour les Pays-Bas, le XIXe siècle fut bien plutôt une époque de contraction compte tenu de leur retrait d'Inde, de Ceylan, d'Afrique du Sud, de la Côte-de-l'Or, etc. S'il y eût jamais une expansion territoriale, elle fut pour ainsi dire invisible. L'expansion néerlandaise ne s'orienta pas vers de nouveaux territoires mais tendit vers le maintien et la consolidation de la sphère d'influence existante aux Indes néerlandaises. Pour les Pays-Bas, il s'agissait donc davantage de donner un contenu concret à la structure de pouvoir que d'étendre leur pouvoir, du moins si l'on considère qu'il fut question dès le XIXe siècle d'une hégémonie néerlandaise dans l'archipel indonésien. Or, ce n'est pas tout à fait sûr. D'une part, tout l'archipel n'était pas reconnu comme une sphère d'influence néerlandaise indiscutable et, d'autre part, il y avait les traités avec l'Angleterre en vertu desquels les Pays-Bas bénéficiaient de la protection de l'*arbiter mundi* de l'époque.

Quoi qu'il en soit, l'assujettissement par les Pays-Bas de peuples vivant dans cet archipel ne fut pas considéré comme une agression ou une manœuvre d'expansion, mais comme une affirmation allant plus ou moins de soi de la souveraineté néerlandaise à condition, du moins, que d'autres prétentions européennes fussent respectées. Il ressort des traités de répartition qu'ils conclurent avec le Royaume-Uni, l'Allemagne et le Portugal que les Pays-Bas étaient disposés à les respecter. D'un point de vue international, les Pays-Bas ne se comportèrent pas très différemment, après 1870, de la manière dont ils s'étaient comportés avant cette date : ils « disciplinèrent » de temps à autre un peuple, « pacifièrent » une région, se contentaient généralement d'un assujettissement de papier et délimitaient par des traités leurs frontières avec d'autres pays coloniaux. Les nouvelles activités qu'ils déployèrent résultaient principalement de modifications de la situation internationale car, en ces temps d'impérialisme grandissant, il devenait de plus en plus périlleux de ne pas fixer ses prétentions par une occupation effective.

Il faut chercher l'explication de la politique coloniale néerlandaise dans la position particulière que les Pays-Bas occupaient dans le monde. Les Pays-Bas étaient un géant colonial mais un nain politique. Ils jouaient les premiers rôles en Asie mais n'avaient que fort peu voix au chapitre dans le concert européen. Par conséquent, le colonialisme néerlandais était un colonialisme *sui generis*. Les Pays-Bas suivirent jusqu'à un certain point le schéma européen général en mettant en œuvre, à partir de 1900, une politique coloniale plus active qu'auparavant. À certains égards, ils ressemblaient en particulier à l'Angleterre dans la mesure où ces deux nations étaient toutes les deux des puissances «saturées», des «nantis» coloniaux qui observaient avec une certaine inquiétude la jalousie et la concurrence de «parias» coloniaux tels que l'Allemagne, le Japon et d'autres. Car, en cas de changement de la situation, elles avaient plus à perdre qu'à gagner. Mais en plus, les Pays-Bas se devaient, étant une petite puissance, de suivre une politique très prudente. Ils protégèrent autant que possible leurs prétentions existantes, firent preuve d'une grande souplesse lorsqu'il s'agit de partager et de délimiter des sphères d'influence, et ouvrirent les Indes au commerce extérieur et aux investissements étrangers. Voilà pourquoi leurs possessions coloniales ont été respectées durablement.

LA RUSSIE : La question de savoir si un impérialisme russe a existé est un sujet de controverse. Pendant la guerre froide, l'historien anglais Hugh Seton-Watson utilisa ce terme dans son livre intitulé *The New Imperialism* pour désigner l'impérialisme de l'Union soviétique, notamment en Europe de l'Est, mais cette notion n'eut pas beaucoup de succès[21]. Selon les marxistes, il ne pouvait y avoir d'impérialisme soviétique parce que l'Union soviétique n'était pas un pays capitaliste. En revanche, il y avait eu, de leur point de vue, un impérialisme russe au cours de la période précédente. Quoi qu'il en soit, cette notion d'un impérialisme russe n'a jamais bénéficié d'une acceptation générale. Cela est dû au fait que l'impérialisme et le colonialisme sont surtout associés à l'expansion outre-mer. Dans la définition de Rupert Emerson, cet élément en est même une composante nécessaire. Il définissait le colonialisme comme l'exercice du pouvoir sur une race différente séparée du centre impérial par une mer de sel[22].

Sensu stricto, cette séparation par de l'eau salée n'est évidemment pas très logique car l'on peut concevoir aussi l'empire romain et l'empire ottoman comme des formes d'expansion coloniale. Néanmoins, on peut comprendre cette réticence à qualifier l'expansion russe d'impérialiste parce qu'une expansion par la voie terrestre ressemble à s'y méprendre aux processus normaux de la formation d'un État. C'est ainsi qu'on pourrait considérer aussi que la manière dont, en Amérique du Nord, «the West was won» ou l'annexion par l'État français de régions comme la Bretagne et le Languedoc sont des formes de colonisation. Et on les a effectivement considérées comme telles mais ces approches n'ont pas été de grandes réussites parce que, du point de vue conceptuel, il se trouve qu'il existe des différences considérables entre des processus de formation d'un État et l'expansion coloniale. Par conséquent, la Russie ne joue quasi aucun rôle dans le débat traditionnel sur l'impérialisme. Il y a cependant un fait remarquable : la Russie est considérée d'une part comme sujet, comme acteur de l'impérialisme mais d'autre part, dans la théorie marxiste, également comme objet de l'impérialisme capitaliste dans la mesure où elle était tributaire d'investissements étrangers.

Le processus d'expansion russe s'étendit sur de nombreux siècles mais, comme tant d'autres, il fut caractérisé au xixe siècle par une nouvelle dynamique. La population russe passa de 45 millions en 1815 à 75 millions en 1863. L'expansion de la Russie se fit dans beaucoup de directions mais surtout vers le sud (le Caucase, l'Arménie, l'Azerbaïdjan) et vers l'est. Les Turcs étaient les ennemis mortels des Russes, en Europe aussi bien qu'en Asie. Les Russes les refoulèrent hors des Balkans puis conquirent l'Asie centrale. L'un des plus grands territoires dont les Russes venaient alors de s'emparer était le gouvernement général du Turkestan (qui était trois fois plus grand que l'Empire allemand) qui fut assujetti dans les années 1860-1890 en même temps que les protectorats de Chiva et de Boukhara. Le Turkestan comptait environ six millions d'habitants, principalement musulmans. Il n'était pas une colonie de peuplement mais remplissait surtout une fonction importante en tant que fournisseur de matières premières, entre autres pour l'industrie russe du coton.

L'idée de croisade (contre l'islam) aussi bien que celle d'une mission civilisatrice (contre les barbares) furent invoquées comme justifications. Mais il s'agissait là, bien entendu, d'une légitimation purement idéologique d'un processus qui fondamentalement était inspiré par des considérations géopolitiques. La Russie tira profit des attaques occidentales contre la Chine et conclut en 1860 le traité de Pékin grâce auquel elle obtint ce qu'elle voulait : le territoire intercalé entre l'Ussuri et l'océan Pacifique. La Sibérie, elle, était une véritable colonie de peuplement. En 1847, Mouraviev fut nommé gouverneur de Sibérie orientale. Il envoya des expéditions dans le grand Nord et dans la direction du fleuve Amour. En 1860, Vladivostok (qui signifie « Maître de l'Orient ») fut fondée.

Le Japon, la puissance émergeante en Asie, était le grand danger pour la Russie. Les problèmes majeurs furent réglés par le traité de Saint-Pétersbourg de 1875. La Russie reçut Sakhaline et le Japon, l'archipel des îles Kouriles. Au demeurant, toute possession foncière n'était pas considérée comme précieuse. La Russie se serait volontiers débarrassée de l'Alaska. En 1857, l'envoyé russe à Washington fut mandaté pour en proposer la vente. Cela prit encore un certain temps, notamment en raison de la guerre de Sécession, mais en 1867 l'affaire fut conclue. Les États-Unis acquirent l'Alaska pour la somme de sept millions de dollars plus la reprise des dettes de la Compagnie russo-américaine.

L'expansion de la Russie fut un processus de longue durée et une seule théorie ne suffit pas à l'expliquer. Comme dans le cas d'autres pays impérialistes, certains historiens ont également mis l'accent, dans le cas de la Russie, sur des motivations liées à la politique intérieure (intérêts économiques, lutte contre les troubles sociaux) tandis que d'autres auteurs ont souligné l'importance d'intérêts stratégiques et d'intérêts liés à la politique étrangère (soit des aspirations dynastiques, soit des ambitions touchant à la raison d'État). L'expansion russe revêtait certains aspects géopolitiques tels que le désir de disposer, d'une part, de ports libres de glace notamment dans le Sud et, d'autre part, d'un accès à la mer Baltique qui ouvrirait à la Russie une fenêtre donnant sur l'Occident. De plus, il y avait le manque de frontières naturelles dans les grandes plaines de l'Est qui semblait créer spontanément une certaine dynamique de la frontière. Au cours des années suivantes, le fait que la Russie accusait un retard sur l'Occident joua aussi un rôle.

À la fin du XIXe siècle, l'expansionnisme russe fut animé par un nouvel élan. Chez le comte Witte, homme politique influent qui fut ministre des Finances de 1892 à 1903, nous trouvons une combinaison d'objectifs économiques et politiques qui fait songer aux ambitions impérialistes des pays d'Europe de l'Ouest. Des motivations économiques jouèrent un grand rôle dans l'expansion russe de la fin du XIXe siècle vers l'Extrême-Orient qui aboutirait finalement à la guerre russo-japonaise de 1904-1905. L'aménagement de la ligne de chemin de fer transsibérienne en 1891 s'inscrit clairement dans ce schéma. Ces années-là furent aussi marquées par l'avènement d'une idéologie impérialiste dont on trouve déjà les racines, du reste, dans une période antérieure et qui était étroitement liée au panslavisme. Comme ce fut le cas dans d'autres pays également, on était en présence ici d'une forme de messianisme. L'illustre Dostoïevski fut un représentant de ce courant.

CONCLUSION : Comment peut-on expliquer l'impérialisme moderne ? Cette question a reçu de très nombreuses réponses. L'une d'entre elles est que l'impérialisme moderne n'a pas existé du tout : il ne serait pas question d'une période impérialiste bien spécifique (1870-1914) mais d'un siècle impérial, le XIXe siècle, au cours duquel a été observé un processus expansionniste continu. Cette réponse n'est pas inexacte mais elle n'est pas tout à fait satisfaisante non plus. Même si nous admettons qu'une certaine continuité est perceptible dans quelques pays, par exemple en Grande-Bretagne et aux Pays-Bas — et à plus forte raison en Russie —, nous y observons néanmoins des différences évidentes et marquantes de forme et de degré. En France, on discerne indéniablement une période impérialiste qui se distingue clairement de la tiédeur coloniale caractérisant la période antérieure. Si, en 1878, le territoire total des colonies françaises atteignait presque 5 millions de kilomètres carrés ; en 1913, il avait plus que doublé. Le nombre de ressortissants français outre-mer était passé de 7 à 48 millions. Pour des pays comme l'Allemagne, l'Italie et la Belgique, qui ne possédaient pas du tout de colonies avant les années quatre-vingt, la rupture est encore plus nette. En 1880, le territoire total de toutes les colonies européennes s'étendait sur une superficie de 24,5 millions de kilomètres carrés. En 1914, cette superficie avait plus que doublé puisqu'elle était désormais de 53,2 millions de kilomètres carrés. Pendant le même laps de temps, la population coloniale totale était passée de 312 à 554 millions de personnes. Entre-temps, les États-Unis et le Japon avaient fait eux aussi leur apparition sur la scène coloniale. Nous pouvons donc considérer, sans courir de grand risque, que le xixe siècle fut le siècle colonial de l'Europe. Toutefois, il y a lieu également de conserver le concept de période impérialiste et de s'interroger sur l'origine de cette transition.

La question clé est pourquoi a eu lieu alors — et non plus tôt ni plus tard — cette transition entre un impérialisme relativement calme et un impérialisme très fébrile. Pour répondre à cette question, nous devons examiner les moyens mobilisés aussi bien que les motivations sous-jacentes. La présence de moyens au service de la puissance impérialiste, en d'autres termes les déséquilibres des forces tout à fait considérables qui étaient nés entre les peuples coloniaux et les peuples outre-mer étaient une condition nécessaire de l'impérialisme. Sans cela, l'impérialisme n'aurait pas été possible. Mais ces différences n'étaient pas une condition suffisante puisque, à elles seules, elles n'expliquent pas tout. Aussi est-il nécessaire de se pencher également sur les motivations qui amenèrent les Européens à faire usage de cette force.

En ce qui concerne les moyens, il importe de constater qu'ils sont devenus disponibles graduellement au cours du XIXe siècle. Un point important fut le développement du secteur médical. Les armées européennes continuaient de subir des pertes considérables en raison de maladies mais leurs chances de survie augmentèrent beaucoup. Un autre facteur était le progrès technologique : avec le chemin de fer, les bateaux à vapeur, les canaux et les câbles télégraphiques, fut créée l'infrastructure nécessaire à un système impérial. La révolution des armes à feu donna aux armées coloniales un formidable instrument de pouvoir. Sans tout cela, l'expansion coloniale n'eût pas été possible dans la dernière partie du XIXe siècle.

Mais qu'est-ce qui poussa les Européens (et, plus tard, les États-Unis et le Japon) à se servir de ces instruments de pouvoir ? Il est de tradition de fournir à cette question la réponse suivante : ce sont les mutations que traversa l'Europe qui les y incitèrent. Hobson, par exemple, pensait que les évolutions du capitalisme en étaient responsables. D'autres estimaient que la cause profonde résidait dans des changements sur le plan du système européen des États, dans des intérêts diplomatiques et stratégiques, dans des facteurs idéologiques comme le nationalisme, le racisme, etc. Cependant, il ne faut pas exclure non plus la thèse selon laquelle ce seraient les changements intervenus outre-mer qui auraient poussé les Européens à agir ainsi. En réalité, les actions entreprises furent souvent des réactions à des événements survenus outre-mer, lesquels résultaient de la dynamique propre à l'interaction entre les économies et les sociétés européennes et d'outre-mer. C'est ainsi que l'évolution de la demande — on passa d'une demande d'esclaves à celle de produits agricoles — aboutit à des changements de pouvoir interne dans le monde africain. L'enchevêtrement et l'entremêlement croissants des intérêts financiers entre les États nord-africains et les États européens entraînèrent des conséquences politiques qui prirent la forme de mouvements nationalistes ou, peut-être mieux, protonationalistes. Les mutations économiques et sociales que connut l'Afrique du Sud perturbèrent l'équilibre interne des pouvoirs. Ces causes d'activités nouvelles résultaient elles-mêmes de la dynamique du capitalisme européen. Dès lors, elles ne peuvent pas être considérées comme la source première de l'impérialisme. En revanche, elles expliquent pourquoi, au cours de la période 1870-1914, se mirent en place des activités impérialistes qui avaient fait défaut précédemment.

CHAPITRE IV

L'impérialisme européen en Afrique

> *Allez, peuples! Dieu offre l'Afrique à l'Europe. Prenez-la...*
>
> Victor Hugo

L'impérialisme européen engrangea ses plus importants résultats en Asie. L'Inde britannique était « le joyau de la couronne » de l'empire britannique ; c'était une possession coloniale qui n'était comparable à aucune autre en termes d'envergure et d'importance. Hongkong et Singapour devinrent les deux grands empires commerciaux d'Asie. Aux Indes néerlandaises, les Pays-Bas possédaient l'un des empires coloniaux les plus étendus et surtout profitables. En Indochine, la France acquit une colonie qui ne serait dépassée en termes d'intérêt et d'importance que par l'Algérie. Et des puissances coloniales moins traditionnelles se manifestèrent également en Asie. L'expansion russe en Asie du Nord-Est atteignit sa frontière la plus éloignée sur les rives de l'océan Pacifique. Dans le même océan Pacifique, les Américains acquirent leur unique colonie qui au demeurant ne pouvait porter ce nom : les Philippines. Le Japon, pays asiatique, devint lui-même une puissance coloniale à Formose (Taïwan) et en Corée.

Il ne fait aucun doute que les possessions asiatiques furent plus importantes que les possessions africaines mais ce fut en Afrique que l'impérialisme européen fut le plus spectaculaire. En Asie, les puissances coloniales ne faisaient généralement que développer d'anciennes activités coloniales, et la Chine et le Japon étaient trop vastes pour entrer durablement dans la sphère d'influence des nations européennes. Et des pays comme l'Iran, l'Afghanistan et le Siam échappèrent à l'expansionnisme occidental, en raison de la rivalité mutuelle des impérialistes.

En Afrique, il en alla autrement. Là, il n'y avait quasi pas de possessions européennes avant 1870. En 1914, en revanche, il n'y avait plus que deux pays qui n'étaient pas des colonies : le Liberia, qui venait d'être fondé, et le seul pays qui s'était opposé avec succès à l'expansion coloniale européenne : l'Éthiopie. En Afrique, des pays qui n'avaient jamais possédé de colonies, comme l'Allemagne et l'Italie, prirent part à la colonisation. Sur le continent noir, il fut possible à la Belgique, l'un des plus petits pays d'Europe, d'acquérir l'une des plus grandes colonies d'Afrique. Le Congo belge était quatre-vingt fois plus grand que la Belgique elle-même. Sur ce continent, il fut aussi possible à un pays de taille très modeste et, à de nombreux égards, arriéré comme le Portugal d'acquérir deux très grandes colonies : l'Angola et le Mozambique. Sur ce continent, des aventuriers solitaires tels que Goldie et Rhodes purent fonder, plus ou moins par leurs propres moyens, des colonies gigantesques comme le Nigeria et la Rhodésie. L'impérialisme en Afrique fut un processus auquel aucune limite ne semblait avoir été fixée et qui s'accomplissait à une vitesse inouïe.

Le partage de l'Afrique prit à peine plus de vingt ans. Il commença avec l'occupation française de la Tunisie en 1881 et il se termina en 1902 avec la Paix de Vereeniging qui mit un terme à la guerre en Afrique du Sud. Ensuite, il y eut encore la question marocaine mais ce n'était plus qu'un épilogue. Trois phases peuvent être distinguées dans ce processus. La première, très brève, débuta par l'occupation française de la Tunisie en 1881 et s'acheva par l'occupation anglaise de l'Égypte l'année suivante. Cette période revêtit un caractère propre parce que ces événements se déroulèrent dans le monde méditerranéen et étaient étroitement liés à des questions traditionnelles dont s'occupait la diplomatie européenne. Durant la seconde phase, la plus longue puisqu'elle se déroula de 1882 à 1898, l'Europe s'intéressa à l'Afrique profonde, d'abord au Congo et au reste de l'Afrique centrale (1882-1885) puis à l'Afrique de l'Est dont le partage eut lieu entre 1890 et 1898. Enfin, pendant la troisième et dernière phase qui dura de 1898 à 1902, deux questions stratégiquement importantes furent à l'ordre du jour : la lutte pour l'hégémonie sur le Nil qui aboutirait à la crise de Fachoda de 1898 et la lutte pour le pouvoir que se livrèrent les Boers et les Anglais en Afrique du Sud et qui déboucha sur la guerre des Boers de 1899-1902.

L'AFRIQUE DU NORD

Dans le courant du XIXe siècle, l'Afrique du Nord avait entretenu des liens de plus en plus étroits avec l'Europe. Ces liens avaient leur origine dans l'expédition de Napoléon en Égypte. Puis était venue l'époque de Mohammed Ali dont les projets de modernisation avaient attiré en Égypte beaucoup d'Européens et d'entreprises européennes. L'occupation française de l'Algérie en 1830 avait été une étape suivante importante dans ce processus. L'Algérie demeurait provisoirement la seule colonie européenne en Afrique du Nord. Dans d'autres parties du Maghreb, telles que la Tunisie et le Maroc, ainsi qu'en Libye et en Égypte, l'expansion européenne resta limitée à une « pénétration pacifique ». Mais cette situation ne durerait plus très longtemps. Les processus de modernisation intense qui s'étaient engagés avaient leur propre dynamique, tout comme la présence française en Algérie avait sa propre dynamique puisque celle-ci conduisit la France à s'intéresser à la frontière de l'Algérie avec le Maroc, à l'ouest, et à sa frontière avec la Tunisie, à l'est.

La Tunisie

En 1881, la Tunisie était toujours, officiellement, une province de l'empire turc, mais l'hégémonie turque était relativement théorique. En réalité, la Tunisie était un État indépendant qui avait son propre drapeau, sa propre monnaie, sa propre armée et sa propre flotte. C'était un petit pays qui était limité au nord par la mer et au sud par le désert. Sur son flanc est se trouvait Tripoli, autre province ottomane, et, sur son flanc ouest, la colonie française d'Algérie avait vu le jour en 1830. La Tunisie comptait environ un million d'habitants. C'était un pays agricole où l'on ne dénombrait qu'une poignée de villes dont Tunis était de loin la plus grande avec près de cent mille habitants. Comme tant de pays en Afrique du

Nord, la Tunisie mena une politique de développement et, par voie de conséquence, elle s'endetta. L'influence financière de l'Europe ne cessa de croître et de plus en plus d'Européens, en particulier des Italiens, vinrent s'y établir. L'Italie avait donc des visées sur la Tunisie. Pour l'Angleterre, elle présentait surtout un intérêt stratégique parce qu'elle était située à l'intersection entre l'ouest et l'est du bassin méditerranéen. La France était, financièrement, très impliquée dans les affaires tunisiennes et elle avait en outre un intérêt stratégique en Tunisie en raison de sa frontière avec l'Algérie. Il existait dès lors un certain équilibre qui faisait qu'il était dangereux pour la France d'intervenir. Cette situation changea lorsque l'Angleterre et l'Allemagne invitèrent ouvertement la France à le faire lors du Congrès de Berlin de 1878. L'Angleterre voulait offrir une compensation à la France car elle avait elle-même annexé Chypre, et Bismarck espérait détourner ainsi l'attention des Français de la «ligne bleue des Vosges». Au début, le gouvernement français n'osa pas répondre à cette invitation. Elle ne se fiait pas aux intentions affichées par l'Allemagne et redoutait des complications.

Mais en 1881, Gambetta, le chef de file des républicains, décida qu'on ne pouvait attendre plus longtemps. Le risque de voir l'Italie intervenir si la France n'agissait pas était trop grand. Le Premier ministre, Jules Ferry, marqua son accord. Un incident frontalier fournit le prétexte nécessaire à l'organisation d'une expédition dont l'objectif était prétendument d'aider le bey de Tunis à restaurer son autorité. Le 24 avril 1881, un corps expéditionnaire français franchit la frontière algéro-tunisienne. Le 12 mai, il atteignit Tunis et, quelques heures plus tard, le bey signait le traité du Bardo qui mit fin *de facto* à l'indépendance de la Tunisie. Douze jours plus tard, la

Chambre des députés française ratifia ce traité à une majorité écrasante. La Chambre partagea l'enthousiasme de Gambetta qui félicita Ferry pour avoir redonné à la France « son rang de grande puissance[1] ».

L'Égypte

La principale raison de l'intervention française à Tunis était le nationalisme. La France eut l'occasion de démontrer que, malgré la défaite de 1870, elle était toujours une grande puissance. Et un an plus tard, au moment de la crise égyptienne, elle éprouva de nouveau le désir d'en fournir la démonstration. Cette crise résultait de la pénétration européenne croissante dans ce pays, notamment à cause du creusement du canal de Suez. Le 30 novembre 1854, Ferdinand de Lesseps reçut une concession en vue de la construction du canal. L'empereur Napoléon III lui témoigna son soutien et, grâce à cette couverture officielle, le projet de Suez finirait par être achevé en dépit d'une forte opposition anglaise. Le 17 novembre 1869 eut lieu l'inauguration officielle.

Le canal n'était qu'un des nombreux grands travaux du khédive Ismaïl. Celui-ci était arrivé au gouvernement en 1863, ouvrant un nouveau chapitre de l'histoire égyptienne. Ismaïl voulait faire de l'Égypte un État européen et la promouvoir de façon telle qu'elle participe à la grande marche des nations. Sous son régime, 1 600 kilomètres de voie ferrée, 13 000 kilomètres de canal et 8 000 kilomètres de câble télégraphique furent aménagés. Alexandrie fut dotée d'un port moderne. Des milliers d'écoles furent ouvertes. Des raffineries de sucre furent construites de sorte que l'Égypte put exporter un autre article que le coton. Les exportations égyptiennes passèrent de 4 millions à 14 millions de livres sterling par an. Grâce à l'amélioration du système d'irrigation, la superficie des terres cultivables augmenta de plus de 30 %. Ismaïl ne s'oublia pas : lui et sa famille accaparèrent environ un cinquième des terres cultivées. Tous ces projets ambitieux, dont le creusement du canal de Suez, qui était en difficulté, engendrèrent des problèmes financiers. Ismaïl n'avait que deux solutions : augmenter les impôts ou emprunter de l'argent. C'est ainsi que l'Égypte ne tarda pas à avoir une très lourde dette vis-à-vis de l'étranger et qu'elle finit par être placée sous tutelle financière étrangère.

En Égypte, l'influence grandissante de l'Europe et la supériorité européenne suscitèrent deux réactions différentes : les uns choisirent de s'orienter vers l'Occident où ils pensaient pouvoir trouver les moyens de redresser l'Égypte, les autres firent le choix de se réorienter vers le message de l'islam. C'est ainsi que se manifestèrent simultanément en Égypte une certaine occidentalisation et, allant de pair avec elle, un nationalisme manifeste aussi un mouvement de renaissance assorti d'aspirations pro-islamiques. C'est ce mouvement qui aboutit à la révolution égyptienne.

Le chef de la révolution, Arabi Pacha, était un militaire d'origine modeste qui avait fait une véritable carrière éclair et était devenu lieutenant-colonel dès l'âge de vingt ans. Cependant, il tomba plus tard en disgrâce et fut fait prisonnier avant d'être délivré par ses collègues officiers. Mais les troubles ne commencèrent vraiment que lorsque le ministre fut limogé. La résistance prit pour cible la source de toutes ces difficultés, le khédive et, derrière lui, les oppresseurs européens. En 1881, les officiers s'emparèrent, en fait, du pouvoir. D'abord, ils contraignirent le successeur d'Ismaïl, Tawfik, à congédier le ministre de la Guerre et à nommer l'un d'eux à sa place. Plus tard, lorsque Tawfik, dans une tentative désespérée de conserver le pouvoir, le limogea à son tour, ils marchèrent sur le palais et mirent le khédive au pied du mur. Ils exigèrent que son cabinet démissionne, que la Chambre soit convoquée et que l'armée soit renforcée. On était le 9 septembre 1881. Le khédive céda. L'armée avait pris le pouvoir. À présent, l'Angleterre et la France devaient décider ce qu'il devait advenir pour protéger leurs intérêts financiers et sauvegarder le canal de Suez.

La France faisait grand cas de l'Égypte. Elle y avait une grande influence et des intérêts établis. Aussi prit-elle l'initiative qui aboutirait à une intervention européenne armée : la note de Gambetta du 8 janvier 1882. La flotte française prit part, aux côtés de la flotte anglaise, à une démonstration de force, et à une exhibition de couleurs, devant la côte d'Alexandrie. Entre-temps, la crise se prolongeait en Égypte. Arabi renforça l'armée et consolida Alexandrie pour la prémunir contre une invasion éventuelle. L'amiral anglais Seymour croisa devant la côte et observa, d'un mauvais œil, la construction de fortifications dans le port égyptien, mais il n'était pas autorisé à intervenir. Il força alors la main du gouvernement britannique. Il lui fit accroire que ces fortifications représentaient une grande menace pour sa sécurité et lui demanda la permission de les canonner. Le gouvernement français fit savoir que ce serait un acte de guerre dont il ne pourrait porter la responsabilité. La flotte française fut donc retirée. L'Angleterre fit cavalier seul. Seymour obtint la permission demandée et, le 11 juillet 1882, le bombardement commença. Quelques jours après, des troupes furent débarquées pour rétablir l'ordre. Le 13 septembre 1882, la bataille décisive eut lieu à Tel el Kebir. Les armées britanniques emmenées par Wolseley remportèrent une victoire facile. Arabi fut fait prisonnier, exilé et conduit à Ceylan dans un navire affrété spécialement à cet effet. L'Angleterre s'était établie en Égypte par la force. Elle souhaitait quitter le pays dès que la situation le permettrait mais cela n'arriva jamais parce que l'État égyptien, vidé de sa force par les interventions étrangères et surchargé d'emprunts contractés à l'étranger, n'était pas à même de revivre par ses propres moyens. C'est la raison pour laquelle l'Angleterre resterait en Égypte jusqu'en 1951.

L'homme qui rétablirait l'ordre en Égypte serait sir Evelyn Baring, qui porterait plus tard le titre de lord Cromer. De 1883 à 1907, il serait l'homme le plus puissant d'Égypte. Evelyn Baring (1841-1917) était issu d'une famille qui avait joué un rôle important dans le monde financier anglais aussi bien que dans la politique. Il était né en 1841 à Cromer Hall et reçut une éducation qui le destinait à faire une carrière militaire. En 1858, il devint officier à la Royal Artillery et, en 1872, secrétaire particulier de son cousin, lord Northbrook, qui était alors gouverneur général des Indes britanniques. Issu d'une famille de banquiers, il était censé avoir une certaine compétence en matière d'argent et c'est la raison pour laquelle il fut nommé en 1877 membre de la commission franco-anglaise chargée de résoudre la crise de la dette égyptienne. Il connut son heure de gloire en 1883. Cette année-là, il fut en effet nommé « agent et consul général » du Royaume-Uni en Égypte. Le titre de cette fonction semble modeste mais son pouvoir était pourtant quasi illimité. Il régna sur l'Égypte d'une main ferme jusqu'en 1907. Il écrirait plus tard à ce sujet un ouvrage devenu célèbre : *Modern Egypt.*

Cromer dirigeait *de facto* l'Égypte. Responsable de l'assainissement financier et administratif du pays, il s'y employa avec beaucoup de réussite. En mettant en œuvre une politique strictement financière, il réussit en l'espace de quelques années à présenter un budget en équilibre. Les mérites de Cromer en tant qu'administrateur furent dès lors beaucoup loués et ils sont toujours reconnus aujourd'hui, y compris par les Égyptiens eux-mêmes. Il en va tout autrement de ses idées sur l'Orient et les Orientaux, qu'il a exprimées dans divers écrits. Ces idées sont en effet très controversées. Selon Cromer, un antagonisme très marqué oppose Européens et Orientaux. L'Européen est un homme de raison et d'analyse. Il pense logiquement, même s'il n'a jamais étudié la logique. Il est sceptique de nature et n'accepte rien comme étant vrai tant que cela n'a pas été prouvé. L'esprit de l'Oriental est, en revanche, aussi confus et chaotique que les rues pittoresques des villes orientales. Sa pensée est brouillonne et dénuée de toute structuration. Il se contredit constamment et se laisse piéger dès qu'on le questionne un peu. Cromer n'apprécie donc pas la façon de raisonner des Orientaux mais ce n'est pas tout. Outre le manque de logique et l'absence de raison, il objecte à d'autres traits de caractère de l'Oriental : son manque d'initiative et d'énergie, sa propension à intriguer, sa flagornerie, sa fourberie, etc.

De par sa naissance et son éducation, Cromer était un homme doté d'une formidable confiance en soi et d'un très grand sentiment de supériorité qui frisait l'arrogance.

Il était aussi un enfant de son époque. Comme beaucoup, il était convaincu que le pouvoir anglais en Égypte était une bénédiction pour la population locale. L'Angleterre, en effet, y assainit les finances, l'administration et même l'eau. Elle délivra ses sujets opprimés d'une société sans lois et où régnait l'arbitraire. Comme tant de coloniaux progressistes, Cromer se trouvait face à un dilemme: *good government* ou *selfgovernement*? En tant que vrai libéral, il était partisan du principe d'autonomie, mais, en tant qu'occidental fils des Lumières, il pouvait difficilement admettre que l'autonomie égyptienne équivale à ce qui, du point de vue occidental, était une mauvaise gestion.

La politique de Cromer poursuivait deux objectifs: veiller au bon fonctionnement de l'administration et mettre de l'ordre dans les finances publiques. Une telle politique impliquait la nécessité de stimuler les exportations agraires et d'attirer des capitaux étrangers. Le coton était depuis longtemps le plus important produit d'exportation de l'Égypte et il finirait par représenter plus de 90 % des exportations. La culture du coton accaparait une telle superficie de terre que l'Égypte fut contrainte d'importer de la nourriture. Les étrangers investissaient volontiers en Égypte parce que, en vertu des anciennes capitulations, ils ne tombaient pas sous l'application de la loi égyptienne et ne devaient pas non plus d'impôts. Afin d'éviter les problèmes avec les Égyptiens, on institua les «juridictions mixtes» (c'est-à-dire européano-égyptiennes) a qui furent toutefois dominées par les Européens. Tous ces développements eurent pour effet que des langues étrangères telles que l'anglais et le français jouèrent un rôle de plus en plus important et que l'administration fut essentiellement peuplée non par des Égyptiens mais par des étrangers qui parlaient ces langues. Le goût et le mode de vie s'occidentalisèrent aussi parmi l'élite indigène. Grecs et Italiens aménagèrent dans un style sud-européen bâtiments privés et publics.

Le départ de Cromer en 1907, après près d'un quart de siècle, marqua la fin d'une époque. Son successeur, Gorst, tenta de rétablir des relations de bonne intelligence tant avec le khédive qu'avec les organes représentatifs égyptiens, auxquels Cromer vouait un égal mépris, mais cette politique intrinsèquement contradictoire était condamnée à l'échec. En 1911, Kitchener succéda à Gorst. Il prôna, quant à lui, une autorité anglaise vigoureuse tout en laissant une certaine marge de manœuvre à une représentation nationale égyptienne au sein de laquelle la voix de l'opposition nationaliste pouvait être entendue. Cette opposition était du reste divisée et peu dynamique. Et la question du statut de l'Égypte dans le système britannique n'était toujours pas réglée. Officiellement, l'Égypte était toujours une partie de l'empire ottoman qui ne se trouvait que temporairement sous administration britannique. Lorsqu'en 1914, l'empire ottoman s'allia aux Allemands pendant la Première Guerre mondiale, il devint évident que cette situation ne pouvait plus durer. Le 18 décembre 1914, l'Égypte devint enfin, officiellement, un protectorat britannique et elle le resterait jusqu'en 1951.

Le Maroc

Après 1882, les Français avaient continué à déplorer «la perte de l'Égypte» et, à cause de cela, ils continuèrent à faire la moue, en vain toutefois. Ils trouvèrent finalement leur consolation ailleurs: au Maroc. Le Maroc était l'objet de la convoitise européenne depuis des temps immémoriaux. Quoi d'étonnant à cela! Le Maroc est en effet la partie de l'Afrique la plus proche de l'Europe. Au détroit de Gibraltar, les deux continents ne sont séparés que par quatorze kilomètres. Pourtant, le partage du Maroc ne fut à l'ordre du jour que tardivement. Mais il fut précédé par un long processus d'implication européenne grandissante dans les affaires marocaines, processus qui commença par une pénétration informelle puis déboucha assez rapidement sur une compétition politique et diplomatique.

Si la question marocaine fut inscrite si tardivement à l'ordre du jour diplomatique, c'est à la fois en raison des rapports de force diplomatiques en Europe et du statut singulier du royaume chérifien. Une grande partie de l'histoire du Maroc a été déterminée par la situation géographique particulière du pays. Sa frontière occidentale est formée par l'océan Atlantique, et sa frontière septentrionale, par la Méditerranée. Au sud et à l'est, il est presque entièrement cerné par la chaîne montagneuse de l'Atlas. Au-delà, c'est le désert. Le pays est donc isolé naturellement et constitue pour ainsi dire une île.

Le Maroc a été conquis au VIIe siècle par les Arabes qui soumirent la population berbère primitive et se mêlèrent à elle. Le Maroc fait donc partie du monde arabe et, à une certaine époque, il y occupa même une place d'honneur. Fès était un centre important de la culture arabe. En revanche, le Maroc n'a pas été soumis par les Turcs et il n'a donc jamais fait partie de l'empire ottoman qui, à partir du XVIe siècle, étendit son bras puissant sur le reste de l'Afrique du Nord. Le sultan du Maroc est resté indépendant. Il était un chef à la fois séculier et spirituel, et il était considéré et vénéré comme chérif, c'est-à-dire descendant du prophète.

L'empire chérifien impressionnait plus par son nom que par sa puissance réelle. Le pouvoir réel dépendait de la personne du souverain. Le pouvoir de certains souverains ne s'étendait pas au-delà des environs des quatre capitales qui hébergeaient à tour de rôle la cour : Fès, Meknès, Marrakech et Rabat. D'autres, en revanche, soumirent de vastes régions du pays. Mais il y eut toujours, outre la zone d'influence réelle du sultan, le *bled al Makhzen*, le *bled al Siba*, le territoire qui en pratique n'était pas placé sous son autorité séculière.

L'agriculture constituait la base de l'économie marocaine. Les bonnes et les mauvaises récoltes étaient aussi déterminantes pour le destin de la population que les maladies et les épidémies. Le Maroc était et restait donc une économie fermée traditionnelle. Mais, au cours du XIXe siècle, il fut de plus en plus associé à l'économie mondiale. Les liaisons maritimes s'étendirent. Des bureaux de poste furent ouverts, des consulats furent établis et des concessions minières furent demandées. La valeur du commerce extérieur total augmenta sensiblement durant le demi-siècle entre 1850 et 1900, passant de deux à trois millions de livres sterling, mais pour l'Europe elle resta fort peu importante.

La pénétration européenne aboutit toutefois à de graves difficultés financières. Le sultan fit des dettes et, pour les payer, il dut donner à ferme ses douanes, ses régies, etc., à des puissances étrangères. Cette démarche suscita l'aversion de nombreux Marocains et, lorsque son frère, Moulay Habd al-Hafid, vice-roi dans le Sud, fut proclamé sultan rival à Marrakech en 1907, il bénéficia d'un large soutien. Désormais, il y aurait donc deux sultans au Maroc, mais cela ne durerait pas longtemps car la désagrégation de l'État marocain s'accomplissait à un rythme soutenu. C'est la politique européenne qui fixerait dorénavant le cap.

Plusieurs pays européens furent associés au dénouement diplomatique de la tragédie marocaine : la France, l'Allemagne, l'Angleterre, l'Italie et l'Espagne. Ils avaient tous dans ce pays des intérêts bien spécifiques qu'ils défendirent mais ils avaient tous aussi des intérêts généraux de nature politique qui leur étaient supérieurs et qui se révélèrent déterminants. Finalement, chacun des États concernés y gagnerait quelque chose : la France et l'Espagne reçurent une partie du Maroc et les autres obtinrent d'une façon ou d'une autre des compensations.

L'Espagne était le pays qui pour des raisons historiques et morales estimait avoir les plus fortes prétentions sur le Maroc. L'ingérence espagnole au Maroc remontait au XVe siècle. En outre, la proximité géographique du Maroc servait d'excuse à l'Espagne pour s'immiscer dans les affaires marocaines. Ainsi, les grandes puissances reconnurent le droit moral de l'Espagne d'avoir voix au chapitre dans tous les dossiers concernant le royaume chérifien et de jouer un rôle lors d'un éventuel partage du pays. L'atteste le fait que les deux grandes conférences internationales sur le Maroc se tinrent en Espagne, respectivement à Madrid en 1880 et à Algésiras en 1906. Cette dernière conférence confirma que la France avait un rôle de première importance à jouer au Maroc. Dès lors, la France prit la direction des opérations jusqu'au règlement final de la question marocaine. Elle signa avec l'Espagne un accord de partage, elle conclut avec l'Angleterre et l'Italie des accords réciproques « de mains libres » et entra en conflit avec l'Allemagne lors d'une dangereuse crise diplomatique. Lorsque cette crise fut elle aussi réglée, plus rien n'entravait la proclamation d'un protectorat français au Maroc.

Le 24 mars 1912, l'envoyé français à Tanger arriva

à Fès pour présenter un traité de protectorat au sultan. Après plusieurs jours de tractations laborieuses, Moulay Habd al-Hafid, l'ancien contre-sultan reconnu entre-temps sultan, se résolut à accepter l'inéluctable. Le 30 mars 1912, il signa le traité de Fès, et abdiqua ensuite en faveur de son frère Moulay Youssef, avant de s'exiler.

Le traité de Fès ouvrit la voie à un partage du Maroc. Il prévoyait en même temps que la France devrait s'entendre à ce sujet avec l'Espagne. La France et l'Espagne avaient déjà conclu à ce propos des accords en 1902. Le partage fut finalisé par le traité de protectorat que l'Espagne conclut avec le sultan le 27 novembre 1912. En vertu de ce traité, l'Espagne obtint deux zones: l'une longeant la côte et l'autre située dans le sud du Maroc. Toutefois, la plus grande partie du Maroc devint française. Le grand rêve du Parti colonial était ainsi pratiquement exaucé: presque tout le Maghreb avait été placé sous administration française.

Le Maghreb jusqu'en 1914

Du point de vue administratif, il y avait une contradiction entre, d'une part, l'Algérie et, d'autre part, la Tunisie et le Maroc. L'Algérie était considérée comme une partie de la France tandis que la Tunisie et le Maroc étaient des protectorats et, donc, des États officiellement indépendants qui étaient placés sous la tutelle du ministre des Affaires étrangères. Quoique les différences entre ces trois pays du Maghreb fussent également considérables en pratique, tous les trois se ressemblaient sur un point fondamental: l'hégémonie française y était totale.

Au XIXe siècle, l'administration de l'Algérie donna

lieu à des débats nourris. Elle était coûteuse et compliquée. La bureaucratie parisienne était trop pesante et l'influence des Français en Algérie trop faible. Ces problèmes engendrèrent souvent lamentations et dénonciations. Entre 1896 et 1898, une réforme importante fut enfin réalisée. Désormais, le Conseil supérieur de l'Algérie compterait aussi dans ses rangs des membres élus. En outre, un conseil élu chargé du budget algérien vit le jour. Le pouvoir exécutif était concentré entre les mains d'un gouverneur général qui statuait sur presque tout. Pour les seules questions touchant à la jurisprudence applicable aux Français d'Algérie et ayant trait à l'enseignement et aux finances, il dépendait des ministres compétents à Paris. Les Français d'Algérie eurent aussi droit à des sièges au Parlement français : trois au Sénat et six à la Chambre des députés. L'administration fut entièrement bâtie sur le modèle français, avec des départements, des cantons et des communes. Il y avait trois sortes de communes : les communes de plein exercice qui étaient situées dans des lieux où une colonie française très nombreuse était présente et qui étaient gérées par un maire ; les communes mixtes qui étaient gérées par des fonctionnaires et les communes indigènes qui étaient situées dans des zones isolées. À partir de 1884, les Algériens qui satisfaisaient à certains critères (par exemple la propriété foncière ou le fait d'être titulaire d'une décoration française) furent autorisés à voter aux élections pour les conseils communaux. Toutefois, un peu plus de 1 % seulement des Algériens entraient en ligne de compte.

Le modèle français était aussi en vigueur dans le domaine de la jurisprudence, du moins celle applicable aux Européens. Les Algériens gardaient leur propre jurisprudence. Ils pouvaient aussi opter pour le statut de citoyen français mais, s'ils faisaient ce choix, ils ne relevaient plus de la loi islamique, ce que leurs frères musulmans tenaient pour une forme d'apostasie. Ceux qui s'engagèrent dans cette voie furent très peu nombreux. Il s'agit principalement de Kabyles originaires de l'intérieur des terres à peine arabisé. La plus grande partie des impôts était acquittée par les musulmans qui payaient, outre les impôts arabes précoloniaux (par exemple sur les chevaux, les moutons, les chameaux, etc.), les nouveaux impôts directs et indirects français. Les Européens fixaient le niveau des dépenses qui bénéficiaient essentiellement à la population européenne. La population algérienne avait un statut spécial appelé code de l'indigénat. Aux termes de ce statut, certaines choses qui n'étaient pas punissables selon le droit français l'étaient en Algérie mais uniquement pour les Algériens. Il s'agissait de délits tels que l'outrage au drapeau français, l'impolitesse envers un fonctionnaire français, etc.

En Tunisie, existait le système du protectorat. Le bey restait nominativement souverain et la Tunisie conservait son propre drapeau. Mais le pouvoir était, en réalité, entre les mains du tout-puissant résident général français qui était ministre des Affaires étrangères et président du conseil des ministres du bey. Toute décision devait être approuvée par lui. Du reste, le conseil des ministres n'était composé que de deux membres : le Premier ministre et un ministre qui portait le titre curieux de « ministre de la Plume ». La direction de l'administration était assurée par le secrétaire général du gouvernement qui dépendait du Premier ministre. Aux fins de l'administration, un certain nombre de directions générales (des finances, de l'agriculture, etc.) furent créées. Les fonctionnaires d'administration du bey travaillaient sous la surveillance de contrôleurs français. Pour le surplus, l'ancien appareil administratif resta en place, sauf pour la justice et l'enseignement. Dans ces deux domaines, des dispositions spéciales furent prises à l'intention des Européens.

L'autorité française sur le Maroc commença officiellement à s'exercer en 1912. Mais l'assujettissement réel du Maroc s'avérerait une tout autre paire de manches que celui sur papier. Peu après la divulgation du traité de Fès, les soldats et les habitants de Fès s'insurgèrent. Ils tuèrent tous les Européens qu'ils purent trouver. L'établissement du protectorat devrait donc s'accomplir par la force et cela prendrait beaucoup de temps et coûterait beaucoup d'argent. L'homme qui en fut chargé, le maréchal Lyautey, serait vice-roi du Maroc de 1912 à 1925, avec une brève interruption pendant la Première Guerre mondiale. Il opta pour une approche graduelle. Il commença par l'occupation du « Maroc utile », le Maroc des villes et des plaines, et ne se tourna qu'ensuite vers le Moyen Atlas. Il n'occupa le Sud qu'en dernier lieu. La conquête de l'ensemble du Maroc ne fut achevée qu'en 1934 et, après 1912, elle a donc pris encore vingt-deux ans. Et vingt-deux ans plus tard, en 1956, le Maroc recouvrit son indépendance.

Au Maroc existait officiellement, comme en Tunisie, un ordre double. Le sultan garda nominativement la souveraineté sur son pays et ne se dessaisit que du contrôle de la justice, de la défense, de la diplomatie et des finances. Mais, en réalité, le résident général trustait tout le pouvoir. Les anciens ministères et services continuèrent, ici aussi, d'exister mais Lyautey créa en outre, sur le modèle européen, quelques ministères dont le fonctionnement fut assuré par des Français pour lesquels il fit construire une ville administrative moderne à Rabat. Le Maroc fut subdivisé en régions dont le nombre augmenta au fur et à mesure que s'étendit l'autorité du gouvernement. Au Maroc coexistaient deux systèmes juridiques. Les Européens, qui possédaient leurs propres tribunaux depuis le traité de Madrid de 1880, furent conviés à se placer sous le système juridique français. Les Marocains conservèrent leur propre système.

Au fil des ans, une colonie européenne s'implanta dans tous les pays du Maghreb. Mais ces Européens n'étaient pas toujours des Français, loin s'en faut. En 1911, l'Algérie comptait 715 000 Européens, dont 500 000 Français. Les autres provenaient principalement d'Espagne, d'Italie et de Malte. En outre, il y avait 73 000 juifs algériens. L'Algérie comptait au total plus de cinq millions d'habitants. Les Algériens eux-mêmes en constituaient la très grande majorité. Les Kabyles des régions montagneuses en constituaient un groupe important (30 %). La majorité se composait cependant des Algériens arabisés des plaines et des hauts plateaux. Les populations européenne et juive étaient surtout concentrées dans les villes dont les principales étaient les chefs-lieux des trois départements. En 1911, Alger comptait 172 000 habitants, Oran 123 000 et Constantine 65 000. En outre, il y avait aussi des colons qui pratiquaient l'agriculture et la viticulture. L'État mettait des terres gracieusement à leur disposition, dont firent usage entre autres les Français qui avaient quitté l'Alsace et la Lorraine après 1870.

En Tunisie, la population était beaucoup moins nombreuse. En 1911, la population autochtone s'élevait à plus d'un million d'habitants. Et il y avait 148 000 Européens dont la grande majorité était constituée par les Italiens. Il y avait 88 000 Italiens pour seulement 45 000 Français et 11 000 Maltais.

Sans oublier quelque 50 000 juifs qui étaient appelés « livournais » parce que après avoir été chassés d'Espagne aux XVIe et XVIIe siècles, ils s'étaient établis initialement à Livourne. De là, ils avaient, au cours du XIXe siècle, émigré en Tunisie où ils dominèrent une part importante du commerce. Ils se sentaient plus italiens que français. À Tunis, la capitale, ils constituaient avec les Italiens la grande majorité de la population européenne et la moitié de la population totale.

Rien d'étonnant à ce que, plus encore qu'à Alger, on s'y inquiétât du caractère peu français de la colonie. La Tunisie était souvent saluée comme un exemple de colonie modèle où tout était calme et où l'on ne devait pas faire de dépenses de gestion. Mais cette médaille avait son revers. Un voyageur allemand définit la Tunisie comme « une colonie italienne gérée par la France au profit des marchands juifs locaux[2] ». Un autre danger que devait affronter l'administration coloniale française résidait dans le mouvement nationaliste naissant qui était inspiré par le succès des Jeunes Turcs à Istanbul. De même qu'à partir de 1900 l'Algérie connut ses Jeunes Algériens, la Tunisie eut à la même époque ses Jeunes Tunisiens qui revendiquaient l'accès aux fonctions de l'administration publique.

Au Maroc, l'immigration européenne s'était surtout concentrée dans les villes portuaires. Durant les trois années qui s'écoulèrent entre l'établissement du protectorat et le début de la Première Guerre mondiale, une importante immigration d'Européens eut lieu. La population européenne passa de presque 10 000 à presque 50 000, dont 25 000 Français.

L'agriculture (blé, vin et huile d'olive) était un secteur important partout dans le Maghreb. Il n'y avait pas beaucoup d'industrie quoiqu'il existât en Algérie une importante industrie du tabac. En Tunisie, les phosphates représentaient un secteur d'activité majeur. Au Maroc, leur présence était connue mais il fallut attendre 1914 pour que le service des Mines entreprit une première exploration. La France dominait le commerce extérieur. L'Algérie représentait à elle seule plus des deux tiers du commerce total du Maghreb. Avant 1914, le Maroc n'était quasi pas développé économiquement. La valeur du commerce extérieur marocain ne représentait qu'un sixième de celui de l'Algérie.

L'AFRIQUE DE L'OUEST

Si l'on exepte l'Afrique du Sud, l'expansion européenne en Afrique subsaharienne fut fort peu dynamique au cours des trois premiers quarts du XIXe siècle. En Afrique de l'Ouest, existait un négoce modeste de produits agricoles. Il en allait de même pour la région entourant l'embouchure du fleuve Congo. En Afrique de l'Est, le négoce côtier et les régions côtières demeurèrent dans une large mesure sous influence arabe alors que l'Angleterre acquit une certaine influence à Zanzibar et que la France lorgnait surtout Madagascar. Quant aux Portugais, ils n'étendirent pas leurs possessions et leur influence à l'intérieur des terres et se retirèrent même quelque peu. Leur présence se limitait à une poignée de forts au Mozambique sur la côte orientale et à quelques villes en Angola sur la côte occidentale. Dans les années soixante-dix, trois facteurs induisirent un changement soudain de cette situation stable : les activités commerciales anglaises, une nouvelle expansion militaire française sur les rives du fleuve Sénégal et la naissance d'un puissant engouement international pour la région du Congo.

Les royaumes islamiques

L'Europe et l'Afrique de l'Ouest étaient unies par de vieilles relations. À la fin des années 1870, ces relations reçurent une nouvelle impulsion, donnée, en partie, par l'Angleterre et plus particulièrement par un négociant anglais, George Goldie-Taubman, qui déploya des activités importantes sur les rives du Niger, et en partie aussi par la France ou, plus exactement, par des officiers français qui instaurèrent une politique de progression sur les berges du Sénégal.

George Dashwood Goldie-Taubman (1846-1925) alias sir George Goldie, comme il s'appellerait plus tard, se rendit en 1877 en Afrique pour prendre la direction de la West Africa Company, une compagnie commerciale établie sur le Niger. C'était l'une des sociétés commerciales anglaises qui étaient actives dans cette région. Toutefois, ces comptoirs se limitaient au delta. Les contacts avec les producteurs d'huile dans l'intérieur des terres étaient l'apanage des *middlemen* africains. Au cours des années soixante-dix, les négociants anglais et français furent eux-mêmes actifs sur le fleuve et se mirent à commercer directement avec les producteurs. C'est la société de Goldie qui fut à cet égard la plus prospère. Elle domina le commerce sur le Niger inférieur. Les intérêts britanniques dans cette zone furent reconnus lors de la Conférence de Berlin. Mais Goldie était plus ambitieux. Il voulait fonder une colonie qui ferait partie intégrante de l'empire britannique. Cette ambition aboutit à de vives tensions avec les Français.

Si la politique anglaise en Afrique de l'Ouest était

inspirée principalement par des considérations commerciales, il en allait autrement pour les Français dont la politique était entre les mains de militaires qui se moquaient souvent des souhaits et des idées de Paris. Cette tradition avait déjà été inaugurée dans les années cinquante par Faidherbe et elle fut remise à l'honneur en 1876 avec la nomination du colonel Brière de l'Isle au poste de gouverneur du Sénégal. En 1879, il reçut le soutien d'un général qui jouirait plus tard d'une grande notoriété : Gallieni. Celui-ci, qui était encore capitaine de l'infanterie de marine, fut nommé cette année-là directeur politique à Saint-Louis. Brière et Gallieni échafaudèrent ensemble la politique d'expansion française. Cette fois, ils bénéficièrent également d'un appui de Paris. La politique française visait à pénétrer l'Afrique par le Sénégal et à mettre en place une liaison entre le Haut-Sénégal et le Haut-Niger. Cette politique déboucha sur une série de guerres qui opposèrent la France aux empires islamiques de cette région ; ceux des Toucouleur et de Samori.

Après la mort de El-Hadj Omar en 1864, son fils aîné, Ahmadou, avait pris les rênes du pouvoir. L'empire toucouleur était et resterait un problème pour les Français. Il s'agissait d'abord d'un problème politique. La question qui se posait à eux était de savoir s'ils devaient considérer les Toucouleur comme des ennemis ou comme des alliés potentiels. Faidherbe avait déjà été confronté à cette question et ses successeurs le furent aussi. Comme les Français ne connaissaient pas la réponse, leur politique consista en alternance à faire la guerre et à conclure des traités.

Avec l'arrivée du commandant Gustave Borgnis-Desbordes commença une nouvelle période durant laquelle la diplomatie céda la place à la violence. Ses successeurs poursuivirent la politique expansionniste. En février 1890, les Français prirent Ségou, la capitale toucouleur, sans rencontrer beaucoup de difficultés, ce qui brisa le pouvoir d'Ahmadou et mit fin *de facto* à l'empire toucouleur. Ahmadou lui-même partit vers l'est où il jouit d'un bref répit au fin fond de son ancien empire. Mais, en 1893, ces derniers pans de territoire furent eux aussi annexés. Entre-temps, les Français s'étaient impliqués dans un conflit encore plus long et plus laborieux avec l'homme qui serait leur adversaire le plus redoutable en Afrique de l'Ouest : Samori.

Samori est l'une des figures légendaires qui marquèrent l'histoire de l'Afrique occidentale. Ses adversaires coloniaux français le dépeignirent comme un dictateur cruel et un tyran impitoyable, et le baptisèrent : « Samori le Sanglant ». Cependant, eux aussi reconnurent ses qualités militaires et admirèrent son esprit d'indépendance, comme l'attestent les autres surnoms dont ils l'affublèrent : « le Bonaparte du Soudan » et « le Vercingétorix africain ». Dans l'historiographie nationaliste postcoloniale, Samori est décrit comme le grand héros et militant indépendantiste d'Afrique de l'Ouest, comme la personnification de la résistance africaine. Ce qui est certain, en tout cas, c'est que Samori fut le plus grand organisateur militaire et bâtisseur d'empire de l'histoire de l'Afrique occidentale.

Samori était un produit de ce qu'on appelle la « révolution dyula ». Les dyulas étaient des négociants islamiques au long cours qui au départ détenaient un pouvoir financier et commercial mais aucun pouvoir politique. Il était né vers 1833 dans une famille qui avait abjuré l'islam et s'était prétendument reconverti au paganisme. Sa mère fut faite prisonnière par une famille ennemie et, comme il n'avait pas l'argent nécessaire pour acheter sa libération, il entra au service de cette famille comme militaire. En échange, elle recouvrerait la liberté après quelque temps. Samori se dévoua corps et âme à son nouveau métier : l'art de la guerre. C'était un chef-né qui possédait de grandes compétences à la fois militaires et organisationnelles. Aux alentours de 1861, il prêta avec six de ses camarades un serment d'amitié. Vingt ans plus tard, il régnerait sur un État de trois cent mille sujets.

En 1873, il était prêt à faire le grand pas. Il avait levé une armée bien entraînée, principalement composée de fantassins. Chacun d'eux était armé d'un fusil, d'un sabre et d'un poignard. Samori entama alors l'édification de son empire. Il commença par faire un certain nombre de conquêtes puis procéda à leur consolidation. Dans le cadre des efforts qu'il fournit pour réaliser celle-ci, il chercha et trouva un soutien dans la religion. Il se convertit à l'islam et fit de son royaume un État islamique dont la forte cohésion tenait précisément à son caractère islamique. Il prit lui-même le titre de « almami », appellation relativement imprécise qui impliquait cependant qu'il était le chef spirituel aussi bien que temporel. Le royaume de Samori vit le jour dans les années 1870 et il a existé sous différentes formes jusqu'à ce que les Français y mettent fin définitivement en 1898.

En Afrique de l'Ouest, les Français ne se mirent pas seulement en quête de possibilités commerciales mais aussi, et même surtout, de pouvoir politique, ce qui les fit entrer en conflit avec Samori. Au cours des années 1881-1885, cela aboutit à une série de campagnes et de batailles qui en raison de la supériorité des armes à feu françaises ne tournèrent pas à l'avantage de Samori qui décida donc, le 28 mars 1886, de signer un traité de paix et de commerce délimitant la zone d'influence française et celle de Samori.

En mai 1891, après une série d'incidents frontaliers, Samori rompit avec la France, ce qui déclencha la « guerre de Sept Ans » contre Samori. Pendant la première phase de ce très long conflit, de 1891 à 1894, furent menées quelques campagnes qui se soldèrent par un tel succès que les Français parvinrent à occuper l'ensemble du territoire de Samori, lequel appliqua toutefois systématiquement une tactique de terre brûlée de sorte qu'il n'y avait pas grand-chose à occuper. Il refusa de livrer bataille, ce qui lui permit de garder intacte son armée. Il évacua son peuple vers de nouveaux territoires et bâtit un nouvel empire dans une autre partie du Soudan. En 1894, les Français avaient complètement perdu de vue Samori et ils l'avaient quasi oublié. Cette situation aurait probablement pu continuer encore longtemps si un des fils de Samori n'avait pas attaqué et anéanti de sa propre initiative une colonne française. Cet épisode scella le sort de Samori car il était évident que cette vilenie ne pouvait rester impunie. Au printemps et à l'été 1898, une nouvelle campagne fut organisée et, le 29 septembre, Samori fut capturé. Le gouverneur français l'envoya en exil au Gabon où il mourut d'une pneumonie le 2 juin 1900. Ainsi prit fin définitivement l'ère Samori.

Il découla de tous ces développements que les deux sphères d'expansion — l'anglaise qui partit du Bas-Niger et la française qui prit son essor dans le Haut-Niger — commencèrent à se rapprocher. La rivalité franco-britannique engendra beaucoup de tensions mais, en 1898, une convention mit un terme à vingt années de rivalité. En un certain sens, le résultat était satisfaisant pour les deux parties parce que leurs intérêts étaient différents. Les Britanniques s'intéressaient essentiellement aux possibilités commerciales qu'offraient l'Afrique de l'Ouest et donc le Nigeria. Mais il n'y avait pas officiellement de politique expansionniste. La politique française, en revanche, émanait de l'État et était axée sur l'édification d'un empire. Pour ce qui regardait l'Afrique de l'Ouest, la France avait une vision géopolitique. Elle aspirait à maîtriser l'hinterland et à le relier à l'Afrique centrale française. Les deux parties obtinrent ce qu'elles voulaient. Les Français acquirent plus de terres mais l'Angleterre reçut les zones qui étaient les plus importantes du point de vue commercial.

L'Afrique-Occidentale française (A-OF)

À l'origine, les territoires français en Afrique de l'Ouest se composaient d'un certain nombre de colonies isolées qui seraient ensuite réunies au sein d'une grande fédération : l'Afrique-Occidentale française (A-OF). La superficie totale de l'A-OF s'élèverait finalement, en 1919, à plus de 4,6 millions de kilomètres carrés. Son territoire équivalait à plus de huit fois celui de la France. Sa population totale était de douze millions d'habitants. L'A-OF était le fleuron de l'Afrique française.

Le gouvernement général de l'Afrique-Occidentale française fut instauré par un arrêté de juin 1895. L'A-OF, qui était une fédération, se composait en 1893 des régions suivantes : le Sénégal, la Côte d'Ivoire, le Dahomey et la Guinée. Le Soudan français restait provisoirement sous administration militaire. Au début, le gouvernement général était fort démuni mais le gouverneur général Ernest Roume (1902-1904) se vit attribuer en 1902 des compétences étendues. Un an plus tard, il fut autorisé à accéder au marché français des capitaux et, en 1904, l'A-OF obtint l'autonomie budgétaire. Roume échafauda un programme de travaux publics (dont l'aménagement d'une ligne de chemin de fer), améliora le système éducatif et créa un embryon de soins de santé publics. En 1911, l'administration française adopta sa forme définitive. Outre les quatre composantes citées, l'A-OF englobait désormais les colonies suivantes : le Haut-Sénégal — et — le Niger, la Mauritanie et le Tchad-Niger. Le gouverneur général était la seule personne investie d'autorité dans cette région. Il était « le seul dépositaire des pouvoirs de la République[3] ». Le gouverneur général siégeait à Dakar. Les gouverneurs des diverses composantes lui étaient subordonnés. Ces composantes furent subdivisées, sur la base du modèle administratif français, en « cercles » dirigés par un « commandant de cercle » qui détenait l'intégralité du pouvoir administratif dans sa zone. Le niveau de pouvoir inférieur à celui des cercles était constitué des cantons, chaque canton comprenant un certain nombre de villages. En 1914, on dénombrait 118 cercles et 2 200 cantons englobant un total de 48 000 villages. Les chefs traditionnels furent d'abord maintenus avant d'être progressivement éliminés. Le royaume d'Abomey, par exemple, fut supprimé en 1900 par simple arrêté du gouverneur du Dahomey.

Beaucoup d'eau s'écoulerait encore sous les ponts avant que toute l'A-OF ne soit placée réellement sous autorité française. Les zones de forêt tropicale et le Sahel furent, en particulier, assujettis difficilement. La phase décisive dans ce processus se déroula au cours des années 1908-1912. En Mauritanie, elle dura encore plus longtemps puisque ce pays ne fut pacifié qu'après l'occupation française du Maroc, en 1912, et que les derniers résistants ne déposèrent les armes qu'en 1958, soit deux ans avant l'indépendance. Les régions désertiques du Tchad-Niger ne se prêtaient pas davantage à une occupation effective. Les Français furent donc contraints de mener plusieurs campagnes avant de pouvoir ajouter ces zones à l'A-OF en 1911. Dans les autres régions, il ne s'agit pas tant d'établir l'autorité de la France que de réprimer la résistance indigène. En Côte d'Ivoire et en Guinée, des insurrections éclatèrent. Ces territoires ne furent considérés comme pacifiés qu'aux alentours de 1910.

L'A-OF présentait une très grande diversité à la fois ethnique, linguistique et religieuse. 125 langues différentes y étaient parlées dont certaines ne l'étaient que par des groupes de quelques milliers de locuteurs. D'autres langues, telles que le Haussa, le Wolof et le Mandé, étaient en revanche parlées par de très nombreux usagers et servaient de langues commerciales. Si certains groupes ethniques constituaient des entités politiques propres, d'autres étaient répartis entre diverses régions. Pour délimiter les frontières, les puissances coloniales ne s'étaient pas beaucoup souciées de ces groupes ethniques. Aussi certains d'entre eux furent-ils scindés en deux parties, l'une dans la zone française et l'autre en territoire anglais. L'islam poursuivait son expansion. En 1913, le nombre de musulmans était estimé à un tiers de la population. Les deux autres tiers étaient animistes car l'activité déployée par les missions chrétiennes ne récolta que peu de succès.

Le commerce était relativement rudimentaire et consistait principalement en troc. Les maisons de commerce fournissaient des denrées européennes (textile, quincaillerie, verroterie mais aussi armes et boissons alcoolisées) et les troquaient contre des produits agricoles africains (arachides, huile de palme, caoutchouc et ivoire). Initialement, des maisons de commerce de plusieurs pays européens opéraient au sein de l'A-OF mais, peu à peu, une poignée de grandes entreprises françaises trusta ces activités commerciales. Si, au Soudan et au Sénégal, il s'agissait principalement d'entreprises bordelaises, sur la côte de Guinée, en revanche, il s'agissait d'entreprises marseillaises.

L'A-OF bénéficia — beaucoup plus, en tout cas, que le Congo français — d'investissements publics à relativement grande échelle. Le réseau ferroviaire total qui était utilisé sur le territoire de l'A-OF en 1914 s'étendait sur 2 494 kilomètres. Ces lignes étaient généralement installées grâce à des subsides provenant de France ou par le biais de prêts garantis par l'administration coloniale. L'exploitation minière y était quasi absente. Aussi l'Afrique-Occidentale française ne revêtait-elle que peu d'intérêt du point de vue économique.

Les colonies étaient très différentes les unes des autres. Le Sénégal était la colonie mère de l'A-OF et la résidence du gouverneur général se trouvait à Dakar, ville qui se mua en outre en un important centre portuaire et commercial. Au Sénégal, les quatre anciennes possessions, les «communes de plein exercice» (Gorée, Saint-Louis, Rufisque et Dakar), conservèrent leur autonomie traditionnelle. Elles avaient le même statut que les communes françaises. Elles avaient aussi leur propre Conseil général et un siège à la Chambre des députés française. Les habitants étaient citoyens français mais ceux qui le désiraient pouvaient garder leur «statut personnel» musulman. Toutefois, ceux qui faisaient ce choix ne jouissaient pas de droits civiques pleins et entiers. À partir de 1912, les Africains purent acquérir la citoyenneté française mais parmi les conditions à remplir figuraient le service militaire et la monogamie. Cette possibilité ne suscita donc qu'un intérêt très limité.

Le Soudan (qui pendant quelque temps avait recouvré son ancien nom de Sénégambie) s'appela, à partir de 1904, Haut-Sénégal-et-Niger et en 1908 sa capitale devint Bamako. Le territoire de cette colonie était immense (2,7 millions de kilomètres carrés). Environ la moitié de la population totale de l'A-OF (cinq millions d'habitants en 1911) y vivait. Le Soudan ne comptait aucune ville importante. La population vivait principalement d'une agriculture de subsistance. En ce qui concerne le caoutchouc, son plus important produit d'exportation, la Guinée dut initialement affronter la concurrence de la ville voisine de Freetown, en Sierra Leone, mais elle parvint, en partie grâce à la ligne de chemin de fer, à faire de Conakry un important centre commercial et portuaire.

En Côte d'Ivoire, un établissement français existait à Grand-Bassam depuis 1842 mais ce comptoir ne méritait pas le nom de ville. Aussi la capitale fut-elle déplacée à Abidjan. Là aussi, on échafauda des projets de ligne de chemin de fer mais ils n'aboutirent jamais vraiment. Avant 1914, cette colonie ne présentait quasi aucun intérêt économique. Dahomey était un important centre de production d'huile de palme et, en 1914, sa ville la plus importante, Porto-Novo, était, avec ses 25 000 habitants, la plus grande ville de l'A-OF.

L'Afrique-Occidentale allemande :
le Togo et le Cameroun

L'Allemagne avait acquis en peu de temps deux colonies en Afrique de l'Ouest : le Togo et le Cameroun. Ces colonies étaient le fruit de traités que le Consul allemand G. Nachtigal avait signés en juillet

1884 avec des souverains africains. Le Togo et le Cameroun étaient très différents, à la fois par la taille, du point de vue géographique et parce qu'ils ne revêtaient pas le même intérêt.

Le Togo n'était rien d'autre qu'une étroite bande de terre qui s'élevait depuis le littoral sur une largeur d'environ 100 kilomètres et une longueur d'environ 550 kilomètres. L'ensemble de son territoire couvrait donc une superficie d'à peu près 55 000 kilomètres carrés. En 1913, il comptait plus d'un million d'habitants. Il ne revêtait pas un grand intérêt économique. Pourtant, le Togo était souvent décrit comme une « colonie modèle ». La raison en était bien simple. Son économie précoloniale offrait de bonnes perspectives commerciales. Aussi le Togo affichait-il immanquablement un excédent commercial. Il n'était jamais le théâtre de grands conflits et le coût de son administration était limité. Les revenus qui en étaient tirés étaient supérieurs aux dépenses engendrées par sa gestion. Du point de vue commercial et colonial, le Togo était donc une réussite.

L'administration coloniale allemande conserva l'infrastructure économique existante. La production agricole resta entre les mains de petits producteurs autochtones. Les plus importants produits d'exportation étaient l'huile de palme et les graines de palmiste. Les tentatives entreprises pour lancer une production de coton ne récoltèrent que peu de succès. Les importations étaient constituées de biens de consommation tels que le textile, la bière et les spiritueux. L'administration coloniale était modérée quoique à intervalles réguliers, elle envoya des expéditions pour pacifier le pays et appliqua le travail forcé, notamment dans le cadre de la construction du chemin de fer. Mais l'administration était relativement « éclairée » et humaine.

Le revers de cette médaille était que l'attrait économique du Togo resta très limité et que peu d'investissements et de projets de développement y furent réalisés. La population blanche totale était et demeura très faible. En 1895, 96 Européens au total, dont 81 Allemands, vivaient au Togo. En 1914, leur nombre ne dépassait toujours pas 500. L'administration allemande se limitait au littoral où la nouvelle capitale, Lomé, abritait la résidence du gouverneur ainsi qu'un petit appareil administratif. Cette région fut subdivisée en huit districts (*Bezirke*) placés sous la direction de chefs de district. En outre, l'administration des terres intérieures fut confiée au système administratif local existant des chefs indigènes.

Le Cameroun était très différent du Togo à tout point de vue. Il était d'abord beaucoup plus vaste. Il s'étendait de l'est du delta du Niger au sud-ouest du lac Tchad dans le Nord. Il était limitrophe du Nigeria britannique, de l'Afrique centrale française et du Rio Muni, étroite bande de territoire espagnole. Son territoire fut fixé définitivement après la crise d'Agadir lors de laquelle l'Allemagne acquit certaines parties de l'Afrique-Équatoriale française en échange d'une main libre française au Maroc. Le territoire du Cameroun s'en trouva très fortement agrandi, sa superficie s'élevant désormais à plus de 300 000 kilomètres carrés, soit presque autant que l'Allemagne elle-même. Quant à sa population, elle compta en 1913 plus de 2,5 millions d'habitants dont près de deux mille Européens.

Le littoral était, du point de vue commercial, une zone hautement développée où plusieurs commerçants étaient actifs et où l'influence anglaise était grande. Les Duala et quelques autres peuples côtiers jouaient un rôle important comme intermédiaires dans les relations commerciales avec l'intérieur des terres, lequel offrait, à la différence du Togo, des perspectives intéressantes aux investisseurs européens dans les plantations de caoutchouc et l'exploitation minière. Ces deux industries nécessitaient de plus importants investissements et, partant, de plus grandes entreprises que le négoce côtier. Il y avait toutefois une condition à remplir : il fallait que cette région soit placée sous autorité allemande, ce qui requérait des expéditions militaires qui étaient coûteuses et n'étaient pas toujours couronnées de succès. Le Nord fut finalement assujetti peu après 1900 mais son administration fut confiée *de facto* aux chefs autochtones. L'islam fut respecté et des missionnaires ne furent pas autorisés à se rendre dans le Nord.

À la tête de l'administration coloniale se trouvait un gouverneur qui fut assisté d'un conseil consultatif à partir de 1903. Le gouverneur était en même temps commandant en chef de l'armée et juge suprême. Dès que l'autorité allemande fut établie, de grands districts (*Bezirke*) placés sous la direction de *Bezirksamtmänner* virent le jour. Au début, l'armée n'était pas très solide. Elle se composait de *Polizeitruppen* qui n'étaient pas très efficaces ni fiables. Comme des mouvements de résistance se manifestaient à intervalles réguliers, de vraies troupes coloniales arrivèrent au Cameroun en 1895. Ces *Schutztruppen* méprisaient leurs collègues des *Polizeitruppen*, les qualifiant de « soldats efféminés » (*Weibersoldaten*).

L'Allemagne fondait de grands espoirs dans le Cameroun. Elle le considérait comme le pays qui, de toutes ses colonies africaines, possédait le plus grand potentiel et comme une voie d'accès à l'Afrique centrale. La politique économique y était axée sur le développement, lequel était assuré non pas, comme en Afrique orientale et sud-occidentale allemande, par l'immigration de planteurs européens, mais bien par des entreprises européennes qui devraient fonctionner avec des capitaux européens et de la main-d'œuvre africaine. Deux grandes entreprises de concession furent créées à cette fin : l'une pour le nord-ouest et l'autre pour le sud du Cameroun. Ces entreprises obtinrent des concessions pour des zones gigantesques. À titre d'exemple, la Gesellschaft Süd-Kamerun disposait d'un territoire de neuf millions d'hectares[4]. Tout comme dans le Congo voisin, la main-d'œuvre nécessaire fut souvent recrutée de la manière forte. Le gouvernement soutint cette politique en instaurant des impôts directs, qui rendaient nécessaires des rentrées d'argent et donc le travail salarié, et le travail forcé. Cette décision fut critiquée au Reichstag dont le gouvernement colonial était tributaire pour ses recettes. En 1906, le Reichstag refusa d'adopter le budget du Cameroun, ce qui entraîna sa dissolution et de nouvelles élections. Puis fut élaboré un nouveau règlement financier prévoyant que le coût de la défense des colonies serait à charge du Reich.

L'Afrique-Occidentale britannique

Avec l'accord franco-britannique de 1898, le partage de l'Afrique de l'Ouest fut accompli dans les grandes lignes. L'Angleterre possédait et conserva, quoique de temps à autre des projets d'échange de territoire avec la France fussent échafaudés, sa plus vieille colonie d'Afrique : la Gambie. Cette colonie, qui avait été détachée de la Sierra Leone en 1888, s'étendait sur 400 kilomètres sur les deux rives du fleuve Gambie et était, avec ses 11 295 kilomètres carrés de superficie, la plus petite colonie d'Afrique. Ses frontières avaient été fixées par un accord franco-britannique de 1889. Sa capitale, Bathurst, était une ville portuaire florissante qui devait essentiellement sa prospérité au négoce d'arachides.

Le Sierra Leone devint une colonie particulière. Les esclaves libérés par la flotte britannique, pour lesquels cette colonie avait été créée, se mêlèrent aux Africains rentrés d'Amérique et constituèrent un groupe ethnique connu sous le nom de créoles. Ils avaient reçu une éducation chrétienne et certains d'entre eux envoyèrent leurs enfants en Angleterre pour qu'ils y fassent des études de médecin, de pasteur ou d'avocat. Les Blancs n'étant pas immunisés contre le climat local, les créoles constituèrent assez rapidement l'élite administrative. Dans ce pays d'un million d'habitants, le personnel colonial britannique ne se composait que de cinq personnes. Sur la Côte-de-l'Or, les Anglais livrèrent encore de nombreuses fois bataille à Ashanti, jusqu'à ce que ce territoire-là soit annexé lui aussi en 1901. Sur le plan administratif, la situation dans cette possession britannique était complexe : la Côte-de-l'Or et Ashanti étaient toutes deux des colonies de la Couronne. Leur hinterland formait le protectorat des Northern Territories.

Le Nigeria était de loin la possession la plus vaste (avec plus de 923 000 kilomètres carrés, il était presque quatre-vingt-dix fois plus étendu que la Gambie) et la plus importante de l'Empire britannique en Afrique de l'Ouest. Après l'accord de partage avec la France, le gouvernement anglais se concerta avec la Niger Company afin d'en arriver à un transfert de compétences. Le delta était déjà sous administration britannique. Cette zone était connue sous le nom de Niger Coast Protectorate. En 1900, ce protectorat fut annexé au Bas-Niger où la compagnie de Goldie avait gouverné, et l'ensemble fut rebaptisé Protectorate of Southern Nigeria. C'est l'origine du nom futur de « Nigeria ». On songea également au nom « Goldesia » en hommage à Goldie mais cette idée ne se concrétisa pas.

Le 9 août 1899, le gouvernement britannique reprit à son compte le territoire administré jusque-là par la compagnie. Il en fit l'acquisition pour la somme de 865 000 livres sterling, au grand déplaisir du ministre des Finances que cet achat n'enthousiasmait guère. En dépit de cela, la Chambre des communes approuva cette opération, fût-ce en grinçant des dents. Elle se laissa finalement convaincre par l'argument selon lequel l'on pouvait espérer que cette transaction permettrait d'éviter d'autres problèmes avec la France. Ce territoire forma la colonie du Sud-Nigeria. À ses côtés, le Lagos Colony and Protectorate continuait provisoirement d'exister en tant qu'entité administrative. Et plus tard s'y ajouterait le nouveau protectorat sur le Nord-Nigeria. Ce dernier territoire fut réellement placé sous autorité britannique entre 1900 et 1903. L'homme qui s'en chargea fut lord Lugard. Frederick Lugard (1858-1945) était né aux Indes britanniques et avait choisi d'embrasser une carrière d'officier. Il avait acquis de l'expérience en Afrique orientale, notamment en Ouganda, puis était entré au service de l'entreprise ouest-africaine de Goldie. Il avait joué un rôle de tout premier plan dans la compétition avec la France pour avoir l'hégémonie sur le Nigeria et connaissait donc bien le pays.

Avec l'assujettissement des émirats Kano et Sokoto respectivement le 3 février et le 15 mars 1903, le protectorat britannique devint réalité. En 1906, Lagos fut intégré dans le Sud-Nigeria. Il n'y avait plus alors que deux entités administratives : le Nord-Nigeria et le Sud-Nigeria. Elles continuèrent encore longtemps d'exister en tant qu'entités indépendantes. Il fallut en effet attendre le 1er janvier 1914 pour qu'elles soient chapeautées par une seule et unique administration. Le premier gouverneur général du Nigeria uni fut Lugard. Cette nomination inaugurerait d'ailleurs une nouvelle phase dans la vie de celui-ci. Il entrerait surtout dans l'histoire comme le « Maker of Nigeria ». Les deux provinces du Nigeria, le Nord et le Sud, se virent assigner chacune un lieutenant-gouverneur et conservèrent le statut de protectorats. La capitale, Lagos, était une colonie de la Couronne et ses habitants jouissaient de droits civiques britanniques.

Au demeurant, la présence administrative anglaise au Nigeria était très réduite. Le système administratif que connaissait ce pays et qui était connu sous le nom d'« indirect rule » avait été élaboré et affiné par Lugard à l'époque où il était High Commissioner dans le Nord-Nigeria. Là, ce système fonctionnait bien parce qu'un système administratif et juridique y était déjà en place et que la perception des impôts avait pu y être greffée.

Mais dans les autres parties du pays où faisaient défaut les puissants chefs autochtones présents dans le Nord-Nigeria, le dispositif était moins bien huilé. Les Anglais estimant que ces chefs locaux étaient indispensables pour entretenir des contacts avec la population indigène, ils en inventèrent là où il n'y en avait pas. Dans les zones où des potentats locaux étaient présents, ils furent laissés en fonction mais leur autorité fut désormais subordonnée à celle du gouverneur britannique.

Au début, les exportations du Nigeria se composèrent essentiellement d'huile de palme et de graines de palmiste. À un stade ultérieur, le coton et les arachides devinrent aussi des denrées importantes. À l'aube du XXe siècle, on découvrit de l'étain puis, un peu plus tard, du charbon. Une ligne de chemin de fer fut construite pour relier les mines de charbon au nouveau port, Port Harcourt. Conséquence de la croissance de la production, des importations et des exportations : les possibilités d'investissement s'accrurent également et l'on disposa de ressources pour développer des services publics utiles à la sylviculture, à l'exploitation minière et à la médecine vétérinaire. Comme presque partout en Afrique, il n'était pas chose aisée de trouver une main-d'œuvre suffisante. Les secteurs agricole et minier se battaient pour embaucher les rares travailleurs. Les chefs locaux qui fournissaient des mineurs recevaient une récompense financière. Si cela ne réglait pas le problème, le travail forcé était instauré. Le gouvernement était le plus gros employeur du pays. Des Nigérians furent nommés dans nombre de services administratifs (policiers, commis, etc.) et embauchés dans le cadre de l'installation d'équipements infrastructurels tels que chemin de fer et travaux publics. Les nouveaux développements économiques créèrent une demande de main-d'œuvre qualifiée et, partant, de formation professionnelle. Mais les vraies formations supérieures étaient réservées à une petite élite. Conformément au principe de l'« indirect rule », les enfants des chefs autochtones furent sélectionnés pour suivre ces formations de façon que l'élite traditionnelle puisse être perpétuée.

L'AFRIQUE CENTRALE

L'Afrique centrale fut une région quasi inconnue jusqu'au cœur du XIXᵉ siècle. Certes, les Portugais avaient prospecté l'énorme delta du fleuve Congo dès la fin du xve siècle, mais ils ne s'étaient pas aventurés très loin car le Congo cesse assez rapidement d'être navigable à cause des grandes cataractes aux abords de Matadi. Son bassin a une envergure de quatre millions de kilomètres carrés, supérieure à la superficie de l'Inde. L'Afrique centrale se compose principalement de forêts pluviales tropicales, elle est peu densément peuplée et elle est caractérisée par une grande diversité d'entités linguistiques, culturelles et politiques. La vie économique n'y était pas très développée. Elle était faite de chasse, de cueillette, d'élevage nomade et d'agriculture sédentaire.

Les Européens s'intéressaient surtout au commerce. L'Afrique centrale avait joué un rôle important dans la traite atlantique des esclaves. Malgré l'interdiction de l'esclavagisme, cette traite se poursuivit au xixe siècle. Environ la moitié des esclaves était originaire de la région Congo-Angola. Quand l'esclavagisme fut aussi aboli graduellement, entre 1858 et 1878, dans les colonies portugaises, le négoce de produits d'exportation agricoles prit également son essor en Afrique centrale. Comme en Afrique de l'Ouest, il s'agissait essentiellement de l'huile de palme et des graines de palmiste, ainsi que d'ivoire et de caoutchouc. De nombreuses maisons de commerce étaient actives sur la côte et dans le delta du Congo. Les Français et les Portugais, mais aussi les Anglais et les Hollandais y prenaient une part active. Ce sont ces deux derniers qui connurent la plus grande réussite. Politiquement, toutefois, ce sont les Français et les Portugais qui dominaient le littoral.

La sphère d'influence portugaise s'étendait sur un vaste territoire : au nord depuis l'embouchure du Congo jusqu'à Cabinda et au sud de Cabinda jusqu'à Benguela, plus tard jusqu'à Moçâmedes que les

Portugais fondèrent en 1840. Luanda, la seule ville vraiment européenne entre le Sénégal et Le Cap, en était le centre. Les Français se trouvaient au nord des Portugais, sur la côte du Gabon. Cette colonie était à ce point tombée en déclin vers 1860 qu'il fut envisagé sérieusement de s'en débarrasser. Mais on n'en arriva pas à une telle extrémité. Un certain nombre d'actions surprenantes entreprises par le roi des Belges, Léopold II (1865-1909), changeraient radicalement le cours de l'histoire du Congo.

L'État indépendant du Congo et le Congo belge

La première grande démarche effectuée par Léopold II fut la convocation de la conférence géographique à Bruxelles en 1876. C'est à cette occasion que fut créée l'Association internationale africaine (AIA) présidée par lui-même. L'AIA se révélant un échec personnel pour Léopold, il fonda en 1878 une seconde organisation : le Comité d'Études du Haut-Congo dont il devint également le président. Léopold recruta Stanley et le chargea de fonder des stations dans le bassin du Congo. Mais entre-temps un autre explorateur, Brazza, s'était activé dans cette zone à la demande de la filiale française de l'AIA. Brazza franchit un pas de plus : le 10 septembre 1880, il signa avec le makoko des Batéké un traité aux termes duquel celui-ci cédait à la France la souveraineté sur son territoire. Quoique Brazza n'eût pas été mandaté pour agir de la sorte et ne fût même en aucune façon au service du gouvernement français mais bien d'une société privée, ce traité serait lourd de conséquences. En effet, en 1882, le gouvernement français le soumit pour ratification à la Chambre des députés et celle-ci, encore contrariée par le fait que l'Angleterre avait décidé de faire cavalier seul en Égypte plus tôt dans l'année, fut très enthousiaste. Le traité Brazza-Makoko fut donc ratifié le 22 novembre 1882 avec l'accord unanime de la Chambre.

C'est ainsi que la politique européenne fut introduite dans la région du Congo et que naquit aussi la rivalité entre la France et Léopold, lequel enjoignit à Stanley de conclure également de tels traités en vertu desquels les princes africains céderaient leur souveraineté à l'Association internationale du Congo (AIC), la troisième organisation créée par Léopold. Les Portugais sursautèrent. Constatant que leurs anciennes prétentions étaient mises en péril, ils se tournèrent vers leur allié traditionnel, l'Angleterre. Le gouvernement britannique, qui préférait voir le Portugal plutôt que la France à l'embouchure du Congo, répondit à ces avances et c'est ainsi qu'en février 1884 fut signé un traité anglo-portugais par lequel l'Angleterre reconnut la souveraineté du Portugal sur toute l'embouchure du Congo.

Cela suscita de vives réactions, tant en Angleterre qu'ailleurs. L'opinion publique anglaise éprouvait de l'aversion pour les Portugais dont elle détestait l'esprit corrompu, le protectionnisme et la foi catholique. La France y était aussi opposée, naturellement, car sans accès à la côte les possessions françaises dans l'intérieur des terres se dévaloriseraient. Mais l'élément le plus important était le positionnement de Bismarck. Aussi Paris et Berlin consacrèrent-elles une concertation diplomatique au problème du Congo et prirent-elles l'initiative de programmer une conférence internationale à Berlin pour débattre de ces questions.

La plupart des points inscrits à l'ordre du jour de

cette conférence ne posaient que peu de problèmes. L'Angleterre précisa d'entrée de jeu que le Congo et le Niger ne pouvaient être traités de la même manière. Elle considérait le Bas-Niger comme une sphère d'influence exclusivement britannique et déclara qu'elle déciderait du sort de cette région. Personne ne pouvait contester le monopole de fait de l'Angleterre dans cette région et, comme Bismarck soutint les Anglais sur ce point, la question fut vite réglée. Les débats les plus importants lors de cette réunion berlinoise portèrent sur un autre point de l'ordre du jour : le règlement des nouvelles prétentions territoriales sur les côtes africaines. Dans le bristol d'invitation, il était question de « nouvelles occupations sur les côtes de l'Afrique ». Donc, il ne s'agissait manifestement pas de possessions existantes ni de l'intérieur des terres. Aussi fut-il seulement prévu dans l'acte final que quiconque prendrait possession d'un *nouveau* territoire sur la *côte* ou le placerait sous protectorat serait tenu d'en faire part aux autres pays signataires de l'acte. Mais, comme il n'y avait quasi plus de zones côtières inoccupées, cette disposition était dépourvue de toute portée pratique. L'acte final de la conférence de Berlin ne prévoyait rien concernant les prétentions existantes ou l'intérieur des terres, et ne soufflait mot du partage de l'Afrique.

Mais les discussions les plus cruciales n'eurent pas lieu dans la salle de conférences mais dans les couloirs. Les participants, en effet, ne voulaient pas se séparer avant d'avoir réglé la question des prétentions de Léopold sur la région du Congo. Toutefois, son règlement ne relevait pas de la Conférence mais d'accords bilatéraux entre les différents États et l'AIC de Léopold. À cet égard aussi, le rôle de Bismarck fut décisif. Le 8 novembre, Léopold lui avait envoyé une carte sur laquelle, à grands traits de plume, il avait rangé une grande partie de l'Afrique centrale dans l'État indépendant du Congo qu'il avait créé. Pour reprendre l'expression de l'ambassadeur de France à Berlin, le baron de Courcel, c'était « le cœur du continent ». Plus d'un mois après, Léopold lui adressa une nouvelle carte figurant un État indépendant aux proportions encore plus grandes. Le Kantaga, dont personne, du reste, ne connaissait alors les richesses minérales, en faisait désormais partie. Le chancelier de fer acquiesça à nouveau. Pourquoi Bismarck acceptait-il ces prétentions inouïes du souverain belge? D'abord parce qu'elles lui importaient peu. Certes, il n'avait pas une grande confiance dans les projets impétueux de Léopold, mais le roi des Belges avait promis qu'il instaurerait le libre-échange dans son État indépendant, et c'était le point capital. De plus, les prétentions de tiers plus dangereux pourraient ainsi être repoussées. Pour Bismarck, qui voulait se réconcilier avec la France, il importait également que Paris marque son accord. Ce que fit Paris parce que Léopold lui avait donné une option sur le territoire de l'AIC si celle-ci venait à être dissoute et au moment de sa dissolution. L'Angleterre aurait évidemment dû y être opposée mais le chef du département africain, sir Percy Anderson, était en congé et, en son absence, un commis qui croyait que son patron était au courant accepta la carte de Léopold. C'est ainsi que l'État indépendant du Congo fit l'acquisition, grâce à un mélange de spéculation, d'indifférence et de « gaffes stupides », de sa province économiquement la plus importante.

L'idée majeure de Léopold II s'agissant des colonies était qu'elles devaient rapporter de l'argent. Mais atteindre cet objectif n'était pas chose aisée. Car Léopold avait promis de ne pas prélever de droits à l'importation ou à l'exportation dans son État du Congo. Par conséquent, cet État ne disposait pas de ressources financières propres. Au début des années quatre-vingt-dix, il surmonta cette difficulté en distribuant, par un système d'émission, des terres à des sociétés de monopole. Il s'agissait en l'occurrence d'à peu près un quart du pays, essentiellement dans le Sud-Est. De surcroît, les terres non cultivées dans le reste du pays furent déclarées propriété de l'État et l'État se vit accorder le droit de les exploiter. C'est ainsi que l'État indépendant devint lui-même une société d'exploitation. L'État vivait de revenus en nature, essentiellement l'ivoire et le caoutchouc, et la population indigène fut contrainte de les lui fournir. Ce système eut des répercussions désastreuses. Le gouvernement de l'État indépendant fit en effet clairement comprendre à ses fonctionnaires qu'il s'agissait là d'une question de vie ou de mort et qu'il était impératif d'augmenter les recettes au maximum. C'est ainsi que pour les Congolais eux-mêmes cela devint littéralement une question de vie ou de mort. En effet, cette politique d'exploitation fut exécutée avec une dureté exceptionnelle. La population fut mise sous pression par tous les moyens possibles et imaginables. Les Congolais furent menacés, intimidés, volés, frappés, violés, mutilés et assassinés, tout cela pour accroître le plus possible les recettes.

Il est impossible de comprendre l'histoire de l'État indépendant sans se plonger dans sa structure politique singulière. Cette région était souvent désignée sous l'appellation de Congo belge mais elle ne deviendrait le Congo belge qu'en 1908, lorsque l'État belge prit possession de la colonie léopoldienne. Avant cette date, la souveraineté sur la région du Congo était officiellement entre les mains d'une association internationale, l'AIC, mais en pratique elle était l'apanage du roi des Belges. Celui-ci se considérait comme souverain quoique, du point de vue du droit international, cette prétention reposât sur une base légale douteuse. Mais tout le monde n'attachait pas de l'importance à ces nuances du droit constitutionnel et du droit international. Le roi des Belges était le patron, les services publics étaient implantés à Bruxelles et les fonctionnaires les plus importants étaient des Belges. Toutefois cette nuance n'était pas sans importance car elle impliquait qu'à la différence de ce qui se passait dans d'autres pays le gouvernement belge n'avait pas voix au chapitre et n'était donc pas habilité, que le Parlement ou l'opinion exerce des pressions dans ce sens ou non, à contrôler les actions du Roi ni à entamer des enquêtes à leur propos.

Certaines rumeurs à propos d'atrocités commises au Congo parvinrent en Europe. En Angleterre, notamment, elles suscitèrent une inquiétude et un intérêt croissants. En février 1904, le consul britannique au Congo, Roger Casement, fit un rapport qui dressait un tableau dévastateur des dysfonctionnements. Peu de temps après, l'Anglais E.D. Morel, un ancien employé de bureau devenu journaliste et activiste, créa la Congo Reform Association. La pression internationale devenait si forte que Léopold fut contraint de faire quelque chose. Aussi envoya-t-il lui-même au Congo une commission d'enquête internationale. Son rapport, qui fut rendu public à la fin de 1905, confirma dans les grandes lignes les conclusions de Casement. Le gouvernement belge en conclut que l'État indépendant n'était pas à même de se réformer lui-même et que la gestion de cette colonie devait donc être reprise par la Belgique. Après avoir subi quelques pressions, Léopold se résolut à accéder à cette exigence et, le 15 novembre 1908, l'État indépendant fut transformé en Congo belge.

Les dégâts causés dans l'État indépendant étaient énormes. Selon l'estimation qui fait le plus autorité, la population de la région du Congo est passée de vingt à dix millions d'habitants durant les années 1880-1920, ce qui signifie qu'elle a diminué de moitié. Les massacres en étaient la cause la plus spectaculaire mais, si on examine les chiffres, ils n'en étaient pas la cause la plus importante. Plus lourdes de conséquences furent les famines engendrées par le fait que des groupes entiers de la population fuyaient devant les militaires de l'État indépendant. Mais des maladies telles que la variole et la maladie du sommeil étaient de très loin la cause la plus importante de ce déclin démographique. Dans certaines régions, la maladie du sommeil, mieux connue sous le nom de « mort noire de l'Afrique », décimait jusqu'à 80 % de la population.

Le transfert du Congo à la Belgique ne mit pas instantanément un terme aux nombreux dérèglements. Pour dynamiser l'économie, des concessions furent octroyées pour des compagnies de chemin de fer et des plantations. Dans le cadre de l'aménagement des voies ferrées, il arrivait au gouvernement d'autoriser le recours au travail forcé. L'exploitation de minéraux comme l'or et le cuivre n'était pour l'instant pas lucrative. Les prix du caoutchouc chutèrent. Pour obtenir des recettes, l'État instaura en 1910 une taxe sur les cases, infligeant un supplément aux polygames. Il fut procédé à un quadrillage administratif qui subdivisa le pays en quatre grandes provinces, chacune de ces provinces étant dirigée par un vice-gouverneur général investi de compétences étendues. À l'échelon inférieur, on trouvait des commissaires de district qui géraient un certain nombre de « territoires » puisque telle était la dénomination des entités de base de l'administration coloniale. Aux côtés de celle-ci, il existait une administration africaine placée sous la direction de chefs locaux dont le nombre crût rapidement (2 200 en 1911 ; 4 000 en 1918) et qui, en dépit de leur nom, étaient moins des potentats traditionnels que des collaborateurs coloniaux élevés à ce rang.

L'Afrique-Équatoriale française (A-EF)

Pendant la conférence de Berlin, les frontières de l'État indépendant du Congo avaient été fixées dans des traités bilatéraux signés avec les parties concernées. Il en alla de même avec la région française du Congo. Le traité franco-allemand du 24 décembre 1885 fixa la frontière entre le Cameroun allemand et les possessions françaises. La convention franco-congolaise du 29 avril 1887 régla la question des frontières du Congo français avec l'État indépendant du Congo. Désormais, il y aurait donc deux Congo : le Congo français et l'État indépendant du Congo.

L'organisation de la nouvelle colonie française n'était encore nulle part. Au départ, il y avait diverses entités administratives — le Gabon, le Congo, le Chari et le Tchad — qui étaient gérées de différentes manières. En 1906, une fédération fut constituée et, en 1908, un gouverneur général fut nommé pour cette région qui en 1910 serait rebaptisée Afrique-Équatoriale française (A-EF). Cette fédération se composait de trois colonies : le Gabon, le Moyen-Congo et l'Oubangui-Chari. Son territoire total couvrait un peu plus de la moitié de l'A-OF, à savoir 2,5 millions de kilomètres carrés. Elle était peu densément peuplé, ne comptant que 3 millions d'habitants.

À l'origine, cette colonie existait essentiellement sur papier. L'administration était encore inexistante et l'autorité n'était pas encore instaurée. Encore plus importante était évidemment la question de savoir ce qu'il devait advenir de cette colonie acquise de fraîche date. Toute activité nécessitait des capitaux mais il était quasi impossible de trouver des gens désireux d'investir dans des activités se déroulant dans les forêts tropicales immenses et inaccessibles du Congo français. L'État français n'y était pas non plus disposé. Mais un système de sociétés concessionnaires permit de résoudre ce problème. Par traité, ces sociétés se voyaient attribuer par les autorités coloniales françaises et pour une durée déterminée, souvent trente ans, le monopole de l'exploitation économique d'une région donnée. En contrepartie, elles devaient percevoir l'impôt individuel que le gouvernement colonial imposait aux habitants.

Ces concessions suscitèrent un très vif intérêt. En l'espace d'un an, entre 1899 et 1900, 70 % du territoire du Congo français furent répartis entre quarante entreprises intéressées. Au final, ces entreprises disposèrent même de 95 % des terres. Il s'agissait de zones de tailles très différentes : si la plus petite ne faisait que 1 200 kilomètres carrés, la plus grande, celle de la Compagnie des Sultanats du Haut-Oubangui, couvrait 140 000 kilomètres carrés, une superficie qui était presque le quadruple de celle des Pays-Bas. Les investissements de ces entreprises étaient en revanche extrêmement modestes. Si le capital nominal de la Compagnie des Sultanats se montait à 9 millions de francs, le capital versé ne s'élevait qu'à 2,25 millions, soit 16 francs par kilomètre carré.

Le résultat était prévisible. Les entreprises concessionnaires ne voulaient pas investir mais piller rapidement les terres qu'elles avaient acquises. Les denrées convoitées étaient le caoutchouc et l'ivoire. La population fut contrainte par le travail forcé à collecter ces denrées. L'élite locale des chefs fut mise à contribution. Les exactions perpétrées parvinrent aux organes de presse français, ce qui provoqua un certain nombre de scandales publics. Les parlementaires interpellèrent le gouvernement à ce sujet. Brazza fut chargé d'investiguer. Le rapport de la commission d'enquête resta secret mais le gouvernement se mit à surveiller davantage les sociétés concessionnaires. En dépit de leurs méthodes cruelles, ces sociétés enregistraient des résultats très fluctuants. Si quelques-unes réalisaient des profits plantureux, la plupart ne récoltaient que peu de succès. Elles étaient et restaient peu enclines à aménager des plantations. Vers 1905, les grandes exportations d'ivoire et de caoutchouc s'arrêtèrent. C'est ainsi que le Congo français était et demeurait une région sous-développée avec une population dont le déclin se poursuivrait en raison des dysfonctionnements que l'administration recelait.

L'AFRIQUE ORIENTALE

L'Afrique orientale est une région où les négociants arabes sont très actifs depuis le XVIIe siècle. En 1840, Said, le sultan d'Oman, déplaça sa résidence principale à Zanzibar, une île située au large du Tanganyika. Zanzibar aurait de ce fait un avenir radieux. Il devint l'emporium commercial le plus important d'Afrique orientale, tant pour la traite des esclaves que pour le commerce d'ivoire et de clous de girofle. L'influence de Zanzibar s'étendit sur toute la côte orientale de l'Afrique. En 1870, un nouveau sultan arriva au pouvoir : Barghash, un rénovateur ambitieux. Il introduisit le télégraphe et promut la navigation et la collaboration avec l'Angleterre. C'est ainsi que durant le dernier quart du siècle les Anglais eurent un grand pouvoir d'influence. Ils dominaient la politique internationale de Zanzibar.

L'influence britannique à Zanzibar entraîna aussi des conséquences pour les régions d'Afrique orientale sur lesquelles le sultan fit valoir des prétentions. Une entreprise commerciale anglaise, l'Imperial British East Africa Company de William Mackinnon était active, à une échelle modeste, en Afrique orientale. Et une entreprise allemande, la Deutsche Ost-Afrika Gesellschaft, obtint une concession pour une partie de l'Afrique orientale. Ainsi furent jetés les fondements d'une rivalité anglo-allemande qui serait réglée par le traité germano-britannique du 1er juillet 1890, mieux connu sous le nom de traité Zanzibar-Helgoland. Ce traité délimita les prétentions réciproques de manière telle que l'Angleterre obtint le Kenya et l'Ouganda, tandis que l'Allemagne se vit attribuer le Tanganyika. Par la même occasion, l'Allemagne reconnut le protectorat anglais sur Zanzibar et obtint elle-même l'île britannique de Helgoland en mer du Nord. Peu de temps après, ce fut au tour de la France de voir ses desiderata satisfaits. L'Angleterre et l'Allemagne reconnurent les prétentions françaises sur Madagascar en échange de la reconnaissance par la France de leurs accords en Afrique orientale.

L'Afrique-Orientale allemande

L'Afrique-Orientale allemande est généralement considérée comme la plus importante des colonies allemandes. Bismarck avait consenti à la fondation de cette colonie à condition qu'elle ne coûte rien au Reich. La compagnie commerciale allemande active dans ce domaine, la Deutsche Ost-Afrika Gesellschaft (DOAG), dont l'empereur allemand était le plus gros actionnaire, devait supporter le coût de son administration. Cependant, cela apparut impossible en pratique.

Le 15 août 1888, la DOAG entama ses activités de gestion. Elle disposait de 56 agents. Ceux-ci commencèrent immédiatement à remplir les caisses de la compagnie et instaurèrent à cette fin une impressionnante série d'impôts. C'est ainsi que furent introduits un impôt sur les enterrements, un impôt sur les transports, un impôt sur le cacao, un impôt individuel et toute une kyrielle d'autres impôts. Firent également leur apparition des autorisations et des obligations, des mesures, des ordres et des règlements, des papiers, des timbres, des droits d'expédition et des cachets, tout cela dans la meilleure tradition prussienne. Il n'y a donc rien d'étonnant à ce que les Arabes et les Swahili, ébahis, qui depuis des temps immémoriaux n'avaient été accoutumés à rien d'autre qu'à de simples droits à l'importation et à l'exportation, et à d'encore plus simples pots-de-vin, considérèrent les dispositions prises par les nouveaux maîtres avec étonnement et aversion, et s'y opposèrent.

L'insurrection éclata le 22 septembre 1888 à Bagamoyo et se propagea à d'autres villes côtières. À la fin de 1888, l'ensemble du territoire de la DOAG était en proie à la rébellion. Le commerce était paralysé et le personnel européen était en danger. La compagnie n'était visiblement pas à même d'administrer la colonie. Le dilemme devant lequel le gouvernement allemand se trouvait maintenant était simple : renoncer ou intervenir. Bismarck était très irrité de constater que la DOAG avait semé le désordre dans sa colonie. La formule, si élégante sur le papier, de la « Chartered Company » se révélait inopérante en pratique. L'État devait donc suppléer à son incapacité et c'est ce qu'il fit. Le 30 janvier 1889, le Reichstag vota les crédits demandés. Un commissaire du Reich fut nommé pour prendre la direction des opérations. Celui-ci recruta une armée, composée en grande partie de soldats africains, et commença ses opérations en mai 1889. Ses troupes, qui partirent de Bagamoyo et de Dar es-Salaam, s'enfoncèrent dans l'intérieur des terres. En décembre 1889, leur commandant fut capturé et condamné à mort. Le gouvernement allemand avait donc dû venir en aide à la DOAG et il était évident que les choses n'en resteraient pas là. En 1890, il fut décidé que le gouvernement reprendrait la gestion de l'Afrique-Orientale allemande. La DOAG deviendrait ensuite une entreprise purement commerciale, sans monopole ni obligations administratives.

Avec un territoire de presque un million kilomètres carrés, l'Afrique-Orientale allemande était plus de deux fois plus vaste que l'Allemagne elle-même, plus de deux fois plus étendue que le Cameroun et plus de dix fois plus grande que le Togo. En 1913, elle comptait plus de 7,5 millions d'habitants, soit plus de la moitié de tous les habitants des colonies allemandes. En 1892, Dar es-Salaam fut désignée comme capitale. La ville connut une croissance rapide. En 1914, elle comptait déjà vingt mille habitants dont mille Européens. Après 1900, des femmes allemandes arrivèrent aussi dans la colonie. Sur le modèle allemand, Dar es-Salaam fut dotée d'un *Biergarten* (estaminet) qui devint le centre social de la ville. Elle possédait maints parcs et jardins. Comme les chevaux étaient rares, la plupart des calèches étaient tirées par des zèbres.

Le premier administrateur de l'Afrique-Orientale allemande fut Hermann von Wissmann. Il eut rapidement un successeur en la personne de Julius von Soden qui reçut le titre de gouverneur et fut chargé de mettre en place une administration ordonnée. Le système qu'il créa était un mélange d'administrations militaire et civile, la première étant prépondérante dans l'intérieur des terres, la seconde étant surtout instaurée sur la côte. Dans certaines zones, des chefs africains furent associés à l'administration. Dans la capitale furent créés quelques ministères pour lesquels on recrutait des fonctionnaires coloniaux. L'État allemand supporta environ la moitié du coût de l'administration parce que la colonie elle-même ne rapportait pas suffisamment de recettes.

Le problème était et demeurait la difficulté d'attirer des capitaux privés. De surcroît, les planteurs qui s'y établissaient éprouvaient du mal à trouver de la main-d'œuvre. Du reste, ces planteurs étaient fort peu nombreux : en 1913, on en recensait 882 sur une population blanche totale de 5 336 personnes. Les Indiens constituaient un groupe d'immigrants beaucoup plus important. Ils détenaient une grande partie du commerce de détail et en retiraient de bons profits. Les transactions commerciales avec l'Inde étaient si importantes que la roupie devint le moyen de paiement officiel en Afrique orientale.

Une des tentatives qui furent entreprises pour assurer le développement économique de la région fut la mise en place de fermes modèles où des « cash crops » destinées à l'exportation pouvaient être cultivées. Les hommes africains furent contraints d'aller y travailler une partie de l'année. Les tensions socio-économiques qui furent causées par ces mutations ainsi que par l'instauration d'impôts et la réquisition de main-d'œuvre aboutirent en 1905 à la plus grande révolte de l'histoire coloniale de l'Afrique : la rébellion Maji-Maji. « Maji » signifie « eau » en swahili. Les dirigeants religieux de ce mouvement prétendaient que leur force était telle que les balles de l'ennemi se changeraient en eau. La révolte se propagea comme une traînée de poudre. Des planteurs, des fonctionnaires coloniaux et des missionnaires furent tués et le gouvernement dut rassembler une force importante. L'insurrection fut jugulée en avril 1906. Du côté africain, les pertes furent énormes : environ 150 000 Africains furent tués et de grandes parties du Sud furent dévastées. Du côté allemand, les pertes furent nettement moins importantes mais le coût fut élevé et le déficit de la colonie s'en trouva accru.

Dans l'extrême nord-ouest de l'Afrique-Orientale allemande se trouvaient deux royaumes que les Européens baptisèrent Ruanda et Urundi (le Rwanda et le Burundi actuels). Ces territoires ne furent placés définitivement sous administration allemande qu'en 1910, après de longues négociations avec l'Angleterre et le Congo belge. Elles furent peuplées par trois ethnies : un très petit groupe de pygmoïdes, les Twa (qui représentaient moins d'1 % de la population), les Hutu, des agriculteurs qui représentaient la grande majorité de la population (85 %) et les Tutsi, des éleveurs qui constituaient la couche supérieure et aristocratique. C'était la partie la plus densément peuplée de l'Afrique. Les statistiques démographiques sont incertaines mais, selon une estimation réaliste, en 1914 l'Urundi comptait un million et demi d'habitants et le Ruanda trois millions. Dans ces deux territoires vivait donc près de la moitié de la population totale de l'Afrique-Orientale allemande. À la tête de ces deux États, on trouvait des seigneurs qui exerçaient un pouvoir absolu et divin.

Les Allemands reconnurent leur statut en instaurant un système d'« indirect rule », système qui fonctionna mieux au Ruanda qu'en Urundi. L'appareil de pouvoir allemand était du reste très limité. En 1914, on dénombrait au total, dans l'ensemble du Ruanda-Urundi, onze fonctionnaires et quarante militaires allemands. De très grands espoirs étaient placés dans les perspectives d'avenir qu'offrait cette partie du pays qui était souvent décrite comme un eldorado. Mais ces espoirs furent largement déçus. Dans toute cette zone, quelques dizaines de négociants seulement s'activaient. La majeure partie de la population blanche se composait de missionnaires.

L'Afrique-Orientale britannique

Après le traité anglo-allemand de 1890, l'Afrique orientale comptait quatre protectorats européens : un allemand et trois britanniques : Zanzibar, l'Ouganda et l'East African Protectorate (EAP), l'actuel Kenya. La plus ancienne sphère d'influence anglaise en Afrique orientale était Zanzibar et, au début, ce protectorat était toujours considéré comme la plus importante possession britannique en Afrique orientale, à un point tel qu'initialement l'East African Protectorate fut administré depuis Zanzibar. En 1895, les Affaires étrangères reprirent la gestion de l'Imperial British East Africa Company et placèrent le territoire qui en relevait sous la supervision de l'agent et consul général britannique à Zanzibar dont le salaire de 1 800 livres sterling fut augmenté de 200 livres en raison de cette nouvelle responsabilité qui, à en juger d'après cette modeste augmentation salariale d'environ 10 %, n'était visiblement pas considérée comme étant écrasante. En 1900, le protectorat se vit attribuer son propre Commissioner qui s'établit à Mombassa, sur la côte. En effet, à cette époque-là, l'influence britannique en Afrique orientale était encore presque exclusivement limitée à une poignée de villes portuaires.

L'EAP fut subdivisée en quatre provinces dont chacune était placée sous la direction d'un Sub-Commissioner. Au nord, le protectorat était limitrophe de l'Éthiopie mais cette frontière n'avait pas été tracée définitivement et la présence anglaise y fut initialement limitée à une seule personne, un agent grec qui avait été nommé par l'envoyé britannique en Éthiopie. Ce n'est qu'en 1909 que fut établi le Northern Frontier District mais cette zone resta fermée aux commerçants et, par conséquent, elle ne revêtit aucun intérêt économique.

Comme toujours, le système d'administration britannique tendit à associer les organes de gestion existants à la gouvernance coloniale. Mais dans cette région il n'existait quasi aucun chef ni conseil d'anciens qui détînt une autorité suffisante pour faire œuvre utile à cet égard. Aussi s'avéra-t-il malaisé d'installer l'administration et un système juridique, et de percevoir les impôts nécessaires à cet effet. Au début, les Anglais n'étaient pas persuadés non plus que le protectorat offrait beaucoup de perspectives économiques. Ils le considéraient surtout comme une voie d'accès à l'Ouganda, pays stratégiquement important qui leur semblait de surcroît posséder un potentiel économique plus important. Mais pour exploiter ce potentiel il fallait relier l'Ouganda à l'océan Indien et donc collaborer avec l'EAP. Les relations étroites qu'entretenaient l'Ouganda et l'EAP aboutirent à une discussion sur la question de savoir s'il ne serait pas préférable de placer les deux protectorats sous une administration conjointe. Sir Harry

Johnston, spécialiste de l'Afrique orientale qui avait été nommé Special Commissioner en Ouganda, en était partisan. Mais le Foreign Office, qui y était opposé, proposa une autre solution: la scission de l'Eastern Province de l'Ouganda et sa jonction à l'EAP. Cette solution fut mise en œuvre de sorte que l'EAP vit sa zone considérablement étendue et acquit en outre un territoire qui était adapté à l'agriculture et possédait un climat attrayant pour les Européens. C'est ainsi qu'en 1902 germa l'idée de faire du Kenya une colonie de peuplement.

On créa un département de distribution des terres qui fut chargé de répartir les parcelles. Mais au début les Anglais ne se présentèrent qu'au compte-gouttes. Voilà pourquoi l'on songea à y attirer des immigrants finnois et pourquoi Joseph Chamberlain suggéra d'ouvrir le pays aux sionistes. Toutes ces idées ne se concrétisèrent jamais parce que les colons finirent par affluer. Un grand nombre de Sud-Africains, essentiellement d'origine hollandaise, se jetèrent en effet à corps perdu sur cette nouvelle perspective d'avenir qui leur fut ainsi offerte en 1908. Diverses nouvelles cultures furent pratiquées, à commencer par le coton mais aussi les pommes de terre et — denrée très importante — le café arabica. Ce dernier fut introduit en 1893 simultanément par un missionnaire catholique et un missionnaire protestant. Peu de temps après, l'immigration anglaise se mit elle aussi en branle. Finalement, abstraction faite de l'Afrique du Sud, le Kenya deviendrait avec la Rhodésie la plus importante colonie de peuplement britannique en Afrique.

En Ouganda, l'administration britannique trouva une situation tout à fait différente de celle de l'East Africa Protectorate. Il y avait en effet en Ouganda des entités politiques de grande envergure qui, une fois placées sous l'autorité suprême de l'Empire britannique, pourraient rester en grande partie autonomes. Aussi l'appareil administratif britannique ne comptait-il pas plus de vingt personnes. Le cœur du protectorat était le royaume de Bouganda. En 1900, Johnston signa avec le *kabaka*, puisque ainsi s'appelait le roi du Bouganda, la convention Ouganda qui fixa les frontières du royaume, reconnut le kabaka comme seigneur et lui attribua le titre honorifique de Son Altesse. De plus, le kabaka fut autorisé à nommer un Premier ministre, le kattikiro, un juge suprême et un Conservateur du Trésor. Il se vit allouer un revenu de 1 500 livres, presque autant, donc, que le gouverneur britannique au Kenya. Afin d'engranger les recettes nécessaires pour couvrir entre autres cette dépense-là, un impôt sur les huttes fut instauré. Et une réglementation foncière fut aussi élaborée. Le principe de base était que la terre appartenait au kabaka qui devrait la répartir en partie entre sa famille et ses subordonnés. Les terres non cultivées étaient quant à elles attribuées au gouvernement du protectorat. Avec les autres entités politiques du protectorat furent également conclues des conventions aux termes desquelles l'autorité britannique suprême était reconnue, l'autonomie accordée et des règlements fonciers adoptés. Il s'écoula environ un quart de siècle avant que les frontières de l'Ouganda ne soient fixées et que l'administration britannique ne soit réellement établie. En 1905, l'autorité du British Empire y était si solidement implantée que le Foreign Office transféra la gestion de l'Ouganda au ministère des Colonies.

L'Ouganda était considéré comme un pays qui offrait de grandes perspectives d'avenir, ce qui lui valait d'être appelé la « perle de l'Afrique ». Mais pour développer ce potentiel une liaison avec l'océan était indispensable. C'est ce qui explique qu'on échafauda un grand projet en vue de l'aménagement d'un chemin de fer de l'Ouganda qui devrait relier Kampala, la capitale de l'Ouganda, à la ville portuaire de Mombassa, la capitale du protectorat est-africain. Le gouvernement britannique était également persuadé de la nécessité de ce projet ferroviaire et, en 1896, il dégagea trois millions de livres pour permettre sa construction. Ce projet serait beaucoup plus onéreux que prévu puisqu'il coûterait au total huit millions de livres au contribuable anglais. Les difficultés furent donc énormes. Pour commencer, il y avait en Afrique même insuffisamment de main-d'œuvre. Celle-ci devait donc être importée et, comme toujours, l'Inde se chargea de la fournir. Au moment où le chantier atteignit son pic d'intensité, 15 000 hommes y travaillaient. Ils étaient importunés par divers animaux et insectes, et en particulier par deux lions mangeurs d'hommes qui firent de tels ravages que le travail fut interrompu pendant plusieurs semaines. En juin 1899, Nairobi fut rallié. À l'origine, cet endroit insignifiant n'était rien d'autre qu'un point de départ pour la poursuite des travaux d'aménagement de la voie ferrée mais en 1907, après l'arrivée des colons, elle deviendrait la capitale du Kenya. En 1901, la voie ferrée atteignit son but, les côtes du lac Victoria, et en 1903 elle fut achevée.

Madagascar

L'Afrique orientale fut en grande partie répartie entre l'Allemagne et l'Angleterre, l'Italie acquérant elle aussi, plus tard, une partie du Nord-Est. Les Portugais étaient depuis plusieurs siècles dans le Sud, au Mozambique, qui deviendrait l'une de leurs deux grandes colonies en Afrique. La France, en revanche, n'acquit aucune possession en Afrique orientale. Elle dut se contenter de Madagascar.

Le cœur de Madagascar était constitué par le royaume Hova. Mais ce nom est au fond incorrect. En réalité, les Hova ne formaient qu'une seule caste, fût-ce la caste dominante, d'un groupe ethnique qui était originaire du Pacifique : les Merina. L'arrivée de ces Polynésiens se produisit pendant le premier millénaire de notre ère. Les Merina furent les premiers habitants de la grande île et sont toujours demeurés le groupe dominant. Au cours du XIXe siècle, l'Empire merina étendit son hégémonie sur environ deux tiers de l'île. Madagascar n'étant pas appelée sans raison « la grande île » — car elle est aussi étendue que la France et la Belgique —, cet empire était l'un des plus grands États qui existaient à l'époque du partage de l'Afrique.

L'empire merina était aussi un empire moderne. Il s'était modernisé sous le règne du roi Nampoina (abréviation de Andrianampoinimerina, 1782-1810, un nom particulièrement long même selon les normes malgaches) et sous celui de son fils Radama (1810-1828). Ces seigneurs modernisèrent l'armée et ouvrirent leur île à la technique moderne et, jusqu'à un certain point, aux idées modernes. Missionnaires, enseignants et techniciens furent admis sur le territoire de l'île. La scolarité obligatoire fut instaurée avec succès. À la fin du XIXe siècle, le pourcentage des enfants merina qui fréquentaient l'école était identique à celui des enfants des pays d'Europe occidentale. En 1880, les premiers médecins malgaches qui avaient été formés à Édimbourg rentrèrent au pays. Missionnaires protestants anglais et missionnaires catholiques français se livraient une bataille sans merci pour conquérir les âmes malgaches. Les protestants l'emportèrent. À la fin du XIXe siècle, on dénombrait à peu près un demi-million de convertis au protestantisme contre seulement cent mille convertis au catholicisme. Qui plus est, le Premier ministre, la Reine et une poignée d'autres dirigeants se convertirent en 1868 à la foi protestante, qui devint la même année religion officielle d'État.

Toute cette œuvre des Lumières eut une certaine influence, mais une influence très limitée, sur les us et coutumes de l'empire hova qui resta réputé pour sa rudesse et sa brutalité. Le régime politique était fondé sur une oligarchie dictatoriale organisée autour de la cour, sur le monopole de la propriété foncière entre les mains du souverain, sur l'esclavage, sur les expéditions militaires et sur l'oppression. La mort de Ranavalona en 1861 fut suivie d'une lutte farouche pour le pouvoir d'où Rainilaiarivony sortit comme Premier ministre et homme fort. Il consolida notamment son pouvoir en épousant trois reines successives et demeura au pouvoir jusqu'à l'intervention française en 1894.

L'intérêt de la France pour Madagascar était surtout stimulé par les missionnaires catholiques et les colons français à La Réunion. La Réunion était l'une des rares colonies de l'Ancien Régime que la France avait conservées après les années napoléoniennes. Depuis les origines, les Français avaient possédé deux îles dans l'océan Indien : Maurice qu'ils avaient rebaptisée Île de France et l'Île de Bourbon. Comme le nom de cette dernière ne plaisait pas beaucoup aux hommes de la Révolution française, ceux-ci appelèrent cette île La Réunion. L'Île de France fut occupée par les Anglais et recouvra son ancien nom de Maurice. La Réunion, en revanche, resta entre les mains des Français. Cette île, qui n'est qu'un volcan éteint, a une superficie d'à peine 2 500 kilomètres carrés. Sa population était très diversifiée. Vers 1870, elle comptait quelque 180 000 habitants dont un cinquième de Blancs. Les autres habitants étaient presque tous de sang mêlé : africain, malgache, malais, indien et chinois.

Sous l'Ancien Régime, La Réunion avait connu une économie d'esclaves, d'une certaine façon comparable à celle des Antilles. Le sucre y était la denrée la plus importante. Après l'abolition de l'esclavage, la main-d'œuvre arriva essentiellement d'Inde. Le problème de main-d'œuvre fut ainsi résolu plus simplement qu'aux Antilles mais la baisse du prix du sucre eut aussi des répercussions à La Réunion. Voilà pourquoi les habitants de La Réunion jetèrent assez vite leur dévolu sur la gigantesque île voisine de Madagascar, qui offrait des possibilités d'expansion quasi illimitées.

Par conséquent, l'impérialisme des habitants de La Réunion fut à l'origine de l'expansionnisme français à Madagascar, expansionnisme qui était en partie alimenté par les députés catholiques au Parlement français qui défendaient la cause de la mission catholique. Un conflit éclata en 1883 quand la France revendiqua un protectorat sur Madagascar. Cette revendication fut rejetée par le gouvernement hova. Une escadre apparut bientôt dans les eaux malgaches et un certain nombre de villes côtières furent occupées et bombardées, mais le temps n'était pas encore mûr pour une opération de grande ampleur. La France était impliquée dans des conflits à Tunis, au Congo et — conflit le plus important — au Tonkin. Une guerre à Madagascar serait une guerre de trop. Le commandant français fut dès lors chargé de renoncer à toute intervention et de se borner à quelques manœuvres de canonnière.

En 1890, commença une nouvelle phase. L'Angleterre et l'Allemagne laissèrent les mains libres à la France à Madagascar en échange de la reconnaissance, par la France, de leurs protectorats respectifs en Afrique orientale. Les désagréments subis par les habitants français de l'île s'étaient entre-temps accrus et, à intervalles réguliers, certains d'entre eux étaient assassinés. En 1894, les Français estimèrent que la coupe était pleine. Sur proposition d'un député de La Réunion fut adoptée à l'unanimité une motion réclamant instamment un règlement de cette question. En novembre 1894, les deux Chambres votèrent avec enthousiasme les crédits nécessaires à une grande expédition. Après une décennie, l'impérialisme français à Madagascar était devenu une affaire sérieuse.

En décembre 1894, la marine occupait le port de Tamatave ainsi qu'une poignée de villes portuaires. Un grand corps expéditionnaire fut constitué : 15 000 soldats, principalement des tirailleurs sénégalais, 6 000 auxiliaires, des porteurs, des muletiers et des chauffeurs pour les milliers de « Voitures Lefebvre » (véhicules légers, tirés par des chevaux ou des mules). Le 26 septembre, le corps expéditionnaire arriva dans la capitale, laquelle se rendit après quelques jours de siège. Le lendemain fut signé le traité par lequel Madagascar devint un protectorat français. La Reine conserva son trône et son parasol rouge — signe de sa souveraineté — mais pas pour longtemps. La formule de protectorat ne fonctionna pas bien parce qu'elle ne donna pas satisfaction aux colons français et que les Merina refusèrent de se conformer à la nouvelle administration. Rébellions et anarchie en résultèrent. Le 20 juin 1896, Madagascar fut annexé et en septembre fut nommé un gouverneur général investi de tous les pouvoirs militaires et civils. Ce gouverneur général était Joseph

Gallieni. Son second était Hubert Lyautey. Ensemble, ils pacifieraient l'île.

Quand Gallieni quitta Madagascar en 1905, l'île avait été placée en grande partie sous administration civile. Le commandant militaire suprême était secondé par un secrétaire général qui était appuyé par un certain nombre de services administratifs. Ils constituaient tous deux l'administration. La manière dont celle-ci fut développée ensuite dépendit des circonstances : il s'agit tantôt d'une administration directe, tantôt d'une administration indirecte. Les habitants conservèrent leur propre système juridique alors que, pour les Européens et les personnes assimilées, le système français était en application.

Madagascar était une grande île mais elle comptait peu d'habitants. En 1911, ceux-ci étaient au nombre de trois millions. Parmi eux se trouvaient plus de 15 000 Européens. Beaucoup d'entre eux venaient de La Réunion ou de Maurice. À Madagascar, les missionnaires eurent carte blanche. Résultat : le nombre d'écoles y était relativement élevé. Aux écoles des missionnaires français et étrangers, catholiques et protestants vinrent s'ajouter des écoles d'État. Sur le front économique, il ne se passa pas grand-chose. Gallieni instaura un régime fortement protectionniste. En l'espace de dix ans (1896-1905), les importations en provenance d'autres pays que la France chutèrent de 60 à 10 %, ce qui aboutit à des augmentations de prix. Pour attirer les colons, il fut procédé à l'émission de concessions foncières. Mais cette mesure donna peu de résultats concrets. Madagascar se révélait inappropriée comme colonie de peuplement.

LE NIL ET L'AFRIQUE DU NORD-EST

Le Nil

En 1898, débuta l'une des plus grandes crises internationales de l'histoire du partage de l'Afrique : la crise de Fachoda. Cette crise ne porta pas sur Fachoda elle-même car celle-ci n'était qu'une implantation insignifiante sur les rives du Nil-Supérieur. Elle concerna les intérêts vitaux des deux grandes puissances qui y étaient impliquées : l'Angleterre et la France. Pour l'Angleterre, il s'agissait de la maîtrise du Nil et, partant, de la sécurité de l'Égypte ; pour la France, l'enjeu était la reconquête de sa position en Égypte et, partant, de sa position parmi les grandes puissances.

Le gouvernement britannique dirigé par lord Salisbury, qui fut trois fois Premier ministre (d'abord brièvement en 1885-1886, ensuite de 1886 à 1892 et enfin de 1895 à 1902), avait une conception claire de la politique africaine de l'Empire britannique. Le principe de base était que l'Angleterre resterait en Égypte et que cela aurait fatalement des conséquences pour la politique suivie en Afrique dans le futur. Le raisonnement était que, pour sauvegarder l'Égypte, l'Angleterre devait maîtriser la vallée du Nil ou, en tout cas, empêcher que d'autres pays européens le fassent.

Aussi l'Angleterre décida-t-elle d'accomplir ce qui était de toute façon inéluctable : réaffirmer l'autorité de l'Égypte, cette fois-ci sous la forme d'une hégémonie anglo-égyptienne sur le Soudan au moyen d'une expédition militaire emmenée par le général anglais Kitchener. Le 12 mars 1896, Salisbury annonça l'invasion du Soudan. Kitchener ne se précipita pas puisque ce n'est que le 2 septembre 1898 qu'il arriva à Omdourman, la banlieue ouest de la capitale des mahdistes, Khartoum. Il infligea une défaite cuisante à l'armée mahdiste qui, au lendemain de la bataille d'Omdourman, compta dans ses rangs 11 000 morts et 16 000 blessés de sorte qu'elle était véritablement anéantie. Kitchener poursuivit sa progression et arriva le 19 septembre à Fachoda où le drapeau français avait entre-temps été hissé, ce qui était l'aboutissement de l'ambition nourrie depuis des années par le Quai d'Orsay de prendre pied sur le Nil. L'idée était qu'une présence française en Égypte pourrait contraindre les Anglais à «rouvrir» la question égyptienne, c'est-à-dire à redonner aux Français, dans une certaine mesure, voix au chapitre dans les affaires égyptiennes.

À cette fin avaient déjà été échafaudés au fil des années quantité de projets qui n'avaient abouti à rien. Mais la dernière mission, celle de Marchand, avait réussi et en 1898 les Français s'étaient établis à Fachoda sur les rives du Haut-Nil. Kitchener fit savoir que le Soudan était égyptien et qu'il venait y restaurer l'autorité de l'Égypte. Du point de vue juridique, cet argument ne pesait pas très lourd mais l'heure n'était pas aux argumentations juridiques. L'heure était à la conquête du pouvoir. L'Angleterre avait tous les atouts en main : elle disposait sur place d'une force armée supérieure, elle régnait sur les mers, elle avait un gouvernement fort et uni et elle menait une politique claire. La France ne disposait pas d'une flotte solide et sur place elle était impuissante. En outre, elle était en proie à des dissensions sur le plan intérieur. Elle fut donc obligée de battre en retraite. La France bouda encore longtemps au sujet de cette humiliation mais des politiciens réalistes en tirèrent un enseignement: l'Angleterre ne pouvait être délogée de l'Égypte. Le mieux était donc de solliciter auprès de l'Angleterre une contrepartie en échange de sa reconnaissance de la position anglaise en Égypte, par exemple en lui demandant des compensations ailleurs. Et il en irait ainsi six ans plus tard lors de l'avènement de l'Entente cordiale.

Le Soudan anglo-égyptien

Après la victoire sur les mahdistes et la retraite des Français, plus rien ne faisait obstacle à une hégémonie britannique sur le Soudan. L'accord franco-britannique de mars 1899 plaça en effet définitivement le Nil et le Bahr el-Ghazal dans la sphère d'influence britannique. Il y avait toutefois une difficulté pour ce qui regardait le statut juridique dont devrait être doté ce territoire immense. Le statut de l'Égypte elle-même n'ayant même pas été réglé, définir celui du Soudan n'était pas chose aisée. La solution trouvée par les Britanniques était ingénieuse et, pour eux, très avantageuse. Le Soudan deviendrait un condominium anglo-égyptien sous un gouverneur général désigné par l'Angleterre mais nommé par le khédive. Ainsi, le Soudan resterait en dehors de l'ingérence internationale qui existait en Égypte et l'Angleterre ne devrait pas assumer de responsabilité directe au Soudan. Les Anglais, en l'occurrence le représentant britannique en Égypte, décidaient de toutes les nominations à tous les postes clés dans l'administration. Mais c'est le gouvernement égyptien qui devait en assumer le coût.

Celui qui dirigea *de facto* le Soudan durant ces premières années fut l'agent anglais en Égypte, lord Cromer. Il traitait le premier gouverneur général du

Soudan, Reginald Wingate, qui y exercerait le pouvoir de 1899 à 1916, comme un subordonné. Wingate était un officier d'artillerie qui avait travaillé pour les services de renseignement égyptiens et qui avait joué un rôle important dans la lutte contre les mahdistes. Après le départ de Cromer en 1907, Wingate jouit d'une plus grande marge de manœuvre. Il bâtit un petit appareil administratif britannique, principalement composé de militaires qui avaient été empruntés à l'administration coloniale et d'un petit nombre de spécialistes (juristes, etc.). Ce système a été défini comme une «autocratie militaire à des fins civiles». L'un des personnages les plus insolites de cette administration britannique était le bras droit de Wingate, l'officier autrichien Rudolf von Slatin, que Gordon avait amené au Soudan et qui avait été nommé gouverneur du Darfour. Après la chute du Darfour, il resta pendant onze ans captif des mahdistes à Omdourman pour finalement s'en évader de façon spectaculaire. Toutes ces expériences faisaient de lui un très fin connaisseur du pays et de son peuple. Quoiqu'il travaillât au service de l'Angleterre et portât le titre d'inspecteur général, il conserva toujours la nationalité autrichienne et c'est la raison pour laquelle il démissionna lorsque la Première Guerre mondiale éclata en 1914.

Le Soudan, qui est le plus grand pays d'Afrique, est caractérisé non seulement par l'immensité de son territoire, mais aussi par ses divisions très marquées. Il n'y a d'unité au Soudan que dans son nom. Le Nord était islamisé et arabisé. Le Sud (la frontière se situe à peu près à 10° de latitude) était composé d'un ensemble bigarré de peuples et de tribus africaines sans territoires clairement délimités. Il s'avéra justement très difficile d'assujettir ce Sud qui au fond n'avait jamais connu aucune forme d'administration régulière. Des années durant, son histoire fut marquée par une succession de révoltes locales et d'expéditions punitives britanniques. De surcroît, la présence anglaise au Soudan était très limitée. Dans le Bahr el-Ghazal, région à peu près aussi étendue que l'Italie, on ne dénombrait au total que huit fonctionnaires britanniques. Et sur l'ensemble du territoire soudanais n'étaient pas stationnés plus de huit cents militaires anglais. Les soldats égyptiens et soudanais étaient beaucoup plus nombreux mais ils n'étaient pas toujours fiables. Voilà pourquoi de grandes parties du Soudan ne furent placées sous administration que dans les années 1920.

La pression fiscale devait être légère car la crainte d'une insurrection mahdiste, considérée comme une manifestation de protestation contre l'exploitation financière, était encore bien présente. Aussi le coût de l'administration ne pouvait-il être couvert par les revenus locaux et fut-il financé en grande partie par l'Égypte. Après les troubles des années précédentes, une situation plus ordonnée se mit graduellement en place, du moins dans le Nord, cependant que l'économie se remettait aussi, en quelque sorte, en marche. Une immigration anglaise de quelque importance que ce soit ne se produisit pas, ne fût-ce que parce que Wingate interdit de distribuer des terres à des non-Soudanais. Mais, même indépendamment de cela, ce pays n'était pas attrayant pour les colons européens.

L'Afrique du Nord-Est :
Angleterre, Italie et Éthiopie

Si le partage de l'Afrique orientale avait été une affaire anglo-allemande, la rivalité concernant l'Égypte et le Soudan avait opposé la France et l'Angleterre. Dans le nord-est de l'Afrique, ce furent surtout l'Italie et l'Angleterre qui entrèrent en compétition, mais — événement unique dans cette histoire — un grand acteur africain fut aussi impliqué dans cette affaire, à savoir l'Éthiopie de Ménélik.

L'impéralisme italien fut essentiellement orienté vers la Méditerranée. C'est là que se trouvait l'avenir impérial de l'Italie. Même l'occupation de Massaoua sur la mer Rouge fut expliquée par une théorie selon laquelle la mer Rouge était la clé de la Méditerranée[5]. Mais de prime abord aucune possibilité ne s'offrait en Méditerranée et c'est la raison pour laquelle l'Italie ne s'intéressa provisoirement qu'à la mer Rouge. Une entreprise italienne y avait acquis en 1869, notamment en vue de l'ouverture du canal de Suez, la baie d'Assab. Le gouvernement italien reprit les droits afférents à cette propriété et, le 5 juillet 1882, il fit officiellement d'Assab la première colonie italienne. La prise de Massaoua en 1885, sur les rives de la mer Rouge également, fut un événement d'une plus grande importance. Les Italiens ambitionnaient désormais de relier Assab et Massaoua et d'en occuper l'hinterland. Cette ambition fut concrétisée en 1890. C'est ainsi que vit le jour la colonie de l'Érythrée.

Les Italiens partageaient la côte occidentale de la mer Rouge avec les Français, qui s'étaient installés à Obock en 1862, et avec les Anglais. Ceux-ci étaient à Aden depuis 1839 et ils y étaient principalement tributaires, pour leur approvisionnement en vivres, de l'autre côté somalien. Après l'évacuation égyptienne du Soudan en 1887, ils avaient également placé sous protectorat une partie de la côte occidentale de la mer Rouge. En 1888, fut tracée la frontière entre le Somaliland britannique et le Somaliland français et, en 1892, Djibouti devint la capitale de la colonie française. En 1887, l'Italie fit l'acquisition, avec l'aval du sultan de Zanzibar, d'un protectorat sur toute la côte orientale de l'Afrique, de Kismaayo, à l'embouchure du Juba, au Cap Guardafui, sur la pointe de la Corne. De ce protectorat serait issu plus tard le Somaliland italien. À l'issue d'un cycle de concertations diplomatiques, le Royaume-Uni et l'Italie signèrent, les 24 mars et 15 avril 1891, deux traités ayant trait au partage de leurs sphères d'influence en Afrique orientale. Ces traités revenaient en substance à dire que l'Italie était autorisée par l'Angleterre à exercer une suprématie dans la Corne de l'Afrique mais ne mettrait jamais les pieds dans la vallée du Nil. Le Juba marquerait la frontière entre le Somaliland italien et l'Afrique-Orientale britannique. Mais, pour l'heure, les Italiens s'intéressaient surtout à l'Éthiopie.

Les Italiens apprendraient vite qu'une expansion en Éthiopie n'était pas une partie de plaisir. En 1887, ils expérimentèrent pour la première fois la force des soldats éthiopiens. Le 26 janvier de cette année-là, leur armée fut taillée en pièces à Dogali. Les Italiens réagirent à cette défaite cinglante en engageant des moyens militaires et diplomatiques. Il fallait venger l'humiliation de Dogali. C'est pourquoi il fut décidé de constituer une force armée puissante. La seconde arme qu'utilisa Rome fut la diplomatie. L'Italie tenta alors une manœuvre diplomatique dont la finalité était de monter l'un contre l'autre l'empereur Johannes et son rival Ménélik. Et cette manœuvre réussit. Ménélik fut plus ou moins reconnu comme souverain aux termes d'un traité secret du 20 octobre 1887. Johannes se trouva dans une situation encore plus pénible quand il dut affronter non seulement l'assaut de troupes italiennes toutes fraîches, mais aussi une invasion mahdiste. Il périt le 10 mars 1889 lors d'une bataille avec ces derniers qui au demeurant tourna à son avantage. La plupart des chefs éthiopiens reconnaissaient maintenant Ménélik comme empereur. Ce fut un choix heureux car Ménélik II (1844-1913) fut l'un des dirigeants africains les plus remarquables de cette période. Sous son gouvernement, les rôles furent inversés. Victime de l'impérialisme, l'Éthiopie en devint une exécutante.

En septembre 1895, Ménélik déclara la guerre à l'Italie. Les Italiens disposaient d'une force redoutable : près de 18 000 hommes dont plus de 10 000 Européens, mais le negusa nagast mobilisa près de 100 000 guerriers. 20 000 d'entre eux disposaient exclusivement de lances et d'épées mais les autres étaient bien armés. Les Éthiopiens disposaient même d'une artillerie et d'une cavalerie. Cependant, même cette formidable armée n'aurait pas été capable telle quelle de venir à bout des fortifications italiennes. Mais le Premier ministre italien, Crispi, assaillit son commandant d'exhortations enflammées et de télégrammes sarcastiques. Le commandant, exaspéré, passa à l'attaque le 1er mars 1896. Cette bataille deviendrait célèbre sous le nom de bataille d'Adoua. Les Éthiopiens remportèrent une victoire écrasante. Ras Makonnen — le père d'Haïlé Sélassié et l'un des diplomates et chefs de guerre les plus talentueux de Ménélik — fut le héros du jour. Pour l'Italie, les retombées de cette défaite furent désastreuses : 6 000 hommes perdirent la vie, 1 500 furent blessés et 1 800 furent faits prisonniers. Plus de la moitié du contingent italien avait été éliminée. Cinq jours plus tard, l'Italie demanda à l'Éthiopie de faire la paix. Les négociations qui s'ensuivirent débouchèrent sur le traité d'Addis-Abeba du 26 octobre 1896 par lequel l'Italie reconnut la souveraineté et l'indépendance de l'Éthiopie. C'en était fini de l'expansion italienne. Mais l'expansion éthiopienne, elle, ne faisait que commencer.

Les Éthiopiens étendirent leur hégémonie dans la direction du Somaliland où, en 1897, cette extension aboutit à un partage entre les sphères d'influence anglaise et éthiopienne. Le gouvernement britannique fut chargé de lutter contre le mouvement de résistance dans cette région. Cette lutte ne se fit pas sans anicroche car le chef de ce mouvement, Mohammed Abdullah Hassan, mieux connu en Angleterre sous le nom de Mad Mullah (le Mollah fou), parvint à organiser efficacement la résistance en forgeant des coalitions entre les différents clans. De plus, il rassembla une force considérable. L'empereur Ménélik proposa aux Anglais de mener une action militaire conjointe et il en fut ainsi. L'armée du Mad Mullah n'avait aucune chance de vaincre et en 1904 fut conclu un accord qui s'avéra ne pas tenir la route puisqu'en 1908 les hostilités reprirent. Cette guerre coûterait aux Anglais des millions et solliciterait encore l'attention des correspondants de guerre pendant des années jusqu'à ce que des choses plus importantes les requièrent. Entre-temps, l'Italie convoitait de nouveau la région qui était au centre de toutes les préoccupations : la Méditerranée.

La Libye

En Afrique du Nord, après l'occupation française de Tunis en 1881 et l'occupation anglaise de l'Égypte en 1882, seules les provinces turques de Tripoli et de Cyrène restaient des proies potentielles pour l'Italie. L'autorité turque y était en réalité purement nominale et la présence armée de la Turquie y était marginale. Cette région s'appelait jadis la Libye mais ce nom était tombé dans l'oubli. En 1903, l'auteur italien F. Minutelli fit paraître son livre *Bibliografia della Libia* à partir duquel ce nom fut peu à peu réhabilité. Le gouvernement italien décida d'en faire la dénomination officielle de la région dans un décret de 1911 qui annonçait son annexion par l'Italie.

L'un des arguments italiens qui militaient en faveur de la nécessité d'acquérir des colonies, en particulier en Afrique du Nord, était l'argument de l'émigration et le raisonnement selon lequel l'Afrique du Nord s'y prêterait tout particulièrement en raison de sa situation et de son climat. Mais cette argumentation ne convainquit pas car, au final, 1 % seulement des émigrants italiens partirait dans les colonies italiennes contre 40 % en Amérique. Même après l'annexion de la Libye, le Maroc français accueillit encore plus d'Italiens que la Libye italienne.

Que l'Italie voulût conquérir la Libye était un fait évident. Qu'elle ne pût le faire qu'avec l'accord tacite des grandes puissances (et notamment la France et l'Angleterre) était une réalité incontestable. C'est la France qui prit l'initiative d'améliorer les relations franco-italiennes. Cette initiative fut prise par le ministre français des Affaires étrangères, Théophile Delcassé, qui chercha un rapprochement tant vis-à-vis de l'Angleterre que de l'Italie. Le premier contact aboutirait à la fameuse Entente cordiale de 1904, le second à un traité franco-italien secret de 1902 par lequel l'Italie promit de rester neutre en cas de guerre franco-allemande, promesse qui rendait passablement sujette à caution son appartenance à la Triple Alliance. Du reste, aux yeux de l'Italie, il ne s'agissait pas d'une tromperie mais d'une « réinterprétation[6] ».

Le but recherché par l'Italie en Libye n'était pas, quant à lui, si évident. L'intérêt que présentait la Libye, qui est en grande partie un désert, sur le plan économique n'était pas manifeste. Elle ne comptait pas beaucoup plus d'un demi-million d'habitants et les possibilités d'émigration étaient restreintes. Cet engouement était donc essentiellement politique et idéologique, comme l'indique le titre d'un livre italien consacré à la Libye et intitulé : *Notre Terre promise*. Les nationalistes recherchaient la gloire, les catholiques y voyaient une perspective intéressante de propager la foi chrétienne et les uns comme les autres pensaient que la Libye pouvait offrir des perspectives d'avenir à leurs pauvres paysans. En outre, c'était maintenant ou jamais. Quand l'affaire marocaine atteignit son paroxysme en 1911, l'Italie intervint. Elle déclara que la communauté italienne de Tripoli était menacée et posa un ultimatum au sultan. La déclaration de guerre suivit peu de temps après, le 29 septembre 1911. Un blocus fut instantanément imposé et, cinq jours plus tard, le port de Tripoli fut bombardé et une force armée débarqua. Les Italiens gagnèrent sur terre, en mer et même dans les airs car ils disposaient de neuf avions et de trois dirigeables. Du reste, ils effectuèrent le premier bombardement aérien de l'histoire.

Étant donné que la Libye faisait partie de la Porte ottomane, il s'agit en réalité d'une guerre italo-turque. Cette guerre s'étendit à l'ensemble du bassin méditerranéen oriental. L'Italie bombarda Beyrouth, menaça les détroits et occupa une série d'îles turques en mer Égée. C'est alors que l'Angleterre fit savoir à l'Italie qu'elle passait les bornes et celle-ci baissa le ton. Par le traité de Lausanne (15 octobre 1912), la Turquie céda Tripoli et la Cyrénaïque. Mais l'affaire n'était pas close pour autant. Les Italiens n'avaient pas été accueillis par la population arabe comme des libérateurs les délivrant du joug du régime turc. Au contraire, les Arabes leur résistèrent et continuèrent de le faire, même après la reddition turque, sous la forme d'une guérilla, surtout en Cyrénaïque. L'Italie envoya un contingent de 100 000 hommes dont 4 000 périrent et 5 000 furent blessés. En 1914, il lui fut encore nécessaire de maintenir en Libye une garnison de 50 000 hommes pour maintenir l'ordre, du moins à Tripoli et dans quelques autres grandes villes.

L'AFRIQUE AUSTRALE

L'Afrique du Sud

Jusqu'à la fin du XIXe siècle, l'Afrique du Sud avait été une région agraire et assoupie du monde. Certes, Le Cap était plus dynamique que les deux Républiques Boers, le Transvaal et l'État libre d'Orange, mais il n'y avait pas grande différence. Cependant l'histoire de l'Afrique du Sud changea du tout au tout avec la découverte de diamants en 1867 et surtout d'or moins de vingt ans plus tard. La découverte de diamants attira l'attention du monde entier sur cette région et draina un grand nombre d'aventuriers vers l'Afrique du Sud. Les découvertes d'or produisirent un effet identique mais amplifié. Au début, l'extraction de diamants fut l'affaire d'aventuriers isolés qui se ruèrent par milliers vers les gisements. Ce n'est que plus tard que l'on se mit à chercher des diamants dans les couches plus difficilement accessibles. Ce nouveau type de prospection étant une activité à fort coefficient de capital, de grandes entreprises commencèrent à s'y intéresser. L'extraction de l'or, au contraire, fut dès le départ une industrie à fort coefficient de capital et de travail. Aussi main-d'œuvre étrangère comme capital étranger furent-ils sollicités. Il en résulta une vague d'immigration tout à fait considérable. Comme l'or fut découvert dans la région du Witwatersrand, dans le Transvaal donc, cette évolution se manifesta essentiellement dans cette république Boers conservatrice et agraire qui devint ainsi, de façon inattendue, la partie la plus dynamique de l'Afrique du Sud. Ce développement fut lourd de conséquences pour la politique britannique à l'égard de l'Afrique du Sud.

Le gouvernement anglais de Disraeli, qui était arrivé au pouvoir en 1874, ambitionnait de mener une politique coloniale active. Ses projets concernant l'Afrique du Sud se résumaient à un plan consistant à créer une fédération au sein de laquelle devraient aussi s'insérer les républiques Boers. Celles-ci n'étant toutefois pas intéressées, les Anglais n'eurent pas d'autre choix que de les annexer, ce qui survint en 1877 sans que les républiques opposent une grande résistance. Mais quelques années plus tard, les Boers, emmenés par Paul Kruger, se révoltèrent, cette insurrection débouchant sur la première guerre des Boers de 1881 lors de laquelle les Boers remportèrent une grande victoire à Majuba Hill. Le gouvernement Gladstone opta alors pour la concertation. Lors de la Convention de Pretoria du 5 avril 1881, l'indépendance du Transvaal fut restaurée mais l'Angleterre fut aussi reconnue comme suzerain.

La même année, la démonstration fut faite qu'on trouvait de l'or en quantité exploitable dans le Witwatersrand. Deux ans plus tard, le grand «reef» fut découvert, ce qui déclencha la ruée vers l'or. Johannesburg devint la ville qui connaissait la croissance la plus rapide au monde. En 1896, elle comptait déjà 50 000 Blancs, ceux originaires du Transvaal ne représentant plus qu'un peu plus de 10 % de cette population blanche. Le reste était constitué d'étrangers (« uitlanders »). La valeur des exportations sud-africaines doubla en trois ans, l'or du Transvaal représentant plus de la moitié de ces exportations. Le cœur économique de l'Afrique du Sud s'était donc déplacé du Cap vers le Transvaal, quoique celui-ci fût toujours tributaire du Cap pour ses liaisons avec l'étranger étant donné qu'il n'avait pas de port, les Anglais ayant veillé à avoir une mainmise sur toute la côte. Toutefois, Johannesburg pouvait être relié à Lourenço Marques, le plus beau port d'Afrique orientale. Ainsi, elle ne serait plus dépendante de l'Angleterre ni du Cap.

Dès lors, il existait désormais un réel conflit d'intérêts entre Le Cap et le Transvaal. L'homme qui présidait aux destinées politiques du Cap était le Britannique Cecil Rhodes. En 1895, Rhodes avait tenté de renverser le gouvernement du Transvaal en combinant une insurrection des « uitlanders » avec une invasion de l'extérieur. Cette tentative, connue sous le nom de « Jameson raid », fut un fiasco total qui mit fin brutalement à la carrière politique de Cecil Rhodes.

Le nouvel adversaire de Kruger ne fut pas un dirigeant politique du Cap comme Rhodes l'était mais bien Alfred Milner, gouverneur et haut-commissaire anglais en Afrique du Sud, qui arriva en 1887. Milner était un impérialiste convaincu. Il considérait que l'Afrique du Sud était une partie importante et même vitale de l'Empire britannique. Elle constituait à ses yeux le cœur d'une future grande fédération qui serait comparable au Canada et à l'Australie. La clé de l'avenir de l'Afrique du Sud résidait au Transvaal et il était donc impératif de contraindre Kruger à collaborer aux projets britanniques. Mais Kruger refusa son concours et, lorsqu'il fut élu président pour la quatrième fois en février 1898, tout espoir de collaboration entre l'Afrique du Sud et l'Angleterre était annihilé.

Le 11 octobre 1899 débuta la seconde guerre des Boers entre la Grande-Bretagne et les républiques du Transvaal et de l'État libre d'Orange. La guerre se déroula conformément aux prévisions dans la mesure où le puissant British Empire vainquit finalement ces républiques lilliputiennes. Cependant, ce fut loin d'être une sinécure, essentiellement parce qu'après les batailles à la régulière que l'Angleterre remporta assez aisément les Anglais durent affronter une longue guérilla à laquelle ils ne pouvaient mettre fin qu'au prix d'un effort énorme, de nombreuses vies humaines et de lourds investissements financiers, et grâce à un grand ascendant moral. Lors de la Paix de Vereeniging (31 mai 1902), les républiques furent annexées mais en même temps il leur fut promis que, tout comme Le Cap et le Natal, elles se verraient accorder à brève échéance l'autodétermination et que les langues anglaise et néerlandaise seraient traitées légalement sur pied d'égalité.

En 1902, Milner avait l'Afrique du Sud à ses pieds et le grand objectif — l'annexion par l'Empire britannique de toute l'Afrique du Sud — semblait atteint. Les choses prendraient cependant une autre tournure. L'ironie de l'histoire voulait en effet que l'Afrique du Sud ne serait pas dominée par les Britanniques mais par les Afrikaners. Cette évolution était liée à des facteurs structurels qui étaient en grande partie indépendants de la politique de Milner, lequel se rendait compte que, pour créer une Afrique du Sud anglaise, une victoire militaire était une condition nécessaire mais non suffisante. Il pensait que pour atteindre cet objectif les Anglophones devraient constituer la majorité de la population blanche, ce qui pourrait être concrétisé par une immigration massive d'Anglais. Mais celle-ci resta un vœu pieux. Les Anglais qui choisirent d'émigrer préférèrent aller vivre dans des colonies britanniques bien établies comme le Canada et l'Australie plutôt qu'aller au-devant d'un avenir incertain en Afrique du Sud. Une autre possibilité consistait en une anglicisation de la population blanche, plus ou moins comme en Russie où un vaste programme de russification avait été appliqué sur tout le territoire impérial. Mais cette politique ne fut pas non plus une réussite. L'expérience de la guerre avait pour effet que les Afrikaners étaient encore plus qu'auparavant attachés à leur propre identité et celle-ci était étroitement liée à leur langue. Le nationalisme linguistique des Afrikaners aboutit à l'éviction du néerlandais comme langue officielle et à son remplacement par l'afrikaans.

À d'autres égards, la politique de Milner fut un succès. La finalité de sa politique était de parvenir à un redressement économique rapide du pays. À cette fin, un grand emprunt d'État garanti par l'Angleterre fut lancé. Les fermes furent reconstruites grâce aux indemnisations offertes par le gouvernement anglais. Les voies ferrées furent réparées. Bientôt, l'industrie minière tourna de nouveau à plein régime. Mais cette industrie était elle aussi confrontée à un manque de main-d'œuvre. C'est la raison pour laquelle des travailleurs contractuels furent importés de Chine.

La réorganisation politique de l'Afrique du Sud fut également prise à bras-le-corps. Milner ne souhaitait pas accorder tout de suite l'autodétermination aux républiques Boers de peur qu'elle menace la suprématie britannique en Afrique du Sud. Mais le nouveau gouvernement libéral qui arriva au pouvoir en Angleterre après les élections de 1906, soit un an après le départ de Milner, fut quant à lui favorable à l'octroi de l'autodétermination au Transvaal et à l'État libre d'Orange, et ce pas important fut donc franchi en 1906 et 1907. Afin de consolider l'unité des colonies sud-africaines, non seulement il fut procédé à la mise en place d'une union douanière et à l'aménagement d'un réseau ferroviaire commun, mais une Convention nationale fut aussi convoquée afin de débattre de la future structure politique de l'Afrique du Sud. Cette Convention nationale se réunit en 1908. En 1909, fut rédigé un projet de Constitution qui fut adopté la même année par le Parlement britannique et reçut l'appellation de South Africa Act. Le 31 mai 1910, huit ans jour pour jour après la Paix de Vereeniging, l'Union sud-africain fut tenue sur les fonts baptismaux.

La Constitution de l'Afrique du Sud ne fut pas, comme en Australie et au Canada, d'orientation fédéraliste mais unitariste. Le pouvoir exécutif était détenu par le gouverneur général et les ministres, ces derniers étant responsables devant le Parlement de l'Union, lequel était composé de deux Chambres : une Assemblée élue et un Sénat dont les membres étaient soit nommés, soit élus indirectement. Presque tous les Blancs adultes avaient le droit de vote. Les Sud-Africains noirs, en revanche, n'obtinrent pas ce droit. Un autre problème était le choix de la capitale. Sur cette question-là aussi, l'on parvint à un compromis : Pretoria serait la capitale administrative et Le Cap, la capitale législative. Le nouveau gouverneur britannique, qui fut en même temps le premier gouverneur général d'Afrique du Sud, demanda à l'ex-général des Boers, Botha, de devenir Premier ministre, de former un gouvernement et de convoquer des élections. Le nouveau parti de Botha, le Suid-Afrikaanse Partij, remporta une victoire électorale éclatante de sorte que désormais les Afrikaners détenaient le pouvoir. Botha et Smuts optèrent pour une politique de réconciliation. Mais un autre dirigeant Boers, Hertzog, préférait mettre en œuvre une politique nationaliste Boers. Lorsque la Première Guerre mondiale éclata en 1914, la volonté affichée par Botha et Smuts de s'engager dans la voie d'une politique de réconciliation se révéla sincère. Les deux ex-généraux Boers choisirent en effet de soutenir leur ancien ennemi, c'est-à-dire l'Angleterre. Hertzog ne fit pas, quant à lui, ce choix et se rebella contre le gouvernement. Mais son mouvement dissident ne fut pas couronné de succès.

Le Sud-Ouest africain allemand

Le Sud-Ouest africain allemand était, après l'Afrique Orientale allemande la plus grande colonie allemande en Afrique. La superficie de son territoire était de plus de 800 000 kilomètres carrés, le double de celle de l'Allemagne elle-même. Ce fut aussi la seule colonie allemande où une immigration européenne eut lieu à relativement grande échelle. En 1912, la population blanche comptait 14 816 représentants, ce qui était trois fois plus qu'en Afrique-Orientale allemande, presque dix fois plus qu'au Cameroun et 43 fois plus qu'au Togo[7]. Cette région ne se prête pas à l'agriculture mais exclusivement à l'élevage extensif, du moins dans la partie occidentale car la partie septentrionale est montagneuse et à l'est s'étend le désert du Kalahari. Elle devint une colonie allemande grâce à l'action de deux aventuriers : Lüderitz et Vogelsang.

Frans Adolf Eduard Lüderitz (1834-1886) était, à l'instar de maints entrepreneurs africains, un aventurier. Il n'avait pas beaucoup étudié mais avait beaucoup voyagé et erré, en particulier au Mexique et en Amérique. Son père, un riche négociant en tabac de Brême, lui légua une fortune colossale lorsqu'il mourut en 1878. Lüderitz entra en contact avec un jeune homme qui avait lui aussi hérité d'une fortune dans le tabac, fût-elle légèrement moins importante, et qui comme lui s'ennuyait : Heinrich Vogelsang. Ils décidèrent que leur avenir était en Afrique. Le 1er mai 1883, Vogelsang agissant pour le compte de la firme Lüderitz acheta au chef Khoi-Khoi, le capitaine Joseph Fredericks, la « Bay Agra Peguena ainsi que les terres adjacentes 5 (cinq) milles dans toutes les directions » (l'acte était rédigé en néerlandais). Le prix fut de 200 rands (environ 100 livres sterling) et deux cents fusils. Le 12 mai, il hissa le drapeau allemand au-dessus de Fort Vogelsang puis télégraphia à Lüderitz : « Terres achetées au chef moyennant paiement unique. »

Ce n'était que le début. En août 1883 fut signé un nouveau traité par lequel les frontières du Lüderitzland, comme ce territoire s'appelait dorénavant, furent l'objet d'un tracé beaucoup plus impressionnant puisqu'il partait du fleuve Orange pour rejoindre un point situé à 26 degrés de latitude sud. Le 24 avril 1884, Berlin fit savoir à Londres et au Cap que Lüderitz se trouvait sous la protection du Reich. Beaucoup considèrent cette date comme la date de naissance de l'empire colonial allemand mais, à Londres, ce ne fut pas le cas, du moins au début. En effet, les Anglais ne virent dans cette proclamation de *Reichsschutz* qu'une volonté d'assurer la « protection », déjà promise précédemment, d'un ressortissant allemand et non l'établissement d'un protectorat. En juin 1884, Bismarck envoya son fils Herbert à Londres pour qu'il explique clairement de quoi il retournait. L'Allemagne était en effet demandeuse d'un protectorat sur l'Afrique du sud-ouest. À la grande surprise de Bismarck, Granville, le Foreign Secretary, n'y voyait aucun inconvénient. Il était ravi d'avoir cette épine retirée du pied. Le 7 août 1884, il fut annoncé publiquement que le Reich avait annexé Angra Pequeña. Peu de temps après, cette opération d'annexion fut étendue à toute la région côtière intercalée entre la colonie du Cap et l'Angola portugais. Un millier de kilomètres de littoral africain était désormais aux mains des Allemands.

Le Sud-Ouest africain allemand était peuplé par trois ethnies : les Herero au centre, les Nama dans le Sud et les Ovento dans le Nord. Les Allemands entrèrent essentiellement en contact avec les Herero et les Nama. Ces derniers résistèrent encore longtemps aux Allemands puisque ce n'est qu'en 1894 que leur chef, Hendrik Witbooi, reconnut le protectorat allemand. Le mouvement colonial allemand était à présent persuadé que la colonie allait au-devant d'un avenir radieux et il s'employa à en faire abondamment la propagande, ce qui induisit une petite immigration allemande d'éleveurs. Les immigrants originaux avaient été des « trekboers » d'Afrique du Sud. Ici aussi, des sociétés concessionnaires vinrent s'installer, la plus importante étant financée par des capitaux anglais et se concentrant sur l'exploitation minière. Au final, l'arrivée de ces sociétés et surtout celle des paysans européens qui prirent possession de la terre provoquèrent l'une des plus grandes révoltes et des plus grandes guerres de l'histoire coloniale.

Cette guerre, connue aujourd'hui sous le nom de guerre Herero, avait son origine dans le fait que la situation de la population autochtone se détériorait constamment. En 1897, deux tiers du cheptel étaient morts à la suite d'une épidémie. L'insurrection, qui éclata le 12 janvier 1904, était dirigée par Samuel Maherero, le fils d'un illustre chef herero. De nombreux colons furent assassinés. La réaction allemande ne tarda pas. Un corps expéditionnaire emmené par le général Lothar von Trotha fut envoyé dans la région. Les Herero furent attaqués. Ils livrèrent une bataille perdue d'avance et furent défaits à Hamakari. Les survivants fuirent dans le désert où ils moururent de faim.

Mais le combat n'était pas fini. Le général von Trotha déclara alors la guerre totale. Dans une proclamation devenue tristement célèbre sous le nom de «Vernichtungsbefehl» (ordre de destruction), il déclara: «À l'intérieur des frontières allemandes, tout Herero, avec ou sans fusil, avec ou sans bétail, sera abattu. Aucune femme, aucun enfant ne sera toléré: soit je les renverrai parmi leur peuple, soit je les ferai fusiller. Voilà ce que j'ai à dire aux Herero.» Signé: «Le grand général de l'empereur omnipotent, Von Trotha[8]».

Le résultat fut conforme à la menace proférée par von Trotha. Alors qu'ils étaient 80 000 en 1904, les Hereros ne furent plus que 20 000 en 1906. Sur les 17 000 hommes européens que l'Allemagne engagea au cours de cette guerre qui fut sa plus grande guerre coloniale, 2 000 perdirent la vie. Après les Hereros, ce furent les Nama qui dans le sud de la colonie s'insurgèrent contre le colonisateur allemand. Les hostilités ne prirent fin qu'en 1907. L'économie se remit alors graduellement en marche. L'agriculture ne prit jamais son envol mais, peu de temps après la période de guerre, cuivre et diamants furent découverts, ce qui fit naître une industrie minière qui attira des colons allemands. En 1912, la balance commerciale de l'Allemagne présenta pour la première fois un excédent. À dater de cette année, la colonie fut financièrement indépendante.

Les colonies portugaises : l'Angola et le Mozambique

Les colonies portugaises en Afrique de l'Ouest avaient surtout joué un rôle important pour la traite des esclaves. L'Angola, notamment, était un grand pourvoyeur de bois d'ébène. La présence portugaise y était limitée à deux villes : Luanda et Benguela, et leur hinterland. Le reste du négoce était dominé par les Africains eux-mêmes. Au cours du XIXe siècle, le Portugal mena une politique coloniale plus active. En 1840, des négociants de Luanda fondèrent Moçâmedes. La sphère d'influence portugaise s'en trouva étendue vers le sud de près de 300 kilomètres. Ce nouvel établissement prospéra. Outre les activités commerciales, pêche et agriculture furent pratiquées par des immigrants brésiliens. La sphère d'influence du Portugal s'étendit également vers le nord, jusqu'à Ambriz.

L'influence portugaise se limita en grande partie à la côte. L'intérieur des terres resterait encore longtemps inexploré et inaccessible. Même au milieu du XIXe siècle et en Angola aussi bien qu'au Mozambique, le commerce en dehors des zones côtières fut toujours dominé par les Africains. Si la côte occidentale était jalonnée d'importants comptoirs portugais, sur le littoral oriental, en revanche, on ne trouvait que Lourenço Marques et quelques forts épous. Le rêve portugais demeurait la création d'un vaste empire qui s'étendrait de l'océan Atlantique à l'océan Indien.

Ce rêve subit un dur revers lorsqu'en 1885 l'Angleterre établit son autorité dans le Bechuanaland. Un second coup de l'adversité suivit en 1889 quand le gouvernement britannique donna une charte à la compagnie de Rhodes, jetant ainsi les bases d'une expansion de l'hégémonie anglaise sur l'autre rive du Zambèze. Le projet d'une liaison entre l'Angola et le Mozambique était ainsi quasi enterré mais pour le Portugal il était et demeurait évidemment impératif d'agrandir ses colonies au maximum. Pour ce qui regarde l'Angola, ses frontières en bordure des côtes ressortissaient, dans le Sud, à une concertation avec l'Allemagne et, dans le Nord, à des tractations avec l'État indépendant du Congo. Si les frontières méridionales ne posèrent pas de problème, en revanche, avec Léopold, il y eut plusieurs fois des tensions. Toutefois, en 1891, les parties en présence se décidèrent à négocier et elles parvinrent finalement à un accord. Quant aux frontières méridionales en lisière du littoral mozambicain, elles avaient déjà été l'objet d'un règlement avec l'Angleterre en 1875, les frontières septentrionales étant l'objet d'un accord avec l'Allemagne en 1886.

Cependant, les discussions les plus importantes concernèrent les frontières dans l'intérieur du pays, en d'autres termes la frontière est de l'Angola et la frontière ouest du Mozambique. Le long de ces frontières, l'expansion de la compagnie de Rhodes avait donné naissance à plusieurs pommes de discorde entre l'Angleterre et le Portugal. Ces points de dissension furent réglés au moyen d'un traité conclu entre l'Angleterre et le Portugal qui délimita les frontières de leurs colonies respectives. Ce traité représenta un tournant dans l'histoire de l'Afrique portugaise. Le Portugal dut en effet faire son deuil de ses grands rêves territoriaux. Du reste, ce que le Portugal conservait était loin d'être négligeable dans la mesure où ce traité octroyait à l'Angola et au Mozambique des droits sur la plus grande partie de leur hinterland. C'est ainsi qu'au bout du compte le Mozambique disposa d'une superficie équivalant à presque une fois et demie, et l'Angola presque à deux fois et demie, celle de la France.

De même que tout explorateur britannique vantait tel territoire qu'il venait d'explorer et qui suscitait son enthousiasme en prétendant que c'était une « future nouvelle Inde » et de même que les Français parlaient volontiers, en pareil cas, d'une « nouvelle Algérie », de même les Portugais rêvaient-ils toujours d'un « nouveau Brésil ». Ils employèrent aussi cette expression pour l'Angola et le Mozambique. Mais l'Angola ne deviendrait pas un nouveau Brésil et le Mozambique encore moins. Paradoxalement, les anciennes colonies, telles que Sâo Tomé et Príncipe, qui étaient pourtant de taille beaucoup plus modeste, restèrent longtemps encore les plus importantes colonies du Portugal. Vers 1900, le cacao qui provenait de ces deux petites îles volcaniques avait plus de valeur que tout le caoutchouc et tout le café produits par l'Angola.

Les Portugais étant des protectionnistes convaincus, ils considéraient qu'économiquement les colonies avaient surtout pour fonction de fournir un marché protégé à l'industrie portugaise. Toutefois, ils ne pouvaient utiliser à cette fin tout l'Angola ni tout le Mozambique étant donné qu'une partie de ces deux pays relevait de la zone de libre-échange conventionnelle du Congo telle que l'avait définie l'Acte de

Berlin. Pourtant, la politique mise en œuvre par Lisbonne se révéla fructueuse. Si, en 1890, moins de 1 % des importations de textile de l'Angola venait du Portugal, huit ans plus tard cette proportion était de 94 %[9]. Cette politique protectionniste induisit une certaine désindustrialisation dans les colonies. Y implanter de nouvelles industries était une mission quasi impossible et ce qui existait comme industrie était anéanti par les tarifs prohibitifs.

Si, pour la construction du chemin de fer peu lucratif, on accueillit à bras ouverts les capitaux étrangers, l'économie des plantations, en revanche, était considérée comme un monopole portugais. Cependant, au Mozambique, ce furent le plus souvent des entreprises financées par des capitaux étrangers qui firent l'acquisition de grands terrains en bail à ferme de longue durée. Deux tiers du pays se trouvaient entre leurs mains. Le développement de toutes ces activités eut pour effet une croissance de la population blanche. En Angola, elle crût de 3 000 personnes aux alentours de 1870 à 13 000 en 1914. Au Mozambique, ce chiffre était un peu inférieur puisqu'il se situait aux alentours de 11 000.

Du reste, beaucoup d'entre eux n'étaient pas d'origine portugaise mais venaient d'Angleterre, de Grèce et d'Italie. L'esclavage y subsista jusqu'au XXe siècle en dépit des protestations britanniques. Le travail obligatoire était également monnaie courante. Les concessions donnaient aux propriétaires de plantations le droit de recourir à cette méthode de production.

Les Portugais ne considéraient pas comme une haute priorité l'établissement de leur autorité et l'édification d'un système administratif. À l'aube du XXe siècle, l'armée coloniale portugaise ne comptait que 13 000 hommes dont 4 000 Européens. Avant

1890, les Portugais ne contrôlaient même pas 10 % du territoire angolais et à peine 1 % du territoire mozambicain. Dans tout le reste du territoire de ces colonies, les contrôles restaient limités à la surveillance des voies commerciales. Trente années de guerre furent nécessaires pour placer véritablement sous l'autorité de Lisbonne ces deux colonies. À seules fins d'engranger des recettes publiques, les administrateurs coloniaux portugais recouraient au prélèvement de droits à l'importation et à l'exportation, et non à un régime d'imposition personnelle ou d'impôt sur les huttes. Une telle forme de taxation requérait en effet une gestion effective du territoire et celle-ci faisait défaut.

CHAPITRE V

L'impérialisme moderne en Asie et dans le Pacifique

> *L'Orient est une carrière.*
> BENJAMIN DISRAELI

Durant le dernier quart du XIXe siècle, l'on put observer en Asie, tout comme en Afrique, une influence croissante de puissances étrangères. Mais il s'agit davantage d'une accentuation de processus déjà enclenchés antérieurement que d'évolutions fondamentalement nouvelles. En Chine, l'on constata depuis la guerre de l'opium un ascendant sans cesse grandissant des Européens, en particulier sur les côtes. Outre l'Angleterre, d'autres pays y établirent des sphères d'influence cependant que l'expansion russe s'étendait en Mandchourie, à la périphérie de l'empire du Milieu. Le Japon se modernisait à vive allure et faisait soudain figure de puissance impérialiste en Extrême-Orient.

Dans les anciennes colonies comme les Indes britanniques et néerlandaises, l'on percevait une extension progressive d'une autorité coloniale réelle ainsi qu'une influence croissante de cette hégémonie sur l'économie. Ces deux colonies exportaient systématiquement plus que ce qu'elles importaient.

Comme il s'agissait surtout de denrées agricoles tropicales et non de produits industriels, il n'en résultait pas une concurrence avec la métropole mais ces denrées exportées contribuèrent à la prospérité de celle-ci. Une évolution analogue fut perceptible en Indochine française mais à un stade ultérieur car l'autorité coloniale devait d'abord y être imposée, ce qui à ce moment-là n'était pas encore le cas.

L'INDE BRITANNIQUE

On peut dater assez précisément le début de l'époque de l'impérialisme moderne en Afrique. L'expédition française à Tunis en 1881 et l'occupation anglaise de l'Égypte un an plus tard inaugurèrent l'ère du partage de l'Afrique. L'impérialisme français en Asie commença un peu plus tard, en 1883, sous le second gouvernement Ferry. La nouvelle politique expansionniste des Pays-Bas aux Indes néerlandaises débuta, en revanche, un peu plus tôt. La guerre d'Atjeh, qui débuta en 1873, peut être considérée comme l'événement qui amorça cette nouvelle stratégie. Dans tous ces cas, il s'agit donc des années soixante-dix et quatre-vingt. Seule l'Inde britannique fait exception à cette règle. Là, l'époque impérialiste avait commencé dès la Révolution française et Napoléon. La césure suivante, qui se produisit en 1857, résulta de la Révolte des Cipayes, événement qui marqua le début d'une nouvelle phase dans l'histoire des Indes britanniques.

Soumission : la « Révolte des Cipayes » et ses répercussions

Il y avait régulièrement des mutineries dans l'armée indienne, dans les rangs des soldats européens mais surtout parmi les soldats indiens, les cipayes. Entre 1780 et 1857, pas moins de quatorze régiments furent dissous pour cause de mutinerie. L'un des motifs de mécontentement des cipayes était leur bas salaire. Ils ne recevaient en moyenne que le sixième de la solde qu'empochaient leurs collègues européens. Mais la mutinerie de 1857 fut provoquée par un autre problème et elle fut d'une autre nature. Elle déboucha sur une vaste rébellion de la population indienne.

L'insurrection éclata le dimanche 10 mai 1857 en fin d'après-midi à Meeruth, une ville de garnison de l'armée anglo-indienne située non loin de Delhi. Du reste, les premiers troubles étaient survenus en janvier de la même année à Dum Dum, une ville située aux abords de Calcutta qui donnerait son nom à une balle de sinistre réputation en raison des dégâts qu'elle cause. Les émeutes furent déclenchées par l'instauration d'un nouveau type de cartouche pour le fusil anglais Enfield. Certes, ce fusil se chargeait toujours par la bouche — les fusils qui se chargeaient par la culasse ne seraient mis en service que dix ans plus tard —, mais il était d'un modèle qui se chargeait plus vite grâce à un nouveau type de cartouche. Cette cartouche se composait d'un cylindre en carton qui était rempli de poudre et d'une balle, et qui était enduit d'un lubrifiant qui permettait une poussée rapide de la cartouche à travers le canon et vers l'amorce. Pour tirer, il fallait que la cartouche soit déchirée ou mordue. Or ces nouvelles cartouches avaient déjà été utilisées en Inde en 1853 mais uniquement au sein des composantes européennes de l'armée. Le problème résidait dans la graisse qui servait de lubrifiant car elle était d'origine porcine et bovine. Or les porcs sont considérés comme impurs par les musulmans et les vaches sont tenues pour sacrées par les Hindous. Après l'incident des cartouches à Dum Dum, il y eut des échauffourées dans plusieurs autres endroits. Les autorités militaires intervinrent et le 27 mars, elles firent une déclaration dans laquelle elles reconnurent que des erreurs avaient été commises et annoncèrent que ces cartouches seraient retirées. Mais cette démarche apparut ne pas suffire à apaiser l'effervescence pour la bonne et simple raison que cette histoire de cartouches n'était que la partie émergée de l'iceberg.

Si cette mutinerie prit de telles proportions, c'est au premier chef en raison de la composition de l'armée anglo-indienne qui était en fait constituée de trois armées indépendantes : celle du Bengale, celle de Madras et celle de Bombay. Cette composition triple était le résultat d'une évolution historique. Pendant cette fameuse Révolte, elle se révéla d'ailleurs être un avantage dans la mesure où l'étincelle du Bengale ne se communiqua pas au reste du pays. L'armée anglo-indienne se composait d'Européens et d'Indiens mais ces derniers étaient de loin majoritaires puisque sur un total de 340 000 hommes il n'y avait en moyenne que 40 000 soldats européens. Ceux-ci se répartissaient dans deux catégories : les soldats de la Compagnie et les soldats de la Couronne. En 1857, au lendemain de la guerre de Crimée (1854-1856), l'armée anglo-indienne compta dans ses rangs encore moins d'Européens qu'elle n'en comptait en temps normal. Les troupes indiennes se composaient en partie de brahmanes qui appartenaient à la caste des cultivateurs propriétaires fonciers et avaient été affectés par des mesures gouvernementales qui menaçaient leurs revenus. L'armée, qui se croyait indispensable aux maîtres britanniques, estimait que ceux-ci ne lui témoignaient pas assez de respect. De surcroît, elle n'appréciait pas leur propension de plus en plus grande à la faire intervenir dans d'autres parties du monde. Sa grogne fut en outre alimentée par le fait que plusieurs commandants menaient une politique active visant à convertir les cipayes au christianisme. Tous ces éléments firent naître dans son esprit l'impression que l'ordre social était menacé et que les religions indiennes n'étaient plus respectées. Elle ressentit cette affaire de cartouches lubrifiées comme une nouvelle humiliation et une nouvelle menace.

Les Britanniques espéraient que la déclaration du 27 mars avait réglé le problème mais il n'en fut rien. Lors d'une parade qui se tint le 24 avril à Meeruh, quatre-vingt-cinq des quatre-vingt-dix soldats qui y participaient refusèrent de toucher leurs cartouches quoiqu'il s'agît des anciennes munitions dont ils se servaient depuis des années. C'était un cas flagrant d'insubordination. Ce qui aggravait la situation, c'était qu'il s'agissait principalement, en l'occurrence, de musulmans mais que les autorités militaires avaient présumé jusqu'alors que le mouvement de grogne était resté limité aux unités hindoues. De plus, Meeruh, qui était si proche de Delhi, était l'un des principaux centres militaires d'Inde. La hiérarchie fut donc impitoyable. Les quatre-vingt-cinq récalcitrants comparurent devant un conseil de guerre qui les condamna à de longues peines de prison assorties de travaux forcés. Devant leurs camarades, ils furent menottés et enchaînés les uns aux autres et on leur enleva leur uniforme. On était le 9 mai 1857. La réaction vint dès le lendemain. Le 10 mai au soir, une unité de cavalerie se révolta et alla délivrer les soldats condamnés et emprisonnés. La rébellion s'étendit rapidement au reste de la ville. Des magasins furent pillés, les bungalows des officiers et des fonctionnaires britanniques furent incendiés et certains de leurs occupants furent assassinés. Les mutins se dirent ensuite que Meeruth ne suffisait pas et ils se dirigèrent vers la ville qui représentait désormais à leurs yeux le grand but à atteindre : Delhi, l'ancienne capitale moghole.

Delhi n'hébergeait alors aucun régiment européen et les soldats indiens qui, eux, y étaient stationnés se joignirent aux mutins, lesquels dynamitèrent la poudrière puis occupèrent le Fort rouge et proclamèrent l'empereur moghol déchu chef de leur armée de rebelles. Par cette proclamation, la mutinerie s'était muée en révolte. Les Anglais qui vivaient à Delhi essayèrent de fuir la ville mais seuls quelques-uns y parvinrent. Nombre d'entre eux furent tués. Une cinquantaine de femmes et d'enfants furent faits prisonniers puis massacrés quelques jours après. Les rebelles étaient désormais maîtres de Delhi. D'autres villes importantes comme Agra et Lucknow prirent part à la révolte et finalement l'ensemble du territoire des United Provinces (l'Uttar Pradesh actuel) tomberait aux mains des insurgés. Mais il était clair que le sort qui serait réservé à la capitale aurait une influence déterminante sur le cours de la guerre — car c'était de cela qu'il s'agissait maintenant. Aussi la mission la plus importante qui incombait à présent aux Anglais était-elle la reconquête de Delhi. C'est la raison pour laquelle le gouvernement britannique envoya en Inde de nouvelles troupes, ce qui toutefois prit beaucoup de temps étant donné qu'à cette époque le canal de Suez n'était pas encore ouvert. Une fois ces troupes sur place, Delhi fut assiégée et ce ne fut pas en vain car, en septembre 1857, la ville fut reconquise, et l'empereur, capturé.

Entre-temps, l'insurrection avait abouti à de graves troubles et débordements dans d'autres régions du pays. L'épisode le plus tristement célèbre eut lieu à Cawnpore (l'actuelle Kanpur). Les événements qui s'y déroulèrent symbolisèrent à jamais pour les Anglais la cruauté et la barbarie des Indiens. Le siège de Cawnpore par les rebelles, qui commença le 6 juin 1857 et prit fin avec la chute de la ville le 27 juin, se termina en effet par un bain de sang dont des femmes et des enfants britanniques furent notamment les victimes. Lorsque la ville se fut rendue, les insurgés avaient promis qu'ils laisseraient partir les femmes et les enfants mais il n'en fut rien. Ils furent faits prisonniers et incarcérés dans un bâtiment beaucoup trop exigu et dans des conditions déplorables. Il s'agissait de deux cents personnes au total. Quand le chef des rebelles indiens entendit que l'armée anglaise approchait, il donna l'ordre de les tuer. On était le 15 juillet. Des bourreaux armés de longs couteaux pénétrèrent dans le bâtiment où étaient enfermés leurs prisonniers anglais et ils les massacrèrent. Il n'y eut aucun survivant. Les soldats britanniques qui entrèrent dans l'édifice deux jours plus tard furent frappés de consternation et éprouvèrent un réel dégoût. Le général Wolseley évoqua plus tard dans ses mémoires cette tragédie en ces termes : « Un spectacle pire encore, à rendre fou, malade, tel qu'aucun Anglais n'en avait jamais vu. En pénétrant dans les pièces, le sang aux murs vous donnait l'impression que votre cœur allait s'arrêter. Tout poussait à désirer une vengeance impitoyable, ce sentiment qui est pourtant le plus antichrétien[1]. » Cette « vengeance impitoyable » arriva néanmoins car les Britanniques réagirent avec un même déchaînement de fureur.

Les mutins furent ligotés devant les bouches des canons après quoi ceux-ci furent mis à feu, cela pour faire comprendre clairement aux Indiens qu'ils ne trouveraient jamais le repos même après leur mort. Cent trente hommes furent pendus en même temps à un seul arbre. Des deux côtés, le combat fut donc mené avec une grande cruauté mais remporté sans trop de mal par les Britanniques. Au cours de l'été 1858, soit plus d'un an après qu'elle eut commencé, l'insurrection fut matée et l'Inde fut de nouveau sous contrôle britannique.

La révolte de 1857 commença comme une mutinerie des soldats indiens et c'est la raison pour laquelle elle est entrée dans l'histoire sous le nom de « Révolte », mais en réalité c'était bien plus qu'une mutinerie. « Le déclin et la chute des empires », déclara le Premier ministre Disraeli dans un discours qu'il prononça à la Chambre des communes en juillet 1857, « n'est pas affaire de graisse de cartouches. Ils sont le fruit de causes propres, et de l'accumulation de ces causes[2]. » Il s'agissait d'une rébellion qui était largement soutenue par la population indienne et qui était inspirée par une résistance aux mutations, au déclin de l'ordre traditionnel, à une administration britannique imposée et à une occidentalisation croissante. La réaction à ces diverses évolutions non souhaitées par le peuple indien fut une espèce de « réveil spirituel », d'une part sous la forme d'un renouveau religieux né d'une protestation contre le prosélytisme britannique et d'autre part sous la forme de mouvements de réhabilitation politique de l'empereur moghol et des Maharajahs. C'était une forme d'opposition à la modernité qui émanait essentiellement de personnes dont les positions sociales étaient menacées, par exemple par l'incorporation au sein de l'Empire britannique d'anciennes principautés où elles avaient occupé certaines fonctions pour l'exercice desquelles elles n'étaient plus utiles à l'administration anglaise. Il en allait de même des juristes et des savants. Les mutins eux-mêmes souhaitaient bénéficier de plus de possibilités de carrière et de meilleures rémunérations. En outre, il y avait des mouvements de protestation agricoles qui étaient plus ou moins de même nature que les révoltes de paysans à l'époque de la Révolution française.

Certains y ont vu la première révolution nationaliste. C'est excessif car il n'y avait pas à proprement parler de mouvement national. Les dissensions étaient trop nombreuses. La Révolte resta limitée à une seule région du pays. De vastes parties de l'empire, dont la province nouvellement assujettie du Pendjab, restèrent fidèles au Raj, c'est-à-dire à l'administration britannique. Comme le dit la reine Victoria, cette guerre était une guerre civile car ce n'était pas seulement une guerre opposant des Européens et des Indiens mais, pour une grande part aussi, des Indiens à d'autres Indiens.

La Révolte fut la plus grande crise de l'histoire de l'Empire britannique. Les réactions au comportement des mutins et aux atrocités commises par leurs chefs furent très violentes. L'Angleterre fut en proie non seulement à une grande indignation, mais aussi à un sentiment de profonde déception. Le respect présumé pour les Britanniques se révéla illusoire et l'influence censément salutaire de la civilisation occidentale n'avait visiblement pas été très grande. Le grand libéral Richard Cobden écrivit qu'au terme d'un siècle de coexistence les Indiens avaient fait montre d'une sauvagerie que les tribus indiennes d'Amérique du Nord n'avaient jamais affichée[3]. » Cela le faisait même douter de l'existence de la Providence.

Après la Révolte, l'attitude générale des Anglais à

l'égard des Indiens avait beaucoup changé. Si les sujets de Sa Majesté considérèrent d'abord l'Indien comme un être inférieur mais docile et doux («the meek Hindu»), ils éprouvaient maintenant à leur endroit non seulement du mépris, mais aussi de la haine et de la répugnance. Comme l'écrivit à son ministre (de tutelle) le premier gouverneur général qui fut en fonction après la Révolte, lord Canning : « La sympathie des Anglais pour les Indiens était devenue répugnance[4]. » Canning mena une politique de réconciliation que n'apprécièrent pas du tout les Anglais présents en Inde et qui lui valut le surnom loin d'être laudatif de « Clemency Canning ». La politique de l'administration britannique après la Révolte fut caractérisée par une nouvelle et une grande circonspection. Durant son voyage en Inde dans les années soixante, sir Charles Dilke observa que dans tous les hôtels était accrochée une pancarte portant l'inscription « Prière à tous les gentlemen de ne pas frapper le personnel[5] ». Les Britanniques furent aussi plus prudents sur le plan de la diffusion d'idées occidentales. Selon la nouvelle conception qui avait cours désormais, l'occidentalisation devrait s'opérer graduellement par des réformes économiques et non par l'instauration imposée de valeurs et d'idées occidentales. L'élite indienne devrait être plus associée à la gestion du pays car l'Angleterre dépendrait de leur leadership et de leur ascendant sur la population indienne. De son côté, cette élite se tourna davantage vers l'Occident car elle se rendait compte, elle aussi, que l'ancien temps était révolu.

Sur le plan pratique, la nouvelle politique équivalait à changer d'approche dans différents domaines, notamment celui de l'armée et de l'administration. Le premier de ces secteurs fut évidemment l'armée anglo-indienne elle-même car c'était au sein de celle-ci que tous les problèmes avaient commencé. La New Army, puisque ainsi fut rebaptisée la Indian Army après la Révolte, différait à plusieurs titres de l'ancienne. Pour commencer, il était évident qu'il était indispensable d'adapter la proportion de soldats européens par rapport à la composante asiatique. La nouvelle clé de répartition fut d'un pour deux (ce qui équivalait à 65 000 soldats européens pour 140 000 soldats indiens). Les soldats de la Compagnie furent limogés et, soit ils reçurent le montant des soldes qui leur étaient dues, soit ils furent incorporés dans l'armée anglo-indienne. La nouvelle armée fut organisée de telle manière que deux bataillons indiens étaient systématiquement fusionnés avec un bataillon britannique pour constituer une brigade. Une nouvelle approche fut appliquée également à la sélection des soldats indiens. Le recrutement de soldats de l'Uttar Pradesh, qui s'étaient avérés peu fiables, fut stoppé. La préférence était désormais accordée aux soldats des régions du Nord nouvellement acquises qui étaient restés fidèles. Il s'agissait essentiellement de Gurkha, de sikhs et de Pendjabis. Au cours des guerres précédentes, les sikhs et les Gurkha s'étaient révélés être les adversaires les plus coriaces des Britanniques et il était dès lors logique de les incorporer au sein de l'armée anglaise. En raison de leur ardeur supposée au combat, ces groupes ethniques furent désignés par les Anglais sous la dénomination de «martial castes».

Administration

L'autre réorganisation importante concerna l'administration. Dans son discours de novembre 1858 qui était adressé aux princes, aux dirigeants et aux peuples de l'Inde, la reine Victoria annonça qu'après la guerre civile sanglante qui avait fait rage en Inde la Couronne reprendrait la gestion de l'East-India Company. Les traités conclus par la Compagnie seraient respectés, de même que les droits et les titres des princes indigènes. Les ressortissants de l'Inde ne seraient pas l'objet de discriminations ni de préjugés fondés sur leur religion ou leur race. Les droits acquis sur la terre seraient protégés et les anciens usages et coutumes seraient respectés.

Ces principes appelés à régir désormais l'administration furent inscrits dans le Government of India Act qui fut édicté la même année. L'administration suprême de l'Inde fut dorénavant exercée par la Couronne, c'est-à-dire par le chef de l'État et le Secretary of State for India. Et à Londres siégea le Council of India. Tous les courriers officiels envoyés au gouverneur général en Inde devaient être approuvés par ce Conseil qui comptait quinze membres dont huit étaient nommés par la Couronne. Les sept autres membres étaient d'abord choisis par les directeurs de l'East India Company et ils se voyaient adjoindre ultérieurement de nouveaux membres cooptés par les membres du Conseil. Ils devaient avoir acquis une expérience personnelle des affaires indiennes et ne pas avoir quitté le pays depuis trop longtemps. Ce Conseil de l'Inde avait été créé pour faire en sorte que l'Inde puisse passer en douceur d'une administration gênée par la Compagnie à une administration dirigée par la Couronne. Par la suite, l'indépendance du Conseil fut limitée et le nombre de ses membres fut adapté. En 1907, deux Indiens y furent nommés pour la première fois. En pratique, pour ce qui regardait l'Inde, le gouvernement avait les coudées relativement franches. Le Parlement britannique ne s'intéressait pas aux affaires indiennes.

L'Inde était considérée comme « Le Grand ennui », autrement dit un sujet avec lequel aucun parlementaire ambitieux ne perdait son temps.

Le pouvoir suprême en Inde était entre les mains du gouverneur général qui désormais portait le titre de « gouverneur général et vice-roi » et était assisté d'un conseil conformément à l'Indian Council Act de 1861. Il se distinguait d'un gouverneur général français, qui en tant que « seul dépositaire des pouvoirs de la République » était omnipotent, en ceci qu'il ne détenait pas seul l'autorité suprême en Inde, laquelle était confiée au « gouverneur général en son Conseil ». Les membres de ce Conseil se métamorphosèrent au fil du temps en une sorte de « ministres » disposant chacun d'un portefeuille (Justice, Finances, etc.) et d'un département. Pour l'accomplissement des tâches législatives, le Conseil vit sa composition étoffée par la nomination d'un certain nombre de membres supplémentaires au rang desquels figurèrent des excellences indiennes qui cependant se retranchaient généralement dans le mutisme. Les principautés ne furent pas soumises à une administration directe, le reste du pays était sous le contrôle direct d'une administration centralisée. Le pays était subdivisé en 240 districts avec un *district officer* à la tête de chacun d'eux. Ces district officers formaient l'épine dorsale du pouvoir britannique en Inde. S'ils étaient chargés en premier lieu de percevoir l'impôt, ils étaient également responsables de l'ordre et de la tranquillité publics, et ils devaient veiller à fournir à la population des services économiques et sociaux. Chaque district officer était épaulé par un surintendant de police et chaque district comptait des sous-districts.

En 1876, le Royal Titles Act conféra à la reine Victoria le titre d'impératrice d'Inde. C'était une idée de

Disraeli et nombreux étaient ceux, en Angleterre, qui y étaient opposés car ils considéraient qu'un titre impérial n'était pas «british», évoquant trop Napoléon. Mais ses partisans espéraient que les Indiens seraient sensibles à son aura de mysticisme et de gloire. Le jour de l'an 1877 fut organisé un «durbar» pour présenter le nouveau titre de la reine. À cette occasion, quelques princes indiens furent nommés *councillors* de l'impératrice, cela afin de s'assurer de leur fidélité.

La capitale des Indes britanniques était toujours Calcutta. En 1911, lors du durbar d'intronisation du roi George V, l'on annonça que cela changerait. La capitale serait désormais Delhi, l'ancienne ville impériale. À cette fin fut créée une toute nouvelle cité qui possédait une grandeur et un style impérial imposants: New Delhi. Les travaux furent entamés sans attendre mais ils furent interrompus longtemps à cause de la guerre. L'illustre architecte Lutyens fut convié à en dessiner l'aménagement. Il imagina une ville au schéma haussmannien de grandes avenues et de larges boulevards plantés de doubles rangées d'arbres et d'une végétation abondante. L'avenue principale, qui portait le nom de Kingsway, avait une largeur de près de quatre cents mètres et devait accueillir les résidences des ministres. Cet ensemble urbain était clôturé par le palais du vice-roi qui, avec sa coupole de soixante mètres de haut, est plus haut que Buckingham Palace.

La revalorisation du rôle des princes fut une autre réorientation de la politique suivie jusque-là. Tant de vieux alliés comme le nizam de Hyderabad et les nouveaux seigneurs rajput et sikh étaient restés fidèles à la Couronne pendant la Révolte. Il convenait de les récompenser mais ce ne fut pas la seule raison de cette revalorisation. Le gouvernement anglais considérait de plus en plus les maîtres traditionnels comme les piliers de la future administration indienne. Il ne voyait plus en eux des vestiges du passé mais bien des dirigeants politiques d'une Inde future. Il veilla en outre à bien traiter les propriétaires fonciers. Il garantit leurs biens fonciers et les gratifia de fonctions honorifiques. C'est ainsi que la Révolte n'aboutit pas à une rénovation sociale mais à une réaction aristocratique. Si l'on ajoute à cela qu'un coup d'arrêt fut mis à l'occidentalisation entreprise si énergiquement au début, on comprendra que tous ces éléments ont débouché sur une sorte de révolution conservatrice, sur une lyophilisation, voire une restauration de l'ordre traditionnel.

Un autre moyen de donner satisfaction à la population indienne, du moins à sa couche supérieure, et de l'associer à l'administration de l'Inde consistait à lui attribuer une place au sein de la fonction publique indienne, l'Indian Civil Service (ICS). Ce corps d'élite comptait au total moins d'un millier d'hommes qui depuis 1806 étaient formés en Angleterre, dans un collège de Haileybury qui ferma ses portes après l'instauration d'un système d'examens en 1854. À partir de cette date, les Indiens purent en principe être admis eux aussi aux examens, lesquels étant toutefois organisés à Londres et étant essentiellement axés sur la connaissance du grec, du latin et de la littérature anglaise n'étaient pas une sinécure pour les candidats indiens. Le premier Indien à être reçu, en 1864, fut S.N. Tagore, frère aîné du célèbre poète[6]. D'autres lauréats indiens suivirent mais leur nombre ne fut jamais élevé. Le premier musulman ne fut admis qu'en 1885, soit vingt et un ans plus tard. Toutefois, en 1887, fut créé un Provincial Civil Service qui, après quelques années d'existence seulement, compta plus de mille emplois administratifs et près de huit cents postes au sein de l'ordre judiciaire. Cependant, ce service ne jouissait pas du même prestige que l'ICS, dont les Britanniques continuaient d'assurer fermement la direction comme le montre le fait que, durant la dernière décennie précédant la Première Guerre mondiale, seulement vingt-cinq Indiens contre cinq cents Britanniques y furent admis. Après la guerre, en revanche, la participation indienne augmenta rapidement.

Les fonctionnaires de l'ICS avaient une orientation plus administrative et juridique qu'économique. Mais il existait aussi des services administratifs spécialisés tels que l'Indian Agricultural Service, l'Indian Educational Service et le Indian Medical Service. En règle générale, le fonctionnement de tous les services administratifs anglo-indiens était assuré par un personnel bien formé et consciencieux. Comme le fit observer Lloyd George, ils constituaient le « steel frame » (la charpente métallique) du pouvoir britannique et, par leur travail, ils jetèrent les bases de l'État indien moderne.

Développements économiques

Si la politique officielle du gouvernement était axée sur la neutralité et le conservatisme, les développements présentaient une tout autre orientation dans le domaine économique où une modernisation rapide s'opéra et où se multiplièrent les relations de l'Inde avec le reste de l'économie mondiale. Toutefois, cela ne concernait qu'une partie de l'économie. La très grande majorité de la population restait employée dans le secteur agricole qui avait toujours constitué la base de la société indienne. Prospérité et pauvreté étaient déterminées en première et en dernière instance par les vicissitudes de la vie agricole et par les relations entre la population et les terres disponibles.

L'une des caractéristiques les plus surprenantes de l'Inde contemporaine est l'énorme croissance démographique. La population indienne est estimée à environ un milliard d'individus et elle n'est dépassée en importance que par la Chine. Toutefois, cette formidable croissance est un phénomène relativement récent. Vers 1800, l'Inde ne comptait encore qu'à peu près 150 millions d'habitants, ce qui n'était pas beaucoup plus que deux siècles auparavant. La croissance naturelle était en quelque sorte annulée par les nombreuses guerres qui tourmentèrent le sous-continent et surtout par les famines qui furent en Inde un phénomène endémique jusqu'au xxe siècle. Selon les estimations, la grande famine qui sévit au Bengale en 1770 fit de 5 à 10 millions de victimes. La première estimation officielle, qui date des années 1870, chiffra la population indienne à 206 millions d'individus. Et le premier recensement officiel de 1881 l'établit à 248 millions. En 1941, elle était passée à 389 millions. Et, au cours du demi-siècle qui suivit, la population indienne a plus que doublé.

L'agriculture constituait la base de l'économie indienne. Jusqu'à l'amorce de la croissance démographique au xixe siècle, les terres étaient surabondantes. Ensuite, l'on enregistra une baisse de la quantité de terres disponibles par tête d'habitant, ce qui engendra une situation critique. Du reste, au début, la propriété foncière au sens strict était inexistante. Il s'agissait moins de posséder des terres que d'avoir des droits sur elles. Toutefois, au Bengale, les *zamindars* avaient été élevés au rang de propriétaires fonciers en vertu du « Permanent Settlement ». Ceux qui travaillaient la terre étaient désormais considérés comme leurs métayers. Dans d'autres régions, les fermiers étaient, certes, eux-mêmes propriétaires terriens mais des mutations y survinrent également sous l'influence de la modernisation du contexte économique. Le « moneylender » (prêteur sur gages), personnage familier depuis des temps reculés, était autorisé, en vertu de théories juridiques modernes, à réclamer les terres de son débiteur à titre de gage et à en prendre possession au cas où celui-ci manquerait de façon persistante à honorer ses obligations de paiement. C'est ainsi que firent leur apparition deux nouvelles catégories sociales : les riches propriétaires terriens et les fermiers sans terres.

L'économie agraire était orientée vers l'autosuffisance. Abstraction faite du secteur textile, produire pour le marché était une pratique quasi inexistante. Cet état de choses se modifia lorsque la pénétration économique européenne s'accrut. La première mutation profonde s'était opérée en 1813 quand la charte de l'East India Company avait été renouvelée. La Compagnie perdit alors sa position de monopole et les négociants anglais purent dès ce moment vendre leurs produits en Inde. Et c'était pour eux une nécessité car entre-temps la révolution industrielle avait eu lieu en Angleterre et les entreprises textiles britanniques étaient désormais beaucoup plus productives que les fabricants traditionnels. Le Lancashire était devenu le centre de l'industrie textile mondiale. Aussi était-il impératif de pouvoir s'approvisionner en coton brut et de disposer de débouchés pour ses produits textiles. En matière de débouchés, l'Inde, et sa population si nombreuse, offraient d'excellentes perspectives. Le textile anglais élimina du marché le textile indigène, ce qui engendra une forme de désindustrialisation quoique l'industrie cotonnière indienne fût elle aussi mécanisée après 1870, ce qui entraîna un redressement de la production textile en Inde.

Au XIXe siècle, le chemin de fer induisit de profondes mutations. En Inde fut construit l'un des plus grands réseaux ferroviaires du monde, ce qui eut pour conséquence qu'il fut désormais plus facile de produire pour le marché. L'indigo était depuis des temps immémoriaux l'un des principaux produits agricoles d'exportation. Au XIXe siècle, le jute et le thé prirent de l'importance. En 1855, la première manufacture fut mise en service dans une bourgade proche de Calcutta. En 1914, on dénombrait 58 fabriques où s'échinaient au total 200 000 ouvriers. Pendant la Première Guerre mondiale, l'industrie indienne du jute connaîtrait une croissance formidable en raison de la demande de sacs de sable destinés aux tranchées. Par ailleurs, une industrie minière significative ne prit son essor qu'après l'aménagement du chemin de fer, lequels utilisait lui-même beaucoup de charbon, tout comme les bateaux à vapeur et les usines textiles. L'Inde devint après le Japon le deuxième producteur asiatique de charbon. La production de fer et d'acier fut prise en main par le capitaine d'industrie indien J.N. Tata qui était surnommé « le Pierpont Morgan de l'Orient » et qui avait fait fortune grâce au commerce du textile et de l'opium. Il investit également dans l'immobilier et les assurances, construisit des usines de coton et ouvrit en 1903 le Taj Mahal Hotel, le célèbre hôtel de luxe de Bombay. Mais son plus grand projet fut la fondation en 1907 de la Tata Iron and Steel Co. Ltd., qui est aujourd'hui l'une des plus grandes entreprises d'Inde.

Les Anglais se prévalaient volontiers des nombreuses innovations et bonnes choses qu'ils avaient procurées à l'Inde : la paix et l'ordre, l'éducation et la science, la technique et l'industrie, le chemin de fer, les ports et les canaux, etc. Mais les Indiens avaient une perception différente de ces réalités. Ils soulignaient quant à eux les avantages considérables que la colonie avait offerts à l'Angleterre. L'Inde était un débouché important pour les produits anglais, entre autres le textile. Elle offrait aux investisseurs britanniques la perspective d'une rentabilité assurée. À titre d'exemple, le chemin de fer avait été construit avec des capitaux britanniques dont le rendement garanti par le gouvernement anglo-indien s'élevait à 5 % et il avait pour finalité de permettre un désenclavement des villes portuaires anglo-indiennes et un accès aux sites revêtant un intérêt militaire. De surcroît, l'Inde fournissait au British Empire une offre illimitée de main-d'œuvre. Quelle que fût la région de l'Empire britannique ayant besoin de main-d'œuvre — les Indes occidentales, l'océan Indien et les îles Fidji pour leurs plantations ou l'Afrique pour la construction du chemin de fer —, ce fut immanquablement l'Inde qui la mit à sa disposition. Le thé chinois a été payé avec l'opium indien. L'Inde était par ailleurs importante en raison de l'« invisible income », c'est-à-dire les recettes des banques, des compagnies de navigation et d'assurances, etc., qui étaient entre des mains britanniques. L'armée anglo-indienne revêtait une importance cruciale. Elle était engagée sur tous les théâtres d'opérations du monde mais c'était le budget indien qui servait à rémunérer ses soldats. D'ailleurs, les dépenses militaires représentaient à peu près la moitié de ce budget.

Outre un intérêt économique, l'Inde britannique présentait aussi un intérêt financier pour l'Angleterre. Elle lui faisait des paiements directs. Ces « home charges » concernaient les intérêts sur les prêts consentis par Londres pour la construction des chemins de fer, les pensions des militaires et des fonctionnaires anglais, parmi beaucoup d'autres choses. Si la devise indienne était fondée sur l'étalon-argent, les « home charges » devaient être acquittées en or. Lorsqu'en 1859 une importante mine d'argent fut découverte dans le Nevada, il en résulta une forte baisse du prix de l'argent, de sorte que le taux de change se détériora et que le coût fut, en termes relatifs, encore plus élevé.

Les recettes de l'État indien étaient fondées depuis des temps immémoriaux sur l'impôt foncier. Il en avait déjà été ainsi sous les Moghols et cette tradition avait été perpétuée par l'East India Company au Bengale lorsqu'elle s'y était substituée au gouvernement Moghol. Et la situation est restée inchangée sous l'administration du gouvernement britannique. Au Bengale ainsi que dans quelques autres régions, l'impôt foncier était acquitté par les *zamindars* qui à leur tour taxaient leurs métayers. Toutefois, après 1820, fut instauré dans le reste du pays un autre système, appelé *ryotwari*, dans lequel les fermiers (*ryots*) étaient considérés comme propriétaires fonciers et imposés directement. Jusqu'à la Première Guerre mondiale, l'impôt foncier continua à représenter environ la moitié des recettes de l'État. Le reste provenait d'impôts indirects, de droits de péage, de recettes tirées du chemin de fer et de monopoles (notamment sur l'opium et le sel).

Nationalisme et administration

Depuis qu'en 1776 les colons américains s'étaient insurgés contre l'administration britannique en brandissant le slogan « Pas d'impôt sans représentation », les Britanniques savaient qu'il était raisonnable d'instaurer dans les colonies l'une ou l'autre forme de représentation du peuple. Depuis l'indépendance américaine, ils savaient aussi que l'aboutissement logique de la colonisation était la décolonisation. Aussi créèrent-ils dans leurs colonies, là où c'était possible, des organes représentatifs et y introduisirent-ils des formes d'autonomie, de « responsible government », l'ambition étant une émancipation progressive et le but ultime, le maintien d'un lien avec les colonies même après qu'elles auraient accédé à l'indépendance. Les colonies américaines avaient été peuplées par des émigrants européens qui provenaient principalement des îles britanniques. Ce fut également le cas du Canada et, plus tard, de l'Australie et de la Nouvelle-Zélande, et jusqu'à un certain point de l'Afrique du Sud. Il s'agit dans tous les cas de colonies de peuplement avec une population blanche dominante. Il en alla autrement dans les colonies asiatiques et africaines. En Afrique, l'autonomie semblait une perspective très éloignée. En Inde, il y avait des conseils centraux et provinciaux, en partie nommés, en partie élus, où furent aussi intégrés graduellement des Indiens.

À partir du milieu du XIXe siècle, des Indiens furent également admis au sein de l'Indian Civil Service. L'un des premiers Indiens — et l'un des plus brillants — à y être admis fut Surendranath Bannerjee. Toutefois, il ne tarda pas à être licencié pour faute grave, après quoi il devint un ardent nationaliste. Il rédigea un journal, *The Bengalee*, et fonda à Calcutta l'Indian Association. En 1883, il y convoqua la première Indian National Conference. Deux ans plus tard, le 28 décembre 1885, se réunit pour la première fois à Bombay l'Indian National Congress. Plus de quatre-vingts délégués de toutes les provinces des Indes britanniques s'y rassemblèrent. Parmi eux ne se trouvaient que deux musulmans. Tous les autres étaient hindous et presque tous brahmanes. Les délégués étaient en majorité des juristes mais il y avait aussi dans leurs rangs des journalistes, des professeurs et des hommes d'affaires. Il s'agissait donc d'une nouvelle élite formée et occidentalisée qui professait des idées très modérées et prônait la collaboration avec l'administration britannique. Dans les résolutions qu'ils adoptèrent, ils réclamèrent davantage de représentants indiens dans les conseils législatifs ainsi que l'octroi de chances égales aux candidats indiens à l'admission l'ICS. L'un des plus importants dirigeants du parti du Congrès était Gopal Krishna Gokhale. Gokhale admirait l'Occident et voulait réformer l'Inde en s'inspirant du modèle occidental puis la conduire vers l'autonomie. Il adhérait aux principes libéraux de Gladstone. Il était donc pro-britannique et partisan d'une collaboration avec le gouvernement. Son parfait contraire était le radical Bal Gangadhar Tilak.

À l'égard de ce mouvement national qui était en train d'éclore, les Britanniques menèrent une politique fluctuante. Les conservateurs étaient peu enclins à satisfaire les desiderata indiens. Les libéraux, en revanche, avaient davantage de compréhension pour ces revendications et ils plaidèrent pour des réformes. Le cabinet libéral Gladstone, qui arriva aux affaires en 1880, nomma un vice-roi progressiste en la personne de lord Ripon. Ripon avait été membre de la Chambre des communes et avait occupé divers postes ministériels, dont celui de Secretary of State for India, avant de devenir, en 1880, vice-roi. Il le resterait jusqu'en 1884. Réformateur, il éprouvait une grande sympathie pour les Indiens. Nombre des mesures qu'il prit tendaient à leur accorder plus de libertés (par exemple la liberté de la presse) et à leur attribuer un plus grand rôle dans l'administration. Son action la plus éclatante fut le Ilbert Bill, d'après le ministre anglo-indien de la Justice (Law Member) sir Courtenay Ilbert. Ce projet de loi visait à permettre que des Européens puissent aussi être jugés par des magistrats indiens. Il provoqua une levée de boucliers dans la communauté anglaise en Inde et cela non pas tant parce que cette réforme comportait un danger concret pour l'administration britannique que parce qu'ils répugnaient à ce que des Européens blancs soient jugés par des Indiens. Leur opposition virulente avait donc une dimension clairement raciste. Cette affaire fut directement à l'origine de la création du parti du Congrès.

Le successeur de Ripon, le comte Dufferin (1884-1888), qui après le succès militaire qu'il remporta contre la Birmanie en 1886 avait été fait marquis de Dufferin et Ava, mit en œuvre une politique axée sur une collaboration avec la nouvelle classe moyenne indienne, laquelle avait été formée valablement, et dont l'objectif était d'obtenir d'elle qu'elle apporte son soutien à l'administration britannique. Le gouvernement conservateur de lord Salisbury, qui arriva au pouvoir en 1885 et gouverna, avec un bref intermède, jusqu'en 1892, fut peu sensible à ses arguments. Toutefois, lors de la révision de l'Indian Council Act en 1892, la représentation des Indiens au sein de divers organes législatifs fut consolidée et les droits des conseillers furent étendus. La plupart des vice-rois britanniques ne prenaient pas très au sérieux le nationalisme indien et le mouvement du Congrès, et lord Curzon, qui fut vice-roi de 1899 à 1905, alla jusqu'à écrire peu après sa nomination qu'il avait le sentiment que le Congrès était à la veille de disparaître. Du reste, l'action menée par Curzon renforcerait justement beaucoup le nationalisme indien. La mesure qui y contribua le plus fut sa décision, en 1905, de diviser la province du Bengale. Il y avait des raisons valables de diviser cette province qui comprenait aussi Bihar et Orissa. Avec ses presque 80 millions d'habitants, le Bengale était de loin la plus grande province de l'Inde et elle était au fond bien trop grande pour pouvoir être administrée efficacement. Aussi avait-il déjà été souvent question d'une scission mais sans que cela eût jamais conduit à une décision, ce qui n'était pas du goût de Curzon qui était un homme extrêmement autoritaire et enclin à préférer l'action aux paroles.

George Nathaniel Curzon (1859-1925) resterait surtout célèbre à cause de la ligne Curzon — à laquelle il donna son nom — qui devait marquer une frontière, proposée par Lloyd George, entre la Russie et la Pologne, et qui du reste n'a en réalité jamais existé. Curzon était déjà arrivé alors au terme d'une longue carrière politique qui avait manqué de se terminer prématurément en 1905. Il était né le 11 janvier 1859 à Kedleston Hall, un château du Derbyshire où les Curzon avaient vécu pendant près de huit cents ans. De par son style architectural et ses volumes, il présente une similitude étonnante avec le Government House de Calcutta qui fut le palais du gouverneur général de l'Inde jusqu'en 1912. Il fréquenta Eton puis s'inscrivit au Balliol College d'Oxford qui était à l'époque, sous la houlette de l'illustre master Jowett, « une pépinière d'hommes d'État ». En 1886, il devint membre de la Chambre des communes pour le parti conservateur. Il fut Secretary of State for India puis secrétaire d'État aux Affaires étrangères avant d'être nommé, en 1898, vice-roi, fonction qu'il exercerait jusqu'en 1905. Il n'avait pas quarante ans au moment de sa nomination et n'avait pas la moindre expérience administrative. Dans l'exercice de sa nouvelle fonction, il se montra tel qu'il était : autoritaire. Son caractère le fit notamment entrer en conflit avec lord Kitchener à propos d'une réforme de l'armée anglo-indienne, ce qui entraîna sa démission et presque la fin de sa carrière politique. Mais la Première Guerre mondiale l'amena à entrer dans le gouvernement de Lloyd George en 1916, ce qui lui permit de revenir en politique. Curzon fut un administrateur très actif qui réalisa toute une série de réformes dans le domaine de l'organisation administrative, de l'économie et de la protection des monuments. Curzon prit la décision de diviser le Bengale sans aucune concertation avec les chefs bengalis et sans tenir compte des aspects politiques de ce qu'il considérait comme une réforme purement administrative. Sa décision eut pour effet un partage en deux du Bengale, qui donna naissance à une province du Bengale oriental dont la capitale fut Dacca. Cette province comprenait également Assam et comptait 31 millions d'habitants dont la religion prépondérante était l'islam. L'autre province conserva le nom de Bengale et la capitale celui de Calcutta, et elle comptait 47 millions d'habitants principalement hindous. Toutefois, les vrais Bengalis y étaient minoritaires par rapport à d'autres groupes linguistiques tels que les Bihari. La réaction indienne à cette mesure de scission, qui fut considérée comme une illustration d'une politique du type « diviser pour régner » et comme une tentative de soumettre le puissant mouvement national présent au Bengale, fut très violente. Un mouvement populaire très largement soutenu par les habitants vit le jour et prit des mesures radicales comme un boycott des marchandises anglaises, des autodafés de coton du Lancashire, le refus de payer l'impôt et même des attentats terroristes.

Le partage du Bengale fut annulé en 1911 mais il exerça une influence durable sur le nationalisme. Le parti du Congrès fut alors en proie à des dissensions internes qui opposèrent radicaux et modérés. L'ancienne élite traditionnelle, orientée vers l'Angleterre, avait manifestement perdu son emprise sur le peuple. En revanche, la nouvelle élite issue de la nouvelle classe moyenne s'était définitivement ralliée à la cause nationaliste et s'avéra avoir une influence déterminante sur le reste de la population. Curzon était entre-temps retourné à Londres où les libéraux remportèrent en 1905 une victoire électorale écrasante. Le nouveau Secretary of State for India était John Morley, un libéral qui avait surtout accédé à la notoriété grâce à sa biographie officielle de Gladstone dont il partageait les idées et les convictions progressistes. Morley était un fervent partisan de la politique gladstonienne du « Home Rule » pour l'Irlande et il estimait que les nationalistes indiens n'avaient pas plus leur place en prison que les nationalistes irlandais. Il prônait par ailleurs des réformes constitutionnelles et, en 1907, il nomma deux Indiens au sein de son Council. Quant au nouveau vice-roi, le comte Minto, il était issu d'une famille qui avait une grande expérience de l'administration indienne. Minto n'était pas un homme de changements mais Morley exerçait sur lui de fortes pressions. Le gouvernement britannique se concerta avec les dirigeants indiens et notamment avec Gokhale. Ces concertations débouchèrent sur ce qu'on a appelé les réformes Morley-Minto qui furent traduites dans l'Indian Councils Act de 1909, lequel augmenta sensiblement le nombre de députés élus. Le nombre de membres élus du

Supreme Council central fut porté à soixante mais les membres nommés y conservèrent la majorité.

En revanche, les membres élus devinrent majoritaires au sein des Conseils provinciaux de Bombay, du Bengale et de Madras, qui obtinrent également le droit de traiter du budget. Le droit de vote fut d'abord très limité, étant accordé sur la base de la formation et de la propriété. Néanmoins, en 1910, le nombre de députés indiens dans les différents conseils s'élevait déjà à 135. En 1909, un Indien, lord Sinha, fut nommé pour la première fois ministre de la Justice (Legal Member de l'Executive Council).

En 1911, le nouveau roi d'Angleterre, George V, se rendit en Inde pour son durbar officiel de couronnement à Delhi où le 12 décembre fut aussi annoncée l'annulation du partage du Bengale. Le Bengale fut réuni et une nouvelle province, composée de Bihar et Orissa, fut créée. Il restait à espérer que cette bonne nouvelle pour les Bengalis atténuerait le choc que leur causait le déplacement de la capitale de Calcutta à Delhi.

L'Inde britannique et le monde

Les Indes britanniques étaient davantage qu'une colonie. Elles étaient elles-mêmes un empire qui rayonnait dans tout l'océan Indien. À titre d'exemple, le gouvernement anglo-indien devait veiller à ce que la tranquillité règne dans les eaux situées entre Suez et Singapour et à ce que la navigation s'y déroule sans entraves. En 1903, le vice-roi, lord Curzon, se rendit avec une escadre de navires de guerre dans le golfe Persique et y tint un durbar avec les dignitaires des côtes arabes avec lesquels la Grande-Bretagne entretenait des relations conventionnelles. Ce périple avait pour but de montrer clairement au monde que l'Angleterre considérait le Golfe comme une sphère d'influence exclusivement britannique. Le contexte dans lequel eut lieu cet événement était marqué par la poussée russe en Perse. Et il était une autre zone où la Russie s'activait : le Tibet, à la frontière nord de l'Inde. Une mission, fructueuse, y fut envoyée l'année suivante. En août 1905, fut signé à Lhassa un traité par lequel le Tibet consentait à avoir des contacts commerciaux avec l'Angleterre et accordait à celle-ci l'exclusivité de l'influence politique sur son territoire. Ces deux points constituaient des formes de sous-impérialisme dirigées contre la Russie. La rivalité anglo-russe fut la plus grande à la frontière nord-ouest. Elle aboutit à des conflits armés avec l'Afghanistan. À la frontière est se manifestait une autre forme de sous-impérialisme. Les intérêts anglo-indiens y furent à l'origine de l'annexion de la Birmanie par l'Empire britannique. À cette fin, trois guerres furent nécessaires.

L'AFGHANISTAN : La passe de Khyber est une région difficile d'accès et peuplée par plusieurs tribus qui tiennent beaucoup à leur indépendance. Diverses puissances étrangères qui ont eu affaire à elles au fil des siècles en ont fait l'expérience. Au XIXe siècle, ce furent essentiellement les Anglais et les Russes qui s'occupèrent de l'Afghanistan, à la frontière de leurs sphères d'influence respectives. Du point de vue britannique, il s'agissait de protéger la « Northwest Frontier ». Quantité d'ouvrages romantiques ont été consacrés à la rivalité anglo-russe dans cette région et des millions de lecteurs se souviendront que la première fois qu'il rencontra le docteur Watson, Sherlock Holmes en déduisit instantanément qu'il venait de rentrer d'Afghanistan.

La première guerre anglo-afghane (1839-1842) éclata parce que les Britanniques voulaient consolider leur position par rapport à la Russie qui avait étendu son influence jusqu'au tréfonds de la Perse. Cette guerre se solda par un échec pour les Anglais. Certes, la tentative qu'ils entreprirent pour placer sur le trône afghan un dignitaire ami de l'Angleterre réussit mais, sans l'appui de l'armée britannique, ce seigneur autochtone n'avait aucune chance de se maintenir en place et cette armée ne pouvait pas non plus rester indéfiniment dans le pays. La retraite des troupes britanniques fut désastreuse. Il ne se trouva qu'un seul survivant pour atteindre Djalalabad et raconter le récit de la catastrophe.

La seconde guerre afghane eut lieu quarante ans plus tard, de 1878 à 1880. Les Britanniques avaient entre-temps soumis de vastes territoires du nord-ouest indien (le Sind, le cachemire et le Pendjab) et les Indes britanniques étaient désormais directement adjacentes à l'Afghanistan. Dès 1876, le vice-roi, qui était alors lord Lytton, avait demandé instamment à l'amir de l'Afghanistan d'accepter l'influence britannique en échange d'aide et de soutien. Mais il l'avait refusée. En juillet 1878, une mission russe fit son apparition à Kaboul et le gouvernement britannique réclama aussitôt l'autorisation d'envoyer une mission britannique. Lorsque l'amir dédaigna un ultimatum anglais, trois armées britanniques envahirent le pays. Au début, elles furent victorieuses. L'amir s'enfuit puis mourut. Le 26 mai 1879, son fils signa le traité de Gandarmak par lequel les Afghans acceptaient l'exigence britannique (contrôle de la politique étrangère par un diplomate anglais en poste à Kaboul) et le succès britannique semblait donc total. Mais, le 3 septembre, des soldats afghans attaquèrent la légation et tuèrent l'envoyé britannique et sa suite. Cette humiliation provoqua un choc terrible en Angleterre et les hostilités reprirent.

Les armées britanniques firent mouvement et tombèrent dans une impasse qui ne fut surmontée qu'en 1880 par une campagne militaire qui rétablit le prestige britannique. Mais la décision d'évacuer, que le gouvernement Gladstone avait déjà prise précédemment, ne fut pas retirée et les Anglais quittèrent le pays. Toutefois, l'influence britannique subsista car, en échange de garanties contre des agressions étrangères et une somme d'argent, l'amir accepta que les Anglais contrôlent la politique étrangère de son pays. La sagesse de la décision de Gladstone de quitter l'Afghanistan fut démontrée en 1885 quand les Russes investirent une région située à la frontière entre le Turkménistan et l'Afghanistan. Les Afghans résistèrent farouchement à cette invasion et ils reçurent alors le soutien des Britanniques qui furent dorénavant considérés comme des sympathisants du nationalisme afghan et, par conséquent, comme des amis. À un moment donné, une guerre faillit éclater entre la Russie et l'Angleterre mais, grâce à une diplomatie experte, cela se termina en pétard mouillé. Cependant, cette lutte d'influence que Russes et Anglais se livrèrent en Perse et en Afghanistan se prolongerait encore longtemps et ces difficultés ne seraient surmontées qu'avec les accords de 1907 connus sous le nom de «Triple Entente».

LA BIRMANIE : Une situation fondamentalement différente de celle de l'Afghanistan, qui conserva son indépendance, se présenta en Birmanie. Là, seule la frontière mal définie avec l'Inde fit problème au début, mais plus tard surgit un péril bien plus grand, à savoir la France, qui étendit son influence dans cette direction à partir de l'Indochine. Aussi le Royaume d'Ava, puisque tel était l'ancien nom de la Birmanie, fut-il finalement assujetti et annexé par L'Inde britannique.

Les premiers conflits anglo-birmans remontent à l'aube du XIXe siècle. L'administration britannique au Bengale voulait délimiter clairement la frontière avec la Birmanie voisine, ce qui déclencha la première guerre anglo-birmane dès 1824. En 1826, la Paix de Yandaboo mit un terme à ce conflit coûteux pour les deux parties. Les Birmans durent payer des indemnités de guerre, céder quelques territoires, dont Assam dans le nord, et accepter un résident britannique dans la capitale Ava. Ce traité mit fin à la guerre mais non aux tensions. Le roi de Birmanie résilia le traité et, en 1840, le résident britannique dut plier bagage. Les négociants anglais se plaignirent de ne pas être traités correctement par les Birmans et du fait qu'ils devaient leur payer des amendes élevées. Aussi le gouverneur général britannique de l'Inde envoya une flotte dans la ville portuaire de Rangoon pour obtenir réparation. Le commandant canonna la ville mais n'obtint rien du tout. Le gouverneur général décida donc d'envoyer une seconde flotte, encore plus importante, et d'exiger une indemnisation encore plus élevée. Confrontés à l'échec complet de ce nouveau cycle de négociations, les Britanniques occupèrent Rangoon en 1852. Ainsi commença la deuxième guerre birmane qui durerait jusqu'en 1854. Il en résulta que l'Angleterre annexa un vaste territoire dans le sud de la Birmanie et le joignit à une zone côtière qu'elle avait déjà annexée antérieurement, ce qui donna naissance à la province de Birmanie britannique avec Rangoon comme capitale. Le reste du royaume de Birmanie était désormais coupé de la mer.

Dans les années quatre-vingt, les difficultés réapparurent et ce furent à nouveau des plaintes de commerçants qui furent à l'origine de l'intervention britannique. En toile de fond, la peur d'une pénétration française en Birmanie jouait désormais un rôle car elle était de nature à faire peser une menace sur la frontière orientale des Indes britanniques. C'est ce qui décida les Anglais à intervenir et, le 14 novembre 1885, une armée britannique envahit le nord de la Birmanie. Les Anglais remportèrent une victoire éclair et occupèrent la nouvelle capitale de Mandalay. Ainsi se termina la troisième guerre birmane et, en 1886, toute la Birmanie fut annexée. Toutefois, les Anglais n'avaient pas encore établi de réelle autorité sur cette région. La Birmanie ne serait « pacifiée » que cinq ans plus tard.

Entre-temps, la Birmanie du Nord avait aussi été annexée officiellement et jointe à la Birmanie britannique dans le Sud. Toute la Birmanie était à présent une province des Indes britanniques. À quelques régions extérieures près, la Birmanie était gérée par une administration directe. Là aussi, l'armée anglo-indienne fut chargée du maintien de l'ordre. Les Britanniques mirent en place une administration et un système juridique inspirés du modèle indien, et ils créèrent également un corps de police pour lequel George Orwell travaillerait plus tard. Des services publics compétents pour l'agriculture, la sylviculture, etc., furent aménagés. L'agriculture prospéra et la Birmanie devint l'un des plus gros exportateurs de riz au monde.

LA MALAISIE : Les plus anciennes possessions britanniques en Asie du Sud-Est ne se trouvaient pas en

Birmanie mais dans ce qui s'appelait depuis 1826 les « Straits Settlements ». Singapour en devint rapidement le centre commercial le plus important. Lorsque les Britanniques en reprirent officiellement l'administration en 1824, 11 000 personnes seulement y vivaient. Quarante ans après, il y avait déjà plus de 80 000 habitants, principalement des immigrants chinois. Singapour devint un important centre de ravitaillement en charbon pour les bateaux à vapeur. Des banques, des compagnies maritimes et de grandes maisons de commerce s'installèrent également dans la ville portuaire qui tirait un profit considérable du creusement du canal de Suez. Singapour devint l'un des lieux stratégiques cruciaux de l'Empire britannique. Le dynamisme de Singapour rayonnait aussi dans l'hinterland malais où des négociants originaires des Straits Settlements étaient actifs et investissaient des capitaux, par exemple dans les mines d'étain découvertes en 1848. Ce contexte engendra une sorte de frontière, les forces vives locales demandant instamment une extension territoriale et aspirant à une plus grande indépendance vis-à-vis des Indes britanniques. Cette dernière revendication fut satisfaite en 1867, date à laquelle les Straits devinrent une colonie de la Couronne.

Avec l'impérialisme international qui fit son apparition dans les années soixante-dix augmenta la crainte d'une ingérence étrangère, notamment allemande, dans l'hinterland, lequel se trouvait dans une situation troublée à la suite de guerres de succession internes et d'une immigration chinoise. Voilà pourquoi Kimberley, ministre des Colonies de 1870 à 1874, donna en 1873 son feu vert pour une politique plus active dont les résultats ne se firent pas attendre puisque, dès 1874, le gouverneur des Straits Settlements signa avec un certain nombre de chefs locaux un traité par lequel ceux-ci admettaient la présence de résidents britanniques sur leurs territoires. Cet événement amorça une politique d'expansion active. Des traités analogues avec d'autres dignitaires autochtones suivirent. Ces traités revenaient, dans les grandes lignes, à énoncer que les potentats indigènes conservaient en théorie leur souveraineté mais qu'en pratique les résidents britanniques tiraient les ficelles. L'autorité anglaise fut encore renforcée en 1896, quand ces États furent réunis sous le nom de « Federated Malay States », lesquels relevèrent d'un résident général britannique qui résidait dans la capitale Kuala Lumpur. En 1914, le sultanat de Johore, qui était limitrophe de Singapour, fut également placé sous administration anglaise. Toute la Malaisie était désormais britannique. Cette colonie se révéla importante non seulement du point de vue stratégique, mais aussi sous l'angle économique. Certes, l'étain était un produit d'exportation important mais l'économie malaise serait dominée par le caoutchouc. Après la Première Guerre mondiale, la Malaisie deviendrait le plus gros producteur mondial de caoutchouc naturel.

L'INDOCHINE

L'expansion

La présence française en Indochine remontait au Second Empire de Napoléon III. En 1862, l'empereur d'Annam avait cédé à la France certaines provinces du delta du Mékong qui à partir de 1867 deviendraient la colonie française de Cochinchine.

Celle-ci n'était pas très vaste et comptait à peine un million d'habitants. Elle était administrée par des officiers de marine qui la laissaient en grande partie s'autogérer elle-même. Il en irait encore ainsi pendant les premières années de la Troisième République mais, lorsqu'en 1877 les républicains furent arrivés au pouvoir en France, la situation évolua. La colonie serait dorénavant gérée, selon un modèle d'inspiration française, par des fonctionnaires civils. Un Conseil colonial fut mis sur pied et les Français qui vivaient en Cochinchine élurent un délégué au Parlement français. Cette colonie était financièrement indépendante de Paris car elle disposait de recettes propres suffisantes.

La Cochinchine fut le point de départ d'une nouvelle expansion française. Dès 1863, la France avait établi un protectorat sur le Cambodge voisin. Ce protectorat, le premier dans l'histoire coloniale française, laissait quasi tous les pouvoirs au roi Norodom qui demeurait en même temps subordonné au roi du Siam. En 1877, cet état de choses changea et Norodom fut contraint de mener à bien des réformes administratives qu'il réalisa toutefois aussi peu que possible. Le représentant du nouveau régime républicain qui entra en fonction à Saigon en 1879 appelait de ses vœux un contrôle plus net et plus strict du protectorat. En 1884, une canonnière fut envoyée à Phnom Penh et le palais royal fut occupé. Il en résulta une nouvelle convention par laquelle les représentants français furent investis d'une autorité sur toutes les affaires importantes. Cette convention ne fut cependant pas exécutée car ici et là éclatèrent des émeutes que le gouvernement français n'osa pas juguler. Ce n'est qu'en 1897 que le roi fut déposé et que le pouvoir fut confié à des ministres qui se réunirent sous le contrôle du résident français. Les

Français parvinrent en outre à rattacher au Cambodge les trois provinces qui avaient été annexées par le Siam. Cette question fut réglée par la convention franco-siamoise du 23 novembre 1907.

Mais un territoire revêtait plus d'importance que le Cambodge : l'empire d'Annam qui détenait aussi une suprématie sur le Tonkin, leuqel était situé au nord d'Annam. En Europe, plusieurs mythes étaient vivaces concernant le Tonkin. Le mythe du Yunnan, par exemple, selon lequel cette partie du Sud-Est asiatique serait, dans le futur, la voie d'accès au grand empire chinois et à ses débouchés illimités, et le mythe du Tonkin selon lequel cette région disposait aussi elle-même de grandes richesses. Sous le Second Empire avaient déjà été entreprises des expéditions qui, parties de la Cochinchine, avaient emprunté le Mékong et le fleuve Rouge pour gagner le Nord et se diriger vers la Chine. Elles furent reprises après la guerre de 1870. L'initiative de ces périples exploratoires avait été prise par un homme d'affaires aventureux, Jean Dupuis, qui bénéficiait du soutien d'un gouverneur opiniâtre, l'amiral Dupré. Lorsque Dupuis fut en butte à des difficultés avec le gouvernement d'Annam, Dupré décida de lui venir en aide. Il envoya à Hanoi une expédition de cent quatre-vingts hommes, dirigée par Francis Garnier. Celui-ci prit la citadelle mais fut tué peu après. Dupré, qui redoutait la réaction de l'opinion publique à la mort du héros tragique, se démarqua du projet et prôna la conclusion d'un traité, ce qui advint en mars 1874. L'Annam fut alors reconnu comme un pays indépendant tout en étant soumis à une forme de tutelle française. La Chine, qui détenait la suzeraineté sur Annam, refusa de reconnaître cette tutelle française. C'est ainsi que la question de l'Annam devint une question chinoise. Les Français réagirent en envoyant à Hanoi, en 1882, une nouvelle expédition qui subit à peu près le même sort : la citadelle fut occupée, le chef de l'expédition fut tué et le gouverneur se distancia ensuite de l'affaire.

Mais les choses n'en restèrent pas là car, en Annam et au Tonkin, il n'y avait pas que des intérêts politiques en jeu dans la mesure où la France y avait également des intérêts économiques, dont la défense était assurée par les chambres de commerce françaises, et des intérêts religieux pris en charge par les missionnaires. Des militaires en quête de gloire s'y trouvaient aussi, de même que des savants et des explorateurs soutenus par les sociétés géographiques. Ils constituaient ensemble un lobby en faveur de l'expansion française au Vietnam. Mais, comme on le verrait bientôt, il y avait aussi des opposants à cette présence de la France dans ces deux régions du Sud-Est asiatique, à savoir les ennemis de Ferry et de la colonisation.

Le 19 février 1883 fut formé à Paris le second gouvernement de Jules Ferry, lequel, ayant déjà précédemment établi un protectorat sur la Tunisie, était partisan d'une politique forte : « Nous devons maintenir à la France le rang qui lui appartient[7]. » Il convainquit la Chambre de lui octroyer les crédits nécessaires à une expédition au Tonkin. Une flotte fut constituée et le golfe du Tonkin fut bloqué. De plus, une armée de quatre mille hommes fut levée. Le 18 août 1883, Huê, la capitale d'Annam, fut canonnée puis occupée. Le 25 août, fut signé un traité par lequel le Tonkin fut dissocié d'Annam et placé sous administration française. Quant à l'Annam, il devint un protectorat. La Chine n'accepta pas sans sourciller cet interventionnisme de Paris et l'occupation française aboutit au Tonkin à des heurts avec les troupes chinoises qui ne se terminèrent pas à l'avantage de ces dernières. Le gouvernement chinois baissa alors le ton et reconnut l'accord franco-tonkinois un an plus tard, le 11 mai 1884, lors du premier traité de T'ien-Tsin. Le gouvernement français conclut peu de temps après deux nouveaux traités de protectorat, respectivement le 6 juin avec l'Annam et le 17 juin avec le Cambodge. La France régnait maintenant dans toute l'Indochine.

Les difficultés semblaient donc définitivement surmontées mais, à la suite d'un incident lors duquel un combat s'engagea entre des soldats français et chinois, un nouveau conflit éclata. La France réclama à la Chine une indemnisation. «Cinquante millions ou la guerre», déclara Ferry[8]. Ce fut la guerre. La Chine fut bombardée, et Formose, bloquée. De nouveaux crédits furent votés pour une nouvelle expédition. Les troupes françaises firent mouvement et pénétrèrent jusqu'en Chine méridionale, atteignant Lang Son, près de la frontière chinoise. Le commandant de réserve français, le colonel Herbinger, qui aurait dû reprendre le commandement des mains du général blessé de Négrier, était ivre et céda à la panique. Dans un communiqué adressé au commandant suprême des troupes françaises, Brière de l'Isle, il évoqua une armée chinoise gigantesque et de lourdes pertes françaises. Comme on le comprendra aisément, cette nouvelle fit forte impression sur Brière de l'Isle qui envoya à son tour un communiqué empreint d'inquiétude à Paris. Mais il y eut des fuites dans la presse, ce qui déclencha un spectacle de grande ampleur. À la Chambre, l'on parla d'un «nouveau Sedan» par analogie à la grande défaite subie dans la guerre de 1870 contre l'Allemagne. Clemenceau prononça alors un de ses discours les plus célèbres dans lequel il proclama: «Tout débat est fini entre nous (...) ce ne sont plus des ministres (...)

ce sont des accusés de haute trahison[9]. » Toute la haine accumulée jusque-là contre Ferry refluait. Les gens criaient dans la rue : « Ferry à la lanterne » et « Ferry à l'eau ». Le gouvernement tomba le 30 mars 1885.

Le fait qu'au même moment fut voté un énorme crédit de 200 millions de francs qui permettrait un doublement du corps expéditionnaire français prouve bien que la chute de Ferry était essentiellement une affaire de politique intérieure. Du reste, toute cette agitation était intempestive car, en réalité, des négociations franco-chinoises sérieuses étaient menées depuis début mars et elles étaient en passe d'aboutir. Mais Ferry ne pouvait en parler publiquement car elles étaient secrètes. Le 5 avril 1885, soit cinq jours après sa déchéance politique, fut signée une convention qui, le 6 juin 1885, serait coulée dans le Deuxième traité de T'ien-Tsin. La France renonçait à l'indemnisation qu'elle avait exigée. En contrepartie, la Chine abandonnait ses prétentions de suzeraineté, qui étaient du reste déjà vagues, sur l'Annam et le Tonkin, et elle retira ses troupes. La question de la délimitation de la frontière sino-vietnamienne serait réglée ultérieurement. Le protectorat français sur l'Annam et le Tonkin était devenu réalité.

Au demeurant, ce succès a failli être de courte durée car la Chambre des députés était profondément opposée au protectorat et une atmosphère fortement anticoloniale y régnait. Lors d'un vote sur le budget colonial qui eut lieu le 23 décembre 1885, le chapitre relatif à l'Annam et au Tonkin ne fut adopté qu'avec une majorité de six voix (273 contre 267). Une fois ce chapitre adopté, un résident général pour l'Annam et le Tonkin put être nommé en janvier 1886.

Le dernier — et le plus grand — des cinq territoires d'Indochine à être placé sous l'autorité de la

France fut le Laos. À la fin du XIXe siècle, les diverses principautés laotiennes se trouvaient sous la suzeraineté plus ou moins théorique de trois pays voisins : l'Annam, la Birmanie et le Siam. Le plus important des trois était le Siam. Les Français tentèrent d'étendre leur influence au Laos de façon à doter ainsi l'étroite zone côtière d'Annam d'un hinterland. Ils soulignèrent dès lors la suzeraineté annamite. L'Angleterre, de son côté, voulait maintenir le Siam comme zone tampon entre la Birmanie britannique et l'Indochine française, et elle soutint donc les prétentions birmanes. Les ambitions françaises concernant le Laos inquiétaient le Premier ministre, Rosebery, et la reine Victoria estima même que «l'honneur de l'Empire britannique» était en jeu[10]. Elle caressait l'idée d'appeler l'Allemagne et l'Italie à constituer un front commun contre la France. Mais on n'en arriva pas là car la diplomatie française réussit à isoler Londres et, par ricochet, le Siam.

S'agissant de cette question, les Français menèrent avec le Siam des tractations qui portèrent leurs fruits. Par un traité du 17 mars 1889, le Siam reconnut le statu quo au Laos, la délimitation des frontières étant reportée provisoirement, ce qui fut toutefois à l'origine de nombreuses tensions et même, en 1893, d'un conflit armé. Le Siam fut d'abord bloqué par des navires de guerre français et accepta ensuite un ultimatum français. Par le traité de Bangkok (3 octobre 1893), le Siam renonça à toutes ses prétentions sur la rive occidentale du Mékong et reconnut la sphère d'influence française dans cette zone. La frontière entre le Haut-Laos et la Birmanie donna encore lieu à une controverse mais ce problème fut réglé par une convention franco-britannique du 15 janvier 1896. Le Siam jouerait dorénavant le rôle de zone tampon entre l'Indochine anglaise et l'Indochine française. Lord Salisbury considérait ce traité comme un triomphe pour la diplomatie anglaise car elle rendait quasi impossible une conquête du Siam par la France. Mais lord Rosebery déclara sa perplexité au sujet de ce traité et sa conviction qu'il ne restait rien du Siam[11].

Assujettissement

L'annexion française de l'Indochine fut d'abord une affaire de traités (avec l'empereur d'Annam, avec l'empereur de Chine, avec le Siam, etc.) et de guerres, notamment avec l'Annam et la Chine. Mais, même ensuite, il n'exista pas toujours, loin de là, une autorité française effective. Au contraire, en particulier en Annam et au Tonkin, les vraies difficultés ne feraient alors que commencer. Dans un premier temps, l'autorité effective de la France se limita à quelques villes du delta du Tonkin, ainsi qu'à Lang Son et Huê. Le 31 mai 1885, le général Ph. M. A. Roussel de Courcy arriva dans la Baie d'Along à la tête d'une colossale armée de 35 000 hommes comprenant artillerie et cavalerie ainsi qu'une garde d'honneur et une section d'aérostats. Ce fut l'une des plus grandes expéditions jamais organisées.

En Annam, la cour n'avait accepté le protectorat français qu'à contrecœur et le gouvernement dirigé par le régent Ton That Thuyet était déterminé à lui donner aussi peu de signification que possible, ce qui fut démontré dès l'arrivée du commandant français à Huê car, quarante-huit heures plus tard, dans la nuit du 4 au 5 juillet, les Annamites ouvrirent le feu sur les positions françaises à Huê. Beaucoup plus surprenant fut le fait que, le lendemain matin, on s'aperçut que l'empereur et sa suite étaient partis en emportant les coffres, le grand sceau, les archives et bien d'autres choses encore, tout cela étant transporté sur le dos d'une colonne d'éléphants. L'empereur, qui n'était âgé que de quatorze ans, fut jeté dans une chaise à porteurs et il se cogna si violemment la tête qu'il ne put arrêter de sangloter. L'odyssée impériale durera au total trois années. Les Français pillèrent Huê à cœur joie et incendièrent la bibliothèque et les archives qui restaient. Le général Courcy s'empara lui-même du sabre royal pour en faire cadeau au ministre français de la Guerre.

Dans l'intervalle, les autorités françaises proclamèrent un fils adoptif de Tu Duc contre-empereur, ce qui déclencha une longue insurrection qui est entrée dans l'histoire sous le nom de Révolte des Lettrés, cela en raison du grand rôle que les mandarins jouèrent dans l'organisation de la résistance. Ils rappelèrent en effet à la population paysanne ses obligations envers le chef de l'État. Les chrétiens présents au Vietnam furent massacrés à grande échelle : sur 140 000, 40 000 furent assassinés. La plupart des Français ne virent dans cette rébellion que la énième manifestation de l'absence de moralité et de la barbarie du régime en place. Mais certains, comme le futur gouverneur général J.-L. de Lanessan et le théoricien colonial J. Harmand, se rendaient compte qu'il s'agissait en l'occurrence d'une forme de résistance patriotique ou, si l'on préfère, nationaliste. L'insurrection s'étendit à l'ensemble de l'Annam et du Tonkin, et prit la forme d'une guérilla qui fut facilitée par l'environnement naturel où elle se déploya.

Tout d'abord, les activités françaises étaient concentrées en Annam. L'empereur fut poursuivi mais resta introuvable. Il s'était retiré dans un trou perdu à proximité de la frontière avec le Laos. Les troupes françaises menèrent des actions dures et firent des ravages. Victime d'une trahison, l'empereur finit par tomber entre les mains des Français le 3 novembre 1888. Il fut envoyé en exil à La Réunion puis, plus tard, en Algérie. Ainsi, le problème de la révolte d'Annam était en grande partie réglé. Mais le Tonkin était une autre paire de manches.

L'insurrection annamite revêtait le caractère d'une protestation nationale et n'était pas seulement une manifestation de banditisme. Le Tonkin, qui intercalé entre l'Annam et la Chine était caractérisé par un vide du pouvoir, connaissait une situation différente. En effet, ce territoire était de plus en plus en proie à l'anarchie. Les digues avaient été négligées et d'importantes rizières avaient été ruinées. Des famines en résultèrent de sorte que nombreux furent ceux qui recoururent aux pillages et aux maraudages. Des chefs de guerre (« warlords »), qui étaient à la tête de groupes armés de cinq cents hommes ou davantage et qui de surcroît se liguaient occasionnellement en coalitions, régnaient sur la plus grande partie du pays. Il y avait des commandos chinois, reliquats de la rébellion Taiping, aussi bien qu'annamites. Certains d'entre eux étaient animés par des idéaux nationalistes.

Le Tonkin ne serait donc pas, comme l'avait promis Jules Ferry, une simple formalité. Au contraire, la révolte évolua en un conflit qui s'éterniserait pendant douze ans. On peut distinguer deux phases dans ce conflit. Au cours de la première phase, de 1885 à 1891, la présence militaire française fut très limitée. Elle se résumait alors à quelques postes et à un certain nombre de colonnes mobiles qui avaient pour mission de traquer l'ennemi. Comme cette politique échoua, les autorités françaises décidèrent d'engager à plus grande échelle une répression systématique des guérillas. Mais cette nouvelle stratégie engendra elle aussi plus de pertes qu'elle ne récolta de succès. C'est ainsi que le Tonkin eut encore plus mauvaise réputation que ce n'était déjà le cas, ce qui eut pour effet l'émergence dans les rues de Paris du slogan: « Tonkin-choléra, Tonkin-misère, Tonkin-famine, Tonkin-cimetière[12]. »

En 1892, l'arrivée du général Gallieni entraîna une nouvelle phase. La pacification serait désormais menée systématiquement et connaîtrait une fin heureuse en 1898. De 1892 à 1896, Gallieni en assuma la direction et, à partir de 1894, il fut épaulé par Lyautey. Ils entreraient dans l'histoire comme les deux plus grands généraux coloniaux français.

Joseph Gallieni (1849-1916) était né en 1849 à Saint-Béat, un petit village des Pyrénées où son père, Gaétan Gallieni, qui était un Français d'origine italienne, était devenu militaire professionnel dans l'armée française. Il embrassa lui-même la carrière militaire et fut admis à Saint-Cyr. Il intégra ensuite l'infanterie de marine, participa à la guerre de 1870 et fut fait prisonnier de guerre. La suite de sa carrière se déroula dans les colonies: il servit d'abord à La Réunion, au Sénégal et en Martinique, puis de nouveau au Sénégal et enfin au Soudan pour être enfin, après des années en France métropolitaine, envoyé en 1892 au Tonkin où il accéda — comme plus tard à Madagascar — à la célébrité comme le grand pacificateur. Mais son plus grand titre de gloire, il l'obtiendrait plus tard, en 1914, lors de l'aventure des taxis de la Marne.

Lyautey accomplirait lui aussi une glorieuse carrière militaire puisqu'il finit même par se voir attribuer le titre de maréchal. Il acquit surtout la notoriété comme pacificateur et administrateur du

Maroc où il fut nommé résident général en 1912. Cette nomination avait été précédée d'une longue carrière. Hubert Lyautey (1854-1934) était d'une autre origine sociale que Gallieni. Il était issu d'une grande famille catholique au sein de laquelle il y avait une longue tradition militaire. Il professait une idéologie sociale-catholique quelque peu paternaliste qui mettait l'accent sur la responsabilité des classes supérieures vis-à-vis des classes inférieures. Cela s'appliquait aussi aux officiers, comme il l'expliqua dans un article de 1891 intitulé «Du rôle social de l'officier». Cet article suscitant un certain émoi, il décida de se mettre à couvert pendant quelque temps, et c'est ainsi qu'en 1894 il partit pour l'Indochine où il rejoignit Gallieni, qu'il suivrait également à Madagascar un peu plus tard. La pacification du Tonkin fut un processus graduel qui s'opéra suivant le modèle connu sous le nom de méthode Gallieni-Lyautey. Après les régions situées à basse altitude, ce fut au tour des régions montagneuses qui contrôlaient le delta du fleuve Rouge. En 1897, soit deux ans après le départ de Gallieni, le Tonkin était en grande partie pacifié.

Administration et gestion

La Cochinchine était une colonie qui était administrée par les colons eux-mêmes sous la tutelle d'un gouverneur. Au Laos, la situation était complexe parce qu'une partie était sous administration directe tandis que l'autre partie était sous administration indirecte. Le Cambodge était quant à lui un protectorat. Dans un premier temps, les tentatives entreprises pour y consolider le pouvoir français avaient échoué. L'Annam et le Tonkin relevèrent aussi de la formule du protectorat. Mais la question qui se posait était de savoir ce que ça impliquerait en pratique.

En 1885, l'Annam était encore doté d'une structure politique claire, celle de l'État impérial. La solution la plus simple aurait été de laisser intacte cette structure et de l'utiliser comme base de l'administration coloniale. Mais le régime annamite n'étant pas pro-français, cette solution était impraticable. Le premier grand pas qui fut franchi vers une administration française directe fut l'ordonnance impériale du 3 juin 1886 par laquelle l'empereur Dong-Khan renonçait à son pouvoir sur le Tonkin. En outre, l'administration du protectorat plaça sous sa coupe une portion de plus en plus grande des revenus de l'État : les recettes douanières, l'impôt individuel auquel étaient assujettis les Chinois, les revenus tirés du monopole de l'opium et d'autres impôts directs qui furent instaurés ultérieurement.

En Annam subsista donc un entre-deux, un louvoiement entre administration directe et indirecte. L'Annam fut du reste le théâtre d'autres tensions. C'est ainsi par exemple que les Français de Cochinchine aspiraient à l'indépendance et à l'expansion. Ils avaient en effet étendu leur influence au Cambodge — où le résident dépendait du gouverneur en poste à Saigon — et avaient aussi jeté leur dévolu sur l'Annam et le Tonkin. Et à Paris, une lutte pour le pouvoir opposait le ministère des Colonies, dont relevait la Cochinchine, et celui des Affaires étrangères, qui était responsable de l'Annam et du Tonkin.

En 1886, ces questions furent réglées, du moins sur le papier, puisqu'un décret du 27 janvier arrêta les principes de l'administration coloniale. Le protectorat deviendrait une institution permanente et non une phase transitoire avant l'administration directe. Mais, hormis au début, il ne devrait pas coûter un franc à la France. Le protectorat devait donc s'autofinancer. Fut alors mis en place un pouvoir civil, dirigé par un résident général sous l'autorité duquel furent aussi placées l'armée et la flotte. Il était le plénipotentiaire de la République et régnait sur tout le protectorat.

Le premier résident général fut un homme politique de tout premier plan : Paul Bert. Paul Bert (1833-1886) était issu d'une famille aisée d'Auxerre. Il étudia d'abord le droit mais se convertit ensuite aux sciences naturelles. À trente-six ans, il hérita de la chaire de physiologie à la Sorbonne qu'occupait avant lui l'illustre Claude Bernard. En 1870, il entra en politique et, en 1872, il fut élu député de l'Yonne. Il sut mener de front avec bonheur sa carrière politique et sa carrière scientifique puisqu'en 1881 il fut élu membre de l'Académie des sciences et, la même année, nommé ministre de l'Instruction publique par Gambetta dans son « grand ministère » qui fut aussi célèbre qu'éphémère.

Acclamé par le public, Paul Bert se rendit en train de Paris à Marseille où il embarqua à bord d'un navire qui le mènerait à Hanoi en avril 1886. Il était accompagné de son épouse et de leurs deux filles qu'il maria à ses deux proches collaborateurs, le directeur et le sous-directeur de son cabinet, qui étaient respectivement Klobukowsky et Chailley, lequel s'appellerait plus tard Chailley-Bert. Ses collaborateurs étaient, tout comme lui, anticléricaux et franc-maçons. Pour faire contrepoids, deux catholiques furent nommés résidents d'Annam et du Tonkin, c'est-à-dire les deux plus hauts fonctionnaires en dessous du résident général. Mais Paul Bert ne resterait en fonction que six mois car il décéda le 11 novembre 1886, épuisé par le travail et le climat.

En 1887, fut mise en pratique une nouvelle solution

administrative : la création de l'Union indochinoise au sein de laquelle furent réunis tous les territoires. Cette Union releva du ministère des Colonies. À sa tête fut désigné un gouverneur général qui chapeauta le lieutenant-gouverneur de Cochinchine et les résidents supérieurs d'Annam, du Tonkin et du Cambodge. En 1899, le Laos s'y ajouta et, en 1900, même Kouang-Tchéou-Wan, l'établissement français en Chine, y fut incorporé.

Toutefois, cette solution resta essentiellement une solution de papier, ne fût-ce que parce que la pacification du Tonkin n'était pas encore achevée, loin de là. Le gouverneur général ne disposait pas de ressources propres. Le gouverneur de Cochinchine était, *de facto*, le patron en Cochinchine et au Cambodge. Le Conseil colonial de Saigon, qui était doté d'un budget propre, contribua dans une mesure non négligeable au financement des dépenses militaires de l'Annam et du Tonkin.

En 1891, la situation au Tonkin s'était détériorée à tel point qu'elle provoqua une crise parlementaire. Le Premier ministre, Freycinet, ne voyait qu'une solution : nommer gouverneur général d'Indochine une personnalité d'envergure qui connaissait la région et qui avait de l'autorité. Il porta son choix sur Jean-Louis de Lanessan. Il ne reçut pas le moindre soldat ni le moindre centime mais il fut investi de tous les pouvoirs. Le gouverneur général était « le dépositaire des pouvoirs de la République dans l'Indochine française[13] ». Il avait dans ses attributions la nomination des fonctionnaires, la confection du budget et l'organisation de la future défense du territoire et des services publics. Les bases de l'administration de l'Indochine française étaient jetées mais celle-ci ne deviendrait réalité qu'après la fin de la pacification en 1897.

Comme Paul Bert, J.-L. de Lanessan (1843-1919) était médecin et physiologue. Il avait été officier de santé dans la marine et avait voyagé à travers le monde. Il était l'auteur de plusieurs publications scientifiques majeures. Comme Paul Bert également, il était matérialiste et athée, et était un pourfendeur de l'Église et de la religion. Plus tard, il s'intéressa au bouddhisme auquel il consacra aussi un livre. Il croyait aux Lumières et au progrès, et donc à l'expansion européenne. Connaisseur de la question coloniale, il faisait figure au Parlement d'expert dans le domaine de la colonisation. En 1886-1887, il effectua un grand voyage d'études en Extrême-Orient et, en 1889, il rédigea à ce sujet *L'Indochine française*. Il s'inspira des idées que Jules Harmand avait exprimées dans son *Domination et Colonisation*. Lanessan lui-même écrivit sur ce thème, entre autres dans ses *Principes de colonisation* de 1897.

Ses conceptions étaient inspirées de l'exemple des Pays-Bas aux Indes néerlandaises. Les principes les plus importants à ses yeux étaient la décentralisation et l'association. Il fallait réaliser la décentralisation en confiant une grande responsabilité au gouverneur général qui était appelé, pour ainsi dire, à devenir une sorte de vice-roi à l'instar du vice-roi britannique en Inde. Quant au concept d'association, il signifiait qu'il convenait d'associer la population intérieure au processus de civilisation (c'est-à-dire la colonisation) en harmonisant les intérêts et les valeurs. Ce concept était l'inverse de l'idée française traditionnelle d'assimilation qui était fondée sur l'application du système administratif français dans les colonies et sur l'éducation des indigènes de couleur afin de faire d'eux des Français de couleur.

S'agissant du Vietnam, Lanessan se démarquait de ses prédécesseurs. Il ne croyait pas à l'antagonisme supposé entre l'Annam et le Tonkin mais était au contraire convaincu de la nécessité d'unifier le Vietnam. Aussi ne considéra-t-il pas la résistance comme une forme de banditisme mais bien comme l'expression d'un sentiment nationaliste. Il ne croyait pas davantage que le gouvernement et les mandarins étaient haïs par le peuple mais était au contraire persuadé qu'ils étaient acceptés par lui. Aussi préconisait-il que l'administration française collabore avec la cour et les mandarins.

En juin 1891, il arriva à Saigon et se rendit sur-le-champ à Huê. Dorénavant, les Français collaboreraient avec les instances de pouvoir traditionnelles. L'un des grands projets de Lanessan fut la construction d'une ligne de chemin de fer reliant Hanoi et Lang Son, ligne qui fut inaugurée le jour de Noël 1894. Lanessan fut très satisfait de toutes ces réussites mais sa joie fut de courte durée car quatre jours après arriva un télégramme de Paris dans lequel le ministre des Colonies, Delcassé, le rappelait en France.

La raison profonde de cette décision était qu'avait éclaté à Paris un scandale à propos d'une affaire de corruption de la presse dont Delcassé serait victime s'il ne sacrifiait pas Lanessan. Lanessan n'eut donc pas l'occasion de mettre en pratique sa politique d'association car, sous son règne, la pacification monopolisait encore toute l'attention. Ce n'est que plus tard, sous le gouverneur général Doumer (1897-1902), que fut mise en place une forme plus ordonnée d'administration coloniale, mais elle n'était pas conforme à la philosophie de Lanessan.

Paul Doumer (1857-1932) était un homme politique français qui possédait à la fois de l'autorité et une forte personnalité. Il avait été notamment ministre des Finances. De plus, c'était un personnage important de la franc-maçonnerie et du parti Radical. Mais il n'avait aucune expérience coloniale. Il mit sur pied en Indochine une administration pesante comptant de nombreux fonctionnaires français qui étaient très bien payés, mieux que partout ailleurs dans l'Empire français. Ils faisaient partie du Corps des Services civils de l'Indochine qui avait été créé en 1899 selon le modèle de l'Indian Civil Service. En 1911, on dénombrait 5 683 fonctionnaires européens en Indochine. Le plus lourd appareil administratif était celui de Cochinchine où il y avait dix fois plus de fonctionnaires européens qu'à Java et, en termes relatifs, même cent fois plus étant donné que la population cochinchinoise ne représentait que le dixième de la population javanaise. Il n'y avait donc rien d'étonnant à ce que le coût de cet appareil pèse lourdement sur le budget de la colonie. En 1911, ce coût représentait près d'un quart du budget total de l'Indochine.

Sous Doumer furent créés un secrétariat général ainsi que divers services généraux compétents entre autres pour les finances, les travaux publics, l'agriculture, le commerce, etc. Le gouverneur général était assisté d'un organe consultatif, le Conseil supérieur. Le gouverneur général chapeautait le lieutenant-gouverneur de Cochinchine et les résidents supérieurs dans les autres régions. Ces derniers étaient chargés de la gestion quotidienne. Les vestiges de la puissance de la monarchie annamite furent démantelés. Le Tonkin fut complètement dissocié de l'Annam puis administré *de facto* comme une colonie. En Annam, tous les pouvoirs furent finalement détenus par le résident supérieur français à Huê qui avait sous sa coupe les résidents des provinces. L'empereur se vit offrir une liste civile mais pour le reste toutes les finances relevaient de l'administration coloniale. Un système analogue fut instauré au Cambodge pendant que le Laos devint une résidence supérieure. La puissance de la Cochinchine continua de se déliter du fait que le budget ressortissait désormais en grande partie au gouverneur général. En 1902, la position de Saigon s'affaiblit encore davantage avec le transfert à Hanoi de la capitale de l'administration.

Développement

La population vietnamienne connut une forte croissance puisqu'elle passa d'environ 10 millions d'habitants en 1878 à 17 millions en 1913. Quant aux Français, ils étaient en 1913 un peu moins de 24 000 dont 4 800 fonctionnaires. Au Vietnam vivait aussi une minorité chinoise nombreuse et commercialement très active. La population était concentrée dans certaines zones. Le delta du Tonkin, en particulier, avait une densité de population très élevée, supérieure, même, à celle de Java. Si, au Tonkin, les propriétés terriennes de petite et de très petite taille pullulaient, en Cochinchine, en revanche, il s'agissait essentiellement de grandes propriétés. Dans ces deux régions, la riziculture était très importante. Mais seule la Cochinchine vit apparaître sur son territoire une grande agriculture de concession développée par des entreprises européennes, laquelle assura la production de riz qui fut, pour une grande part, exportée en Chine, au Japon et aux Indes néerlandaises. Avant 1914, les plantations de café, de thé et de caoutchouc avaient une importance négligeable. L'exploitation minière, financée par des capitaux français, revêtait plus d'importance. En 1888, fut créée la Société française des Charbonnages du Tonkin. En 1900, l'Indochine exportait déjà 200 000 tonnes de charbon. Le zinc et l'étain étaient des produits importants également. D'autres activités industrielles comme la production d'électricité et de ciment y étaient liées. En outre, il y avait une construction navale modeste ainsi qu'un certain nombre d'industries produisant des biens de consommation (huile, savon, sucre, bière, tabac, etc.). Enfin, l'aménagement de lignes de chemin de fer et le développement des ports de Haiphong et de Saigon permirent l'avènement d'activités industrielles d'une importance considérable.

Du point de vue économique et financier, l'Indochine donnait à voir une image paradoxale. Les pouvoirs publics étaient riches et les investissements publics étaient relativement importants, mais l'intérêt économique de la région resta limité et les investissements privés ainsi que les activités commerciales français demeurèrent réduits. La richesse de l'autorité publique s'expliquait aisément : la pression fiscale qui s'exerçait sur la population indochinoise était très forte. Les conséquences étaient prévisibles : protestation et opposition qui alimentèrent à leur tour le mouvement nationaliste.

La conquête et, en particulier, la pacification de l'Indochine avaient coûté cher à la France. Les expéditions montées par Ferry avaient été financées par le Parlement. Les dépenses publiques totales consacrées à l'Indochine entre 1860 et 1895 ont été évaluées à 750 millions de francs[14]. Il était évident que la colonie elle-même devrait participer au financement du coût de sa gestion. L'on nourrit à cet égard de grands espoirs mais au début les réalités concrètes suscitèrent une désillusion. En 1887, le Tonkin rapportait 15 millions de francs. Les pressions exercées sur la Cochinchine pour la contraindre à payer furent intensifiées et cette colonie contribua effectivement au budget de l'Annam et du Tonkin. Le prélèvement d'impôts directs souleva en pratique de nombreuses questions et c'est la raison pour laquelle le système cochinchinois fut étendu à toute l'Indochine française. Ce système était essentiellement fondé sur les impôts indirects, les recettes douanières et celles tirées des monopoles (régies). Néanmoins, le déficit était encore à ce point important en 1896 (43 millions de francs) que Bideau, le gouverneur général *ad interim*, parla d'un « Lang Son financier[15] ». Afin de couvrir les dettes coloniales, le Parlement français adopta un prêt de 80 millions de francs assorti d'une garantie de l'État.

Lorsque la pacification fut menée à son terme, un nouveau régime fiscal fut instauré sous Doumer. À l'ancienne capitation et aux anciennes corvées annamites furent substitués des impôts directs, à savoir un impôt foncier et un impôt individuel. Les impositions furent aussi enthousiastes qu'irréfléchies car il n'y avait ni cadastre ni registre de la population. C'est pourquoi tout, c'est-à-dire aussi bien la propriété terrienne que le nombre d'habitants, était l'objet d'une évaluation et était en réalité nettement surévalué. Ce qui, toutefois, était le plus embarrassant, c'étaient les régies publiques d'opium, d'alcool et de sel. La taxe sur le sel, en particulier, suscita une vive opposition et il est surprenant que les républicains eussent oublié si vite que la Révolution française avait notamment été provoquée par la taxe sur le sel (la gabelle). Mais, sur le plan administratif, ce régime fiscal fut une réussite. Le budget présenta un excédent et, par sa hauteur, il dépassa même celui de l'Algérie. Ces surplus permirent aux pouvoirs publics de lancer des emprunts coloniaux qui engendrèrent une dette publique considérable, laquelle en 1913 avait atteint 529 millions de francs. Les charges d'intérêt représentèrent alors près d'un quart des dépenses publiques.

Par ailleurs, les recettes de l'État permirent de réaliser de gros investissements dans les infrastructures. Les investisseurs privés restant réticents, l'État offrit son aide et prit lui-même des initiatives. Le projet le plus ambitieux qui put être concrétisé grâce à son soutien fut la construction du chemin de fer. Le grand rêve des autorités françaises était d'aiguiller l'activité commerciale du sud de la Chine vers l'Indochine et de faire ainsi de Haiphong et Saigon des centres commerciaux qui seraient comparables à Shangai et à Hongkong. En 1914, plus de 2 000 kilomètres de voie ferrée étaient en exploitation. On se préoccupa tellement des lignes de chemin de fer que la maintenance des ouvrages hydrauliques fut négligée, ce qui eut des répercussions désastreuses sur la riziculture. En revanche, nombre d'autres investissements publics, que ce soit dans le secteur de la santé, dans l'éducation (le taux de scolarisation en Indochine était le plus élevé des colonies françaises) ou dans la recherche, furent quant à eux réalisés. Entre 1898 et 1913, l'État investit ainsi près de 800 millions de francs. Selon une conception typiquement française, colbertiste, c'était donc l'État qui prenait soin des infrastructures. Les investissements privés, en revanche, restaient à la traîne : 500 millions de francs entre 1888 et 1918. Aux yeux des fournisseurs de capitaux, les marchés financiers de Chine et des Indes néerlandaises demeuraient plus attractifs[16].

Les activités commerciales françaises étaient favorisées du fait que l'Indochine était assujettie aux tarifs douaniers français si bien qu'aucun droit à l'importation n'était perçu sur les marchandises françaises. Mais le commerce était et restait essentiellement entre les mains des Chinois. Cholon, le quartier chinois de Saigon, était de loin, avec ses 181 000 habitants en 1913, la plus grande ville d'Indochine. Hanoi, la deuxième ville, comptait 86 000 habitants. Exception faite de la puissante banque de l'Indochine qui était également active dans d'autres pays asiatiques et en France même, les banques étaient aussi, principalement, de nationalité étrangère.

Nationalisme et résistance

La société coloniale française n'était pas très différente d'autres sociétés coloniales. C'était une société de colonisateurs et de colonisés, d'oppresseurs et d'opprimés, dont les existences se déroulaient en grande partie dans des mondes différents. Mais l'univers des coloniaux français présentait quelques caractéristiques particulières. Pour commencer, la population française dans la colonie était fort peu nombreuse. En 1913, les Français étaient moins de 24 000 Français sur une population totale de 16 millions. Qui plus est, ils étaient concentrés dans deux régions : la Cochinchine où ils étaient plus de 7 000 et le Tonkin où ils étaient plus de 5 000. Et la grande majorité d'entre eux vivait dans deux villes : Saigon dans le Sud et Hanoi dans le Nord. Le reste habitait dans des cités de plus petite taille. Fonctionnaires et militaires représentaient une grande part de la population française quoique le nombre de militaires se réduisît lorsque la pacification fut achevée. Mais, même après cela, la société coloniale resta essentiellement une société d'hommes.

Les différentes colonies françaises en Asie ne connurent pas des évolutions identiques. La Cochinchine était la région la plus prospère et comptait une bourgeoisie active, l'Annam demeurait la société la plus traditionnelle et le Tonkin fut essentiellement un pourvoyeur de main-d'œuvre non qualifiée. Deux minorités étaient étroitement liées au système colonial et lui étaient redevables de leur aisance : les Chinois et les chrétiens. Les Chinois jouaient un rôle majeur dans la vie économique. Les Français ne pouvaient se passer d'eux mais ils craignaient aussi leur pouvoir et leur influence, a fortiori quand la peur du « péril jaune » s'amplifia. Il y avait en outre les catholiques, dont le positionnement était ambigu. Avant la colonisation, ils étaient persécutés et assassinés. Plus tard, les Vietnamiens les considérèrent comme les complices des colonisateurs. Quoique les autorités et les gouverneurs coloniaux fussent souvent agnostiques et anticléricaux, il y avait une importante activité missionnaire dont les cathédrales de Hanoi et Saigon témoignent de façon quelque peu triomphaliste. Le christianisme resta toutefois limité à un pourcentage très réduit de la population. Les Français n'ont pas réussi à influencer le mode de vie et la culture des couches supérieures de la population vietnamienne. Et ils ne sont pas plus parvenus à les gagner à la cause de l'administration française. La résistance, qui s'était manifestée dès l'instauration de l'hégémonie française, ne se relâchait pas mais elle adopta progressivement un style plus moderne et plus ouvertement nationaliste.

La plupart des Français de cette époque considéraient cette résistance à l'occupation française de l'Annam et du Tonkin comme une manifestation d'anarchisme et de banditisme et non comme une forme de contestation nationaliste. L'interprétation de ce mouvement de résistance n'est effectivement pas chose aisée. Ce qui est certain, c'est qu'il ne saurait être assimilé aux mouvements nationalistes modernes qui sont nés en Asie au cours du XXe siècle. Cependant, la population autochtone des colonies nourrissait déjà, dans ce temps-là, des sentiments nationalistes. L'Indochine comptait une élite hautement qualifiée qui continua de jouer un rôle actif après la pacification. Les Français promurent l'enseignement et fondèrent même une université à Hanoi. L'administration française, qui avait besoin de collaborateurs locaux, trouva principalement ceux-ci parmi les mandarins. Ils furent bien payés mais leur participation à l'administration resta limitée aux fonctions subalternes. De nouvelles couches sociales virent également le jour comme les lettrés-fonctionnaires et les lettrés-commerçants, ainsi qu'une nouvelle espèce d'intellectuels qui s'étaient initiés à la culture européenne [17].

Comme partout ailleurs en Asie, les mutations qui s'opérèrent au Japon (les grandes réformes après la restauration Meiji) et en Chine (l'essor du Guomindang) suscitèrent aussi un vif intérêt en Indochine et, en particulier, la victoire japonaise dans la guerre qui l'opposa à la Russie donna une forte impulsion au nationalisme. Deux mouvements nationalistes virent le jour en Indochine, l'un révolutionnaire, l'autre réformiste. Le premier, qui portait le nom de Société pour un nouveau Vietnam, était né en 1904 et était dirigé par Phan Boi Chau, militait pour le renversement de l'administration coloniale française. Son leader fut contraint de fuir devant la police et s'exila au Japon où il rassembla ses adeptes vietnamiens. Cela aboutit en 1912 à la fondation de la Société pour la restauration du Vietnam qui prônait la lutte armée contre la puissance française. Cette mouvance, qui était illégale, travaillait avec des organisations secrètes.

Un autre mouvement, réformateur celui-là, fit son

apparition à la même époque. Il était, quant à lui, opposé à la monarchie et voulait rompre avec l'ancien régime qui avait entravé une restauration Meiji vietnamienne. Il professait des convictions modernes quant à l'intérêt de la technique, du commerce et de la démocratie, et acceptait de collaborer avec l'administration française à condition, toutefois, qu'elle réalise des réformes. Cette mouvance-là fut combattue elle aussi. À partir de 1908, en effet, le pouvoir colonial réprima plusieurs manifestations et rébellions. En 1911, sur proposition du ministre des Colonies, fut amorcée la constitution d'une représentation de la population indigène. Albert Sarraut, qui fut le dernier gouverneur général avant 1914, fut chargé de sa concrétisation.

LES INDES NÉERLANDAISES

Aux Indes néerlandaises, la période postérieure à 1870 fut caractérisée par trois grands processus de sorte qu'elle fut différente non seulement de la période antérieure, mais aussi de toute l'histoire précédente de la présence néerlandaise dans l'archipel indonésien. Ces processus furent: 1) l'achèvement territorial accéléré et vigoureux des Indes néerlandaises; 2) l'extension et la consolidation du pouvoir colonial; 3) l'introduction du capitalisme moderne dans l'archipel. La guerre d'Atjeh, qui éclata en 1873, marqua le début d'une politique expansionniste active, axée sur l'assujettissement effectif de l'archipel au pouvoir colonial néerlandais. Ce processus s'était achevé, dans les grandes lignes, avec la reddition du sultan Mohammed Daud Shah le 22 janvier 1903. À partir de cette date, l'État colonial revêtit sa forme définitive. Les nouveaux développements économiques ne furent pas sans conséquence pour la société et l'administration : une société plus différenciée se constitua et l'État vit ses missions considérablement étendues. C'est ainsi qu'aux alentours de 1900 l'hégémonie des Pays-Bas aux Indes néerlandaises entra dans une nouvelle phase qui se terminerait brutalement avec l'occupation japonaise en 1942. Cette période pourrait être appelée l'âge mûr du colonialisme.

Achèvement territorial

L'achèvement du pouvoir néerlandais aux Indes néerlandaises fut un processus de longue durée qui présenta, outre un aspect politique et un aspect relevant du droit international, des aspects militaire et administratif. Il s'agissait principalement de deux choses : des accords avec d'autres puissances étrangères éventuellement intéressées et l'assujettissement des princes autochtones.

Le pouvoir néerlandais aux Indes était fondé sur le traité de Londres du 17 mars 1824 par lequel la Grande-Bretagne avait restitué aux Pays-Bas une partie des anciennes possessions hollandaises d'outre-mer. Ce traité comportait toutefois quelques imprécisions. Une de ces imprécisions était la disposition selon laquelle les Pays-Bas récupéreraient Sumatra mais devraient respecter la souveraineté du sultan d'Atjeh dans la partie septentrionale de cette île. Cela créa une situation confuse et du point de vue néerlandais indésirable dans la mesure où elle revenait à remettre en question les prétentions des Hollandais sur cette partie de Sumatra et où, par ce fait même, il leur était impossible de mettre hors d'état de nuire les pirates d'Atjeh. Ce problème devint plus aigu après l'ouverture du canal de Suez en 1869 car, désormais, une proportion importante de la flotte marchande passa par le détroit de Malacca et longea par conséquent les côtes d'Atjeh. Aussi le traité de La Haye, mieux connu sous le nom de traité de Sumatra, du 2 novembre 1871, par lequel les Pays-Bas obtinrent de la Grande-Bretagne qu'elle reconnût sa souveraineté sur Atjeh, fut-il important, d'autant qu'il permettait aux Pays-Bas de se débarrasser élégamment de leurs possessions superflues sur la Côte-de-l'Or africaine en les cédant à l'Angleterre et en présentant cette cession comme une compensation pour l'affaire d'Atjeh.

Il était une autre région où les Pays-Bas durent négocier la délimitation de leurs frontières avec le Royaume-Uni, à savoir la grande île de Bornéo. Ici, un curieux aventurier joua un rôle majeur : sir James Brooke (1803-1868). James Brooke, qui entrerait dans l'histoire sous le nom de « rajah blanc de Sarawak », était né en 1803 dans une banlieue de Bénarès où son père avait été au service de l'East India Company et avait terminé sa carrière comme juge à la haute cour de justice de Bénarès. Il épousa une Écossaise qui lui donna six enfants. James fut le cinquième. James Brooke était fasciné par l'Orient et par la théorie de Raffles selon laquelle une bonne administration apporterait la prospérité aux commerçants et le bien-être aux indigènes.

Brooke offrit ses services au sultan de Brunei qui avait maille à partir avec des chefs rebelles sur les rives du fleuve Sarawak. En échange de son aide et contre paiement de 500 livres sterling par an, le sultan le fit vassal du Sarawak. En 1841, il se vit décerner le titre de rajah de Sarawak. Plus tard, il étendit considérablement son territoire. La dynastie Brooke régnerait jusqu'à la Seconde Guerre mondiale. L'Angleterre reconnut *de facto* l'indépendance du Sarawak, qui resta officiellement un État vassal de Brunei, en y nommant un consul britannique. En 1846, Brooke racheta au sultan de Brunei l'île de Labuan, qui était riche en charbon, puis l'offrit l'année suivante comme station d'exploitation du charbon à l'Angleterre. Londres accepta avec gratitude ce cadeau qui était on ne peut plus bienvenu. Brooke reçut le titre de sir James Brooke. Le gouvernement britannique reconnut comme étant la possession de sa famille ce territoire du sultan de Brunei sur l'île de Bornéo, à condition qu'il échût à la couronne d'Angleterre lorsque sa lignée viendrait à s'éteindre. En 1888, le sultanat devint un protectorat britannique. Le traité de Londres du 20 juin 1891 délimita les zones anglaise et hollandaise à Bornéo. Donc, la délimitation des sphères d'influence n'engendra pas, ici, de difficultés mais les aventures de Brooke avaient incité les Pays-Bas à reconsidérer leur politique abstentionniste.

Une autre puissance européenne avait des intérêts dans l'archipel indonésien : le Portugal. À l'issue de la lutte pour le pouvoir qui l'avait opposé aux Néerlandais durant le XVIIe siècle, il avait conservé une grande portion de l'île de Timor. Pendant l'administration intermédiaire britannique à l'époque napoléonienne, le Portugal avait étendu quelque peu son territoire timorais au détriment de la portion néerlandaise mais cette extension fut mise à néant après la restauration de l'autorité néerlandaise. Au terme d'une longue série d'incidents et de conflits frontaliers, des tentatives furent entreprises pendant la seconde moitié du XIXe siècle, notamment en 1851, 1859 et 1893, pour parvenir pacifiquement à des délimitations de frontières. En 1904, un accord fut enfin signé — le traité de La Haye du 1er octobre 1904 —, mais il laissa lui aussi subsister certaines imprécisions si bien qu'une offre d'arbitrage fut finalement acceptée et que l'émissaire suisse à Paris, qui était membre de la Cour d'arbitrage de La Haye, conçut en 1916 une solution acceptable pour toutes les parties.

Les Néerlandais ne s'intéressèrent que tardivement à la grande île qui formait la frontière orientale de l'archipel, c'est-à-dire la Nouvelle-Guinée. Pour devancer les Anglais, le gouvernement néerlandais avait pris possession officiellement, en 1828, de toute la Nouvelle-Guinée à l'ouest du 141e parallèle. Il fit ressortir administrativement cette région de la résidence de Ternate mais une tentative entreprise pour établir un véritable pouvoir hollandais sur l'île fut vite considérée comme un échec et abandonnée. Après 1836, il n'y eut plus de poste gouvernemental hollandais en Nouvelle-Guinée.

Au cours des années soixante-dix, la grande île commença à susciter des convoitises internationales. Les colons anglais en Australie, plus précisément dans le New South Wales et le Queensland, tentèrent d'attirer l'attention du gouvernement de la métropole sur cette île mais en vain, du moins provisoirement. Et c'est ainsi que l'Allemagne put, en 1884 — sa grande année coloniale —, en occuper tranquillement le Nord-Est. Cet engouement étranger pour la Nouvelle-Guinée amena les Pays-Bas à y implanter quelques postes. Ils fondèrent le premier en 1892 et, à partir de 1898, exista sur l'île un pouvoir néerlandais permanent. Le traité de La Haye du 16 mai 1895 délimita la frontière entre la Nouvelle-Guinée hollandaise et la Nouvelle-Guinée britannique (celle-ci deviendrait d'ailleurs australienne à compter de 1902). La frontière avec la portion allemande de l'île ne fit l'objet d'un accord que lorsque l'Australie eut repris ce territoire à l'Allemagne au lendemain de la Première Guerre mondiale. Ainsi eut lieu l'achèvement, du point de vue du droit international, des possessions néerlandaises dans l'archipel indonésien.

Le rôle joué par les moyens de communication fut un facteur très important dans le processus territorial. Les Indes néerlandaises étaient un archipel qui couvrait une distance égale à celle qui sépare l'Irlande de l'Iran et se composait de plus de 13 600 îles dont 6 000 étaient habitées. Aussi les liaisons — et avant l'invention de l'aviation, il s'agissait de liaisons maritimes — revêtaient-elles une importance vitale. Gouvernement et entreprises privées collaborèrent étroitement en vue de leur aménagement. Pour le gouvernement, l'objectif était d'assurer le transport des troupes, des fonctionnaires et des sacs postaux. Le trafic maritime était soumis à la surveillance de l'administration coloniale mais en pratique il était organisé par des sociétés privées dont la plus importante était la Koninklijke Paketvaart Maatschappij (KPM), fondée en 1888. La KPM accomplissait une mission impérialiste essentielle et le gouvernement disposait, avec elle, d'un partenaire fiable. Elle détenait le monopole du transport de marchandises de l'administration coloniale et, en contrepartie, elle maintenait en service des lignes non rentables. En temps de guerre, elle assura également l'acheminement des troupes et, après la pacification, elle organisa des liaisons régulières. Elle eut en outre une grande importance économique puisqu'elle consolida la domination néerlandaise dans l'économie indonésienne et stimula la production, par la population indonésienne, de denrées agricoles destinées à l'exportation[18].

Assujettissement

Le traité de Sumatra avait donné aux Pays-Bas une entière liberté de mouvement sur l'île de Sumatra et leur avait permis du même coup de mener une intervention musclée contre le sultan d'Atjeh. Mais les Pays-Bas ne parvinrent pas à convaincre le sultan de réviser le traité de 1857 et de reconnaître l'autorité néerlandaise. En outre, selon certaines rumeurs, des puissances étrangères (l'Italie et même les États-Unis) s'intéressaient à Atjeh et le sultan envisageait de demander l'aide d'autres puissances. C'est la raison pour laquelle une expédition militaire fut envoyée à Atjeh en 1873, ce qui déclencha la guerre d'Atjeh qui serait l'une des guerres coloniales les plus sanglantes et les plus longues. Cette guerre ne fut officiellement terminée qu'en 1903, soit trente ans plus tard, quoiqu'il soit permis de se demander si ce territoire se trouvât jamais complètement sous autorité néerlandaise.

La guerre d'Atjeh se composa, en réalité, d'une série de guerres, chacune revêtant un caractère différent. La première commença par une expédition punitive classique, dirigée contre le Kraton, le palais du sultan. Le 8 avril 1873, un corps expéditionnaire accosta sur le littoral d'Atjeh. Cette opération se solda par un fiasco total et, en l'espace d'une semaine, les troupes hollandaises se retirèrent en abandonnant leur commandant tombé au champ d'honneur. Une seconde tentative, entamée en novembre de la même année, eut plus de succès. Le 24 janvier 1874, les Néerlandais s'emparèrent du Kraton. Le sultan mourut du choléra deux jours plus tard.

Tout cela était bel et bon mais l'hégémonie des Pays-Bas à Atjeh n'en était pas pour autant établie réellement. Le pouvoir du sultan était en effet plus nominal que réel. La puissance effective était détenue principalement par des princes locaux. Ceux-ci se choisirent un nouveau sultan et la guerre reprit de plus belle. Le contingent militaire hollandais stationné à Atjeh n'était pas suffisant pour affronter cette épreuve de force, d'autant que de nombreux soldats mouraient de maladies tropicales. C'est ainsi que cette guerre se prolongea pendant des années, jusqu'à ce que le gouverneur général en eut assez et nomma, le 1ᵉʳ janvier 1878, le général-major K. van der Heijden, surnommé « le Roi borgne », gouverneur d'Aceh et Dépendances. Celui-ci mena en 1879 des campagnes de grande envergure destinées à terroriser la population. Des milliers d'habitants d'Atjeh perdirent la vie et des centaines de kampongs furent réduits en cendres. Le gouverneur général estima que cela suffisait, déclara le 13 octobre 1880 que la guerre était finie et remplaça « le Roi borgne » par un administrateur civil.

Cet événement marqua le début d'une nouvelle phase dans la guerre : l'époque de la guérilla. Durant celle-ci, les soldats de l'armée indo-néerlandaise étaient la cible d'attaques à intervalles réguliers. Ils subirent beaucoup de pertes et leur moral était au plus bas. Cette situation aboutit finalement à une nouvelle politique. Les Hollandais renoncèrent en grande partie à Aceh. L'armée se retira derrière une « ligne concentrée » de forts reliés les uns aux autres autour de la capitale Kotaradya. Cette ligne coupait la région côtière du reste d'Aceh. Cette forme statique de défense échoua. La ligne concentrée fut l'objet d'agressions et le théâtre d'escarmouches, et son système de défense fut tourné en dérision. Elle ne fut pas une contrainte pour les guérilleros mais pour l'armée indo-néerlandaise.

Voilà pourquoi l'administration néerlandaise adopta une nouvelle politique, qui était double : d'une part, diviser les princes indigènes et, d'autre part, gratifier ceux qui faisaient serment d'allégeance à la cause hollandaise. Cette politique aboutit à La Haye comme à Batavia à des conflits opposant ses adeptes aux partisans d'une ligne dure. Lorsqu'en 1896 un des princes « loyaux », Teuku Umar, passa dans l'autre camp en emportant les armes que lui avaient fournies les Hollandais, la coupe fut pleine. Aux Pays-Bas, la « trahison » de Teuku Umar suscita une profonde indignation. De nombreuses chansons populaires traduisirent les sentiments de colère et de vengeance que ressentait la population néerlandaise. Ainsi, cette chanson au refrain accrocheur :

> *Et Teuku Umar doit être pendu,*
> *Tous à Atjeh! Tous à Atjeh!*
> *Et Teuku Umar, on va l'péchu,*
> *Tous à Atjeh, tous à Atjeh!*

D'un goût encore plus raffiné était le refrain d'une autre chanson des rues :

> *À la lanterne, à la lanterne !*
> *Pour Teuku Umar et sa moukère*[19].

Un nouveau commandant fut envoyé à Aceh avec un fort contingent de troupes fraîches pour venger cette « trahison » et soumettre définitivement cette région. Ainsi commença la troisième et dernière phase de la guerre. Après quelques expéditions punitives cruelles mais peu fructueuses, van Heutsz fut nommé gouverneur d'Atjeh en mars 1898. Cette nomination aurait une influence décisive sur la suite du conflit.

J. B. van Heutsz (1851-1924) est le commandant colonial le plus célèbre et le plus controversé de l'histoire des Pays-Bas. Après avoir suivi une formation d'officier, il partit aux Indes néerlandaises en 1873 et y resta jusqu'en 1881. En 1883, après un séjour aux Pays-Bas où il fréquenterait l'École militaire supérieure, il retourna aux Indes où il demeura dix ans. Sa troisième et dernière période indonésienne, qui serait la plus longue et la plus réussie, couvrit les années 1895-1909. En 1898, il devint gouverneur civil et militaire d'Atjeh et Dépendances. En 1904, devenu entre-temps lieutenant général et commandeur dans l'Ordre militaire de Guillaume, il rentra aux Pays-Bas auréolé d'une gloire tirée de la pacification d'Atjeh car il était l'homme qui avait mis fin à la guerre de trente ans. À la fin de cette année-là, il retourna pourtant aux Indes pour y remplir la plus haute charge de l'administration coloniale, celle de gouverneur général des Indes néerlandaises, charge qu'il assumerait jusqu'en décembre 1909. Mais entretemps on en avait appris un peu plus sur la «pacification» d'Atjeh, et ces révélations, conjuguées à divers petits scandales, avaient terni fortement la réputation de van Heutsz. Van Heutsz n'était pas un savant mais il avait acquis une grande expérience de l'affaire d'Atjeh. Il avait déjà servi dans cette région à de très nombreuses reprises lorsqu'il fit paraître en 1892 son ouvrage *L'assujettissement d'Atjeh*. Pour le rédiger, van Heutsz avait sollicité l'aide d'un futur professeur de Leyde, Christiaan Snouck Hurgronje.

Christiaan Snouck Hurgronje (1857-1936) avait

commencé par étudier la théologie à Leyde mais, après son premier examen, il s'était aiguillé vers l'orientalisme. Il obtint le titre de docteur en 1880 en soutenant une thèse intitulée *La fête de La Mecque* et devint célèbre en allant à La Mecque en 1884-1885, déguisé en pèlerin ou converti au culte musulman — ce point est l'objet de divergences d'opinions. En 1889, il se rendit aux Indes néerlandaises pour prodiguer ses conseils au gouvernement concernant la guerre d'Atjeh. En 1890, il contracta un mariage musulman avec une Javanaise de l'Ouest et se remaria après son décès avec une autre — une princesse de treize ans, cette fois. Après son retour dans la patrie, il convola une nouvelle fois en justes noces en 1910 avec une Néerlandaise. Sa famille indonésienne devait rester incognito et elle resta donc aux Indes néerlandaises. En 1906, Snouck fut nommé professeur d'arabe à Leyde. Il resterait comme le plus illustre arabisant de l'histoire des Pays-Bas.

Snouck souscrivait à la critique de van Heutsz à l'égard du système de « la ligne concentrée » qu'il comparait à la situation d'un singe attaché à une chaîne et que les badauds harcèlent mais qui ne peut rien faire parce que sa chaîne est trop courte pour pouvoir les atteindre[20]. Au cours des années 1891-1892, Snouck avait consacré une étude à la société d'Aceh et à sa structure de pouvoir, et il avait fait part de ses conclusions en 1892 dans un ouvrage devenu célèbre et qui s'intitulait *Rapport relatif aux situations politico-religieuses à Atjeh*. Il y proposait de faire comprendre aux indigènes d'Atjeh que les Néerlandais n'étaient pas les ennemis du sultan mais voulaient au contraire poursuivre son œuvre. À l'égard des chefs spirituels islamiques, les ulamas, il préconisait une stratégie musclée ainsi qu'une intervention vigoureuse qui leur ficherait une sacrée trouille. Il fallait selon lui soumettre militairement la région mais ensuite il serait indispensable de gagner la population à sa cause en menant une politique axée sur la promotion de la prospérité.

Van Heutsz ne s'intéressait que modérément aux considérations de Snouck Hurgronje — d'après son biographe, il avait même coutume de s'endormir pendant ses exposés —, mais il reprit pourtant ses idées à son compte[21]. En juin 1898, un corps expéditionnaire très important partit pour Pedir, le foyer de la résistance d'Atjeh. L'armée hollandaise était non seulement nombreuse, mais mieux armée qu'autrefois puisqu'elle était notamment dotée d'un nouveau fusil à répétition. En outre, il y avait en son sein une innovation tactique car elle comportait désormais un Corps Maréchaussée composé de petites unités d'élite (constituées surtout de Javanais, d'Ambonais et de Ménadonais), agissant rapidement et munies d'armes légères, entre autres du sabre indigène, qui manœuvrait offensivement et pouvaient frapper comme la foudre. Parmi les chefs d'Aceh, beaucoup furent faits prisonniers et d'autres se rendirent. La « Brève Déclaration » conçue par Snouck Hurgronje leur fut présentée. Elle était effectivement brève car elle ne consistait qu'en trois articles qui stipulaient que le signataire se soumettait à l'autorité néerlandaise, ne pouvait entretenir de liens avec des puissances étrangères et respecterait fidèlement tous les règlements gouvernementaux.

Cette « Brève Déclaration », qui fut aussi instaurée ailleurs, mit fin au système d'alliance qui remontait à l'époque de la VOC. Dans ce temps-là, étaient signées de « longues déclarations » où il était question d'une sorte d'alliance dans le cadre de laquelle les deux parties, le prince indonésien et le pouvoir néerlandais, souscrivaient à certaines obligations l'un envers l'autre. Dans la «Brève Déclaration», il n'en fut plus question puisqu'elle équivalait à un assujettissement total à l'autorité néerlandaise en échange du maintien d'une autogestion qui, en pratique, n'était souvent que purement nominale.

En 1901, la plus grande partie d'Atjeh était soumise et, en 1903, la guerre était finie. Le restant des résistants s'était retiré dans les régions de Gayo et d'Alas dans l'intérieur montagneux des terres, régions qui furent finalement soumises par le général van Daalen au terme d'une des pires campagnes de terreur de la guerre puisqu'elle coûta la vie à un tiers environ de la population. Cet épisode sanglant marqua la fin officielle de la guerre en 1903.

Entre-temps, l'œuvre de pacification avait été aussi entreprise énergiquement ailleurs. La plus fameuse expédition menée dans ce contexte fut celle, suivie avec grand enthousiasme aux Pays-Bas, contre les potentats balinais sur l'île de Lombok en 1894. Cette campagne fut conduite en guise de représailles à la suite d'une défaite très cuisante et surprenante subie par un corps expéditionnaire précédent. Cette humiliation appelait une vengeance et aux Pays-Bas fut chantée la chanson alors très en vogue :

> *Et nous allons à Lombok*
> *Et nous en avons assez de la paix.*
> *Avec de la poudre et du plomb,*
> *Nous tuerons les Balinais*[22].

La seconde expédition débuta en septembre 1894 et se solda par une victoire néerlandaise. En août 1895, la résistance était définitivement matée et l'île était annexée officiellement par les Pays-Bas.

Des événements similaires se produisirent dans

d'autres parties de l'archipel. Jambi, dans le sud-est de Sumatra, fut soumise en 1907 et, à la même époque, les pays Batak (dans le nord-ouest de Sumatra) et le sud-est de Bornéo subirent le même sort. Sumbawa et le sultanat de Boni dans le sud des Célèbes connurent eux aussi la même destinée en 1905 et les années suivantes virent l'assujettissement des autres îles Sunda et en dernier lieu de Bali — lors de cette expédition, le rajah et toute sa famille se suicidèrent d'ailleurs rituellement. C'est ainsi que, peu avant la Première Guerre mondiale, tout l'archipel fut reconnu officiellement comme territoire néerlandais et placé sous l'autorité des Pays-Bas. Mais cela ne signifiait pas pour autant que tout l'archipel était désormais administré réellement. En effet, dans certaines régions périphériques comme la Nouvelle-Guinée, la présence de l'administration coloniale restait limitée à quelques comptoirs.

Administration et gestion

Le pouvoir néerlandais aux Indes avait toujours été fondé sur une *dual rule*, une administration bicéphale dans la mesure où l'administration néerlandaise côtoyait, du moins à Java et à Madura, une administration autochtone, c'est-à-dire indonésienne, composée de princes locaux. C'était donc, en quelque sorte, un système féodal qui était maintenu en place par le pouvoir colonial. Le régent indonésien gouvernait sous le contrôle d'un administrateur néerlandais qui l'encadrait à la façon d'un «grand frère». En échange de son soutien, le régent bénéficiait de certains avantages, par exemple un certain pourcentage dans le système des cultures, des corvées accomplies pour son compte personnel, etc. Plus tard, il percevrait une rémunération fixe. Ce système resterait en usage pendant toute la période coloniale mais, sur le plan des rapports de force coloniaux tels qu'ils existaient en pratique, beaucoup de choses évolueraient. Et la proportion dans laquelle elles évolueraient serait principalement tributaire de l'évolution économique. Dans certaines régions très développées comme Java, le régent perdrait une grande partie de son pouvoir. En revanche, dans les territoires acquis de fraîche date, il continuerait à jouer un rôle majeur.

En 1866, une réforme administrative très importante fut instaurée. Le nombre de fonctionnaires coloniaux européens fut augmenté et aux côtés de chaque régent fut nommé un assistant-résident. L'autorité suprême était exercée depuis toujours par le gouverneur général qui siégeait à Batavia et qui était assisté par le Conseil des Indes. À partir de 1867, furent en outre prévus quatre départements d'administration générale, chacun d'eux ayant à sa tête un directeur. Le gouverneur général chapeautait l'administration néerlandaise. Il y avait des résidents, des assistants-résidents, des contrôleurs, etc. Les contrôleurs servaient de courroie de transmission entre l'administration indigène et l'administration néerlandaise. Ils se déplaçaient en permanence pour suivre et contrôler les mutations qui se manifestaient à l'échelon local.

L'administration indigène se composait des régents. Les régences étaient depuis toujours subdivisées en districts, lesquels comprenaient généralement une quinzaine de villages. L'administrateur autochtone d'un tel district s'appelait wedono. Ces wedonos et les contrôleurs étaient les véritables administrateurs de la colonie. Les régents perdirent beaucoup de leur prestige parce que la suppression du système des cultures entraîna une baisse de leurs revenus, les corvées dont ils étaient les bénéficiaires étant de surcroît abolies ultérieurement. C'est ainsi que prit fin graduellement le système féodal sur lequel l'administration néerlandaise avait été fondée pendant si longtemps. Au XXe siècle, l'administration centrale se renforça. Le Secrétariat général à Batavia (qui après 1888 aurait son siège à Buitenzorg), le bureau du gouverneur général et les directeurs départementaux prirent plus d'importance.

Développement

L'extension du pouvoir colonial s'expliquait entièrement par le nouvel esprit colonial qui s'était mis à souffler dans les années 1870. Le système néerlandais d'exploitation coloniale par l'État, un système unique en son genre, était totalement en décalage avec les nouvelles idées libérales qui revenaient à dire que l'État devait se retirer de la sphère d'exploitation et céder la place à l'initiative privée. À compter de 1867, le budget colonial fit l'objet d'un traitement distinct à la seconde chambre du Parlement néerlandais et le ministre des Colonies dut tenir compte de plus en plus des rapports de force politiques aux Pays-Bas. Les critiques portant sur le caractère monopolistique de l'exploitation étatique se superposaient à celles fustigeant le népotisme et la corruption auxquels avaient abouti notamment les lucratifs contrats concernant le sucre. Ces critiques se firent progressivement plus virulentes et elles débouchèrent sur l'adoption en 1870 de la Loi agraire et de la Loi sucrière. Ces lois mirent fin à l'ancien système et jetèrent les bases de formes nouvelles d'exploitation coloniale.

La Loi agraire réglementa, pour le futur, la gestion et la possession des terres agricoles aux Indes néerlandaises. Le fondement de cette loi était que les étrangers ne pouvaient acquérir de propriétés terriennes. Sa finalité était de protéger la population indigène contre la rapacité des entreprises européennes. Voilà pourquoi il ne fut pas procédé aux Indes à une vente de biens fonciers de grande envergure et pourquoi une importante classe de planteurs propriétaires fonciers européens ne se constitua pas aux Indes, à la différence de ce qui se produisit par exemple en Algérie et en Afrique de l'Est. Afin de permettre néanmoins aux entrepreneurs de développer des activités agricoles de grande ampleur, il leur fut tout de même accordé de prendre à bail certaines terres cultivées appartenant à la population indigène et d'acheter à l'autorité publique, par bail emphytéotique d'une durée de soixante-quinze ans, des terres dites en friche et ne faisant donc pas partie du desa. Elles purent ainsi obtenir des crédits et établir des hypothèques, et par voie de conséquence engranger le capital prévu pour le financement des exploitations agricoles coloniales. En outre, la population indigène put acquérir en pleine propriété les terres agricoles qu'elle cultivait de façon traditionnelle depuis des temps immémoriaux et les donner en location aux Européens. La Loi sucrière prévoyait, quant à elle, que l'autorité publique se désengage progressivement des cultures du sucre jusqu'à ce que le système des cultures ait complètement disparu dans ce secteur, ce qui se produisit en 1891. Cet événement marqua la fin définitive du système des cultures à quelques exceptions près. Si, entre 1867 et 1871, les entrepreneurs privés représentaient plus de 40 % des exportations, quelques années plus tard leur part s'élevait déjà à plus de 70 %.

La Loi agraire favorisa dans une mesure importante l'agriculture à grande échelle des plantations, et ce à Java aussi bien qu'à Sumatra et en particulier sur la côte orientale de Sumatra. La superficie des grandes exploitations agricoles privées à Java passa de 6 900 hectares en 1874 à 434 600 hectares en 1900, devenant donc 63 fois plus vaste. Dans les Régions extérieures, cette superficie passa de 33 000 hectares en 1874 à 479 000 hectares en 1900, ce qui signifie qu'elle fut presque multipliée par quinze. À Sumatra, ce furent essentiellement le tabac et le caoutchouc qui aboutirent au « miracle de Deli », notion qui faisait référence à l'énorme succès de la production de ces denrées tropicales. Tout commença dans les années soixante, lorsque l'entrepreneur néerlandais J. Nienhuys loua à ferme de vastes terres au sultan de Deli pour y cultiver le tabac. Le succès rencontré par le premier tabac Deli eut pour effet que J. Nienhuys fit de nombreux émules. Après que le secteur du tabac eut traversé une crise, d'autres cultures, comme celle du café, du thé, de l'huile de palme et surtout du caoutchouc, prirent leur essor dans les années quatre-vingt-dix. À partir de ce moment-là, le caoutchouc et le tabac furent produits davantage à Sumatra qu'à Java.

Ces succès engendrèrent aussi des difficultés. Ils firent naître une grande demande de main-d'œuvre. Or, il n'y en avait pas suffisamment dans cette partie peu peuplée des Indes et il fallut donc en faire venir de l'extérieur. La population de la région de Deli passa en un demi-siècle de cent mille à un million d'habitants. Des Chinois, notamment, puis des Javanais furent ainsi employés à grande échelle comme coolies dans les grandes plantations dont la production surpassa de ce fait la petite production indigène qui était aussi désignée sous l'appellation de « culture du caoutchouc de la population ». Les conditions de travail des coolies dans le secteur du caoutchouc comme dans celui du tabac étaient misérables. Ils étaient mal nourris, pauvrement logés et sous-payés. Tous ces éléments aboutirent à une mortalité élevée. Du point de vue juridique, leur situation était également peu enviable car ils relevaient de l'ordonnance relative aux coolies, de 1880, qui prévoyait la fameuse « sanction pénale » : toute rupture ou non-respect du contrat de travail était passible de poursuites pénales et de peines sous la forme d'amendes ou de travaux forcés. Les « excès de Deli » fournirent matière à nombre de polémiques. Celles-ci commencèrent en 1902 lorsque fut publiée la brochure *Les millions de Deli* de J. van den Brand, un avocat de Medan, et elles débouchèrent sur une enquête officielle qui toutefois n'améliora pas significativement la situation. Certes, une inspection du travail permanente fut créée en 1908 mais la sanction pénale ne fut abolie qu'en 1932.

Outre l'agriculture coloniale, d'autres secteurs économiques, en particulier l'exploitation minière, commencèrent à se développer. On trouva de l'étain à Banka et à Billiton, et du charbon et du pétrole à Sumatra et à Bornéo. L'exploitation des gisements pétroliers démarra à Sumatra dans les années quatre-vingt. À Bornéo, Balikpapan, où il y avait la plus grande raffinerie de pétrole du monde, se trouvait le centre du raffinage. Durant les quinze années qui s'écoulèrent entre 1900 et 1914, les exportations de Bornéo passèrent de 1,5 à 60 millions de florins, ce qui contribua au glissement du centre de gravité économique de Java vers les Régions extérieures. En 1894, 22 % des exportations des Indes néerlandaises provenaient de ces Régions extérieures; en 1909, cette proportion était déjà passée à 33 %. Au cours des décennies suivantes, Java fut même reléguée au second plan. Il en résulta un élargissement de l'assise économique des Indes néerlandaises. Cela aboutit également à une affluence d'entreprises étrangères tant européennes qu'américaines et japonaises. Grâce, entre autres, à sa richesse en minéraux, les Indes néerlandaises devinrent la région la plus opulente du sud de l'Asie. Entre 1820 et 1938, leur produit national brut par tête d'habitant passa de 615 à 1 136 dollars. Aux Indes britanniques, il ne s'enchérit durant la même période que de 531 à 788 dollars et en Thaïlande, pays non colonisé, il passa seulement de 717 dollars en 1870 à 832 dollars en 1938[23].

Les investissements furent réalisés dans leur très grande majorité par des entreprises néerlandaises. Après 1870, les entreprises étrangères eurent également accès à l'archipel mais leurs activités ne commencèrent à prendre de l'ampleur qu'après 1910. Le pouvoir sur l'économie des Indes néerlandaises était détenu principalement par de grandes entreprises qui avaient généralement leur siège principal aux Pays-Bas et entretenaient d'étroites relations avec la classe traditionnelle, riche et patricienne de négociants d'Amsterdam. Mais, au cours du XXe siècle, une classe d'entrepreneurs indépendants dont l'importance s'accroîtrait graduellement se constitua aux Indes néerlandaises mêmes.

« Politique éthique » et nationalisme

La société indonésienne avait été pendant longtemps une société féodale. Mais les profondes mutations économiques et administratives décrites ci-avant modifièrent également le caractère de cette société. L'autorité et le prestige de la classe dominante indonésienne baissèrent. La croissance des entreprises européennes induisit pour le paysan javanais un changement de statut. Il passa en effet d'un statut d'agriculteur féodal plus ou moins indépendant à un statut de paysan salarié. Au sein de la société indonésienne, le groupe démographique constitué par les Européens gagna rapidement en importance. Si, en 1860, on dénombrait 42 800 Européens, on en recensa 44 200 en 1870, 56 600 en 1880 et 90 800 en 1900. Donc, le groupe des Européens fit plus que doubler en l'espace de trente ans.

Entre-temps, de grandes villes qui jouaient le rôle de centres de la vie économique, politique et socio-culturelle avaient aussi vu le jour à Java. Et dans ces villes se constituèrent des conseils communaux qui assumèrent la gestion locale. Dans des villes comme Surabaya et Semarang, paraissaient des journaux locaux qui défendaient les intérêts de la population locale de la colonie et critiquaient « La Haye ». La plus grande ville était et restait Batavia. En 1900, la capitale comptait plus de 150 000 habitants dont 11 000 Européens et 30 000 Chinois. Il existait dans les villes, d'une part, une ségrégation de fait parce que les Européens se concentraient dans certains quartiers et, d'autre part, une certaine discrimination raciale parce que les nouveaux venus blancs méprisaient les Indo-Européens et les indigènes. En raison de ces distinctions très tranchées, d'aucuns ont parlé de société « duale » mais, en réalité, il s'agissait plutôt de société plurale, pour employer le terme lancé dans les années trente par le fonctionnaire colonial britannique Furnivall. Les Néerlandais et les autres Européens étaient au sommet de la pyramide, les Chinois et les Indo-Européens (les premiers essentiellement dans l'économie, les seconds dans l'appareil administratif) venaient ensuite et la base de la pyramide était constituée par la population autochtone. Ces catégories étaient aussi l'objet d'une subdivision officielle quoiqu'il ne s'agît pas de catégories raciales au sens strict. Les Indo-Européens relevaient de la catégorie « Européens » où furent aussi rangés les Japonais après que le Japon eut remporté la guerre qui l'opposa à la Russie dans les années 1904-1905. Cette subdivision était donc moins raciale que sociale.

Les profondes mutations économiques qui se produisirent ne furent pas sans conséquence pour la population indigène. À Java, la croissance démographique était élevée. Entre 1870 et 1900, la population javanaise crût de 40 %, passant de plus de 16 millions à plus de 28 millions. Il en résulta une paupérisation par tête d'habitant. De plus, les prix de certains produits (notamment du sucre à la suite de l'envolée du sucre de betterave bon marché) chutèrent sur le marché mondial. Il y eut de mauvaises récoltes et des rumeurs de famines parvinrent jusqu'aux Pays-Bas. La population néerlandaise prit conscience de plus en plus de la nécessité de changer les choses. C'est ainsi que vit le jour ce qu'on appela la politique éthique.

Dès 1865, Robert Fruin, un illustre historien de Leyde, avait défendu l'idée, dans un article paru dans *De Gids*, une revue culturelle qui faisait autorité aux Pays-Bas, que l'argent gagné aux Indes devait être consacré au bien-être de la colonie. Abraham Kuyper, le fondateur du plus ancien parti politique néerlandais, l'Anti-Revolutionaire Partij, écrivit en 1878 dans le programme de ce parti que la politique d'exploitation devait céder la place à une « politique d'obligation morale ». Ce qu'envisageait Kuyper était une sorte de tutelle dans le cadre de laquelle le tuteur néerlandais éduquerait le peuple indonésien, l'élèverait moralement et lui conférerait plus tard, « si Dieu le veut », un statut plus autonome. Dans le même ordre d'idées, le journaliste libéral P. Brooshooft parla à propos des Indonésiens de « ce peuple infantile » qui devait être protégé. Un critique indonésien se demanda si les Pays-Bas apprendraient aussi à l'enfant à voler de ses propres ailes[24]. Le juriste C. Th. van Deventer parla en 1899, dans un article de la même revue *De Gids*, de « dette d'honneur ». Il y plaida que les Pays-Bas devaient restituer à l'Indonésie l'argent qu'ils avaient soutiré aux Indes néerlandaises par le biais du système des cultures et qu'il estimait à 187 millions de florins.

C'étaient là autant de signes d'une nouvelle conception du colonialisme que soutenaient essentiellement les partis confessionnels. Après 1900, ceux-ci supplanteraient les libéraux au gouvernement et prôneraient une nouvelle politique coloniale. Cette nouvelle politique, qui serait mieux connue sous le nom de politique éthique, fut annoncée dans le discours du trône de 1901. Un thème important abordé dans ce discours avait trait aux obligations et aux responsabilités à l'égard de la population indonésienne. Une enquête portant sur la « moindre croissance » fut entamée en 1904 et des propositions tendant à y remédier furent élaborées. Une attention particulière fut prêtée à l'amélioration des infrastructures (chemin de fer, ports, travaux d'irrigation) et à l'enseignement, les Javanais étant par ailleurs encouragés à émigrer vers d'autres parties de l'archipel. L'extension du pouvoir colonial aboutit à la poursuite du démantèlement des rapports de force féodaux. L'enseignement et l'éducation au bénéfice de la population indonésienne pourraient certes conduire *in fine* à l'autogestion de cette population mais sous la direction et le contrôle du colonisateur hollandais. C'est la raison pour laquelle la politique éthique a été parfois résumée par la formule « irrigation, émigration et éducation », trois mots clés qui constituaient la fameuse « triade de van Deventer ». Dans les années qui suivirent 1900, l'élaboration de cette politique fut continuée.

La politique de prospérité consistait à confier une mission importante à l'État dans les domaines de l'enseignement, des prestations médicales, des livraisons agricoles, etc. Peu après 1900, des départements de l'agriculture, des travaux publics et des entreprises gouvernementales furent créés. Les dépenses publiques augmentèrent fortement, en particulier dans le secteur des travaux publics. La loi sur la décentralisation de 1903 transféra beaucoup de compétences aux niveaux de pouvoir inférieurs, ce qui aboutit à la création de nouvelles fonctions ainsi qu'à un afflux de personnel indonésien dans l'administration coloniale. Ces fonctionnaires formèrent une nouvelle élite administrative, aux côtés de l'élite traditionnelle, et fournirent la base sociale du mouvement nationaliste.

En comparaison de ce qui se passa aux Indes britanniques, le mouvement nationaliste se mit en branle tardivement aux Indes néerlandaises. On considère traditionnellement que ce mouvement est né avec la création de l'association La Haute Aspiration (Budi Utomo) par des étudiants de l'École de Médecins indonésiens en 1908. Mais il s'agissait moins d'une organisation politique que d'un mouvement d'émancipation. Les premiers partis nationalistes virent le jour en 1912, année de la fondation du Parti indonésien, qui se composait surtout d'Indo-Européens, et du Sarekat Islam. Comme son nom l'indique, ce dernier avait pour vocation de défendre les intérêts de la population musulmane et visait à protéger notamment les négociants javanais contre leurs concurrents chinois. Le Sarekat Islam trouva un écho dans la population et, en 1919, il comptait déjà un demi-million d'adhérents. L'année 1914 vit l'avènement d'un vrai parti moderne, l'Association sociodémocrate indonésienne, qui, emmené par Henk Sneevliet, un marxiste et un révolutionnaire professionnel néerlandais, évolua dans une direction radicalo-révolutionnaire.

LE PACIFIQUE

Les Philippines

Les Philippines ont connu une histoire curieuse, caractérisée par une forte occidentalisation et une grande influence de l'Église catholique. Au cours des siècles, un long processus d'acculturation avait fait naître une élite autochtone qui aspirait à l'indépendance. Le chef de file de ce mouvement était Emilio Aguinaldo. Ce désir indépendantiste aboutit dans les années quatre-vingt-dix à la révolution philippine. La révolution fut décrétée le 26 août 1896. Les Espagnols réagirent en faisant usage de la force et en semant la terreur mais cela n'intimida pas les nationalistes. En novembre 1897, les révolutionnaires proclamèrent la République des Philippines. Les Espagnols envoyèrent un nouveau commandant qui, le 15 décembre, signa avec les insurgés un accord qui s'avéra cependant n'avoir qu'une portée limitée.

Aguinaldo s'exila volontairement à Hongkong où il poursuivit néanmoins la lutte.

Le 24 avril 1898, la crise à Cuba amena l'Espagne à déclarer la guerre aux États-Unis. Ceux-ci ne tardèrent pas à frapper. Une de leurs escadres basée à Hongkong arriva le 1er mai 1898, aux aurores, dans la baie de Manille et anéantit toute la flotte espagnole. À midi, tout était fini. La flotte espagnole était réduite à néant et les Américains n'avaient pas perdu un homme. Quelque temps plus tard, les troupes américaines débarquèrent. Aguinaldo et ses aficionados étaient entre-temps rentrés au pays avec le soutien des États-Unis et, le 12 juin 1898, ils déclarèrent les Philippines indépendantes. En septembre, une Constitution fut adoptée et le 21 janvier 1899 fut nommé un gouvernement avec Aguinaldo comme président, lequel déclara la guerre aux États-Unis quinze jours après. Le pouvoir espagnol signa sa reddition en mai 1899. Mais les nationalistes, eux, ne déposèrent pas les armes. Cette guerre d'indépendance durerait encore trois ans, d'abord sous la forme d'une guerre ordinaire puis sous la forme d'une guérilla. Celle-ci coûterait la vie à plus de 4 000 soldats américains. Entre-temps, l'on avait déjà fait les préparatifs nécessaires à la mise en place d'une représentation nationale philippine qui se réunit en 1907.

La Nouvelle-Calédonie

La Nouvelle-Calédonie avait à Nouméa de bonnes infrastructures portuaires et elle était de ce fait tout à fait appropriée pour servir de point d'appui à la force navale et à la marine marchande françaises. Les premiers colons étaient des paysans bretons et ils furent suivis plus tard par des créoles de La Réunion qui y introduisirent le sucre de canne. En 1864, il y avait au total 1 060 colons. Mais c'est essentiellement en tant que colonie pénitentiaire que la Nouvelle-Calédonie se ferait connaître. L'exemple de l'Australie serait à cet égard une source d'inspiration. Près de 7 500 prisonniers y furent emmenés entre 1864 et 1887 et, au lendemain de la Commune de 1871, y furent encore acheminés 4 253 prisonniers politiques dont certaines célébrités comme Louise Michel et le journaliste Henri Rochefort, lequel réussit d'ailleurs à s'évader. La plupart d'entre eux rentrèrent en France après la loi d'amnistie de 1880. En 1897, le régime pénitentiaire fut aboli et la colonisation libre fut encouragée, non sans succès.

Les habitants primitifs, les Kanaks, n'étaient pas très heureux de voir arriver tous ces déportés et, en 1878, ils se révoltèrent. Ils attaquèrent un poste militaire français et tuèrent les gardiens d'un camp disciplinaire. Leur rébellion fut écrasée en sept mois. La raison profonde de cette insurrection était que l'administration française confisquait de plus en plus de terres et ne protégeait pas les Kanaks contre les colons français. La situation des Kanaks se détériora rapidement et la population indigène passa de plus de 40 000 habitants en 1887 à moins de 30 000 en 1911 — elle ne recommença à croître qu'après la Première Guerre mondiale.

En plus de l'agriculture, il y avait également de l'exploitation minière mais dans ce secteur seule la production de nickel, entamée en 1881, fut une réussite. Celle-ci était due, d'une part, à la demande croissante de nickel liée à la course aux armements en ces années de paix armée et d'autre part au soutien très généreux du gouvernement français. Le petit archipel de Wallis et Futuna ressortissait lui aussi à l'administration de la Nouvelle-Calédonie.

Les Nouvelles-Hébrides se trouvaient dans une situation particulière. Les Français sous l'influence de la Nouvelle-Calédonie aussi bien que les Anglais sous la pression de l'Australie convoitaient cet archipel. Des colons et des missionnaires tant français qu'anglais s'y trouvaient mais la population française était majoritaire et possédait beaucoup plus de terres. Aussi celle-ci fut-elle déçue par les accords de 1904 qui faisaient partie intégrante de l'Entente cordiale et qui instituèrent ou, plutôt, formalisèrent un condominium franco-anglais en vertu duquel deux hauts-commissaires, un Français et un Anglais, étaient chargés d'administrer l'archipel.

L'Allemagne dans le Pacifique

L'Allemagne joua elle aussi un rôle dans le Pacifique. Des missionnaires et des négociants allemands étaient actifs dans le Pacifique-Sud que prospectaient aussi des explorateurs allemands. Mais, en raison des rivalités internationales, aucune colonie allemande n'y serait provisoirement établie. Durant la période de courte durée où l'Allemagne réalisa son expansion coloniale au début des années 1880, elle ferait certes l'acquisition d'une poignée d'autres régions mais n'y aurait pas de gros intérêts commerciaux. Sa colonie de loin la plus importante était le Kaiser-Wilhelms-Land dans le nord-est de la Nouvelle-Guinée. Cette colonie avait une superficie de 150 000 kilomètres carrés mais une population d'un demi-million d'habitants seulement. Le littoral était à peu près tout ce que l'on connaissait de cette île mais le banquier et lobbyiste colonial Adolph von Hansemann pensait qu'elle avait un potentiel très important. En juin 1884, le docteur Otto Finsch fut envoyé en Nouvelle-Guinée comme éclaireur. Il conclut des traités avec des chefs indigènes. Plus tard, au cours de la même année, deux navires de guerre, le *Hyäna* et le *Elizabeth*, y furent envoyés et quelques territoires furent annexés. Si les Allemands avaient de telles prétentions, c'était moins parce qu'ils cherchaient à défendre des intérêts nationaux clairement circonscrits que parce qu'ils craignaient un futur partage de l'île entre l'Angleterre et les Pays-Bas. Aussi ces prétentions étaient-elles un exemple typique d'impérialisme préemptif. L'évolution suivante, c'est-à-dire la subdivision de la Nouvelle-Guinée en une portion néerlandaise, une portion allemande et une portion anglaise se déroula sans problème.

La Nouvelle-Guinée ne répondit d'ailleurs pas aux attentes de Hansemann dont la Neu Guinea Kompagnie, ou NGK, reçut une concession pour la Nouvelle-Guinée aussi bien que pour l'archipel Bismarck acquis simultanément et situé à proximité. En dépit du fait que cette compagnie était dotée de capitaux relativement importants, elle n'engrangea que de maigres recettes. La NGK était chargée d'administrer les territoires qui relevaient de cette concession et, à cette fin, elle mit en place une vaste bureaucratie. Le but visé était l'expansion de la production agricole et l'instauration de taxes pour faire face aux dépenses de l'administration, mais ni l'une ni l'autre ne rapportèrent assez pour atteindre cet objectif. Pour maintenir l'ordre, le gouvernement allemand fut donc contraint de venir en aide à la compagnie, ce qu'il fit entre autres en menant des opérations navales. Donc, le système de la compagnie ne fut pas plus efficace ici qu'en Afrique allemande. En 1899, la NGK céda, moyennant une indemnité attrayante, sa charte au gouvernement allemand qui en reprit dès cet instant la gestion. Les autres îles furent confiées en sous-traitance à d'autres sociétés concessionnaires dont la Jaluit Compagnie était la plus importante. Mais, après 1900, ces sociétés se dessaisirent elles aussi de leurs missions administratives au profit du gouvernement.

En 1899, l'Espagne racheta à l'Allemagne les îles Caroline, les îles Marshall ainsi qu'une poignée d'îles de plus petite taille. L'acquisition de Samoa revêtit une plus grande importance. Les Allemands y étaient actifs depuis les années cinquante. Dans les années soixante-dix, des entreprises allemandes y conquirent la suprématie commerciale dans le négoce du copra et elles commencèrent alors à aménager des plantations de café, de coton et de cacao. La plus importante de ces entreprises était la Deutsche Handels-und-Plantagen-Gesellschaft (DHPG) de la famille Godeffroy. La DHPG, qui bénéficiait du soutien des consuls allemands et de la marine, s'occupa de plus en plus de politique. À un certain moment, les autres entreprises en eurent assez et elles invoquèrent l'aide des gouvernements anglais et américain. La menace, à la fois d'une guerre civile et d'un conflit international, planait. Des navires de guerre britanniques, allemands et américains croisaient dans les eaux samoanes. Si une guerre put être évitée, ce fut grâce à un phénomène naturel. Le 13 mars 1889, Samoa fut en effet touchée par un typhon. Tous les navires ou presque sombrèrent, avec la plus grande partie de leurs équipages. Une conférence qui se tint à Berlin en 1889 régla ensuite les problèmes qui se posaient en instituant une administration tripartite des îles. Toutefois ce système ne mit pas fin aux difficultés ni à l'agitation et il y fut mis un terme dix ans plus tard, en 1899. Samoa fut alors partagée en une partie occidentale, allemande, et une partie orientale, américaine. L'Angleterre obtint des compensations ailleurs. Sous administration allemande, Samoa connut une stagnation sur le plan de son développement mais elle rapportait suffisamment au gouvernement allemand pour permettre à celui-ci de payer le coût de sa gestion. C'est ainsi que l'Allemagne disposa gratuitement d'un point d'appui dans le Pacifique.

L'ASIE ORIENTALE : LE JAPON ET LA CHINE

Les deux grands pays d'Asie orientale, le Japon et la Chine, furent confrontés tous deux à l'impérialisme européen et américain au cours du dernier quart du XIXe siècle. Toutefois, ils y réagirent très différemment. Le Japon ne fit son entrée sur la scène impérialiste que vingt-cinq ans après la restauration Meiji et, dix autres années plus tard, il infligea une défaite écrasante à la plus grande puissance de l'Europe, c'est-à-dire la Russie. En Chine, en revanche, se poursuivit un processus d'influence européenne grandissante, de perte de souveraineté et d'effritement territorial. Ce processus déboucha finalement sur la révolution chinoise de 1911 et la proclamation de la république, mais ces événements ne mirent pas fin aux influences étrangères dans l'ancien Empire du Milieu, et il faudra attendre 1997 pour que l'ultime reliquat de ces influences, Hongkong, ne soit réintégré dans le giron chinois. Aux yeux des Chinois, Taïwan, cette île renégate, devra suivre cet exemple.

La révolution japonaise commença avec ce qu'on appelle la restauration Meiji qui rétablit le pouvoir impérial. Cette restauration émana d'une petite élite réformatrice mais elle aboutirait à un renouveau national total ainsi qu'à une rupture radicale avec le passé. Il y eut davantage d'unité politique, concentrée autour de la personne de l'empereur, et une administration centrale plus forte vit le jour. La puissance politique et sociale des seigneurs féodaux fut brisée. Le pouvoir tomba aux mains d'une nouvelle élite bureaucratique. Le Japon se dota d'une Constitution, de codes de lois modernes et d'un Parlement à deux chambres dont l'aristocratique Chambre haute n'avait cependant qu'un pouvoir très limité. Une étape importante fut franchie lorsque fut instauré en 1873 le service militaire qui mit fin à l'hégémonie de la caste des guerriers. La puissance militaire japonaise était fondée sur cette armée moderne de conscrits, un état-major calqué sur le modèle allemand et une flotte solide et moderne.

L'instauration d'une Constitution et d'une législation moderne permirent au Japon d'obtenir en 1894 une renégociation fructueuse des traités inégaux qui lui avaient été imposés en 1854. Le Japon devint alors un membre à part entière de la communauté internationale quoiqu'il n'eût pas encore les mains entièrement libres sur le plan de sa politique tarifaire. Il entra aussi d'emblée sur la scène impérialiste. L'expansion japonaise s'orienta vers la Chine et en premier lieu vers la périphérie de l'empire chinois, à savoir Taïwan et la Corée où il entrerait en conflit avec la Russie.

L'expansion européenne en Chine suivit un autre schéma qu'ailleurs. Pour plusieurs raisons. Tout d'abord, il y avait évidemment le fait que la Chine, quoique en déclin à de nombreux égards, était un empire puissant, un pays riche d'une culture séculaire et d'une structure impériale aussi ancienne. La Chine était différente non seulement de l'Afrique tribale, qui était en proie à de profondes divisions internes, mais aussi de l'Inde, de l'Indochine et de l'Indonésie où n'existait aucune structure politique autochtone forte. Mais, en outre, la Chine était si clairement en déclin, elle était à tel point en proie à des conflits et à des tensions internes, et exposée à des intérêts et à des forces étrangères que le partage de la Chine fut inscrit à l'agenda politique de l'Europe dans les années quatre-vingt-dix. Si ce partage n'eut pas lieu, c'est en raison de la capacité de la Chine à résister, de son habileté dans le jeu diplomatique et de l'étendue de son territoire, mais aussi des rivalités internationales.

Depuis les traités de T'sien-Tsin en 1858, les Européens détenaient des droits extraterritoriaux dans certaines villes de sorte que le gouvernement chinois n'y avait plus d'autorité sur eux. Dans des villes commerciales importantes telles que Canton et Shanghai, des quartiers français et anglais, et aussi des tribunaux européens avaient été aménagés. Mais, bien que la Chine perdît donc son autorité dans une partie de ses villes côtières, un partage de la Chine ne se produisit pas. Toutefois, les grandes puissances colonisatrices s'emparèrent de certains segments périphériques de l'empire chinois.

Plusieurs intervenants étaient, d'une manière ou d'une autre, partie prenante dans l'impérialisme en Chine : les puissances coloniales traditionnelles du XIXᵉ siècle, la France et l'Angleterre, et dans une moindre mesure l'Allemagne, mais aussi les États-Unis, la Russie et le Japon. Le Japon se jeta, en 1894, sur la Chine et acquit, après la guerre sino-japonaise, lors de la Paix de Shimonoseki, Taïwan, les Pescadores et la presqu'île de Liautoeng avec le port de Port-Arthur. De plus, la Chine dut reconnaître l'indépendance de son État vassal, la Corée, de sorte que le Japon put y répandre son influence. Enfin, elle dut verser des indemnités de guerre. La Russie protesta instantanément contre cette Paix de Shimonoseki. L'Angleterre resta à l'écart car, à ses yeux, la Russie représentait un plus grand danger que le Japon. L'Allemagne et la France se rallièrent à la Russie et cette union tripartite improvisée donna au gouvernement du Japon «le conseil amical» de renoncer à toute conquête continentale. Le Japon céda et restitua Liao-Tung.

Mais pour l'Allemagne cela ne suffisait pas. Le lobby de la marine, dirigé par l'amiral von Tirpitz, milita en faveur de l'établissement d'un «bastion» en Chine. Berlin y était opposée mais Tirpitz s'obstina. En 1896, des troupes allemandes accostèrent sur la presqu'île de Shan-Tung. La Chine s'inclina et, en décembre 1897, l'Allemagne obtint un contrat de bail pour 99 ans sur Ch'ing-Tao (la ville la plus importante dans la baie de Kiav-Chow) et environs, une base navale et une sphère d'influence dans la province de Shan-Tung. Le 27 mars 1898, la Russie fit l'acquisition, dans les mêmes conditions, de Port-Arthur.

À partir de ce moment-là, la France ne pouvait plus être en reste. Il existait en France un lobby chinois qui était essentiellement alimenté par des groupes d'intérêts indochinois. Les 9 et 10 avril 1898, la Chine et la France signèrent des accords aux termes desquels la France acquit, pour 99 ans également, le bail sur Kouang-Tchéou-Wan, assorti du droit d'y installer une armée et une base pour sa flotte. Elle obtint en outre des garanties lui assurant que la Chine ne céderait pas à d'autres pays les provinces limitrophes de l'Indochine. La sphère d'influence française en Chine était désormais délimitée: elle comprenait le Yunnan, le Kuang-Hsi et le Kuang-Tung occidental.

Les puissances européennes intervinrent à nouveau lors de la révolution des Boxers en 1900. La Chine semblait toujours en voie d'être l'objet d'un partage. Mais les rapports de force internationaux y faisaient obstacle. Et tout compte fait, un partage n'était pas dans l'intérêt des parties concernées. Les Américains étaient opposés à un partage territorial et, dans la circulaire Hay de septembre 1899, ils prônèrent la politique de la « porte ouverte ». Il fallait ouvrir à tout le monde l'accès au marché chinois dont l'immensité était légendaire. L'Angleterre ayant pour sa part des intérêts dans l'ensemble de l'empire chinois, elle ne jugeait pas non plus opportune une division de son territoire en sphères d'influence. Salisbury défendit farouchement la politique de la porte ouverte prêchée par les États-Unis. Pour toutes ces raisons, le jeu impérialiste classique qui consistait à diviser pour régner ne fut pas joué en Chine de la même façon qu'ailleurs. Le partage de la Chine, longtemps espéré et jugé plus important que celui de l'Afrique, n'eut pas lieu.

En 1904-1905, le Japon entra en guerre avec la Russie. Leurs sphères d'influence respectives en Corée et en Mandchourie en étaient l'enjeu. Les Japonais remportèrent à cette occasion une grande victoire et, lors de la signature de la Paix de Portsmouth, ils atteignirent leurs principaux objectifs. Ils obtinrent Port-Arthur et la presqu'île de Liao-Tung, une position préférentielle en Mandchourie, laquelle resta nominativement chinoise, et un protectorat sur la Corée qu'ils annexèrent en 1910. Le Japon s'était comporté en puissance impérialiste et avait acquis un empire colonial qui lui appartenait en propre. Il devait désormais répondre à la question de savoir quel modèle colonial occidental il suivrait. À cet égard, il ne suivit pas toujours un cap constant mais c'est au système français que le système japonais ressembla le plus dans la mesure où l'idée d'assimilation, c'est-à-dire, *in fine*, l'intégration politique et culturelle de ces territoires au sein du Japon, ainsi qu'une certaine mission civilisatrice adoptant la forme d'une idéologie modernisatrice y occupaient une place centrale. Le modèle administratif était celui du gouvernement général. Les gouverneurs généraux détenaient un pouvoir quasi illimité. Ils étaient théoriquement responsables devant l'empereur en personne mais dans la pratique ils ne devaient rendre des comptes qu'à l'un des ministres (celui de la Guerre, celui des Affaires étrangères et celui de l'Intérieur). Il y avait parfois une sorte de département (ou de secrétariat) des Colonies mais il fallut attendre 1929 pour qu'il y eût un ministère des Colonies à part entière. Du reste, la Corée n'en relèverait jamais. L'instauration d'un nouveau système fiscal assura l'indépendance financière des colonies. Les recettes qui en furent tirées permirent aux colonies d'amorcer le développement de travaux publics (voiries et voies ferrées) et de l'enseignement primaire.

CHAPITRE VI

La Première Guerre mondiale et les colonies

> *Une guerre est une crise de la concurrence vitale entre les peuples.*
>
> JULES LEMAÎTRE

L'IMPÉRIALISME ET LA GENÈSE DE LA PREMIÈRE GUERRE MONDIALE

L'impérialisme provoqua de nombreuses tensions. Toutes ces tensions ne furent pas dangereuses. Le contentieux franco-anglais à propos du Siam fut réglé relativement simplement. Il en alla de même des vicissitudes internationales qu'engendra la question du Congo. Les ambitions allemandes en Afrique du Sud-Ouest furent d'abord mal comprises par l'Angleterre qui les accepta ensuite sans difficulté. La compétition franco-britannique en Afrique de l'Ouest portait en elle les ferments d'un conflit dangereux mais un règlement assez simple fut finalement trouvé en 1898. La crise de Fachoda, qui éclata la même année, représenta un péril bien plus grand. Là, surgit un grave conflit diplomatique qui aurait même pu mener à une guerre franco-anglaise. Mais les rapports de force étaient à ce point défavorables pour la France que celle-ci n'eut pas d'autre choix que de baisser sa garde. Peu de temps après, débuta la guerre des Boers qui suscita une grande effervescence sur la scène internationale et valut à la Grande-Bretagne de vives critiques verbales, mais qui finalement ne dépassa pas le cadre d'un conflit local dont on connaissait par avance l'issue.

La situation au Maroc fut tout autre. Là, il s'agit d'une affaire où non seulement les principales grandes puissances furent impliquées, mais qui toucha à la « grande politique » et influa sur les rapports de force européens. Dans la question marocaine, la France fut opposée à son grand adversaire continental, l'Allemagne, et elle fut soutenue par son traditionnel rival colonial, l'Angleterre. Si l'antagonisme entre Paris et Berlin au royaume chérifien résultait des ambitions politiques mondiales de l'Allemagne, le soutien de Londres à Paris était la conséquence logique de la réconciliation franco-anglaise, réconciliation qui trouva sa traduction dans l'Entente cordiale de 1904, laquelle avait son origine dans les mutations de la politique diplomatique française mais également dans celles de la politique diplomatique britannique. L'indéniable démonstration de volonté et de capacité de rester en Égypte à laquelle l'Angleterre se livra en 1898 incita, en France, les coloniaux réalistes à changer leur fusil d'épaule. C'est ainsi que la politique de confrontation, suivie jusqu'alors par la France, fut remplacée par une politique de compensation. Le Maroc fut le prix que l'Angleterre dut payer à la France pour qu'elle renonce à son pouvoir de nuisance en Égypte.

Les fondements de la nouvelle politique marocaine de la France résidaient donc, pour une part, dans la politique coloniale mais, pour une autre part, également dans le désir de Paris de consolider sa position diplomatique en améliorant ses relations avec Londres. Au début, cette perspective n'enthousiasma guère les Anglais. À l'époque, les chefs de la diplomatie anglaise étaient le ministre des Affaires étrangères, lord Lansdowne, et le ministre des Colonies, Joseph Chamberlain. Ils s'intéressaient au premier chef aux nouvelles grandes puissances, l'Allemagne et le Japon. Avec le pays du soleil levant, ils ne tardèrent pas à engranger des résultats puisqu'une alliance anglo-japonaise vit le jour dès 1902. Ils eurent plus de mal avec l'Allemagne. Une partie importante de l'establishment diplomatique anglais considérait que les rêves de « Weltpolitik » que caressait Berlin étaient plus dangereux que les frustrations françaises au sujet de l'Afrique. Et nombreux étaient ceux pour qui la politique navale de l'Allemagne représentait un plus grand péril encore. Voilà pourquoi Londres rompit les négociations avec Berlin et entama avec la France des discussions sur les problèmes et les litiges existants.

En découlèrent la signature, le 8 avril 1904, de la convention anglo-française concernant Terre-Neuve et des déclarations mutuelles de Londres et Paris à propos de l'Égypte, du Maroc, du Siam, de Madagascar et des Nouvelles-Hébrides. L'accord le plus important conclu entre l'Angleterre et la France fut toutefois celui portant sur l'entraide diplomatique dans l'optique de la concrétisation des prétentions de l'une et de l'autre, respectivement en Égypte et au Maroc. Tels furent les documents qui conjointement constituèrent l'Entente cordiale.

Ayant acquis le soutien de l'Angleterre, la France avait désormais la voie libre au Maroc mais, avant de prendre possession du royaume chérifien, elle devrait encore affronter deux crises graves avec l'Allemagne à ce sujet. La première éclata en 1905 et fut provisoirement apaisée par une conférence internationale sur le Maroc qui se tint dans la ville espagnole d'Algésiras. Mais les accords qui y furent conclus s'avérèrent ne pas apporter de solution durable à cette question de sorte qu'en 1911 une seconde crise, plus dangereuse encore, survint. Ce problème fut finalement résolu lui aussi par la voie diplomatique : pour avoir les mains libres au Maroc, la France céda à l'Allemagne une partie du Congo français. Cela régla pour de bon la question marocaine. En dépit du fait qu'une guerre fut finalement évitée, cette question revêtit une importance considérable pour les relations internationales. Ces crises marocaines contribuèrent à une amélioration des relations franco-britanniques et à une détérioration des relations franco-allemandes. Aussi jouèrent-elles un rôle déterminant dans la genèse de la constellation dans laquelle l'Europe entrerait dans la Première Guerre mondiale.

L'impérialisme fut donc source de conflits étant donné qu'il induisit la gestation d'antagonismes sur la scène internationale. Mais il offrit aussi les instruments nécessaires au règlement de ces conflits dans la mesure où il organisa entre les nations un marchandage qui se fit aux dépens des peuples d'outre-mer. Pour l'heure, il y en avait en effet pour tout le monde et pour tous les goûts. Aussi ne fut-ce pas, finalement, une question coloniale qui déclencha la Première Guerre mondiale mais bien un problème classique ressortissant à la politique internationale européenne, la question orientale. Les tensions entre l'Autriche-Hongrie, d'une part, et la Serbie, soutenue par la Russie, d'autre part, étaient la énième conséquence de l'affaiblissement de l'empire turc. Et il en était de même de la crise du chemin de fer de Bagdad qui avait éclaté peu de temps avant.

L'affaiblissement de l'empire ottoman, qui avait commencé avec l'entrée en scène de Mohammed Ali en Égypte et la guerre d'indépendance grecque, s'était initialement limité à la périphérie de l'empire, c'est-à-dire au Moyen-Orient, en Afrique du Nord et aux Balkans. Dans les années quatre-vingt, l'expansion européenne atteignit la Turquie elle-même. Comme à l'accoutumée, cela se fit d'abord sous la forme d'une pénétration pacifique. Dans le cas de la Turquie, le chemin de fer constituait l'enjeu essentiel. Des compagnies anglaises, françaises et allemandes s'y battaient pour décrocher des concessions. Les Allemands, qui dominaient ce marché, obtinrent en 1903 une concession pour la construction d'une grande ligne de chemin de fer qui relierait Constantinople à Bagdad et même, *in fine*, au golfe Persique. Les autres puissances considérèrent bien sûr que cela menaçait leur influence. Aussi fermèrent-elles leurs portefeuilles d'actions quand les Allemands sollicitèrent auprès d'elles les emprunts dont ils avaient besoin pour financer ce projet pharaonique.

Ultérieurement, la politique s'en mêlerait et les intérêts politiques prévaudraient. En 1913, s'engagèrent des tractations d'où il ressortit que les Anglais — et, plus tard, les Français — seraient disposés à cesser de s'opposer au projet allemand. Un accord franco-allemand fut signé le 15 février 1914. Ce que l'on appela «l'emprunt de Bagdad» fut admis à la Bourse de Paris. En contrepartie, la France obtint le droit de construire en Syrie une ligne de chemin de fer qui serait reliée à la ligne de Bagdad. Un accord anglo-allemand similaire fut signé le 15 juin 1914. L'attribution de ces concessions ferroviaires était assortie de privilèges dans le domaine de l'exploitation de mines dans les régions concernées et revenait par conséquent à un partage de ces régions entre sphères d'influence économiques. L'Italie et l'Autriche-Hongrie en vinrent elles aussi à participer à ce jeu qui, comme beaucoup le pronostiquèrent, aboutirait finalement, par le biais d'un partage économique, à une division politique de la Turquie. Mais les choses n'en arrivèrent pas là car, deux semaines après l'accord anglo-allemand, éclata la crise des Balkans qui déclencha la Première Guerre mondiale. Les colonies furent associées à ce conflit de deux façons : en tant que régions où se déroulèrent des opérations de guerre mais aussi en tant que fournisseurs de soldats, de personnel auxiliaire et de matériel.

LES THÉÂTRES DE LA GUERRE

Les premières opérations militaires par lesquelles l'Allemagne et l'Angleterre se combattirent pendant la Première Guerre mondiale ne se déroulèrent pas en Europe, mais en Afrique. L'Allemagne déclara la guerre à la France le 3 août et l'Angleterre déclara la guerre à l'Allemagne le 4 août. Le 6 août, les Français envahirent le Togoland allemand à partir du Dahomey. Ils furent suivis des Anglais une semaine plus tard. Le Togo fut pris dès le 27 août, à la fois par les West African Rifles britanniques et par les tirailleurs sénégalais de l'armée française. Le Cameroun opposa plus de résistance. Les alliés engagèrent au total 25 000 hommes. Les Allemands essuyèrent une défaite le 27 septembre mais un reliquat de leur armée tint bon dans l'intérieur des terres jusqu'au

18 février 1916. Les Britanniques perdirent au total 1 668 hommes, et les Français, 2 567, dont la plupart moururent d'ailleurs de maladie.

Les troupes sud-africaines envahirent l'Afrique sud-occidentale allemande en septembre 1914. Cette guerre connut un déroulement fluctuant et prit une tournure inattendue lorsqu'une unité de l'armée sud-africaine commandée par le colonel Maritz passa à l'ennemi. Cela était le résultat de la situation politique complexe de l'Afrique du Sud. Les quatre anciennes entités politiques s'étaient rassemblées en 1910 au sein de l'Union sud-africaine. Cette Union se déclara fidèle à la Grande-Bretagne, mais une partie des Afrikaners n'avait pas encore oublié l'ancienne inimitié et elle se révolta. C'était en octobre 1914. Les insurgés emmenés par Beyers et De Wet étaient au nombre de 11 500 et les troupes gouvernementales comptaient 30 000 hommes. La rébellion fut écrasée en décembre 1914 et la conquête de l'Afrique du Sud-Ouest put être entamée sérieusement, ce qui fut fait sous la direction de deux anciens généraux des Boers, L. Botha et J.C. Smuts, devenus entre-temps, respectivement Premier ministre et ministre de la Défense de l'Union. Le 14 janvier 1915, les troupes sud-africaines envahirent l'Afrique sud-occidentale allemande. Les Allemands disposaient d'environ 5 000 hommes. Botha, qui se trouvait à la tête de 43 000 hommes, s'empara de la capitale Windhoek le 12 mai. Selon le *Cape Argus*, c'était « le plus grand coup jamais porté à l'ambition allemande de dominer le monde ».

Le 9 juillet 1915, l'affaire était réglée et le commandant allemand se rendit sans condition. Les pertes étaient limitées, les deux camps n'ayant à déplorer qu'un peu plus de cent morts. Bothaland fut proposé comme nouveau nom mais cette proposition ne fut pas retenue.

Les alliés connurent moins de réussite lors de la guerre en Afrique-Orientale allemande où une force allemande commandée par le légendaire colonel von Lettow-Vorbeck mena avec succès une guérilla. Le colonel Paul von Lettow-Vorbeck était un militaire colonial chevronné qui avait servi en Chine pendant la révolution des Boxers et en Afrique du Sud-Ouest. Il se révéla être un homme d'une grande intelligence militaire et d'une volonté de fer. Il resta actif pendant toute la durée de la guerre, ne se rendit qu'après l'armistice puis fit un retour triomphal à Berlin le 2 mars 1919, traversant à la tête de ses troupes la porte de Brandebourg. Il devint une légende militaire, la preuve vivante que le moral pouvait l'emporter sur le métal. Il ne mourut qu'en 1964, à l'âge de 94 ans.

Dans cette région, les Allemands prirent l'initiative et envahirent les pays limitrophes qu'étaient la Rhodésie, l'Ouganda et le Congo belge. L'armée allemande grossit au fil des ans, essentiellement en raison de l'afflux de soldats africains, et compta finalement plus de 20 000 hommes. Les alliés (la Belgique et la Grande-Bretagne) engagèrent quant à eux quelque 130 000 hommes.

Conscient que son armée était trop réduite pour affronter l'épreuve d'une grande guerre, Lettow-Vorbeck appliqua une tactique de guérilla qui s'avéra fructueuse. Ses troupes vivaient des produits de la terre et s'approvisionnaient en armes capturées. Dans l'immensité de ces territoires, elles étaient toujours en mouvement. En novembre 1917, les Allemands se replièrent en zone portugaise où ils poursuivirent la guerre jusqu'à leur reddition définitive le 25 novembre

1918, soit deux semaines après la capitulation allemande sur le front occidental.

La Belgique prit donc part, elle aussi, à la lutte qui se jouait en Afrique. Elle était elle-même occupée quasi intégralement par les Allemands mais les troupes du Congo belge (fortes de plus de 20 000 hommes en 1917) envahirent le Cameroun et l'Afrique orientale allemande puis occupèrent le Ruanda. Quoique les troupes allemandes eussent envahi l'Angola, colonie portugaise, le Portugal resta d'abord neutre, mais en mars 1916 il se rallia aux alliés et envoya 40 000 hommes en France. En 1917, Lettow-Vorbeck attaqua le Mozambique. Les Italiens étaient très occupés à gérer les mouvements rebelles qui se manifestaient dans leurs propres colonies d'Érythrée, du Somaliland et surtout de Libye où, en 1915, une grande insurrection les refoula vers la côte. Si l'Italie ne contribua que modestement aux efforts militaires des alliés dans les colonies africaines, c'est en partie à cause des difficultés qu'elle connaissait sur le plan intérieur.

Le deuxième théâtre d'opérations d'outre-mer se situait en Extrême-Orient. Là, la guerre fut conduite d'un côté par l'Allemagne et de l'autre par l'Empire britannique et son allié, le Japon. Le Japon déclara la guerre à l'Allemagne le 23 août 1914. Le 29 août, les troupes néo-zélandaises s'emparèrent du Samoa allemand. Le 15 septembre, les troupes australiennes occupèrent la Nouvelle-Guinée allemande, l'archipel Bismarck et les îles Salomon. Dans le courant du mois d'octobre, le Japon occupa les îles Mariannes, Carolines et Marshall, et passa également à l'offensive dans la baie de Kiao Chow et dans la ville portuaire de Ch'ing-Tao. Le combat y fut plus âpre étant donné que 3 000 fusiliers marins allemands opposèrent aux Japonais une défense vigoureuse. Les Japonais engagèrent pas moins de 50 000 hommes qui, à un stade ultérieur, bénéficièrent encore du renfort de deux régiments britanniques. La ville tomba le 7 novembre 1914, ce qui mit un terme à la guerre en Extrême-Orient.

L'année suivante, émergea, à la suite de l'entrée en guerre de la Turquie aux côtés de l'Allemagne, le troisième — et le plus important — théâtre d'opérations d'outre-mer. Dans la conception impériale allemande, l'empire ottoman avait toujours revêtu un grand intérêt stratégique dans la mesure où il faisait office de zone tampon contre une progression russe par les détroits et contre une éventuelle menace britannique à partir de l'Inde. De plus, il offrait la possibilité, de par sa situation géographique, de relier entre eux les deux fronts distincts de la guerre, le front occidental et le front oriental. L'expédition anglaise infructueuse à Gallipoli fut une tentative de réaliser cette jonction. En ce qui concerne l'empire ottoman, la guerre se déroula essentiellement dans sa périphérie, c'est-à-dire en Mésopotamie et dans le golfe Persique où l'objectif des Britanniques était de sécuriser les champs pétrolifères et les installations portuaires. La sécurisation des ports fut menée à bien. En septembre 1914, les troupes indiennes occupèrent le Bahreïn. Mais les tentatives entreprises ensuite pour placer sous tutelle britannique de grandes parties de la Mésopotamie récoltèrent moins de succès. En avril 1916, les troupes britanniques subirent une défaite cuisante avec la reddition de Kut après un siège de cinq mois et le fait que 10 000 soldats anglais furent faits prisonniers de guerre. La campagne militaire britannique reprit l'année suivante et elle se clôtura avec succès par la prise de Bagdad.

Le troisième gros effort militaire fut fourni dans la province turque de Syrie. Après avoir essuyé plusieurs revers, les Britanniques levèrent une très puissante armée de 300 000 hommes dont la direction fut confiée au général Allenby qui prit Jérusalem en décembre 1917 et Damas en octobre 1918, juste avant la fin de la guerre. Entre-temps, les Arabes, approvisionnés en vivres et en médicaments par les Britanniques, appuyés par les forces aérienne et navale britanniques et inspirés par le légendaire Lawrence d'Arabie, avaient déjà chassé les Turcs de la rive orientale de la mer Rouge.

LES MOYENS DE LA GUERRE : LES TROUPES COLONIALES

Si impressionnants que pussent être les effectifs des troupes qui y furent engagées, les fronts d'outre-mer ne furent en réalité que des théâtres d'opérations secondaires. La Grande Guerre se joua, en dernier ressort, sur le front occidental. Mais les colonies influèrent d'une autre manière encore sur la conduite de la guerre : par la contribution qu'elles fournirent aux efforts militaires alliés.

En 1914, la Grande-Bretagne, contrairement à l'Allemagne et à la France, ne connaissait pas le service militaire. L'armée de métier et les volontaires qui ne tardèrent pas à affluer fournirent donc les contingents nécessaires. Le service militaire ne fut instauré au Royaume-Uni qu'au début de 1916. La question était de savoir si les dominions suivraient cet exemple. Au Canada, dans la ville francophone de Québec, des émeutes provoquées par le dépôt d'un projet de loi allant dans ce sens éclatèrent en mars 1917. Ce projet fut néanmoins adopté en août

1917, même s'il contint finalement nombre d'exceptions. Les Canadiens francophones s'y soustrayèrent autant que possible.

La Nouvelle-Zélande suivit sans problème mais, en Australie, un référendum fut organisé à deux reprises, en 1916 et en 1918, et son résultat fut chaque fois négatif. La contribution australienne consista donc en un contingent exclusivement composé de volontaires mais elle fut néanmoins très importante. Le leader du Labour Party australien, Andrew Fisher, déclara que l'Australie donnerait « [son] dernier homme et [son] dernier shilling » et ce fut en effet l'impression qu'elle produisit puisque, proportionnellement, le contingent australien fut considérable (7,5 % de la population). En outre, elle enregistra la plus forte proportion de pertes. L'Afrique du Sud fournit elle aussi une grosse contribution : 25 000 Sud-Africains blancs combattirent en France et plus de 30 000 combattirent en Afrique de l'Est. Les Cape Coloured (contingent sud-africain de couleur) servirent aussi dans l'armée et prirent part à des combats en Afrique de l'Est, en Palestine et en France. Plus de 65 000 Sud-Africains noirs furent engagés comme personnel auxiliaire non combattant.

Tout bien considéré, la contribution de l'Empire britannique à l'effort de guerre anglais fut énorme. Les différentes composantes du British Empire fournirent au total près de 3 millions de soldats aux forces armées anglaises. La contribution proportionnellement la plus importante fut celle de la Nouvelle-Zélande puisqu'un homme sur cinq servit dans l'armée, ce qui était encore plus qu'en Grande-Bretagne où c'était un homme sur sept. Dans les dominions, la plus grande contribution en termes absolus fut celle du Canada (640 000 hommes), suivie par celle de l'Australie (417 000 hommes) et celle de la Nouvelle-Zélande (220 000 hommes).

L'Afrique du Sud fournit 136 000 hommes et la minuscule Terre-Neuve, 12 000.

Mais le plus gros contingent, et de loin, fut apporté par l'Inde. La force indienne s'éleva au total à 1,4 million d'hommes, ce qui représentait près de la moitié de toutes les forces coloniales de la Grande-Bretagne. Presque un million (850 000) de combattants servirent en dehors du sous-continent proprement dit et 62 000 Indiens moururent au front, ce qui représente un sacrifice supérieur à celui de l'Australie (59 000) et du Canada (57 000) en chiffres absolus mais sensiblement inférieur au leur en pourcentage. Au total, la part de l'Empire dans les troupes britanniques aussi bien que dans les pertes britanniques se monta à environ un tiers. La comptine « E comme l'Empire pour lequel nous mourrons » était donc tout à fait de mise[1].

En France, il en allait tout autrement. L'idée que l'empire colonial pourrait remplir une fonction de fournisseur de troupes fut l'un des arguments avancés par ceux qui voulaient que la France mène une politique impériale. Le général Mangin, qui jouerait un rôle majeur sur le front occidental, fut le grand propagandiste de cette idée. Charles Mangin (1866-1925) était comme Lyautey, sous lequel il servirait plus tard, issu d'une famille catholique à la longue tradition militaire. Il entra à l'infanterie de marine et arriva en Afrique en 1888. C'était un militaire hors norme qui alliait des intérêts littéraires et philosophiques à des qualités comme le courage, la témérité et le brio militaire. Lorsqu'il prit possession de Marrakech, Lyautey déclara : « C'est du pur Bonaparte[2]. » En 1908, il rendit pour la première fois publiques ses idées concernant la possibilité de constituer une armée africaine, idées qui n'étaient pas entièrement neuves puisque Mangin avait probablement été inspiré par les théories que l'écrivain nationaliste Eugène Melchior de Vogüé avait exprimées dans ses romans à succès *Les Morts qui parlent* de 1899 et *Le Maître de la mer* de 1903. Quoi qu'il en fût, Mangin fut celui qui les développerait. En 1910, il fit paraître son ouvrage essentiel, *La Force noire*, où il se livrait à la fois à de longues considérations sur le courage et la combativité de la race noire et à des spéculations sur l'apport que l'Afrique noire pourrait fournir aux forces armées françaises. Il tablait sur un contingent de 30 000 hommes par an mais, après un périple qu'il effectua en 1910, il porta ce nombre à 40 000.

La France instaura en 1912 le service militaire pour les Africains. En 1914, l'on dénombrait quelque 15 000 miliciens africains. En 1915, 50 000 furent appelés sous les drapeaux mais 40 000 seulement se présentèrent. Les campagnes de recrutement furent menées très énergiquement. Le nouveau gouverneur général de l'Afrique-Occidentale française, nommé en 1917, Joost van Vollenhoven, estima toutefois que les exigences étaient excessives et il s'y opposa.

Joost van Vollenhoven (1877-1918) fut, à son époque, l'un des administrateurs coloniaux français les plus brillants et l'un de ceux qui furent le plus couronnés de succès. Issu d'une grande lignée néerlandaise, il rejoignit en 1886, avec le reste de la famille, le père van Vollenhoven qui s'était installé en Algérie comme négociant en vins. Il fut naturalisé français lorsqu'il intégra l'École coloniale en 1899. Pendant la guerre, cette naturalisation de fraîche date susciterait la méfiance des ultra-nationalistes qui le tenaient pour un «juif hollandais judéo-protestant[3]». Il fit une carrière éclair. En 1903, il quitta «Colo» alors qu'il était premier de classe. La même année, il décrocha un doctorat en droit en soutenant une thèse intitulée *Essai sur le fellah algérien*. Il fut secrétaire général de l'A-EF à 31 ans et gouverneur à 34 ans. Le 3 juin 1917, il fut nommé, alors qu'il n'avait que 39 ans, gouverneur général de l'A-OF, la plus grande colonie française. Dès son premier rapport, il dit clairement qu'à son sens des excès avaient été commis sur le plan du recrutement dans l'A-OF et que de nouveaux recrutements étaient exclus. Il le confirma dans un second rapport. Selon van Vollenhoven, l'A-OF devait désormais fournir des services économiques plutôt que des services militaires. Le gouvernement ne se rallia pas à son point de vue et désigna un commissaire au recrutement. Van Vollenhoven jugea inacceptable que l'on vidât ainsi de sa substance son statut. « Les pouvoirs de la République ne peuvent se découper comme de la brioche », écrivit-il à son suppléant dans l'A-OF[4]. Il démissionna le 19 janvier 1918. Que son patriotisme ne fût nullement sujet à caution est attesté par le fait qu'il se réengagea immédiatement sur le front occidental où il mourut au champ d'honneur le 19 juillet 1918.

Le recrutement de soldats en Afrique incombait dorénavant au « haut-commissaire de la République au Recrutement ». Cette fonction importante fut dévolue à un Africain, le premier, par ailleurs, à être élu à la Chambre des députés française : Blaise Diagne. Il s'acquitta de sa tâche avec succès et fournit le contingent demandé. Mais la population totale de l'empire colonial français était relativement réduite et l'Afrique de l'Ouest, notamment, était peu densément peuplée. Une migration de grande ampleur enlèverait à cette colonie les individus qui étaient indispensables pour produire la nourriture et les autres biens utiles à l'effort de guerre. Cet exode limita clairement l'apport de soldats de la colonie, apport qui au demeurant fut tout de même considérable puisque au total, servirent dans l'armée française, pendant la Première Guerre mondiale, 170 000 Africains de l'Ouest et près de 300 000 soldats nord-africains, ainsi que 41 000 Malgaches, 48 000 Indochinois et 60 000 soldats provenant des autres colonies, soit un total de plus de 600 000 hommes[5].

Les dommages furent énormes, surtout parmi les troupes de l'A-OF qui perdirent plus de 30 000 hommes. Mais, en termes relatifs, il ne faut pas en surestimer l'importance. En effet, le contingent ouest-africain total dont le recrutement posa tant de problèmes représentait moins de 2 % du nombre total de soldats qui furent appelés sous les drapeaux par la France pendant la guerre 1914-1918.

L'engagement de soldats noirs sur le front occidental fut exploité par la propagande allemande qui le considéra comme une preuve de la décadence de la culture française. En la matière, une véritable guerre de propagande fit rage. Les Allemands fondèrent à Berlin un Comité pour l'indépendance de l'Afrique du Nord ainsi qu'une école de propagande coloniale à Davos. Les Français créèrent une école similaire à Neuchâtel et s'autoproclamèrent les meilleurs amis de l'islam. Ils appelaient les Turcs, alliés de l'Allemagne, « les Boches de l'Islam[6] ».

Les colonies remplirent encore une autre fonction au cours de la guerre. Elles fournirent les matières premières et les produits nécessaires à l'effort de guerre. La balance commerciale française avec les colonies, qui en temps normal présentait un excédent, devint déficitaire pendant la guerre. Du reste, certains espoirs démesurés furent déçus. Par exemple, l'idée propagée par certains enthousiastes d'un corps de cavalerie équipé de zébus de Madagascar ne s'est jamais concrétisée.

LES BUTS DE GUERRE
ET LES RÈGLEMENTS DE PAIX

La Première Guerre mondiale a été souvent dépeinte comme une guerre opposant des « nantis » à des « démunis ». Lénine, notamment, défendit cette thèse dans son fameux pamphlet *L'Impérialisme, stade ultime du capitalisme*. À ses yeux, il s'était agi d'une lutte pour un nouveau partage du monde. Les diverses nations qui y prirent part nourrissaient effectivement des ambitions territoriales, notamment dans le domaine colonial, ce qui fut manifeste dès les premiers jours de la guerre et le serait de nouveau lors de la conférence sur la paix à Paris.

La plus ancienne description des buts de guerre qui soit connue est le « September Programm » du chancelier allemand Bethmann-Hollweg de septembre 1944. Ce document esquissait les grandes lignes du nouvel ordre européen qui devrait se mettre en place après la victoire allemande. Il contenait un paragraphe qui traitait des buts de guerre coloniaux et dont l'idée centrale était la création d'une « Afrique centrale » allemande. Ce projet consistait en substance à faire en sorte que toute la région comprise entre le Cameroun et l'Afrique-Orientale allemande, c'est-à-dire en gros l'A-EF française et le Congo belge, ainsi que le Dahomey, devienne une sphère d'influence économique allemande, l'Allemagne contrôlant complètement l'exploitation et la vente de matières premières. Par surcroît, conformément à un plan de répartition anglo-allemand établi peu avant la guerre, de grandes parties de l'Angola et du Mozambique seraient ajoutées aux deux colonies allemandes existantes, l'Afrique du Sud-Ouest allemande et l'Afrique de l'Est allemande. Comme le dit le dicton, l'appétit vient en mangeant et, si présomptueux que cela fût, les projets allemands seraient de plus en plus grandioses au cours de la guerre, a fortiori lorsque une percée ou une victoire allemande semblait être en vue. Ultérieurement seraient échafaudés entre autres des projets d'annexion du Sénégal, de la Gambie, de la Guinée, du Nigeria, de l'Ouganda, du Kenya, de Madagascar et du Somaliland. Comme chacun sait, aucun de ces projets ne deviendrait réalité.

En revanche, les buts de guerre des vainqueurs eurent un impact plus décisif sur le résultat final. La Grande-Bretagne, qui était déjà, et de loin, le colonisateur qui avait remporté le plus grand nombre de succès, s'avéra nourrir des ambitions encore bien plus importantes. Si Winston Churchill avait encore déclaré peu de temps avant que la guerre n'éclate : « Toutes nos ambitions territoriales sont satisfaites[7] », cette déclaration ne fut pas adoptée comme une ligne de conduite par le gouvernement britannique. Un *British Committee on Territorial Desiderata* fut mis sur pied. L'Angleterre convoitait en particulier le Moyen-Orient. Il fallait placer sous autorité britannique les champs pétrolifères, placer sous contrôle maritime britannique les côtes du golfe Persique et de la mer Rouge, et annexer la Mésopotamie afin d'y accueillir les immigrants en provenance de l'Inde. En ce qui concerne la Syrie et la Palestine, furent conçus au fil des ans plusieurs projets qui en substance tendirent respectivement à un partage entre sphères d'influence anglaise et française (accord Sykes-Picot), à l'attribution d'un rôle important aux Arabes (accord Mac-Mahon-Hussein), à la création d'un Foyer juif (déclaration Balfour) et à l'organisation d'une surveillance des lieux saints par l'administration anglo-égyptienne ou les États-Unis. Bref, il s'agissait de plans qui étaient tous contradictoires les uns avec les autres. Outre les ambitions impérialistes britanniques, il y avait des ambitions sous-impérialistes. C'est ainsi que l'Australie voulait annexer la Nouvelle-Guinée allemande, et l'Afrique du Sud, l'Afrique du Sud-Ouest allemande.

La politique française développait sa grande conception géopolitique d'une Afrique du Nord française avec un hinterland en Afrique noire. Mais les Français avaient aussi des ambitions au Moyen-Orient et, en particulier, en Syrie sur laquelle ils pensaient avoir des prétentions historiques. Divers accords avec l'Angleterre en résultèrent. En outre, l'Afrique de l'Ouest les intéressait également. Ils considéraient que les territoires acquis pendant la guerre, à savoir le Togo et le Cameroun, devaient revenir à la France et être étendus par l'incorporation de parties des possessions britanniques, espagnoles et portugaises, et par l'adjonction d'un protectorat sur le Liberia.

Les alliés firent des efforts effrénés pour associer d'autres pays à leur cause, non sans succès. Le Japon se rallia aussitôt à eux et acquit, par un traité conclu avec l'Angleterre, la suprématie sur les anciennes colonies allemandes d'Asie situées au nord de l'équateur. L'Australie et la Nouvelle-Zélande obtinrent celles situées au sud. L'Italie représentait un enjeu plus important. Le 26 avril 1915, fut conclu le traité de Londres qui, en son article 13, promettait à l'Italie qu'en cas de partage des colonies allemandes elle ne serait pas oubliée, une extension de ses colonies en Lybie, en Érythrée et au Somaliland étant en particulier envisagée. Le traité parlait de «compensations équitables». Mais les Italiens nourrissaient de plus grandes ambitions puisqu'ils convoitaient également l'Éthiopie et le Somaliland britannique. De plus, ils revendiquaient un doublement du territoire de la Libye ainsi qu'une sphère d'influence en Angola. Leurs espoirs seraient largement déçus. Lors de la conférence de paix, l'Italie se montra plus intéressée par les mouvements irrédentistes européens que par les territoires coloniaux, s'intéressant davantage à l'Istrie et à la Dalmatie qu'à l'Érythrée et au Somaliland. En outre, l'Angleterre n'était guère enthousiaste à l'idée de trop enrichir les Italiens. Les compensations coloniales italiennes seraient par conséquent très limitées.

Ces questions furent réglées lors de la grande conférence sur la paix de Paris. Il y avait deux perdants : la Turquie, grande puissance coloniale traditionnelle, et l'Allemagne, petite puissance coloniale récente. Leurs empires coloniaux seraient dissous. C'était acquis. La seule question était : comment ? Comme chacun sait, le président américain Wilson exerça une grande influence à Paris. Ses fameux « Quatorze points » comportaient notamment une clause interdisant toute annexion. Cette clause étant incontournable, il était impossible de procéder à un nouveau partage colonial pur et simple. La solution consista à répartir entre les vainqueurs les possessions d'outre-mer des perdants sous la forme de territoires sous mandat.

Les territoires sous mandat furent une invention des artisans de la paix, l'idée étant qu'ils seraient administrés sous la tutelle de la Société des Nations par des pays qui, en tant que mandataires de la Société, auraient pour mission de préparer ces territoires à l'indépendance. Ce système était typiquement un compromis entre la politique européenne de division coloniale d'une part et les idées d'autodétermination et les principes antiannexatoires wilsoniens d'autre part. Les puissances coloniales y étaient opposées et les gouvernements des dominions britanniques encore plus. Par l'effet d'une sorte de compromis, l'on imagina des mandats A, B et C. Les mandats A se trouvaient dans les anciens territoires turcs du Moyen-Orient. Ils étaient présumés être presque mûrs pour l'autonomie et ne plus avoir besoin que pour une période de courte durée de l'aide et du soutien des mandataires, c'est-à-dire la France et l'Angleterre. Les colonies allemandes d'Afrique (hormis la Namibie) étaient considérées comme des mandats B, autrement dit des zones qui étaient encore à mille lieues de pouvoir s'autogérer. Les autres, comme la Nouvelle-Guinée, étaient considérées comme des régions qui ne se trouvaient encore qu'au seuil de la civilisation et qui en réalité relevaient donc totalement de la gestion coloniale du mandataire. Fut alors créée une Commission permanente des Mandats de la Société des Nations chargée d'exercer un contrôle sur tout cela.

C'est ainsi que la répartition put tout de même avoir lieu. L'Afrique du Sud-Ouest allemande échut, en tant que territoire sous mandat, à l'Afrique du Sud ; l'Afrique de l'Est allemande fut rebaptisée Tanganyika et tomba dans l'escarcelle de la Grande-Bretagne, excepté le Ruanda-Urundi qui fut dévolu à la Belgique et excepté une petite zone côtière qui fut ajoutée au Mozambique. Le Cameroun fut partagé. Le « Neu Kamerun », l'ancien territoire français qui en 1911 avait été transmis à l'Allemagne en échange de son assentiment concernant l'occupation française du Maroc, revint à la France ainsi que les quatre cinquièmes du reste. L'Angleterre hérita des zones restantes et elle les joignit au Nigeria. Le Togo fut scindé en longueur et réparti entre la France et l'Angleterre. En Asie, les possessions allemandes furent aussi partagées. Le Japon reçut Kiao Chow et le mandat sur les îles Mariannes, Carolines et Marshall. Le reliquat fut réparti entre deux dominions britanniques : la Nouvelle-Guinée allemande et l'archipel Bismarck furent dévolus à l'Australie et Samoa tomba dans l'escarcelle de la Nouvelle-Zélande.

Le partage de l'empire ottoman fut une opération complexe et de longue haleine qui ne connut son épilogue définitif qu'en 1923. L'idée qui était au cœur de cette réglementation était que la Turquie serait réduite à ses terres ancestrales anatoliennes plus une tête de pont en Europe pour maintenir les détroits sous son autorité. Le Moyen-Orient fut définitivement partagé, en 1921, en territoires sous mandat anglais et français. La France reçut la Syrie et le Liban, et l'Angleterre hérita de la Palestine et de la Mésopotamie (l'actuel Irak). Les vestiges de la sphère d'influence turque en Arabie disparurent parce que les rois et les dignitaires rebelles arabes furent reconnus comme souverains. Les Anglais conservèrent dans le sud de l'Arabie, d'Aden à Oman, une sphère d'influence qui était déjà reconnue par la Turquie avant 1914.

Le traité de paix stipulait en outre que feraient partie des dommages de guerre, dont devrait s'acquitter l'Allemagne, la confiscation et la vente des propriétés et des possessions allemandes dans les anciennes colonies. À ce propos, on ne négligea rien, comme l'atteste une clause qui disposait que l'Allemagne restituerait le crâne du Sultan Okwawa au gouvernement de Sa Majesté[8]. À cet égard-là et à d'autres, Versailles symbolisa, malgré l'ascendant de Wilson, le couronnement de l'impérialisme européen.

Conclusion

> *Il semblerait bien que nous ayons conquis et peuplé la moitié du monde par inadvertance.*
>
> JOHN SEELEY

Les célèbres propos de sir John Seeley s'appliquent sans doute à l'histoire de l'Empire britannique, mais certainement pas aux autres puissances coloniales européennes. Tout d'abord, celles-ci n'ont pas ou quasiment pas peuplé le monde en dehors de l'Europe et elles ne l'ont en tout cas pas peuplé durablement. De plus, elles n'ont pas conquis ces parties du globe dans un moment d'égarement.

Divers objectifs furent à l'origine de l'expansion européenne. Ils furent de nature économique (commerce, agriculture, exploitation minière), démographique (possibilités d'émigration), politique (augmentation du pouvoir et du prestige de la dynastie ou de l'État) et idéologique (ardeur missionnaire, mission civilisatrice). Parvenu au terme de ce livre, il me paraît nécessaire d'examiner la question : ces objectifs ont-ils été atteints ? Le colonialisme a-t-il apporté aux colonisateurs ce qu'ils en espéraient ?

L'impérialisme a-t-il rapporté les avantages économiques escomptés ? Autre question tout aussi essentielle : quelles en furent les conséquences pour les peuples et les territoires colonisés ?

Commençons par cette dernière question qui aujourd'hui est celle qui suscite le plus d'intérêt : il n'est pas possible d'y apporter une réponse unique car les disparités d'un pays à l'autre, d'une région à l'autre et d'une époque à l'autre sont trop importantes. Certains des points qui font débat dans ce domaine ont déjà été abordés dans le présent ouvrage. Non seulement l'esclavagisme fut immoral du point de vue de nos valeurs actuelles, mais il a indéniablement produit des effets néfastes sur la démographie de l'Afrique de l'Ouest et dans le Nouveau Monde ; l'esclavage a eu, pour les esclaves et leurs descendants, des répercussions durables ou qu'ils ressentiraient du moins très longtemps. Au XIXe siècle, après que la traite des esclaves eut été abolie, sont apparues également différentes formes d'exploitation qui se sont accompagnées de violences outrancières. On en a eu des exemples dans l'État indépendant du Congo à l'époque de la chasse au caoutchouc sauvage mais aussi à Sumatra, dans certaines plantations. Les guerres coloniales ont quelquefois pris des formes apparentées au génocide. L'anéantissement des Herero en Afrique du Sud-Ouest en a été l'exemple le plus parlant mais des guerres longues et qui se sont éternisées, comme celle opposant les Pays-Bas à Aceh, Bali et Lombok, ou la pacification de l'Indochine ou encore les guerres Maji-Maji, ont été menées sans scrupules. Les sociétés coloniales ont été, en règle générale, caractérisées par l'apartheid et la ségrégation, et elles ont été souvent fondées sur des théories raciales. Jadis, toutes ces réalités historiques étaient appréhendées autrement, mais aujourd'hui, selon nos critères contemporains, elles sont considérées comme condamnables.

DÉVELOPPEMENT ET SOUS-DÉVELOPPEMENT

Quelles ont été, en matière économique, les effets du colonialisme sur les colonies ? C'est un sujet complexe qui est l'objet d'une controverse passionnée depuis le XIXe siècle, quand cette question fut posée pour la première fois. Fort peu nombreux sont les points de débat sur lesquels les intervenants sont tombés d'accord mais il est au moins un fait incontestable : l'Occident n'eut une influence réellement considérable sur les territoires d'outre-mer qu'après la révolution industrielle. Quels ont été les effets de la domination économique occidentale qui s'est manifestée alors ? Il est évident que le colonialisme a fait peser des fardeaux de diverses natures sur les peuples colonisés. Mais, dès l'instant où l'on quitte le champ de semblables truismes, on pénètre dans une zone de réflexion très vaste et qui minent des problèmes qui ne sont pas simples à résoudre. Aussi dresser le bilan économique du colonialisme est-il une tâche extraordinairement ardue, non seulement en raison du manque de données historiques, mais également en raison de difficultés théoriques. Une comparaison entre quelques pays qui n'ont jamais été colonisés et d'autres qui l'ont été illustre ce problème.

Si l'on porte sur les faits un regard impartial, on aura peine à se convaincre que l'Inde et l'Indonésie, que le Nigeria et l'Égypte — qui ont été des territoires colonisés et dominés pendant longtemps et en tout cas de façon très profonde — sont plus sous-développés que l'Éthiopie et l'Afghanistan, pays qui ont toujours conservé leur indépendance. Taïwan et la Corée ont été longtemps des colonies japonaises. Ce sont aujourd'hui des pays industriels qui font partie du groupe des économies du monde qui croissent le plus vite. L'on ne peut pas davantage affirmer qu'au sein des grands empires coloniaux, comme L'Inde britannique ou les Indes néerlandaises, les régions comme le Bengale et Java qui ont été exploitées intensivement sont actuellement les parties les plus arriérées. L'exploitation coloniale de Java par les Pays-Bas est très critiquable mais l'on ne peut soutenir que la Nouvelle-Guinée, où très peu de Néerlandais ont jamais mis les pieds, a atteint un stade de développement plus élevé que Java. L'on a parfois l'impression que le problème du colonialisme ne fut pas un excès mais un manque d'exploitation.

Cela ne signifie pas que le colonialisme ait été une bénédiction pour le tiers-monde. Au moment de la décolonisation, la plupart des anciennes colonies étaient mal en point et il ne fait aucun doute que c'était en partie imputable au système colonial. Le colonialisme avait déclenché une explosion démographique difficilement contrôlable dont les conséquences ne seraient clairement visibles que plus tard. Il est difficile de porter un jugement positif ou négatif sur le phénomène de la croissance démographique en tant que tel. D'autant plus dans le cas qui nous occupe, dans la mesure où cette croissance fut en outre une conséquence du relèvement du niveau d'hygiène et de prospérité, bref de la politique de développement coloniale. Toutefois, la croissance démographique qu'il engendra a indubitablement constitué un problème aigu pour les anciennes colonies et elle est incontestablement un effet du système colonial. Il en est de même de la forte orientation des économies coloniales vers les produits agricoles d'exportation et de son corollaire : leur dépendance économique vis-à-vis de l'étranger.

Du point de vue macroéconomique, le monde colonial revêtait, en tant que débouché pour les économies occidentales, un intérêt marginal. En revanche, il eut indéniablement une très grande importance pour certains pays à diverses époques (par exemple pour l'Angleterre au XIXe siècle) et en particulier pour certains secteurs comme le textile. L'énorme productivité de l'ouvrier de l'industrie textile anglaise après la révolution industrielle fit en sorte que cette branche d'activité fut supérieure à toutes les autres, occidentales et non occidentales. Si l'Europe et les États-Unis surent se protéger contre ce péril en mettant en œuvre une politique protectionniste et tarifaire très stricte, dans les colonies britanniques, en revanche, une telle protection était inexistante. La révolution industrielle anglaise détruisit quasiment toute l'industrie textile indienne et il faudra attendre très longtemps avant que celle-ci ne s'en remette quelque peu. Nous voyons ici toute la spécificité des situations coloniales, qui réside dans la dépendance politique et que sous-estiment les théoriciens de la *Dependencia*. En effet, économiquement parlant, l'Amérique latine se trouva elle aussi, au XIXe siècle, dans une situation de dépendance et elle fut donc tout autant que l'Inde une de ces économies « dominées » dans la « périphérie » du système occidental. Mais en Amérique latine, l'indépendance politique constituait, contre ce péril, une protection qui faisait défaut dans les vraies colonies.

Il ne fait dès lors aucun doute que le colonialisme a entraîné des conséquences économiques néfastes pour de nombreux territoires colonisés. Mais quelquefois il a aussi enclenché ou accéléré un processus de modernisation qui a servi de base à une nouvelle structure économique. Les projets d'infrastructure comme les routes, le chemin de fer, les ports, etc., en sont les exemples les plus connus, quoiqu'ils aient été souvent financés par le budget colonial et, donc, par les colonisés eux-mêmes. Dans les domaines de l'enseignement et des soins médicaux, les résultats engrangés furent généralement très modestes.

PERTES ET PROFITS

L'autre aspect de la question consiste à se demander ce que le colonialisme a rapporté aux Européens. Toute généralisation est, ici aussi, malaisée parce que la réponse à cette question diffère d'un pays à l'autre et que les profits réalisés ont été répartis très inégalement. L'exploitation cruelle du Congo pendant la période de l'État indépendant rapporta beaucoup d'argent au roi des Belges Léopold II qui consacra principalement cette fortune à l'embellissement de son pays. Durant la période ultérieure du Congo belge, un autre régime fut cependant suivi. L'historien belge Jean Stengers a calculé que le Congo belge avait coûté à l'État belge (jusqu'en 1950) environ 300 millions de francs belges et lui avait rapporté 90 millions de francs, dont 66 millions sous le régime personnel de Léopold II et 24 millions sous le régime belge, ce qui représente donc au total un poste déficitaire net de près de 210 millions de francs. Mais ce déficit ne concerne que les dépenses et les recettes publiques, et non les avantages économiques pour la Belgique et les Belges[1].

Aux yeux de beaucoup, les Pays-Bas étaient un modèle d'exploitation coloniale réussie. Le système des cultures permit au Trésor public néerlandais d'engranger des recettes colossales, ce qui permit aux Néerlandais de démanteler leur dette publique sans devoir lever d'impôt sur les revenus et de financer des travaux publics. Certains en tirèrent aussi un profit personnel. Ceux qui obtenaient la signature d'un contrat du sucre devinrent riches comme Crésus en peu de temps. À un stade ultérieur, l'exploitation des colonies fut assurée par des entreprises privées. Les Indes néerlandaises ont présenté un intérêt économique tout à fait considérable pour les Pays-Bas, et cela tant au XIXe qu'au XXe siècle, mais cet intérêt a été moins important qu'on ne l'a prétendu souvent. Ainsi, il est très exagéré d'affirmer que les Pays-Bas sont entièrement redevables aux Indes de leur prospérité. D'après les calculs de J.B.D. Derksen et du futur prix Nobel Jan Tinbergen, en 1938 la contribution des Indes néerlandaises au revenu national des Pays-Bas ne dépassait pas 13,7 %. Toutefois, les Indes fournissaient des emplois aux Néerlandais et le secteur indo-néerlandais avait des retombées positives sur l'économie des Pays-Bas[2].

De par leur longue histoire coloniale et le contraste énorme entre la taille très modeste de la métropole et la superficie gigantesque de sa plus importante colonie, les Pays-Bas étaient un cas à part. Pour l'Allemagne, les colonies présentèrent durant leur brève existence un intérêt économique totalement négligeable. De même, l'Italie ne tira quasi aucun profit de ses rares possessions. L'Espagne profita, au XIXe siècle, de Cuba, qui était encore, à l'époque, l'unique possession coloniale importante, jusqu'à ce qu'elle la perde, elle aussi, en 1898. Les intérêts économiques portugais en Afrique ne furent pas dénués d'importance mais le pays lui-même demeurait arriéré, sous-développé et pauvre, et l'émigration portugaise vers les colonies d'Afrique fut très tardive. En 1900, l'on ne dénombrait que 12 000 Portugais en Afrique.

Il en est autrement des deux grandes puissances coloniales du XIXe siècle : l'Angleterre et la France. La première grande étude qualitative qui ait tenté d'analyser l'importance économique de l'Empire britannique a été réalisée par deux historiens américains : L. Davis et R. Huttenback du California Institute of Technology. Ils ont collecté une très grande quantité de données et les ont ensuite analysées au moyen de méthodes statistiques pointues. Leur livre, intitulé *Mammon and the Pursuit of Empire*, essaie de répondre à la fameuse question que l'on s'est toujours posée : «l'Empire a-t-il rapporté?» Leur réponse, négative, est peut-être un peu décevante. Après 1880, les marges bénéficiaires effectivement élevées qui étaient perçues au début sur les investissements coloniaux commencèrent à diminuer, jusqu'à atteindre des valeurs inférieures au niveau de recettes comparables tirées d'autres destinations d'outre-mer ou d'investissements réalisés en Angleterre même. Hobson et Lénine ont donc fait fausse route lorsqu'ils ont étudié la relation entre les capitaux excédentaires et la nécessité d'une expansion d'outre-mer. Les colonies d'outre-mer ne furent pas les plus importants bénéficiaires des investissements de la City. Au demeurant, il ne fait aucun doute que cette réponse est parcellaire, non seulement parce que les points de départ et les méthodes de Davis et Huttenback ne sont pas incontestés mais aussi parce qu'eux-mêmes disent que pour certains capitalistes ces investissements étaient tout sauf marginaux[3].

La première grande étude quantitative consacrée à l'importance économique de l'empire colonial français a été réalisée par l'historien Jacques Marseille qui en a publié les résultats dans sa thèse *Empire colonial et capitalisme français. Histoire d'un divorce*. Marseille conclut que dès 1896, soit quinze ans après le début de l'expansion, l'Empire était devenu un partenaire commercial relativement important, certes beaucoup moins important que la Grande-Bretagne mais comparable à l'Allemagne, à la Belgique et au Luxembourg réunis. En outre, l'Empire était déjà, à l'époque, un gros fournisseur de matières premières. Et il offrait un débouché important à certains secteurs. C'est ainsi que 88,4 % des exportations de bougies furent destinées aux colonies et que ces exportations furent plus importantes que celles de locomotives, de même que les faux bijoux étaient plus importants que les machines. En ce qui concerne les importations, 95 % du riz et près de 90 % des vins importés[4] provenaient de l'empire colonial. En 1914, l'Empire fut aussi un marché important pour les investissements, lesquels avaient de surcroît un rendement généralement élevé.

Marseille constate une rupture sur le plan de la relation entre capitalisme et colonialisme. Durant la première période, c'est-à-dire entre 1880 et 1930, l'industrie française a eu besoin de la soupape de sécurité d'un marché colonial protégé et le mariage entre colonialisme et capitalisme était alors heureux. Au cours de la période tardive, de 1930 à 1960, le protectionnisme fit obstacle à une modernisation industrielle qui était urgente. Un divorce était alors inévitable. Mais lorsqu'on en prit conscience, la décolonisation avait déjà commencé. Aussi la fin de l'empire colonial français en 1960 fut-il une bénédiction pour le capitalisme français.

CONTINUITÉ ET CHANGEMENT

Le récit que relate le présent ouvrage se termine en 1919. Mais l'époque coloniale ne se termina pas cette année-là. L'on pourrait même soutenir l'idée que le colonialisme plein et entier n'a vraiment commencé qu'à partir de cette date. Les empires coloniaux européens atteignirent alors leur envergure maximale et l'exploitation coloniale fut dès ce moment accomplie avec des forces renouvelées. La prise de conscience coloniale était plus forte que jamais auparavant. C'est la raison pour laquelle il est légitime de considérer l'entre-deux-guerres comme l'âge d'or du colonialisme européen et que le siècle colonial de l'Europe se prolonge jusqu'à la Seconde Guerre mondiale. Mais il est également permis de porter un autre regard sur cette époque, de la voir comme le commencement de la fin de la suprématie mondiale de l'Europe.

À cause de la guerre, l'Europe n'était plus créancière mais débitrice. Elle n'était plus « le banquier du monde ». Comme le montra clairement le krach de Wall Street en 1929, le centre non seulement, financier mais aussi économique du monde se situait désormais aux États-Unis. La croyance profondément enracinée dans la supériorité de la civilisation européenne avait été fortement ébranlée par les horreurs de la guerre et elle le fut encore davantage par la montée des totalitarismes. Dans les années trente en Europe, la culture du pessimisme devint un thème central. La crise économique des mêmes années renforça le pessimisme au sujet de l'avenir des démocraties. Les mouvements nationalistes dans les colonies d'Asie se consolidèrent. Dans les cénacles éclairés s'imposa de plus en plus l'idée qu'un changement sur le plan de la relation coloniale — ou même la fin de cette relation — était une perspective qui n'était plus éloignée. Vu sous cet angle, l'entre-deux-guerres fut davantage le crépuscule que l'âge d'or du colonialisme. En tout état de cause, l'époque coloniale fut définitivement révolue peu de temps après. Les Philippines, l'Inde et l'Indonésie accédèrent à l'indépendance entre 1945 et 1949, l'Indochine suivit en 1954, et l'Afrique dans les années soixante.

Les répercussions économiques de la perte des colonies pour l'Europe ne furent absolument pas aussi désastreuses que beaucoup l'avaient cru. Au contraire, pendant les « trente glorieuses », expression qui désigne en France la période 1945-1975, la prospérité a connu une croissance plus rapide que jamais. Le colonialisme sembla vite appartenir à un passé très lointain. L'univers colonial asiatique ne subit pas non plus des conséquences très durables. S'agissant de l'Indonésie, l'on a parfois dit que la période néerlandaise n'a pas eu plus de signification que quelques égratignures sur le roc d'une civilisation séculaire. L'on raconte qu'un paysan indien à qui l'on avait dit en 1947 que les Anglais étaient partis avait demandé : « Mais quand donc sont-ils venus, ces Anglais ? » Le développement des sociétés et des économies dans l'Asie d'aujourd'hui paraît être davantage déterminé par des facteurs internes que par l'influence d'un passé colonial ou non.

Il en est autrement en Afrique parce que l'époque coloniale y a apporté un certain nombre de changements spécifiques et, à ce qu'il semble, durables. C'est ainsi qu'au cours de ces années-là les économies africaines ont été incorporées dans l'économie mondiale. Il est probable que cette évolution se serait produite sans domination coloniale mais il se trouve qu'avec elle elle s'est accomplie à un rythme accéléré et suivant un schéma particulier. En outre, l'époque coloniale a imprimé durablement son sceau sur le système africain des États. En effet, les nouveaux États qui ont vu le jour après la décolonisation sont, du point de vue territorial, quasi identiques aux anciens États coloniaux. Nombre de tensions et de conflits qui tourmentent ces pays sont liés au fait que les frontières de ces États coloniaux ont été fixées sur la base de considérations politiques européennes et non en fonction des réalités africaines. De même, la présence en Afrique du Sud d'une population blanche nombreuse et dominante a conduit à de fortes crispations. Une autre conséquence — sans doute moins négative — du colonialisme européen sur le continent noir est le fait que l'anglais et le français sont encore aujourd'hui utilisés comme langues véhiculaires dans de grandes parties de l'Afrique.

Beaucoup d'Asiatiques et d'Africains considèrent le colonialisme européen comme un crime pour lequel des excuses, et des indemnisations, sont dues. D'autres ont souligné que le colonialisme avait eu également certains effets positifs, apporté des changements nécessaires et jeté les fondements d'une économie moderne. Chaque époque et chacun apprécie ces choses différemment. Dans le présent ouvrage ont été rapportés divers propos qui montrent combien les Européens étaient, à l'époque, persuadés de leur propre supériorité, du fait non seulement qu'ils avaient le droit de coloniser, mais qu'ils en avaient même le devoir parce que ainsi la civilisation serait apportée à des peuples qui vivaient dans les ténèbres. Le lecteur y trouvera aussi un nombre suffisant de données qui démontrent que la réalité était autre. Il suffit d'ouvrir un journal pour s'apercevoir qu'aujourd'hui l'on prête une attention plus grande à ce second point de vue qu'au premier.

APPENDICES

TABLEAU SYNCHRONIQUE, 1815-1919

	VARIA	ASIE	AFRIQUE
1815	Congrès de Vienne		
1822			Fondation du Liberia
1824-1826		1re guerre birmane	
1825-1830		Guerre de Java	
1828-1834		Bentinck gouverneur général des Indes britanniques	
1830	Révolution de Juillet	Instauration du système des cultures forcées aux Indes néerlandaises	Conquête de l'Algérie par la France
1830-1834		J. van den Bosch gouverneur général des Indes néerlandaises	
1832-1847			Abd el-Kader actif en Algérie
1834	Abolition de l'esclavage dans les colonies britanniques		
1835-1837			Grand Trek en Afrique du Sud
1837-1901	Reine Victoria		
1839-1842		1re guerre afghane	

1841-1842		Guerre de l'opium
1848	Année révolutionnaire en Europe	1848-1856 Dalhousie gouverneur général des Indes britanniques
1850-1864		Révolte Taiping
1852	Napoléon III empereur de France	1852-1854 2ᵉ guerre birmane
1854	Guerre de Crimée	Ouverture du Japon
1857		Révolte des cipayes Traités de T'ien-Tsin
1858		Government of India Act
1860		Fondation de Vladivostok
1861	1861-1865 Guerre de Sécession américaine	Traité de Huê
1867	Le Canada devient un dominion	
1868		Restauration Meiji
1869	Ouverture du canal de Suez	
1870-1871	Guerre franco-allemande / début de la IIIᵉ République / 1870-1890 Bismarck chancelier du Reich	1870 Loi agraire
1872			Les Pays-Bas transfèrent Elmina à la Grande-Bretagne
1873-1903		Guerre d'Atjeh
1874-1880	Ministère Disraeli	
1877		Victoria impératrice d'Inde
1878	Congrès de Berlin	1878-1880 2ᵉ guerre afghane
1880-1881	Iᵉʳ ministère Ferry	
1881			Conquête de la Tunisie par la France

1882	Triple Alliance (Allemagne-Autriche-Italie)		Conquête de l'Égypte par l'Angleterre
1883-1885	2ᵉ ministère Ferry	Protectorat français sur l'Annam et le Tonkin	Conférence de Berlin
1883-1907			Cromer en Égypte
1884			Protectorat allemand sur le Togo et le Cameroun
1885		3ᵉ guerre birmane / Réunion de l'Indian National Congress	
1887		Création de l'Union Indo-Chinoise	
1890	Démission de Bismarck		Traité Zanzibar-Helgoland
1891-1898			Guerre de Sept Ans contre Samory
1894	Alliance franco-russe		Expédition à Lombok
1894-1895		Guerre sino-japonaise	
1895			Création de l'A-OF
1895-1902	3ᵉ ministère Salisbury		
1896			Annexion de Madagascar par la France / bataille d'Adoua
1898	Guerre hispano-américaine		Traité de répartition franco-anglais sur l'Afrique de l'Ouest / Crise de Fachoda
1898-1905		Curzon gouverneur général des Indes britanniques	
1899-1902			Guerre des Boers
1901		Introduction de la «politique éthique»	

1902	Alliance anglo-japonaise		
1904	Entente cordiale	1904-1905 guerre russo-japonaise	1904-1906 guerre contre les Herero
1905			1re crise marocaine
1906			Création de l'A-EF
1907	Triple Entente		Création de l'Union sud-africaine
1911		Révolution chinoise	2e crise marocaine / Conquête de la Libye par l'Italie
1912			Protectorat français sur le Maroc
1912-1913	Guerres des Balkans		
1914-1918	Première Guerre mondiale		
1919	Traité de Versailles		

BIBLIOGRAPHIE

Généralités

ABERNETHY, David B., *The Dynamics of Global Dominance: European Overseas Empires, 1415-1980*, New Haven CT-Londres, Yale University Press, 2000.

ALBERTINI, Rudolf von, *Europäische Kolonialherrschaft, 1880-1940*, Zürich-Fribourg i. Br., Atlantis-Verlag, 1976.

ALDRICH, Robert, *Greater France: A History of French Overseas Expansion*, Londres, Macmillan, 1996.

ANDREW, Christopher M., *Théophile Delcassé and the Making of the Entente Cordiale: A Reappraisal of French Foreign Policy, 1898-1905*, Londres, Macmillan, 1968.

ANDREW, Christopher M. et KANYA-FORSTNER, Alexander Sydney, *France Overseas: The Great War and the Climax of French Imperial Expansion*, Londres, Thames & Hudson, 1981.

BARCLAY, Glen St. John, *The Rise and Fall of the New Roman Empire: Italy's Bid for World Power, 1890-1943*, Londres, Sidgwick & Jackson, 1973.

BAYLY, Christopher Alan, *Imperial Meridian: The British Empire and the World, 1780-1830*, Londres-New York, Longman, 1989.

BAYLY, Christopher Alan, *The Birth of the Modern World, 1780-1914: Global Connections and Comparisons*, Oxford, Blackwell, 2004.

BOUCHE, Denise, *Histoire de la colonisation française. Volume II: Flux et reflux, 1815-1962*, Paris, Fayard, 1991.

BOUVIER, Jean et GIRAULT, René, *L'Impérialisme français d'avant 1914*, Paris, Mouton, 1976.

Bouvier, Jean, Girault, René et Thobie, Jacques, *L'Impérialisme à la française : 1914-1960*, Paris, La Découverte, 1986.

Brunschwig, Henri, *Mythes et réalités de l'impérialisme colonial français, 1871-1914*, Paris, Armand Colin, 1960.

Cain, Peter J. et Hopkins, Anthony G., *British Imperialism. I : Innovation and Expansion, 1688-1914. II : Crisis and Deconstruction, 1914-1990*, Londres-New York, Longman, 1993.

Clarence-Smith, Gervase, *The Third Portuguese Empire, 1825-1975. A Study in Economic Imperialism*, Manchester, Manchester University Press, 1985.

Clough, Shepard B. et Rapp, Richard Tilden, *European Economic History : The Economic Development of Western Civilization*, 3ᵉ édition, New York, McGraw, 1968.

Collingham, Elizabeth M., *Imperial Bodies : The Physical Experience of the Raj, c. 1800-1947*, Cambridge, Polity Press, 2001.

Curtin, Philip D., *Death by Migration : Europe's Encounter with the Tropical World in the Nineteenth Century*, Cambridge, Cambridge University Press, 1989.

Davis, Lance E. et Huttenback, Robert A., *Mammon and the Pursuit of Empire : The Political Economy of British Imperialism, 1860-1912*, Cambridge, Cambridge University Press, 1986.

Förster, Stig, Mommsen, Wolfgang J. et Robinson, Ronald, *Bismarck, Europe and Africa. The Berlin African Conference, 1884-1885, and the Onset of Partition*, Oxford, Oxford University Press, 1988.

Frank, Andre Gunder, *ReOrient : Global Economy in the Asian Age*, Berkeley, University of California Press, 1998.

Gallagher, John et Robinson, Ronald, «The imperialism of free trade», in *Economic History Review*, Second series, Vol. VI, n° 1, 1953.

Ganiage, Jean, *L'Expansion coloniale de la France sous la Troisième République, 1871-1914*, Paris, Payot, 1968.

Gollwitzer, Heinz, *Europe in the Age of Imperialism, 1880-1914*, Londres, Thames & Hudson, 1969.

Goor, Jurrien van, *De Nederlandse koloniën. Geschiedenis van de Nederlandse expansie 1600-1975*, La Haye, Uitgeverij Koninginnegracht, 1994.

Guillen, Pierre, *Politique étrangère de la France : L'expansion, 1881-1898*, Paris, Imprimerie nationale, 1985.

HAMMOND, Richard J., *Portugal and Africa, 1815-1910. A Study in Uneconomic Imperialism*, Stanford, Stanford University Press, 1966.

HEADRICK, Daniel R., *The Tools of Empire. Technology and European Imperialism in the Nineteenth Century*, Oxford, Oxford University Press, 1981.

HENDERSON, William Otto, *The German Colonial Empire, 1884-1919*, Londres, Longman, 1993.

HYAM, Ronald, *Britain's Imperial Century, 1815-1914. A Study of Empire and Expansion*, Londres, Batsford, 1976.

JAMES, Lawrence, *The Rise and Fall of the British Empire*, Londres, Little Brown & Co., 1994.

KAA, Dirk J. van de (dir.), *European Populations: Unity in Diversity*, Dordrecht, Kluwer Academic Publishers, 1999.

KIERNAN, Victor G., *The Lords of Human Kind: European Attitudes Towards the Outside World in the Imperial Age*, Londres, Weidenfeld & Nicholson, 1969.

KIERNAN, Victor G., *European Empires from Conquest to Collapse, 1815-1960*, Londres, Fontana, 1982.

KUITENBROUWER, Maarten, *Nederland en de opkomst van het moderne imperialisme. Koloniën en buitenlandse politiek, 1870-1902*, Amsterdam, De Bataafsche Leeuw, 1985.

LANDES, David S., *The Wealth and Poverty of Nations: Why Some are so Rich and Some so Poor*, Londres, Abacus, 1998.

LANGER, William Leonard, *European Alliances and Alignments, 1871-1890*, New York, Knopf, 1950.

LANGER, William Leonard, *The Diplomacy of Imperialism, 1890-1902*, New York, Knopf, 1951.

LEDONNE, John P., *Russian Empire and the World, 1700-1917*, Oxford, Oxford University Press, 1998.

LIEVEN, Dominic, *Empire: The Russian Empire and its Rivals*, Londres, John Murray, 2000.

LLOYD, Trevor Owen, *The British Empire, 1558-1983*, Oxford, Oxford University Press, 1984.

LOUIS, William Roger (dir.), *The Oxford History of the British Empire* (5 tomes), Oxford-New York, Oxford University Press, 1998-1999.

MARSEILLE, Jacques, *Empire colonial et capitalisme français: Histoire d'un divorce*, Paris, Albin Michel, 1986, rééd. 2005.

MARTIN, Jean, *L'Empire renaissant: 1789-1871*, Paris, Denoël, 1987.

Martin, Jean, *L'Empire triomphant : 1871-1936. Volume II : Maghreb, Indochine, Madagascar, îles et comptoirs*, Paris, Denoël, 1990.

Meyer, Jean, Tarrade, Jean, Rey-Goldzeiguer, Annie et Thobie, Jacques, *Histoire de la France coloniale. Volume I : Des origines à 1914*, Paris, Armand Colin, 1991.

Michel, Marc, *L'Appel à l'Afrique : Contributions et réactions à l'effort de guerre en A-OF (1914-1919)*, Paris, Publications de la Sorbonne, 1982.

Miège, Jean-Louis, *L'Impérialisme colonial italien de 1870 à nos jours*, Paris, Sedes, 1968.

Miège, Jean-Louis, *Expansion européenne et décolonisation de 1870 à nos jours*, Paris, Presses universitaires de France, 1973.

Mommsen, Wolfgang J. et Moor, Jan A. de (dir.), *European Expansion and Law : The Encounter of European and Indigenous Law in 19th and 20th Century Africa and Asia*, Oxford, Berg Publishers, 1992.

Owen, Roger et Sutcliffe, Bob (dir.), *Studies in the theory of imperialism*, Harlow, Longman, 1972.

Paillard, Yvan-Georges, *Expansion occidentale et dépendance mondiale : fin du XVIIIe siècle-1914*, Paris, Armand Colin, 1994, rééd. 1999.

Pétré-Grenouilleau, Olivier, *Les Traites négrières : Essai d'histoire globale*, Paris, Gallimard, coll. Bibliothèque des histoires, 2004, rééd. coll. Folio Histoire n° 148, 2006.

Pluchon, Pierre, *Histoire de la colonisation française. Volume I : Le Premier Empire colonial, des origines à la Restauration*, Paris, Fayard, 1991.

Porter, Bernard, *The Lion's Share : A Short History of British Imperialism, 1850-1979*, Londres, Longman, 1984.

Quinn, Frederick, *The French Overseas Empire*, Westport CT-Londres, Praeger Publishers, 2000.

Reinhard, Wolfgang, *Geschichte der europäischen Expansion* (4 tomes), Stuttgart, W. Kohlhammer Verlag, 1983-1990.

Shafer, Boyd C. (dir.), *Europe and the World in the Age of Expansion* (10 tomes), Oxford, Oxford University Press, 1974-1985.

Smith, Woodruff D., *The German Colonial Empire*, Chapel Hill, University of North Carolina Press, 1978.

Taylor, Alan J. P., *Germany's First Bid for Colonies*, Londres, Macmillan, 1938.

TAYLOR, Alan J. P., *The Struggle for Mastery in Europe, 1848-1918*, Oxford, Oxford University Press, 1954.

THOBIE, Jacques, MEYNIER, Gilbert, COQUERY-VIDROVITCH, Catherine et AGERON, Charles-Robert, *Histoire de la France coloniale. Volume II : 1914-1990*, Paris, Armand Colin, 1991.

WARREN, Bill, *Imperialism : Pioneer of Capitalism*, New York-Londres, Verso Books, 1980.

WEHLER, Hans-Ulrich, *Bismarck und der Imperialismus*, Cologne, Kiepenheuer und Witsch, 1972.

WOLF, Eric R., *Europe and the People Without History*, Berkeley, University of California Press, 1990.

Afrique

AGERON, Charles-Robert, *Histoire de l'Algérie contemporaine. Volume II : De l'insurrection de 1871 au déclenchement de la guerre de libération, 1954*, Paris, Presses universitaires de France, 1979.

AJAYI, J. F. Ade et CROWDER, Michael (dir.), *History of West Africa* (2 tomes), Londres, Longman, 1971-1972.

ALAIN, Jean-Claude, *Agadir 1911 : Une crise impérialiste en Europe pour la conquête du Maroc*, Paris, Publications de la Sorbonne, 1976.

AXELSON, Eric, *Portugal and the scramble for Africa, 1875-1891*, Johannesburg, Witwatersrand University Press, 1967.

BIRMINGHAM, David, *The Portuguese Conquest of Angola*, Oxford, Oxford University Press, 1965.

COHEN, William B., *Rulers of empire : The French Colonial Service in Africa*, Stanford, Hoover Institution Press, 1971.

COLLINS, Robert O., *The Southern Sudan, 1883-1898. A Struggle for Control*, New Haven, Yale University Press, 1962.

COLLINS, Robert O., *Land Beyond the Rivers : The Southern Sudan, 1898-1918*, New Haven, Yale University Press, 1971.

COMTE, Gilbert, *L'Empire triomphant, 1871-1936. Volume I : Afrique Occidentale et Équatoriale*, Paris, Denoël, 1988.

COQUERY-VIDROVITCH, Catherine, *L'Afrique occidentale au temps des Français : colonisateurs et colonisés, c. 1860-1960*, Paris, La Découverte, 1992.

COQUERY-VIDROVITCH, Catherine, *Le Congo au temps des grandes compagnies concessionnaires, 1898-1930*, Paris, École des hautes études en sciences sociales, 1972, rééd. 2002.

COQUERY-VIDROVITCH, Catherine et MONIOT, Henri, *L'Afrique noire de 1800 à nos jours*, Paris, Presses universitaires de France, 1974, rééd. 2005.

CROWDER, Michael, *West Africa Under Colonial Rule*, Londres, Hutchinson, 1968.

CURTIN, Philip, *African History*, Boston, Little Brown & Co., 1979.

DAVENPORT, T. R. H., *South Africa : A Modern History*, Londres, Macmillan, 1978.

DESCHAMPS, Hubert, *Histoire de Madagascar*, Paris, Berger-Levrault, 1951.

FAGE, John D. et OLIVER, Roland (dir.), *The Cambridge History of Africa* (8 tomes), Cambridge, Cambridge University Press, 1975-1986.

FYFE, Christopher, *A history of Sierra Leone*, Oxford, Oxford University Press, 1962.

GANIAGE, Jean, *Les Origines du protectorat français en Tunisie, 1861-1881*, Paris, Presses universitaires de France, 1959.

GANN, Louis H. et DUIGNAN, Peter (dir.), *Colonialism in Africa, 1870-1960* (5 tomes), Cambridge, Cambridge University Press, 1969-1975.

GIFFORD, Prosser et LOUIS, William Roger (dir.), *Britain and Germany in Africa : Imperial Rivalry and Colonial Rule*, New Haven, Yale University Press, 1967.

GIFFORD, Prosser et LOUIS, William Roger (dir.), *France and Britain in Africa : Imperial Rivalry and Colonial Rule*, New Haven, Yale University Press, 1971.

GRANGE, Daniel J., *L'Italie et la Méditerranée, 1896-1911* (2 tomes), Rome, École française de Rome, 1994.

HARGREAVES, John D., *Prelude to the partition of West Africa*, Londres, Macmillan, 1963.

HARGREAVES, John D., *West Africa Partitioned. Vol. I : The Loaded Pause, 1885-1889*, Londres, Macmillan, 1974. *Vol. II : The Elephants and the Grass*, Londres, Macmillan, 1985.

HESS, Robert L., *Italian Colonialism in Somalia*, Chicago, University of Chicago Press, 1966.

HOLT, Peter Malcolm et DALY, Martin W., *The History of the Sudan from the Coming of Islam to the Present Day*, 3ᵉ édition, Boulder, Westview Press, 1979.

HOPKINS, Anthony G., *An Economic History of West Africa*, Londres, Longman, 1973.

ILIFFE, John, *Tanganyika under German Colonial Rule, 1905-1912*, Cambridge, Cambridge University Press, 1969.
ILIFFE, John, *A Modern History of Tanganyika*, Cambridge, Cambridge University Press, 1979.
ILIFFE, John, *Africans. The History of a Continent*, Cambridge, Cambridge University Press, 1995.
INGHAM, Kenneth, *A History of East Africa*, Londres, Longmans, 1962.
INGHAM, Kenneth, *The Making of Modern Uganda*, Londres, George Allen & Unwin, 1958.
JULIEN, Charles-André, *Histoire de l'Algérie contemporaine. Volume I : La conquête et les débuts de la colonisation, 1827-1871*, Paris, Presses universitaires de France, 1964.
JULIEN, Charles-André, *Le Maroc face aux impérialismes, 1415-1956*, Paris, Jaguar, 1978.
LEWIS, Ioan M., *A Modern History of Somalia : Nation and State in the Horn of Africa*, Londres, Longman, 1980.
LOUIS, William Roger, *Roeanda-Urundi, 1884-1919*, Oxford, Clarendon Press, 1963.
MARCUS, Harold G., *The Life and Times of Menelik II. Ethiopia, 1844-1913*, Oxford, Oxford University Press, 1975.
MICHEL, Marc, *La Mission Marchand, 1895-1899*, Paris, École des hautes études en sciences sociales, 1972.
MIÈGE, Jean-Louis, *Le Maroc et l'Europe, 1830-1894* (4 tomes), Paris, Presses universitaires de France, 1961-1963.
MÜLLER, Fritz Ferdinand, *Deutschland, Zanzibar, Ost-Afrika. Geschichte einer deutschen Kolonialeroberung, 1884-1890*, Berlin, Rutten & Loening, 1959.
MUNGEAM, Gordon H., *British Rule in Kenya, 1895-1912. The Establishment of Administration in the East Africa Protectorate*, Oxford, Clarendon Press, 1966.
OLIVER, Roland et MATHEW, Gervase (dir.), *History of East Africa* (3 tomes), Oxford, Clarendon Press, 1963-1976.
OLORUNTIMEHIN, B. Olatunji, *The Segu Tukulor Empire*, Londres, Longman, 1972.
PERSON, Yves, *Samori. Une révolution dyula* (3 tomes), Dakar, IFAN, 1968-1975.
ROBINSON, Ronald et GALLAGHER, John, *Africa and the Victorians. The Official Mind of Imperialism*, Londres, Macmillan, 1961.
SCHREUDER, Deryck M., *The Scramble for Southern Africa*,

1877-1895. The Politics of Partition Reappraised, Cambridge, Cambridge University Press, 1980.

SEGRÈ, Claudio G., *Fourth Shore. The Italian Colonization of Libya*, Chicago, University of Chicago Press, 1976.

SUNDKLER, Bengt et STEED, Christopher, *A History of the Church in Africa*, Cambridge, Cambridge University Press, 2000.

UNESCO (International Scientific Committee for the drafting of a General History of Africa), *General History of Africa* (8 tomes), Paris, Unesco, 1981-1993.

VANSINA, Jan, *The Tio Kingdom of the Middle Congo, 1880-1892*, Oxford, Oxford University Press, 1973.

WESSELING, Henri L., *Verdeel en heers. De deling van Afrika, 1880-1914*, Amsterdam, Bert Bakker, 1991.

Asie

ANDAYA, Barbara Watson et ANDAYA, Leonard Y., *A History of Malaysia*, Londres, Macmillan, 1982.

BAYLY, Christopher Alan, *Indian Society and the Making of the British Empire*, Cambridge, Cambridge University Press, 1988.

BAYLY, Christopher Alan, et KOLFF, Dirk H. A. (dir.), *Two Colonial Empires: Comparative Essays on the History of India and Indonesia in the Nineteenth Century*, Dordrecht, Martinus Nijhoff, 1986.

BEASLY, William G., *The Meiji Restoration*, Stanford, Stanford University Press, 1972.

BEASLY, William G., *Japanese Imperialism, 1894-1945*, Oxford, Clarendon Press, 1987.

BROCHEUX, Pierre et HÉMERY, Daniel, *Indochine, La colonisation ambiguë, 1858-1954*, Paris, La Découverte, 1995, rééd. 2001.

BRÖTEL, Dieter, *Französischer Imperialismus in Vietnam. Die koloniale Expansion und die Errichtung des Protektorats Annam-Tongking, 1880-1885*, Fribourg i. Br., Atlantis-Verlag, 1971.

BRÖTEL, Dieter, *Frankreich im Fernen Osten. Imperialistische Expansion und Aspiration in Siam und Malaya, Laos und China, 1880-1904*, Stuttgart, Franz Steiner Verlag, 1996.

BROWN, Judith M., *Modern India. The Origins of an Asian*

Democracy, Oxford-New York, Oxford University Press, 1985.

CADY, John Frank, *A History of Modern Burma*, Ithaca, Cornell University Press, 1958.

CHESNEAUX, Jean, *Le Vietnam: Études de politique et d'histoire*, Paris, Maspero, 1968.

DOEL, Hubrecht Wim van den, *Het rijk van Insulinde. Opkomst en ondergang van een koloniaal kolonie*, Amsterdam, Uitgeverij Prometheus, 1996.

DOORN, Jacobus Adrianus Antonius van, *De laatste eeuw van Indië. Ontwikkeling en ondergang van een koloniaal project*, Amsterdam, Bert Bakker, 1994.

FAIRBANK, John K., REISCHAUER, Edwin D. et CRAIG, Albert M., *East Asia: Tradition and Transformation*, Boston, Houghton Mifflin Company, 1976.

FOURNIAU, Charles, *Annam-Tonkin, 1885-1896. Lettrés et paysans vietnamiens face à la conquête coloniale*, Paris, L'Harmattan, 1989.

FURNIVALL, John Sydenham, *Colonial Policy and Practice: A Comparative Study of Burma and Netherlands India*, Cambridge, Cambridge University Press, 1948.

GILLARD, David, *The Struggle for Asia, 1828-1914: A Study in British and Russian Imperialism*, Londres, Methuen, 1977.

HALL, Daniel G. E., *A History of Southeast Asia*, Londres, Macmillan, 1981.

HOUBEN, Vincent, *Van kolonie tot eenheidsstaat. Indonesië in de negentiende en twintigste eeuw*, Leyde, Rijksuniversiteit te Leiden, 1996.

JANSEN, Marius B., *Japan and China. From war to peace, 1894-1972*, Chicago, Rand McNally, 1975.

JONG, Joop J. P. de, *De waaier van het fortuin. De Nederlanders in Azië en de Indonesische Archipel, 1595-1950*, La Haye, SDU Uitgevers, 1998.

KUMAR, Dharma et RAYCHAUDHURI, Tapan (dir.), *The Cambridge Economic History of India* (2 tomes), Cambridge, Cambridge University Press, 1982-1983.

LOCHER-SCHOLTEN, Elsbeth, *Sumatraans sultanaat en koloniale staat*, Leyde, KITLV Uitgeverij, 1994.

METCALF, Thomas R., *The Aftermath of Revolt. India, 1857-1870*, Princeton, Princeton University Press, 1964.

OSTERHAMMEL, Jürgen, *China und die Weltgesellschaft. Vom 18.*

Jahrhundert bis in unsere Zeit, Munich, C. H. Beck Verlag, 1989.
REISCHAUER, Edwin D., *Japan : The story of a nation*, New York, Knopf, 1974.
RICKLEFS, Merle Calvin, *A History of Modern Indonesia since c. 1300*, Londres, Macmillan, 1993.
SARKAN, Sumit, *Modern India, 1885-1947*, Delhi, Macmillan, 1983.
SEAL, Anil, *The Emergence of Indian Nationalism. Competition and Collaboration in the Later Nineteenth Century*, Cambridge, Cambridge University Press, 1968.
SHAW, Stanford J. et SHAW, Ezel Kural (dir.), *History of the Ottoman Empire and Modern Turkey* (2 tomes), Cambridge, Cambridge University Press, 1976-1977.
SPEAR, Percival, *A History of India. Volume Two*, Londres, Penguin Books, 1965.
SPENCE, Jonathan D., *The Search for Modern China*, New York, W. W. Norton, 1990.
TARLING, Nicholas (dir.), *The Cambridge History of South-East Asia. Vol. II. The Nineteenth and Twentieth Centuries*, Cambridge, Cambridge University Press, 1992.
TATE, D. J. M., *The Making of Modern South-East Asia* (2 tomes), Kuala Lumpur, Oxford University Press, 1971-1979.
TOMLINSON, Brian R., *The Economy of Modern India, 1860-1870*, Cambridge, Cambridge University Press, 1993.
TURNBULL, Constance M., *A History of Singapore, 1819-1975*, Londres, Oxford University Press, 1977.
TWITCHETT, Denis et FAIRBANK, John K. (dir.), *The Cambridge History of China* (15 tomes), Cambridge, Cambridge University Press, 1978-1991.
WILLIAMS, Lea E., *Southeast Asia. A History*, New York, Oxford University Press, 1976.

Autres pays

BERNECKER, Walther L. (dir.), *Handbuch der Geschichte Latein Amerikas* (3 tomes), Stuttgart, Klett-Cotta, 1992-1996.
BETHELL, Leslie (dir.), *The Cambridge History of Latin America* (6 tomes), Cambridge, Cambridge University Press, 1984-1994.

CRAIG, Robert D. et KING, Frank P. (dir.), *Historical Dictionary of Oceania*, Westport CT-Londres, Greenwood Press, 1981.

CROWLEY, Frank K. (dir.), *A New History of Australia*, Melbourne, William Heinemann, 1974.

MOLINA, Antonio, *Historia de Filipinas* (2 tomes), Madrid, Cultura Hispanica, 1984.

RICE, Geoffrey W. (dir.), *The Oxford History of New Zealand*, 2ᵉ édition, Auckland, Oxford University Press, 1992.

SCARR, Deryck, *The History of the Pacific Islands: Kingdoms of the Reefs*, Melbourne, Macmillan, 1990.

UNESCO (International Scientific Committee for the Drafting of a General History of the Caribbean), *General History of the Caribbean* (6 tomes), Oxford, Unesco, 1997.

NOTES

PRÉFACE À L'ÉDITION FRANÇAISE

1. Pieter Geyl, *Napoleon: For and Against*, New Haven CT-Londres, Yale University Press, 1949.
2. Gabriel Hanotaux, *Pour l'empire colonial français*, Paris, Société de l'Histoire Nationale, 1933, p. 41.
3. Cité *in* J. Gérard-Libois et Benoît Verhaegen, *Congo 1960*, Bruxelles, Centre de recherche et d'information socio-politiques (CRISP), 1961, tome 1, p. 318.
4. *Ibid.*, p. 323.
5. Patrice Lumumba, *Le Congo terre d'avenir est-il menacé?*, Bruxelles, Office de Publicité, 1961, p. 20-21.

INTRODUCTION

1. Kavalam Madhava Panikkar, *Asia and Western Dominance. A survey of the Vasco da Gama Epoch of Asian History, 1498-1945*, Londres, Allen & Unwin, 1953.
2. Fernand Braudel, «The expansion of Europe and the "longue durée"», *in* Henri L. Wesseling (dir.), *Expansion and reaction. Essays on European expansion and reactions in Asia and Africa*, Leyde, Leyden University Press, 1978, p. 18.

I
Évolutions à long terme, 1815-1919

1. Cité *in* Dieter Braunstein, *Französische Kolonialpolitik, 1830-1852. Expansion-Verwaltung-Wirtschaft-Mission*, Wiesbaden, Steiner, 1983, p. 195.
2. Abraham Kuyper, *Om de oude wereldzee* (2 tomes), Amsterdam, Van Holkema & Warendorf, 1907, tome 1, p. 26.
3. Victor G. Kiernan, *The Lords of Human Kind: European Attitudes Towards the Outside World in the Imperial Age*, Londres, Weidenfeld & Nicholson, 1969, p. 139.
4. P. J. Marshall, « British immigration into India in the nineteenth century », *in* Pieter C. Emmer et Magnus Mörner (dir.), *European Expansion and Migration. Essays on the Intercontinental Migration from Africa, Asia and Europe*, New York-Oxford, Berg Publishers, 1992, p. 191.
5. Ann Stoler, « Making Empire respectable: The politics of race and social morality in 20th century colonial cultures », *in* Jan Breman (dir.), *Imperial Monkey Business. Racial Supremacy in Social Imperial Darwinist Theory and Colonial Practice*, Amsterdam, VU University Press, 1990, p. 40.
6. Cité *in* Frederick Quinn, *The French Overseas Empire*, Westport CT-Londres, Praeger Publishers, 2000, p. 117.
7. Ronald Hyam, *Empire and Sexuality. The British Experience*, Manchester, University of Manchester Press, 1990, p. 118.
8. Cité respectivement *in* Jacques Marseille, *L'Âge d'or de la France coloniale*, Paris, Albin Michel, 1986, p. 103, et *in* Charles Meyer, *La Vie quotidienne des Français en Indochine*, Paris, Hachette, 1985, p. 220.
9. Voir Elizabeth M. Collingham, *Imperial Bodies: The Physical Experience of the Raj, c. 1800-1947*, Cambridge, Polity Press, 2001, p. 178 *sqq*.
10. Cité *in* Kees Groeneboer (dir.), *Koloniale taalpolitiek in Oost en West: Nederlands-Indië, Suriname, Nederlandse Antillen en Aruba*, Amsterdam, Amsterdam University Press, 1997, p. 43.
11. Voir Paul Bairoch, *Victoires et Déboires. Histoire économique et sociale du monde du XVIe siècle à nos jours* (3 tomes), Paris, Gallimard, 1997, tome 2 (« Folio histoire » n° 79), p. 638.
12. Cité *in* Henri L. Wesseling, *Imperialism and Colonialism*.

Essays on the History of European Expansion, Westport CT-Londres, Greenwood Press, 1997, p. 8.

13. Voir Philip D. Curtin, *Death by Migration: Europe's Encounter with the Tropical World in the Nineteenth Century*, Cambridge, Cambridge University Press, 1989, p. 160.

14. Voir Edward Said, *Culture and Imperialism*, Londres, Knopf, 1993, p. 86; et William Roger Louis (dir.), *The Oxford History of the British Empire* (5 tomes), Oxford-New York, Oxford University Press, 1998-1999, tome 3, p. 442.

15. Cité *in* Henri L. Wesseling, *Certain Ideas of France. Essays on French History and Civilization*, Westport CT-Londres, Greenwood Press, 2002, p. 138.

16. Cité *in* Marc Michel, *Gallieni*, Paris, Fayard, 1989, p. 161.

17. Cité *in* Henri L. Wesseling, *Imperialism and Colonialism. Essays on the History of European Expansion*, Westport CT-Londres, Greenwood Press, 1997, p. 24.

18. Cité *in* Henry S. Wilson, *The Imperial Experience in Sub Saharan Africa since 1870*, Oxford-Minneapolis, University of Minnesota Press, 1977, p. 84.

19. Cité *in* Jacques Thobie, Gilbert Meynier, Catherine Coquery-Vidrovitch et Charles-Robert Ageron, *Histoire de la France coloniale. Volume II: 1914-1990*, Paris, Armand Colin, 1991, p. 14.

20. Cité *in* Frederick Quinn, *The French Overseas Empire*, Westport CT-Londres, Praeger Publishers, 2000, p. 177.

21. Cité *in* Catherine Coquery-Vidrovitch, *L'Afrique occidentale au temps des Français: colonisateurs et colonisés, c. 1860-1960*, Paris, La Découverte, 1992, p. 89.

22. Cité *in* Hubert Deschamps et Paul Chauvet (dir.), *Gallieni pacificateur. Écrits coloniaux de Gallieni*, Paris, Presses universitaires de France, 1949, p. 218.

23. Cité *in* Vincent Houben, *Van kolonie tot eenheidsstaat. Indonesië in de negentiende en twintigste eeuw*, Leyde, Rijksuniversiteit te Leiden, 1996, p. 26. Voir à ce sujet Cornelius Fasseur, *De indologen. Ambtenaren voor de Oost, 1825-1950*, Amsterdam, Bert Bakker, 1993.

24. Cité *in* Anthony G. Hopkins, *The Future of the Imperial Past*, Cambridge, Cambridge University Press, 1997, p. 16.

25. Evelyn Baring, earl of Cromer, *Modern Egypt* (2 tomes), Londres, Macmillan, 1908, tome 2, p. 548.

26. Frederick D. Lugard, *The Dual Mandate in British Tropical Africa* (3ᵉ édition), Édimbourg, William Blackwood & Sons, 1926, p. 132.

27. Cité *in* Henri L. Wesseling, *Imperialism and Colonialism. Essays on the History of European Expansion*, Westport CT-Londres, Greenwood Press, 1997, p. 57.

28. Voir Henri Brunschwig, *Noirs et Blancs dans l'Afrique noire française*, Paris, Flammarion, 1983, p. 105-124.

29. Voir Denise Bouche, *Histoire de la colonisation française. Volume II : Flux et reflux, 1815-1962*, Paris, Fayard, 1991, p. 135.

30. Voir Catherine Coquery-Vidrovitch, *L'Afrique occidentale au temps des Français : colonisateurs et colonisés, c. 1860-1960*, Paris, La Découverte, 1992, p. 107.

31. Cité *in* Shlomo Avineri (dir.), *Karl Marx on Colonialism and Modernization*, New York, Doubleday, 1969, p. 11-12.

32. Dora Torr, *Marx on China, 1853-1860*, Londres, Lawrence and Wishart, 1951, p. 55.

33. Cité *in* John D. Fage et Roland Oliver (dir.), *The Cambridge History of Africa* (8 tomes), Cambridge, Cambridge University Press, 1975-1986, tome 5, p. 473.

34. Voir Leon Poliakov, « Racism from the Enlightenment to the age of imperialism », *in* Robert Ross (dir.), *Racism and Colonialism. Essays on Racism and Social Structure*, La Haye, Nijhoff Publishers for the Leiden UP, 1982, p. 57.

35. Cité *in* Charles Richards et James Place (dir.), *East African Explorers*, Oxford, Oxford University Press, 1960, p. 159.

36. Cité *in* Christine Bolt, *Victorian Attitudes Towards Race*, Londres, Routledge, 1960, p. 159.

37. Cité *in* Henri Brunschwig, *Mythes et réalités de l'impérialisme colonial français, 1871-1914*, Paris, Armand Colin, 1960, p. 24.

38. Cité *in* Henri L. Wesseling, *Divide and Rule. The Partition of Africa, 1800-1914*, Amsterdam, Bert Bakker, p. 83 ; trad. française : *Le Partage de l'Afrique*, Paris, Gallimard, « Folio Histoire » nᵒ 107, 2002.

39. Cité *in* Henri L. Wesseling, *Imperialism and Colonialism. Essays on the History of European Expansion*, Westport CT-Londres, Greenwood Press, 1997, p. 36.

40. Cité *in* Percival Spear, *A History of India. Volume II*, Harmondsworth, Penguin Books, 1965, p. 126.

41. Cité *in* Raymond F. Betts, *The False Dawn. European*

Imperialism in the Nineteenth Century, Oxford-Minneapolis, University of Minnesota Press, 1976, p. 168.

42. Cité *in* Percival Spear, *A History of India. Volume Two*, Londres, Penguin Books, 1965, p. 127.

43. Cité *in* Denise Bouche, *Histoire de la colonisation française. Volume II: Flux et reflux, 1815-1962*, Paris, Fayard, 1991, p. 257.

44. Cité *in* H. W. van den Doel, *De Stille macht. Het Europese binnenlands bestuur op Java en Madoera, 1808-1942*, Amsterdam, Bert Bakker, 1994, p. 66.

45. Voir Prosser Gifford et William Roger Louis (dir.), *France and Britain in Africa: Imperial Rivalry and Colonial Rule*, New Haven, Yale University Press, 1971, p. 687.

46. Cité *in* Denise Bouche, *Histoire de la colonisation française. Volume II: Flux et reflux, 1815-1962*, Paris, Fayard, 1991, p. 230.

47. Cité *in* Jan Bank et Maarten van Buuren, *1900. Hoogtij van burgerlijke cultuur*, La Haye, SDU, 2000, p. 99.

48. *Max Havelaar ou Les ventes de café de la compagnie commerciale des Pays-Bas*, Actes Sud, « Babel », traduction de Philippe Noble, 1991.

49. Cité *in* Jean Meyer, Jean Tarrade, Annie Rey-Goldzeiguer et Jacques Thobie, *Histoire de la France coloniale. Volume I: Des origines à 1914*, Paris, Armand Colin, 1991, p. 392.

50. Cité *in* John D. Fage et Roland Oliver (dir.), *The Cambridge History of Africa* (8 tomes), Cambridge, Cambridge University Press, 1975-1986, tome 5, p. 472.

51. Voir Henri Brunschwig, « Vigné d'Octon et l'anticolonialisme sous la IIIe République (1871-1914) », *in L'Afrique noire au temps de l'Empire français*, Paris, Denoël, 1988, p. 25-26.

II
La première moitié du XIXe siècle, 1815-1870

1. Cité *in* Charles-Robert Ageron, *L'anticolonialisme en France de 1871 à 1914*, Paris, Presses universitaires de France, 1973, p. 6.

2. Cité *in* Hannah Arendt, *The Origins of Totalitarianism* (édition revue), New York, Harcourt, 1973, p. 125.

3. Voir Walther L. Bernecker (dir.), *Handbuch der Geschichte Latein Amerikas* (3 tomes), Stuttgart, Klett-Cotta, 1992-1996, p. 745-763.

4. Voir John Iliffe, *Africans. The History of a Continent*, Cambridge, Cambridge University Press, 1995, p. 161-185.

5. Cité *in* Dieter Braunstein, *Französische Kolonialpolitik, 1830-1852. Expansion-Verwaltung-Wirtschaft-Mission*, Wiesbaden, Steiner, 1983, p. 188.

6. *Ibid.*, p. 191.

7. Cité *in* Herbert Ingram Priestly, *France Overseas. A Study of Modern Imperialism*, New York, D. Appleton-Century Co., 1938, p. 85.

8. Voir Pieter C. Emmer, *De Nederlandse slavenhandel, 1500-1850*, Amsterdam, De Arbeiderspers, 2000, p. 91-95.

9. Voir Michael Crowder, *West Africa Under Colonial Rule*, Londres, Hutchinson, 1968, p. 47.

10. Adam Smith, *The Wealth of Nations* (2 tomes), Londres, J.-M. Dent & Sons, 1910, tome 2, p. 131 ; trad. française : *Recherches sur la nature et les causes de la richesse des nations*, Gallimard, « Folio essais » n° 73, 1991.

11. Cité *in* Lawrence James, *The Rise and Fall of the British Empire*, Londres, Little Brown & Co., 1994, p. 251.

12. Cité *in* Andre Gunder Frank, *ReOrient : Global Economy in the Asian Age*, Berkeley, University of California Press, 1998, p. 97-98.

13. Adam Smith, *op. cit.*, p. 131.

14. Voir J. J. Westendorp Boerma, *Een geestdriftig Nederlander. Johannes van den Bosch*, Amsterdam, Querido, 1950, p. 6.

15. *Ibid.*, p. 21.

16. Cité *in* Brian R. Tomlinson, *The Economy of Modern India, 1860-1870*, Cambridge, Cambridge University Press, 1993, p. 13.

17. Cité *in* Ralph M. Wiltgen, *The Founding of the Roman Catholic Church in Oceania, 1825 to 1850*, Canberra, Australian National University Press, 1979, p. 438-439.

III
L'impérialisme moderne, 1870-1914 :
aspects généraux

1. Cité *in* Jacques Thobie, Gilbert Meynier, Catherine Coquery-Vidrovitch et Charles-Robert Ageron, *Histoire de la France coloniale. Volume II : 1914-1990*, Paris, Armand Colin, 1991, p. 25.

2. Ernest Renan, *Œuvres complètes* (10 tomes), Paris, Calmann-Lévy, 1947-1961, tome 1, p. 390.

3. Cité *in* Vincent Houben, *Van kolonie tot eenheidsstaat. Indonesië in de negentiende en twintigste eeuw*, Leyde, Rijksuniversiteit te Leiden, 1996, p. 32.

4. Cité *in* Christine Bolt, *Victorian Attitudes Towards Race*, Londres, Routledge, 1960, p. 23.

5. Cité *in* Richard Faber, *The Vision and the Need. Late Victorian Imperialist Aims*, Londres, Faber & Faber, 1966, p. 59.

6. Cité *in* John D. Fage et Roland Oliver (dir.), *The Cambridge History of Africa* (8 tomes), Cambridge, Cambridge University Press, 1975-1986, tome 5, p. 478.

7. Cité *in* Edward Said, *Culture and Imperialism*, Londres, Knopf, 1993, p. 17.

8. Cité *in* Pierre Brocheux et Daniel Hémery, *Indochine. La colonisation ambiguë, 1858-1954*, Paris, La Découverte, 1995, p. 286.

9. Cité *in* Michael Adas, *Machines as the Measure of Men. Science, Technology and Ideologies of Western Dominance*, Ithaca NY, Cornell University Press, 1989, p. 363.

10. Cité *in* Michael Balfour, *The Kaiser and his Times*, Londres, The Cresset Press, 1964, p. 226-227.

11. John Atkinson Hobson, *Imperialism. A study*, Londres, Allen & Unwin, 1902, p. 15, 25, et 65.

12. *Ibid.*, p. 85.

13. Voir à ce sujet Peter J. Cain et Anthony G. Hopkins, *British Imperialism. I : Innovation and Expansion, 1688-1914. II : Crisis and Deconstruction, 1914-1990*, Londres-New York, Longman, 1993.

14. Cité *in* Herward Sieberg, *Eugène Étienne und die französische Kolonialpolitik, 1887-1904*, Cologne, Westdeutscher Verlag, 1968, p. 20.

15. Cité *in* Charles-Robert Ageron, *France coloniale ou parti colonial?*, Paris, Presses universitaires de France, 1978, p. 136.
16. Cité *in* Mary Evelyn Townsend, *The Rise and Fall of Germany's Colonial Empire*, New York, Macmillan, 1930, p. 60.
17. Cité *in* Louis H. Gann et Peter Duignan (dir.), *Colonialism in Africa, 1870-1960* (5 tomes), Cambridge, Cambridge University Press, 1969-1975, tome 1, p. 354.
18. Gervase Clarence-Smith, *The Third Portuguese Empire, 1825-1975. A Study in Economic Imperialism*, Manchester, Manchester University Press, 1985.
19. Voir Raymond Carr, *Spain, 1808-1939*, Oxford, Oxford University Press, 1966, p. 379.
20. Cité *in* Maarten Kuitenbrouwer, *Nederland en de opkomst van het moderne imperialisme. Koloniën en buitenlandse politiek, 1870-1902*, Amsterdam, De Bataafsche Leeuw, 1985, p. 195.
21. Hugh Seton-Watson, *The New Imperialism*, Londres, Bodley Head, 1961.
22. Voir Rupert Emerson, «Colonialism», in *International Encyclopedia of the Social Sciences* (17 tomes), tome 3, New York, The Free Press, 1968, p. 1.

IV
L'impérialisme européen en Afrique

1. Cité *in* Henri Brunschwig, *Mythes et réalités de l'impérialisme colonial français, 1871-1914*, Paris, Armand Colin, 1960, p. 55.
2. Cité *in* Jean Ganiage, *L'Expansion coloniale de la France sous la Troisième République, 1871-1914*, Paris, Payot, 1968, p. 296.
3. Voir Jean Meyer, Jean Tarrade, Annie Rey-Goldzeiguer et Jacques Thobie, *Histoire de la France coloniale. Volume I: Des origines à 1914*, Paris, Armand Colin, 1991, p. 706.
4. Voir Woodruff D. Smith, *The German Colonial Empire*, Chapel Hill, University of North Carolina Press, 1978, p. 84.
5. Voir Denis Mark Smith, *Italy. A Modern History* (édition revue), Ann Arbor, University of Michigan Press, 1969, p. 180.
6. Voir Pierre Renouvin, *Histoire des relations internatio-*

nales: *le XIXᵉ siècle* (2 tomes), Paris, Hachette, 1954-1955, tome 2, p. 217.

7. Voir Woodruff D. Smith, *The German Colonial Empire*, Chapel Hill, University of North Carolina Press, 1978, p. 51.

8. Cité *in* Louis H. Gann et Peter Duignan (dir.), *Colonialism in Africa, 1870-1960* (5 tomes), Cambridge, Cambridge University Press, 1969-1975, tome 1, p. 388.

9. Voir Gervase Clarence-Smith, *The Third Portuguese Empire, 1825-1975. A Study in Economic Imperialism*, Manchester, Manchester University Press, 1985, p. 91.

V
*L'impérialisme moderne en Asie
et dans le Pacifique*

1. Cité *in* Ronald Hyam, *Britain's Imperial Century, 1815-1914. A Study of Empire and Expansion*, Londres, Batsford, 1976, p. 137.

2. Cité *in* Bernard Porter, *The Lion's Share: A Short History of British Imperialism, 1850-1979*, Londres, Longman, 1984, p. 30.

3. Cité *in* Ronald Hyam, *op. cit.*, p. 139.

4. *Ibid.*, p. 141.

5. *Id.*

6. Voir Rudolf von Albertini, *Europäische Kolonialherrschaft, 1880-1940*, Zürich-Fribourg i. Br., Atlantis-Verlag, 1976, p. 28.

7. Cité *in* Jean-Michel Gaillard, *Jules Ferry*, Paris, Fayard, 1989, p. 579.

8. Cité *in* Jean Ganiage, *L'Expansion coloniale de la France sous la Troisième République, 1871-1914*, Paris, Payot, 1968, p. 137.

9. Cité *in* Jean-Michel Gaillard, *op. cit.*, p. 596.

10. Cité *in* Jean Ganiage, *op. cit.*, p. 201.

11. Cité *in* Chandran Jeshurun, *The Contest for Siam, 1889-1902. A Study in Diplomatic Rivalry*, Kuala Lumpur, Penerbit University Kebangsaan Malaysia, 1977, p. 230.

12. Voir Jean Martin, *L'Empire triomphant: 1871-1936. Volume II: Maghreb, Indochine, Madagascar, îles et comptoirs*, Paris, Denoël, 1990, p. 215.

13. Voir Jean Ganiage, *op. cit.*, p. 372.
14. *Ibid.*, p. 367.
15. Voir Pierre Brocheux et Daniel Hémery, *Indochine. La colonisation ambiguë, 1858-1954*, Paris, La Découverte, 1995, p. 84.
16. Voir Jean Ganiage, *op. cit.*, p. 382.
17. Voir Jean Meyer, Jean Tarrade, Annie Rey-Goldzeiguer et Jacques Thobie, *Histoire de la France coloniale. Volume I : Des origines à 1914*, Paris, Armand Colin, 1991, p. 698.
18. Voir à ce sujet Joseph Norbert Frans Marie à Campo, *Koninklijke Paketvaart Maatschappij. Stoomvaart en staatshervorming in de Indonesische archipel, 1888-1914*, Hilversum, Verloren, 1992.
19. Cité *in* Lisbeth Dolk, *Atjeh. De verbeelding van een koloniale oorlog*, Amsterdam, Uitgeverij Prometheus, 2001, p. 51.
20. Voir Vincent Houben, *Van kolonie tot eenheidsstaat. Indonesië in de negentiende en twintigste eeuw*, Leyde, Rijksuniversiteit te Leiden, 1996, p. 47.
21. Voir J. C. Witte, *J. B. van Heutsz. Leven en legende*, Bussum, Fibula-Van Dishoeck, 1976, p. 65.
22. Cité *in* Jurrien van Goor (dir.), *Imperialisme in de marge. De afronding van Nederlands-Indië*, Utrecht, HES Uitgevers, 1986, p. 50.
23. Voir Maarten Kuitenbrouwer, « Een eeuwig durende ereschuld ? », in *Internationale Spectator 54*, 2000, p. 377-382.
24. Cité *in* Vincent Houben, *op. cit.*, p. 60 et 82.

VI

La Première Guerre mondiale et les colonies

1. Cité *in* Lawrence James, *The Rise and Fall of the British Empire*, Londres, Little Brown & Co., 1994, p. 353.
2. Cité *in* Charles John Balesi, *From Adversaries to Comrades in Arms. West Africans and the French Military, 1885-1918*, Waltham, Crossroads Press, 1979, p. 63.
3. Cité *in* Marc Michel, *L'Appel à l'Afrique : Contributions et réactions à l'effort de guerre en A-OF (1914-1919)*, Paris, Publications de la Sorbonne, 1982, p. 201.
4. Cité *in* Silvia de Groot, *Joost van Vollenhoven. Portret van*

een Frans koloniaal ambtenaar, Amsterdam, Historisch Seminarium van de Universiteit van Amsterdam, 1991, p. 47.

5. Voir Marc Michel, *op. cit.*, p. 404.

6. Voir Jacques Thobie *et al.*, *op. cit.*, p. 75.

7. Cité *in* Raymond F. Betts, *Uncertain dimensions. Western overseas empires in the twentieth century*, Oxford-Minneapolis, Oxford University Press, 1985, p. 36.

8. Voir Byron Farwell, *The Great War in Africa, 1914-1918*, New York-Londres, W. W. Norton, 1986, p. 361.

Conclusion

1. Jean Stengers, *Combien le Congo a-t-il coûté à la Belgique?*, Bruxelles, ARSC, 1956, p. 323.

2. Voir à ce sujet Henri Baudet et Meindert Fennema, *Het Nederlands belang bij Indië*, Utrecht, Spectrum, 1983, p. 10 *sqq.*

3. Voir Lance E. Davis et Robert A. Huttenback, *Mammon and the Pursuit of Empire: The Political Economy of British Imperialism, 1860-1912*, Cambridge, Cambridge University Press, 1986; et la réaction d'Andrew Porter, «The balance sheet of Empire, 1850-1914», in *The Historical Journal 31*, 1988, p. 685-699.

4. Jacques Marseille, *Empire colonial et capitalisme français: Histoire d'un divorce*, Paris, Albin Michel, 1986, p. 39 et 52.

INDEX DES NOMS

ADAS, Michael : 528 n. 9.
AGERON, Charles-Robert : 524 n. 19, 526 n. 1, 528 n. 1, 529 n. 15, 532 n. 6.
AGUINALDO, Emilio : 456-457.
AHMADOU : 304-305.
AKBAR (Jalal al-Din Muhammad) : 207.
ALBERTINI, Rudolf von : 530 n. 6.
ALEXANDRE le Grand : 26, 207.
ALLENBY, Edmund Henry Hynman, Lord : 479.
AMES, Mary Frances : 141.
AMHERST, William Pitt Amherst, 1ᵉʳ comte : 120.
ANDERSON, Sir Percy : 325.
ANDRIANAMPOINIMERINA : 342.
ARABI PACHA (Ahmed Urabi) : 287-289.
ARENDT, Hannah : 526 n. 2.
ARKWRIGHT, Sir Richard : 40.
AUGUSTIN (saint) : 128.
AURANGZEB : 207.
AVINERI, Shlomo : 525 n. 31.

BACON, Francis : 109.
BADEN-POWELL OF GILLWELL, Robert Stephenson Smyth Baden-Powell, 1ᵉʳ baron : 135.
BAIROCH, Paul : 523 n. 11.
BAKER, Sir Samuel White : 112-113, 525 n. 35.
BALESI, Charles John : 531 n. 2.
BALFOUR, Arthur James, 1ᵉʳ comte de : 486.

BALFOUR, Michael : 528 n. 10.
BALZAC, Honoré de : 245.
BANK, Jan : 526 n. 47.
BANNERJEE, Surendranath : 394.
BARGHASH BIN SAÏD : 332.
BAROT, Louis : 60, 523 n. 6.
BARRÈS, Maurice : 260, 529 n. 15.
BARTH, Heinrich : 182.
BAUD, Jean Chrétien : 122, 243, 526 n. 44, 528 n. 3.
BAUDET, Henri : 532 n. 2.
BAUDOUIN Ier : 10-11, 522 n. 3.
BAUER, Marius : 133.
BENTHAM, Jeremy : 144.
BENTINCK, William Cavendish, Lord : 120, 213-215, 526 n. 42.
BERNARD, Claude : 420.
BERNECKER, Walther L. : 527 n. 3.
BERT, Paul : 420, 422.
BETHMANN-HOLLWEG, Theobald von : 485.
BETTS, Raymond Frederick : 525 n. 41, 532 n. 7.
BEYERS, Christiaan Frederik : 475.
BIDEAU (gouverneur général de l'Indochine par intérim, avril-juin 1891) : 427, 531 n. 15.
BISMARCK, Herbert von : 366.
BISMARCK, Otto, prince von : 71, 236-237, 252, 260-263, 285, 323-325, 333-334, 366, 529 n. 16.
BOLT, Christine : 525 n. 36, 528 n. 4.
BONAPARTE, Joseph : 41.
BONAPARTE, Napoléon : voir NAPOLÉON Ier.
BONDT, Jacob Bontius, dit Jacques de : 109.
BORGNIS-DESBORDES, Gustave : 304-305.
BOSCH, Johannes van den : 157, 200-202, 527 n. 14 et 15.
BOTHA, Louis : 363-364, 475.
BOUCHE, Denise : 525 n. 29, 526 n. 43, n. 46.
BOUGAINVILLE, Louis Antoine, comte de : 231.
BOURBON, les : 41, 169.
BRAND, Johannes van den : 450.
BRAQUE, Georges : 134.
BRAUDEL, Fernand : 31-32, 522 n. 2.
BRAUNSTEIN, Dieter : 523 n. 1, 527 n. 5 et 6.
BRAZZA, Pierre Savorgnan de : 116-118, 322-323, 331.
BREMAN, Jan : 523 n. 5.

Index des noms 535

BRIÈRE DE L'ISLE, Louis Alexandre : 304, 411.
BRIGHT, John : 101, 145, 154, 253, 524 n. 24.
BROCHEUX, Pierre : 528 n. 8, 531 n. 15.
BROOKE, Sir James : 434-435.
BROOSHOOFT, Pieter : 454.
BRUNSCHWIG, Henri : 106, 254-255, 525 n. 28, n. 37, 526 n. 51, 529 n. 1.
BUFFON, Georges-Louis Leclerc, comte de : 112.
BUGEAUD, Thomas Robert : 57-58, 171-173, 523 n. 1, 527 n. 5 et 6.
BURTON, Sir Richard Francis : 116.
BUSKEN HUET, Conrad : 136, 526 n. 47.
BUUREN, Maarten van : 526 n. 47.

CAIN, Peter J. : 253, 528 n. 13.
CALLWELL, Charles E. : 77-78, 81, 523 n. 12.
CAMÕES, Luis de : 222.
CAMPO, Joseph Norbert Frans Marie à : 531 n. 18.
CANNING, Charles John, 1er comte : 382, 530 n. 4.
CAPELLEN, Godert Alexander Gerard Philip, baron van der : 198.
CARLYLE, Thomas : 134, 154.
CARR, Raymond : 529 n. 19.
CARTWRIGHT, Edmund : 40.
CASEMENT, Roger : 327.
CHAILLEY-BERT, Joseph Chailley, dit Joseph : 62, 104, 420, 525 n. 27.
CHAMBERLAIN, Joseph : 102-103, 241, 252, 339, 471.
CHARLES QUINT : 30-31.
CHARLES X : 169-170.
CHATEAUBRIAND, François René, vicomte de : 128.
CHAUVET, Paul : 524 n. 22.
CHEVALIER, Michel : 71.
CHURCHILL, Sir Winston Leonard Spencer : 486, 532 n. 7.
CICÉRON : 267.
CLARENCE-SMITH, Gervase : 265-266, 529 n. 18, 530 n. 9.
CLEMENCEAU, Georges : 411-412, 530 n. 9.
CLIVE, Robert : 209.
COBDEN, Richard : 71, 145, 253, 381, 530 n. 3.
COLBERT, Jean-Baptiste : 34.
COLLINGHAM, Elizabeth M. : 523 n. 9.

Colomb, Christophe : 25-26, 30-32, 36, 40, 125.
Conrad, Joseph : 37, 135, 137, 140, 245.
Cook, James : 229, 231.
Coquery-Vidrovitch, Catherine : 524 n. 19, n. 21, 525 n. 30, 528 n. 1, 532 n. 6.
Cornwallis, Charles Mann, Lord Brome, marquis de : 209-210, 213.
Couperus, Louis : 136-137.
Courcel, baron Alphonse Chodron de : 325.
Courtois, Dr. : 63, 523 n. 8.
Crewe, Robert Crewe-Milnes, 1er marquis de : 60.
Crewford, John : 243, 528 n. 4.
Crispi, Francesco : 270, 354.
Cromer, Evelyn Baring, 1er comte : 101-102, 124, 289-292, 349-350, 524 n. 25.
Crowder, Michael : 527 n. 9.
Currie, James : 124, 526 n. 45.
Curtin, Philip D. : 524 n. 13.
Curzon of Kedleston, George Nathaniel, 1er marquis : 396-400.

Daalen, Gotfried Coenraad Ernst van : 444.
Daendels, Herman Willem : 196.
Dalhousie, James Andrew Ramsay, marquis de : 214-215.
Darwin, Charles : 154, 243-244, 528 n. 6.
Das Gupta, Ashin : 194, 527 n. 12.
Daudet, Alphonse : 138-139, 526 n. 50.
Davis, Lance E. : 498, 532 n. 3.
Delacroix, Eugène : 134.
Delcassé, Théophile : 356, 423.
Derksen, Johannes Bernardus Dirk : 497.
Deschamps, Hubert : 524 n. 22.
Deventer, Conrad Theodor van : 454-455.
Devonshire, William Cavendish, duc de : 241.
Diagne, Blaise : 483.
Dickens, Charles : 154.
Diderot, Denis : 144.
Dilke, Sir Charles Wentworth : 252, 382, 530 n. 5.
Dingane Kasenzangakhona : 188.
Dipo Negoro : 199.
Disraeli, Benjamin : 134, 205, 243, 359, 373, 380, 385-386, 528 n. 5, 530 n. 2.

Index des noms 537

DOEL, Hubrecht Wim van den : 18, 526 n. 44.
DOLK, Lisbeth : 531 n. 19.
DONG-KHAN : 414-415, 419.
DOSTOÏEVSKI, Fedor Mikhaïlovitch : 276.
DOUARRE, Guillaume : 232-233.
DOUDART DE LAGRÉE, Ernest : 220-221.
DOUMER, Paul : 423-424, 427.
DOYLE, Sir Arthur Conan : 244-245.
DUFFERIN ET AVA, Frederick Hamilton-Temple-Blackwood, 1ᵉʳ marquis de : 396.
DUIGNAN, Peter : 529 n. 17, 530 n. 8.
DUMAS, Alexandre Dumas Davy de La Pailleterie, dit Alexandre : 137.
DUPLEIX, Joseph François : 209.
DUPRÉ, Marie Jules : 409.
DUPUIS, Jean : 409.

EECKHOUT, Gerbrand van den : 133.
EL-HADJ OMAR TALL : 184-185, 304.
EMERSON, Rupert : 273, 529 n. 22.
EMIN PACHA, Eduard Schnitzer, dit Mohammed : 117.
EMMER, Pieter C. : 18, 523 n. 4, 527 n. 8.
ESTOURNELLES, Paul Balluet, baron de Constant de Rebecque d' : 246, 528 n. 9.
ÉTIENNE, Eugène Napoléon : 258-259, 528 n. 14.

FABER, Richard : 528 n. 5.
FABRI, Friedrich : 260.
FAGE, John D. : 525 n. 33, 526 n. 50, 528 n. 6.
FAIDHERBE, Louis-Léon (fils de Louis Léon César) : 59.
FAIDHERBE, Louis Léon César : 56, 59, 83-84, 185, 304.
FARWELL, Byron : 532 n. 8.
FASSEUR, Cornelius : 524 n. 23.
FEBVRIER-DESPOINTES, Auguste : 233.
FENNEMA, Meindert : 532 n. 2.
FERRY, Jules François Camille : 256-258, 285-286, 374, 410-412, 416, 426, 530 n. 7 et 8.
FINSCH, Friedrich Hermann Otto : 460.
FISHER, Andrew : 480.
FISHER, John Arbuthnot, Lord : 189, 527 n. 11.
FORSTER, Edward Morgan : 135.

FOUCAULD, Charles-Eugène, vicomte de : 139.
FRANK, Andre Gunder : 527 n. 12.
FRANSEN VAN DE PUTTE, Isaäc Dignus : 114, 205.
FREDERICKS, Joseph : 365.
FRÉDÉRIC-GUILLAUME, dit le Grand Électeur : 34.
FREYCINET, Charles Louis de Saulces de : 74, 242, 421.
FROUDE, James Anthony : 252.
FRUIN, Robert Jacobus : 453.
FURNIVALL, John Sydenham : 452-453.

GAILLARD, Jean-Michel : 530 n. 7, n. 9.
GALLAGHER, John : 250-251, 254-255.
GALLIENI, Gaétan : 417.
GALLIENI, Joseph Simon : 61, 87-88, 93, 304, 345-346, 417-418, 524 n. 16 et 17.
GAMA, Vasco de : 25-27, 29, 31, 125, 208.
GAMBETTA, Léon : 95, 256-258, 285-286, 288, 420, 529 n. 1.
GANDHI, Mohandas Karamchand, dit le Mahatma : 65.
GANIAGE, Jean : 529 n. 2, 530 n. 8, n. 10, 531 n. 13 et 14, n. 16.
GANN, Louis H. : 529 n. 17, 530 n. 8.
GARNIER, Marie Joseph François, dit Francis : 115, 220-221, 409.
GAUGUIN, Paul : 133.
GAUTIER, Théophile : 138, 526 n. 49.
GEERTZ, Clifford : 204.
GENGIS KHAN : 207.
GEOFFROY SAINT-HILAIRE, Étienne : 244.
GEORGE V : 386, 400.
GÉRARD-LIBOIS, Jules : 522 n. 3 et 4.
GEYL, Pieter : 9, 522 n. 1.
GIDE, Charles : 145.
GIFFORD, Prosser : 526 n. 45.
GIRAULT, Arthur : 91, 524 n. 19.
GLADSTONE, William Ewart : 253, 359, 395, 399, 403.
GOKHALE, Gopal Krishna : 395, 399.
GOLDIE, George Dashwood Goldie-Taubman, dit George : 282, 303, 317-318.
GOOR, Jurrien van : 531 n. 22.
GORDON, Charles (dit Gordon Pacha) : 223, 350.
GORST, Sir John Eldon : 292.
GRANVILLE, George Levenson-Gower, 2ᵉ comte : 366.
GROENEBOER, Kees : 523 n. 10.

GROOT, Silvia de : 531 n. 4.
GUANGXU : 414-415.
GUILLAUME Ier (roi de Prusse) : 235.
GUILLAUME Ier D'ORANGE-NASSAU : 157, 201.
GUILLAUME II (empereur d'Allemagne) : 237, 246, 263, 528 n. 10.
GUILLAUME II D'ORANGE-NASSAU : 204.
GUILLAUME III D'ORANGE-NASSAU : 214.

HAGENBECK, Karl : 244.
HAGGARD, H. Rider : 134.
HAÏLÉ SÉLASSIÉ Ier : 354.
HAMMOND, Richard J. : 265.
HANOTAUX, Gabriel : 9-10, 86, 522 n. 2, 524 n. 15.
HANSEMANN, Adolph von : 459-460.
HARMAND, Jules : 92, 245, 415, 422, 528 n. 7.
HAUSSMANN, Georges Eugène, baron : 56, 386.
HEGEL, Georg Wilhelm Friedrich : 111, 525 n. 31.
HEIJDEN, Karel van der : 439.
HÉMERY, Daniel : 528 n. 8, 531 n. 15.
HERBINGER, Paul Gustave : 411.
HERTZOG, James Barry Munnik : 364.
HEUTSZ, Joannes Benedictus van : 11-12, 134, 440-443, 531 n. 21.
HEYN, Piet : 32-33.
HILFERDING, Rudolf : 248.
HÒANG CAO KHẢI : 245, 528 n. 8.
HOBSON, John Atkinson : 242, 247-249, 251, 253, 278, 498, 528 n. 11 et 12.
HOLSTEIN, Friedrich von : 263.
HONG XIUQUAN (ou Hong Sieou-ts'iuan) : 223.
HONGZHI (Zhu Youtang) : 29-30.
HOPKINS, Anthony G. : 253, 524 n. 24, 528 n. 13.
HOUBEN, Vincent : 524 n. 23, 528 n. 3, 531 n. 20, n. 24.
HOUTMAN, Frederick de : 33.
HÜBBE-SCHLEIDEN, Wilhelm : 260.
HUGO, Victor : 138, 242, 281, 528 n. 1.
HUNT, James : 244-245.
HUSSEIN (sultan de Johor) : 197.
HUSSEIN IBN ALI (chérif de La Mecque) : 486.
HUTTENBACK, Robert A. : 498, 532 n. 3.
HYAM, Ronald : 523 n. 7, 530 n. 1, n. 3 à 5.

ILBERT, Sir Courtenay : 396.
ILIFFE, John : 527 n. 4.
INGRES, Jean Auguste Dominique : 134.
ISMAÏL PACHA : 286-288.

JAMES, Lawrence : 527 n. 11, 531 n. 1.
JAURÉGUIBERRY, Jean-Bernard : 105-106.
JEFFERSON, Thomas : 41, 180.
JESHURUN, Chandran : 530 n. 11.
JIAQING : 217.
JOHANNÈS : 353.
JOHNSON, Samuel : 64.
JOHNSTON, Sir Harry : 338-340.
JONES, Sir William : 111.
JOWETT, Benjamin : 397.
JUNGHUHN, Franz Wilhelm : 110.

KABAKA, Daudi Ghwa II, dit le : 340.
KEMBALL, George Vero : 83.
KEYNES, John Maynard : 108.
KEYSER, Pieter Dirkszoon : 33.
KIERNAN, Victor G. : 523 n. 3.
KIMBERLEY, John Wodehouse, 1ᵉʳ comte de : 406-407.
KINGSLEY, Charles : 134.
KIPLING, Rudyard : 135, 137, 252.
KITCHENER, Horatio Herbert : 292, 347-348, 398.
KLOBUKOWSKY, Antony Wladislas : 420.
KOENIG, Johan Gerhard : 110.
KOUAKOU DOUA Iᵉʳ (Asantehene) : 183.
KRUGER, Paul : 359-361.
KUITENBROUWER, Maarten : 529 n. 20, 531 n. 23.
KUSSEROW, Heinrich von : 96.
KUYPER, Abraham : 58, 270, 453-454, 523 n. 2, 529 n. 20.

LAMARTINE, Alphonse de : 173.
LANESSAN, Jean Marie Antoine de, dit Jean-Louis de : 415, 421-423.
LANSDOWNE, Henry Charles Keith Petty-Fitzmaurice, 5ᵉ marquis de : 471.
LA PÉROUSE, Jean-François de Galaup, comte de : 231.

Index des noms

LAVIGERIE, Charles Martial : 128, 526 n. 46.
LAWRENCE, Thomas Edward, dit T. E. (dit également Lawrence d'Arabie) : 479.
LÊ LOI : 217.
LEMAÎTRE, Jules : 469.
LÉNINE, Vladimir Ilitch Oulianov, dit : 248-249, 485, 498.
LÉOPOLD II de Belgique : 10-12, 15, 86, 96, 103, 108, 117, 260, 263-265, 322-328, 369, 496.
LEROY-BEAULIEU, Paul : 246, 256-257.
LESSEPS, Ferdinand Marie, vicomte de : 286.
LETTOW-VORBECK, Paul von : 476-477.
LEYDEN, John : 215.
LIST, Friedrich : 70.
LIVINGSTONE, David : 116-117, 129, 131.
LLOYD GEORGE, David : 388, 397-398.
LOGAN, James Richardson : 192.
LOOY, Jacobus van : 133-134.
LOTI, Julien Viaud, dit Pierre : 138.
LOUIS XV : 149.
LOUIS XVIII : 169.
LOUIS-PHILIPPE Iᵉʳ : 170.
LOUIS, William Roger : 524 n. 14, 526 n. 45.
LÜDERITZ, Frans Adolf Eduard : 365.
LUGARD, Frederick D. : 102, 124, 318-319, 525 n. 26.
LUMUMBA, Patrice : 10-11, 522 n. 4 et 5.
LUTYENS, Sir Edwin Landseer : 386.
LUXEMBURG, Rosa : 248.
LYAUTEY, Louis Hubert Gonzalve : 61, 87-88, 91, 299-300, 346, 417-418, 481-482, 524 n. 20, 531 n. 2.
LYTTON, Edward George Bulwer Lytton, 1ᵉʳ baron : 402.

MACAULAY, Thomas Babington : 120, 525 n. 41.
MACCARTHY, Sir Charles : 182-183.
MACKINNON, Sir William : 332.
MACLEAN, George : 183.
MAC-MAHON, Edme Patrice Maurice, comte de : 113, 525 n. 37.
MAC-MAHON, Henry : 486.
MAHERERO, Samuel : 367.
MAKOKO, Iloo Iᵉʳ, dit le : 322-323.
MALTE-BRUN, Malte Conrad Bruun, dit Konrad : 215.
MANGIN, Charles : 481-482.

MARCHAND, Jean-Baptiste : 348.
MARITZ, S. G., dit Manie : 475.
MARSEILLE, Jacques : 498-499, 523 n. 8, 532 n. 4.
MARSHALL, Peter James : 523 n. 4.
MARTI, José : 267-268.
MARTIN, Jean : 530 n. 12.
MARX, Karl : 65, 111, 248, 255, 274, 525 n. 32.
MATISSE, Henri : 134.
MEIJI TENNO (Mutsuhito) : 227, 463, 467.
MÉNÉLIK II : 352-355.
MEYER, Charles : 523 n. 8.
MEYER, Jean : 526 n. 49, 529 n. 3, 531 n. 17.
MEYNIER, Gilbert : 524 n. 19, 528 n. 1, 532 n. 6.
MICHEL, Louise : 458.
MICHEL, Marc : 524 n. 16, 531 n. 3, 532 n. 5.
MILL, James : 120,
MILL, John Stuart : 145, 154, 247.
MILNER, Alfred : 360-363.
MINTO, Gilbert John Elliot-Murray-Kynynmound, 4ᵉ comte de :
  399.
MINUTELLI, Federico : 356.
MOHAMMED ABDULLAH HASSAN : 355.
MOHAMMED-ALI : 165-166, 171, 284, 473.
MOHAMMED DAUD SHAH : 432-433.
MONROE, James : 42, 180.
MONTAIGNAC, Louis de : 117.
MONTESQUIEU, Charles de Secondat, baron de la Brède et de :
  111.
MOREL, Edmund Dene : 327.
MORLEY, John : 399.
MÖRNER, Magnus : 523 n. 4.
MORTON, Samuel George : 244.
MOSHOESHOE : 188.
MOURAVIEV-AMOURSKI, Nikolaï : 275.
MOULAY ABD AL-HAFID : 294-296.
MOULAY YOUSSEF BEN HASSAN : 296.
MULTATULI, Eduard Douwes Dekker, dit : 136, 140, 526 n. 48.

NACHTIGAL, Gustav : 312-313.
NAMPOINA : voir ANDRIANAMPOINIMERINA.
NAPOLÉON Iᵉʳ : 41, 115, 141-142, 147-148, 151-152, 155, 169,

171, 173-174, 187, 196, 211, 214, 266, 283-284, 343, 374, 386, 435, 527 n. 7.
NAPOLÉON III : 71, 127, 172-173, 219, 233, 235, 247, 286, 407.
NASSAU-SIEGEN, Johan Maurits van : 133.
NAUMANN, Friedrich : 242.
NÉRON : 173.
NGUYEN ANH : 218.
NIENHUYS, Jacobus : 449.
NORODOM : 220, 408.
NORTHBROOK, Thomas George Baring, 2ᵉ baron : 289.

OLIVER, Roland : 525 n. 33, 526 n. 50, 528 n. 6.
ORWELL, Eric Arthur Blair, dit George : 62, 405.
OSMAN Iᵉʳ Gazi : 27.

PALMERSTON, Henry Temple, 3ᵉ vicomte : 58, 182, 523 n. 3.
PANIKKAR, Kavalam Madhava : 27, 522 n. 1.
PARK, Mungo : 115.
PARRY, Elizabeth : 116.
PEEL, Sir Robert : 214.
PENNEQUIN, Théophile : 87.
PERRY, Matthew Calbraith : 219, 226.
PHAN BOI CHAU : 431.
PICASSO, Pablo : 134.
PICOT, Georges : 486.
PIE IX (saint) : 232-233.
PITT (dit Pitt le Jeune), William, 1ᵉʳ comte de Chatam : 209-211, 527 n. 16.
PLACE, James : 525 n. 35.
POLIAKOV, Léon : 525 n. 34.
POLIGNAC, Jules Auguste Armand Marie de : 169.
POLO, Marco : 193-194.
PONTY, William : 61.
PORTER, Andrew : 532 n. 3.
PORTER, Bernard : 530 n. 2.
POST, Frans : 133.
PREMPEH Iᵉʳ (Asantehene) : 184.
PRIESTLY, Herbert Ingram : 527 n. 7.
PSICHARI, Ernest : 139.
PSICHARI, Jean : 139.

QUINN, Frederick : 523 n. 6, 524 n. 20.

RADAMA Ier : 342.
RAFFLES, Sir Thomas Stamford Bingley : 197, 434.
RAINILAIARIVONY : 343.
RAMA IV (Mongkut) : 220, 408.
RAMSAY, James Andrew : voir DALHOUSIE, James Andrew Ramsay, marquis de.
RANAVALONA Ire : 343.
RANJIT SINGH : 213.
RAS MAKONNEN WOLDE MIKAÉL : 354.
READE, Winwood : 134.
REEDE TOT DRAAKESTEIN, Henric Adrien van : 109-110.
RENAN, Ernest : 139, 242, 245, 528 n. 2.
RENOUVIN, Pierre : 529 n. 6.
REY-GOLDZEIGUER, Annie : 526 n. 49, 529 n. 3, 531 n. 17.
RHODES, Cecil John : 235, 241-242, 252, 282, 360, 369.
RICARDO, David : 70.
RICHARDS, Charles : 525 n. 35.
RIEBEECK, Jan van : 112, 186, 525 n. 33.
RIJCKMANS, Pierre : 76.
RIMBAUD, Arthur : 85.
RIPON, George Frederick Samuel Robinson, 1er marquis de : 395-396.
ROBESPIERRE, Maximilien Marie Isidore de : 144.
ROBINSON, Ronald : 250-251, 254-255.
ROCHEFORT, Henri, marquis de Rochefort-Luçay, dit Henri : 458.
ROCHUSSEN, Jan Jacob : 205.
ROSEBERY, Archibald Philip Primrose, 5e comte de : 241, 253, 413-414, 530 n. 11.
ROSS, Robert : 18, 525 n. 34.
ROUME, Ernest Nestor : 308-309.
ROUSSEAU, Jean-Jacques : 144, 526 n. 2.
ROUSSEL DE COURCY, Philippe Marie André : 414.
ROWLANDS, John : voir STANLEY, Henry Morton.
ROY, Râm Mohan : 120.
RUMPHIUS, Georg Everhard : 109.
RUSKIN, John : 154.

SAID, Edward : 524 n. 14, 528 n. 7.
SAID BIN SULTAN AL-BUSAID : 331.

Index des noms

SAINT-HILAIRE, Étienne Geoffroy : voir GEOFFROY SAINT-HILAIRE, Étienne.
SALISBURY, Robert Arthur Talbot Gascoyne Cecil, 3ᵉ marquis de : 118, 243, 347-348, 396, 414, 466, 525 n. 39.
SAMORI TOURÉ : 76, 304-307.
SARRAUT, Albert Pierre : 432.
SAY, Jean-Baptiste : 145.
SEELEY, Sir John Robert : 252, 491.
SELIM Iᵉʳ : 28.
SETON-WATSON, Hugh : 272-273, 529 n. 21.
SEYMOUR, Frederick Beauchamp Paget : 288.
SHAKA : 188.
SIEBERG, Herward : 528 n. 14.
SINHA, Satyendra Prasanno Sinha, 1ᵉʳ baron : 400.
SLATIN, Rudolf von : 350.
SMITH, Adam : 25, 70, 144, 187, 196, 527 n. 10, n. 13.
SMITH, Denis Mark : 529 n. 5.
SMITH, Woodruff D. : 529 n. 4, 530 n. 7.
SMUTS, Jan Chirstiaan : 364, 475.
SNEEVLIET, Hendricus Josephus Franciscus Marie, dit Henk : 456.
SNOUCK HURGRONJE, Christiaan : 192-193, 441-443, 531 n. 20.
SODEN, Julius von : 335.
SOLIMAN II le Magnifique : 28.
SPEAR, Percival : 525 n. 40, 526 n. 42.
SPEKE, John Hanning : 116.
SPENCER, Herbert : 154, 243, 247.
STANLEY, John Rowlands, dit Henry Morton : 116-117, 322-323.
STENGERS, Jean : 496, 532 n. 1.
STOLER, Ann : 523 n. 5.
SYKES, Sir Mark : 486.

TAGORE, Satyendranath N. : 387.
TAMERLAN : 207.
TARRADE, Jean : 526 n. 49, 529 n. 3, 531 n. 17.
TATA, Jamshed Nassarwan : 391.
TAWFIQ (Muhammad Tawfik) : 287-288.
TAYLOR, Alan J. P. : 261-262.
TCHENG HO (ou Zheng He) : 29.
TENNYSON, Alfred, Lord : 154.
TEUKU UMAR : 440.

THAN THAI : 424-425.
THARRAWADDY MIN : 404.
THOBIE, Jacques : 524 n. 19, 526 n. 49, 528 n. 1, 529 n. 3, 531 n. 17, 532 n. 6.
TIBÈRE : 173.
TILAK, Bal Gangadhar : 395.
TINBERGEN, Jan : 497.
TIRPITZ, Alfred von : 465.
TOCQUEVILLE, Charles Alexis Clérel de : 121-122, 173, 526 n. 43.
TOKUGAWA, dynastie : 225-226.
TOMLINSON, Brian R. : 527 n. 16.
TON THAT THUYET : 414.
TORR, Dora : 525 n. 32.
TOUSSAINT-LOUVERTURE, François Dominique Toussaint, dit : 155.
TOWNSEND, Mary Evelyn : 529 n. 16.
TOYNBEE, Arnold : 64.
TREUB, Melchior : 110.
TREVELYAN, Sir Charles : 120.
TROTHA, Adrian Dietrich Lothar von : 367, 530 n. 8.
TU DUC : 220-221, 407, 415.

VERHAEGEN, Benoît : 522 n. 3 et 4.
VERNE, Jules : 137.
VETH, Pieter Johannes : 114.
VICTORIA : 117, 205, 381, 383-386, 413, 525 n. 38, 530 n. 10.
VIGNÉ D'OCTON, Paul : 63, 140, 523 n. 8, 526 n. 51.
VOGELSANG, Heinrich : 365.
VOGÜÉ, Eugène Melchior, vicomte de : 482.
VOLLENHOVEN, Cornelis van : 107, 192-193.
VOLLENHOVEN, Joost van : 92-93, 482-483, 524 n. 21, 531 n. 4.
VOLTAIRE, François Marie Arouet, dit : 111-112.

WAKEFIELD, Edward Gibbon : 231.
WALLACE, Alfred Russell : 115.
WASHINGTON, George : 41, 275.
WATT, James : 40.
WEBER, Max : 242.
WEHLER, Hans-Ulrich : 262.
WESSELING, Henri : 522 n. 2, 523 n. 12, 524 n. 15, n. 17, 525 n. 27, n. 38 et 39.

WESTENDORP BOERMA, Jacobus Johannes : 527 n. 14 et 15.
WET, Christiaan Rudolf de : 475.
WILSON, Thomas Woodrow : 488, 490.
WILSON, Henry S. : 524 n. 18.
WILTGEN, Ralph M. : 527 n. 17.
WINGATE, Sir Francis Reginald : 349-351.
WISSMANN, Hermann von : 335.
WITBOOI, Hendrik : 366.
WITTE, J. C. : 531 n. 21.
WITTE, Sergueï Ioulievitch, comte : 276.
WOLSELEY, Sir Joseph Garnet, 1er comte : 60, 183, 289, 379, 523 n. 7, 530 n. 1.

ZEGGELEN, Marie van : 63, 523 n. 10.
ZHU YUANZHANG : 28.
ZOLA, Émile : 138.

Wettstein, Bocrus, Jacobus Johannes, 527 n. 1, 541, 5
5 Witt, Christiaan Rudolf de, 475.
Wilson, Thomas Woodrow, 458, 491.
Winkox, Henry S., 524 n. 19.
Winthrop, Ralph M., 527 n. 17.
Wittert, Sir Francis Reginald, 549, 557.
Wissbaum, Hermann von, 333.
Wincoel-Endijk, 560.
Witul, J. G. 511 n. 24.
Witte, Socquet interview, comte 270.
Wolmar, L. Sir Joseph Daniel, 1er comte, 60, 183, 250, 576,
522 n. 7, 529 n. 4.

Zoogenraad, Marie van, 65, 523 n. 10.
Zuo, Tihayakumar, 24.
Zola, Émile, 133.

Préface à l'édition française   9

Cartes   19

LES EMPIRES COLONIAUX EUROPÉENS

Introduction : *L'expansion de l'Europe, 1492-1815*   25

LE COMMENCEMENT   25
LE XVIIe SIÈCLE   32
LE XVIIIe SIÈCLE   38

I. *Évolutions à long terme, 1815-1919*   45

LES HOMMES   45

Le développement de la population européenne   45
Mouvements migratoires   49
Villes coloniales   54
Sociétés coloniales   57

LES MARCHANDISES   64

La révolution industrielle   64
L'économie mondiale   69
Les infrastructures coloniales   73

LES POUVOIRS	76
Guerre et paix	76
Les armées coloniales	82
Guerre ou pacification ?	86
Collaboration et résistance	88
Administration coloniale	89
Administrations directe et indirecte	89
Les ministères	93
Organisation administrative	97
Les fonctionnaires coloniaux et leur formation	99
Forces autochtones	104
Systèmes juridiques et systèmes fiscaux	106
LES IDÉES	109
Le colonialisme et les sciences	109
Le mouvement géographique	112
Explorations	115
Orientalisme et occidentalisme	118
Enseignement	121
Œuvre missionnaire et missions	125
Santé	131
Art et littérature	133
II. *La première moitié du XIXe siècle, 1815-1870*	141
CARACTÈRE DE L'ÉPOQUE	141
Panorama de l'Europe	141
Panorama du monde colonial	145
ÉVOLUTIONS COLONIALES, 1815-1870	150
Les Caraïbes	150
La Grande-Bretagne	152
La France	155
Les Pays-Bas	156
L'Espagne	158
L'Afrique	161
L'Afrique du Nord	164

L'Afrique de l'Ouest	174
L'Afrique du Sud et l'Afrique australe	186
L'Asie	191
Les Indes néerlandaises	192
L'Inde britannique	205
L'Indochine	215
La Chine et le Japon	222
Le Pacifique	227
Les Philippines	227
L'Océanie	229

III. *L'impérialisme moderne, 1870-1914 : aspects généraux* — 235

MUTATIONS STRUCTURELLES EN EUROPE — 235

Le système européen des États — 235
L'économie mondiale — 238
Mutations sociopolitiques et culturelles — 240

L'IMPÉRIALISME MODERNE : THÉORIE — 247

Généralités — 247
Typologie des impérialismes nationaux — 249

La Grande-Bretagne	249
La France	254
L'Allemagne	260
La Belgique	263
Le Portugal	265
L'Espagne	266
L'Italie	269
Les Pays-Bas	270
La Russie	272

CONCLUSION — 276

IV. *L'impérialisme européen en Afrique* — 281

L'AFRIQUE DU NORD — 283

La Tunisie — 284
L'Égypte — 286

552   *Les empires coloniaux européens*

    Le Maroc — 292
    Le Maghreb jusqu'en 1914 — 296
  L'AFRIQUE DE L'OUEST — 302
    Les royaumes islamiques — 303
    L'Afrique-Occidentale française (A-OF) — 308
    L'Afrique-Occidentale allemande : le Togo et le Cameroun — 312
    L'Afrique-Occidentale britannique — 316
  L'AFRIQUE CENTRALE — 320
    L'État indépendant du Congo et le Congo belge — 322
    L'Afrique-Équatoriale française (A-EF) — 329
  L'AFRIQUE ORIENTALE — 331
    L'Afrique-Orientale allemande — 332
    L'Afrique-Orientale britannique — 337
    Madagascar — 341
  LE NIL ET L'AFRIQUE DU NORD-EST — 347
    Le Nil — 347
    Le Soudan anglo-égyptien — 349
    L'Afrique du Nord-Est : Angleterre, Italie et Éthiopie — 351
    La Libye — 355
  L'AFRIQUE AUSTRALE — 358
    L'Afrique du Sud — 358
    Le Sud-Ouest africain allemand — 364
    Les colonies portugaises : l'Angola et le Mozambique — 368

V. L'impérialisme moderne en Asie et dans le Pacifique — 373

  L'INDE BRITANNIQUE — 374
    Soumission : la «Révolte des Cipayes» et ses répercussions — 375
    Administration — 383
    Développements économiques — 388
    Nationalisme et administration — 393

L'Inde britannique et le monde	400
L'Afghanistan	401
La Birmanie	403
La Malaisie	405
L'INDOCHINE	407
L'expansion	407
Assujettissement	414
Administration et gestion	418
Développement	425
Nationalisme et résistance	429
LES INDES NÉERLANDAISES	432
Achèvement territorial	433
Assujettissement	438
Administration et gestion	445
Développement	447
« Politique éthique » et nationalisme	451
LE PACIFIQUE	456
Les Philippines	457
La Nouvelle-Calédonie	459
L'Allemagne dans le Pacifique	462
L'ASIE ORIENTALE : LE JAPON ET LA CHINE	463
VI. *La Première Guerre mondiale et les colonies*	469
L'IMPÉRIALISME ET LA GENÈSE DE LA PREMIÈRE GUERRE MONDIALE	469
LES THÉÂTRES DE LA GUERRE	474
LES MOYENS DE LA GUERRE : LES TROUPES COLONIALES	479
LES BUTS DE GUERRE ET LES RÈGLEMENTS DE PAIX	485
Conclusion	491
DÉVELOPPEMENT ET SOUS-DÉVELOPPEMENT	493

PERTES ET PROFITS 496
CONTINUITÉ ET CHANGEMENT 500

APPENDICES

Tableau synchronique, 1815-1919 507
Bibliographie 511
  Généralités 511
  Afrique 515
  Asie 518
  Autres pays 520
Notes 522
Index des noms 533

DANS LA COLLECTION FOLIO / HISTOIRE

HISTOIRE DE FRANCE

Maurice Agulhon : *Les Quarante-huitards*, n° 42.
Bronislaw Baczko : *Politiques de la Révolution française*, n° 162.
Jean-Pierre Bat : *Le syndrome Foccart (La politique française en Afrique, de 1959 à nos jours)*, n° 202.
Yves-Marie Bercé : *Croquants et nu-pieds (Les soulèvements paysans en France du XVe au XIXe siècle)*, n° 34.
Marc Bloch : *L'étrange défaite (Témoignage écrit en 1940)*, n° 27.
Léon Blum : *Souvenirs sur l'Affaire*, n° 51.
Michel Borwicz : *Écrits des condamnés à mort sous l'occupation nazie (1939-1945)* précédé de *Ma pendaison*, n° 75.
Pierre Bouretz : *La République et l'universel*, n° 119.
Jean-Denis Bredin : *Joseph Caillaux*, n° 2.
José Cabanis : *Le Sacre de Napoléon (2 décembre 1804)*, n° 59.
Michel de Certeau : *La possession de Loudun*, n° 139.
Michel de Certeau, Dominique Julia, Jacques Revel : *Une politique de la langue (La Révolution française et les patois : l'enquête de Grégoire)*, n° 117.
Christian Chevandier, *Policiers dans la ville (Une histoire des gardiens de la paix)*, n° 198.
Dominique Colas : *Citoyenneté et nationalité*, n° 130.
Collectif : *Les droites françaises (De la Révolution à nos jours)*, n° 63.
Le Débat : *Les idées en France, 1945-1988 (Une chronologie)*, n° 25.
Le Débat : *1789. La Commémoration*, n° 91.
Daniel Cordier : *Jean Moulin (La République des catacombes) I*, n° 184.
Daniel Cordier : *Jean Moulin (La République des catacombes) II*, n° 185.
Jean-Louis Crémieux-Brilhac : *La France Libre (De l'appel du 18 Juin à la Libération) I*, n° 105.
Jean-Louis Crémieux-Brilhac : *La France Libre (De l'appel du 18 Juin à la Libération) II*, n° 106.
Annie Crépin : *Histoire de la conscription*, n° 169.
Francis Démier : *La France de la Restauration 1814-1830 (L'impossible retour du passé)*, n° 191.
Marcel Detienne : *L'identité nationale, une énigme*, n° 177.

Alain Dewerpe: *Charonne 8 février 1962 (Anthropologie historique d'un massacre d'État)*, n° 141.

Jean-Philippe Domecq: *Robespierre, derniers temps*, n° 186.

Jean-Marie Donegani, Marc Sadoun: *La Ve République (Naissance et mort)*, n° 95.

Georges Duby: *L'an Mil*, n° 82.

Georges Duby: *Dames du XIIe siècle I, Héloïse, Aliénor, Iseut et quelques autres*, n° 84.

Georges Duby: Dames du XIIe siècle II, Le souvenir des aïeules, n° 89.

Georges Duby: Dames du XIIe siècle III, Ève et les Prêtres, n° 96.

Georges Duby: *Le dimanche de Bouvines (27 juillet 1214)*, n° 1.

Georges Duby, Andrée Duby: *Les procès de Jeanne d'Arc*, n° 69.

Claude Dulong: *Anne d'Autriche, mère de Louis XIV*, n° 8.

Alphonse Dupront: *Qu'est-ce que les Lumières?*, n° 76.

Roger Dupuy: *La Garde nationale (1789-1872)*, n° 181.

Philippe Erlanger: *Henri III*, n° 21.

Arlette Farge: *Vivre dans la rue à Paris au XVIIIe siècle*, n° 43.

Lucien Febvre: *Amour sacré, amour profane (Autour de L'«Heptaméron»)*, n° 74.

Hector Feliciano: *Le musée disparu (Enquête sur le pillage d'œuvres d'art en France par les nazis)*, n° 197.

Jean-Louis Flandrin: *Les amours paysannes (XVIe-XIXe siècle)* n° 53.

Robert Folz: *Le couronnement impérial de Charlemagne (25 décembre 800)*, n° 26.

Michel Foucault: *Moi, Pierre Rivière, ayant égorgé ma mère, ma sœur et mon frère... (Un cas de parricide au XXe siècle)*, n° 57.

Geneviève Fraisse: *Muse de la Raison (Démocratie et exclusion des femmes en France)*, n° 68.

Marc Fumaroli: *Trois institutions littéraires (La Coupole, la conversation, «le génie de la langue française»)*, n° 62.

François Furet: *Penser la Révolution française*, n° 3.

François Furet: *La Révolution en débat*, n° 92.

Benoît Garnot: *Histoire de la justice (France, XVIe-XXIe siècle)*, n° 173.

Robert Gauthier: *«Dreyfusards!» (Souvenirs de Mathieu Dreyfus et autres inédits)*, n° 140.

Gérard Gayot: *La franc-maçonnerie française*, n° 37.

Jean Giono: *Le désastre de Pavie (24 février 1525)*, n° 204.

Jacques Godechot: *La prise de la Bastille (14 juillet 1789)*, n° 24.

Grégoire de Tours: *L'Histoire des rois francs*, n° 187.

Philippe Joutard: *Les Camisards*, n° 60.

Emmanuel Le Roy Ladurie : *Le carnaval de Romans de la chandeleur au mercredi des cendres 1579-1580*, n° 10.

Emmanuel Le Roy Ladurie : *Montaillou, village occitan de 1294 à 1324*, n° 9.

André Loez : *14-18. Les refus de la guerre (Une histoire des mutins)*, n° 174.

Jean Maitron : *Ravachol et les anarchistes*, n° 41.

Manufacture des pneumatiques Michelin : *Les lieux de l'histoire de France (De la Préhistoire à 1945)*, n° 189.

Karl Marx : *Les Luttes de classes en France* suivi de *La Constitution de la République française adoptée le 4 novembre 1848*, suivi de *Le 18 Brumaire de Louis Bonaparte* et de *« Karl Marx devant le bonapartisme »* par Maximilien Rubel, n° 108.

Jules Michelet : *Histoire de la Révolution française I vol. 1*, n° 151.

Jules Michelet : *Histoire de la Révolution française I vol. 2*, n° 152.

Jules Michelet : *Histoire de la Révolution française II vol. 1*, n° 153.

Jules Michelet : *Histoire de la Révolution française II vol. 2*, n° 154.

Gérard Monnier : *L'art et ses institutions en France (De la Révolution à nos jours)*, n° 66.

Paul Morand : *Fouquet ou le soleil offusqué*, n° 7.

Roland Mousnier : *L'assassinat d'Henri IV (14 mai 1610)*, n° 45.

Robert Muchembled : *La sorcière au village (XVe-XVIIIe siècle)*, n° 36.

Jean Nicolas : *La rébellion française (Mouvements populaires et conscience sociale 1661-1789)*, n° 165.

Gérard Noiriel : *État, nation et immigration (Vers une histoire du pouvoir)*, n° 137.

Zoé Oldenbourg : *Le bûcher de Montségur (16 mars 1244)*, n° 23.

Pascal Ory : *La France allemande (1933-1945)*, n° 67.

Jacques Ozouf : *Nous les maîtres d'école (Autobiographies d'instituteurs de la Belle Époque)*, n° 50.

Mona Ozouf : *La Fête révolutionnaire (1789-1799)*, n° 22.

Mona Ozouf : *Varennes (La mort de la royauté, 21 juin 1791)*, n° 193.

Pierre Rosanvallon : *La démocratie inachevée (Histoire de la souveraineté du peuple en France)*, n° 126.

Pierre Rosanvallon : *Le peuple introuvable (Histoire de la représentation démocratique en France)*, n° 118.

Pierre Rosanvallon : *Le sacre du citoyen (Histoire du suffrage universel en France)*, n° 100.

Henry Rousso : *Vichy (L'événement, la mémoire, l'histoire)*, n° 102.

Antoine-Louis de Saint-Just : *Œuvres complètes*, n° 131.

Jean-François Sirinelli : *Intellectuels et passions françaises. (Manifestes et pétitions au XXe siècle)*, n° 72.

Zeev Sternhell : *La droite révolutionnaire (1885-1914. Les origines françaises du fascisme)*, n° 85.

Zeev Sternhell : *Ni droite ni gauche (L'idéologie fasciste en France)*, n° 203.

Alexis de Tocqueville : *L'Ancien Régime et la Révolution*, n° 8.

Alexis de Tocqueville : *Souvenirs*, n° 94.

Michel Vovelle : *Mourir autrefois (Attitudes collectives devant la mort aux XVIIe et XVIIIe siècles)*, n° 28.

Patrick Weil : *La France et ses étrangers (L'aventure d'une politique de l'immigration de 1938 à nos jours)*, n° 135.

Patrick Weil : *Liberté, égalité, discriminations (L'« identité nationale » au regard de l'histoire)*, n° 168.

Patrick Weil : *Qu'est-ce qu'un Français ? (Histoire de la nationalité française depuis la Révolution)*, n° 134.

Michel Winock : *La République se meurt (1956-1958)*, n° 4.

ANTIQUITÉ ET MOYEN ÂGE

Jérôme Baschet : *L'iconographie médiévale*, n° 161.

Marie-Françoise Baslez : *Bible et Histoire (Judaïsme, hellénisme, christianisme)*, n° 121.

Pierre Bordeuil, Françoise Briquel-Chatonnet : *Le temps de la Bible*, n° 122.

Jean Bottéro : *Mésopotamie (L'écriture, la raison et les dieux)*, n° 81.

Jean Bottéro : *Naissance de Dieu (La Bible et l'historien)*, n° 49.

Jean Bottéro : *La plus vieille religion (En Mésopotamie)*, n° 82.

Collectif : *Aux origines du christianisme*, n° 98.

Collectif : *Corps des dieux*, n° 120.

Collectif : *Les droites françaises (De la Révolution à nos jours)*, n° 63.

Collectif : *Le monde de la Bible*, n° 88.

Collectif : *Les premiers temps de l'Église (De saint Paul à saint Augustin)*, n° 124.

Marcel Detienne : *Les dieux d'Orphée*, n° 150.

Marcel Detienne : *Les jardins d'Adonis (La mythologie des parfums et des aromates en Grèce)*, n° 149.

Hichem Djaït : *La Grande Discorde (Religion et politique dans l'Islam des origines)*, n° 164.

Israel Firkelstein, Neil Asher Silberman : *La Bible dévoilée (Les nouvelles révélations de l'archéologie)*, n° 127.
Israel Finkelstein, Neil Asher Silberman : *Les rois sacrés de la Bible (À la recherche de David et Salomon)*, n° 159.
Véronique Grandpierre : *Histoire de la Mésopotamie*, n° 175.
Véronique Grandpierre : *Sexe et amour de Sumer à Babylone*, n° 195.
Élisabeth Laffont : *Les livres de sagesses des pharaons*, n° 87.
Jacques Le Goff : *La naissance du Purgatoire*, n° 31.
Mario Liverani : *La Bible et l'invention de l'histoire (Histoire ancienne d'Israël)*, n° 178.
Arnaldo Momigliano : *Sagesses barbares (Les limites de l'hellénisation)*, n° 35.
Zoé Oldenbourg : *Les croisades*, n° 23.
Javier Teixidor : *Le judéo-christianisme*, n° 146.
Jean-Pierre Vernant : *L'individu, la mort, l'amour*, n° 73.

MONDE MODERNE ET CONTEMPORAIN

Taner Akçam : *Un acte honteux (Le génocide arménien et la question de la responsabilité de la Turquie)*, n° 201.
Anne Applebaum : *Goulag (Une histoire)*, n° 160.
Hannah Arendt : *Eichmann à Jérusalem*, n° 32.
Maia Ashéri, Zeev Sternhell, Mario Sznajder : *Naissance de l'idéologie fasciste*, n° 58.
Stéphane Audouin-Rouzeau, Annette Becker : *14-18, Retrouver la guerre*, n° 125.
Jean Baechler : *Le capitalisme I. Les origines*, n° 64.
Jean Baechler : *Le capitalisme II. L'économie capitaliste*, n° 65.
Paul Bairoch : *Victoires et déboires (Histoire économique et sociale du monde du XVIᵉ siècle à nos jours) I*, n° 78.
Paul Bairoch : *Victoires et déboires (Histoire économique et sociale du monde du XVIᵉ siècle à nos jours) II*, n° 79.
Paul Bairoch : *Victoires et déboires (Histoire économique et sociale du monde du XVIᵉ siècle à nos jours) III*, n° 80.
Lucien Bianco : *Les origines de la révolution chinoise (1915-1949)*, n° 147.
Jung Chang et Jon Halliday : *Mao (L'histoire inconnue) I*, n° 182.
Jung Chang et Jon Halliday : *Mao (L'histoire inconnue) II*, n° 183.
Norman Cohn : *Histoire d'un mythe (La « conspiration » juive et les protocoles des sages de Sion)*, n° 44.

Collectif : *Histoire des mœurs I vol. 1. Les coordonnées de l'homme et la culture matérielle*, n° 109.

Collectif : *Histoire des mœurs I vol. 2. Les coordonnées de l'homme et la culture matérielle*, n° 110.

Collectif : *Histoire des mœurs II vol. 1. Modes et modèles*, n° 111.

Collectif : *Histoire des mœurs II vol. 2. Modes et modèles*, n° 112.

Collectif : *Histoire des mœurs III vol. 1. Thèmes et systèmes culturels*, n° 113.

Collectif : *Histoire des mœurs III vol. 2. Thèmes et systèmes culturels*, n° 114.

Georges Corn : *Le Proche-Orient éclaté 1956-2012, I*, n° 199.

Georges Corn : *Le Proche-Orient éclaté 1956-2012, II*, n° 200.

Marc Ferro : *La Grande Guerre (1914-1918)*, n° 29.

Orlando Figes : *La révolution russe (1891-1924 : la tragédie d'un peuple) I*, n° 170.

Orlando Figes : *La révolution russe (1891-1924 : la tragédie d'un peuple) II*, n° 171.

John Kenneth Galbraith : *L'argent*, n° 61.

Emilio Gentile : *Qu'est-ce que le fascisme ? (Histoire et interprétation)*, n° 128.

Jean Heffer : *La Grande Dépression (Les États-Unis en crise 1929-1933)*, n° 33.

Raul Hilberg : *La destruction des Juifs d'Europe I*, n° 142.

Raul Hilberg : *La destruction des Juifs d'Europe II*, n° 143.

Raul Hilberg : *La destruction des Juifs d'Europe III*, n° 144.

Raul Hilberg : *Exécuteurs, victimes, témoins (La catastrophe juive 1933-1945)*, n° 133.

Éric Hobsbawn : *Nations et nationalisme depuis 1780 (Programme, mythe, réalité)*, n° 99.

Gilles Kepel : *Le Prophète et Pharaon (Les mouvements islamistes dans l'Égypte contemporaine)*, n° 194.

Ian Kershaw : *Hitler (Essai sur le charisme en politique)*, n° 104.

Ian Kershaw : *Qu'est-ce que le nazisme ? (Problèmes et perspectives d'interprétation)*, n° 83.

Bernard Lewis : *Le retour de l'Islam*, n° 54.

Henri Mendras : *Les sociétés paysannes*, n° 70.

Kazimierz Moczarski : *Entretiens avec le bourreau*, n° 192.

Zoé Oldenbourg : *Catherine de Russie*, n° 14.

Bino Olivi, Alessandro Giacone : *L'Europe difficile (Histoire politique de la construction européenne)*, n° 156.

Philippe Pelletier : *L'Extrême-Orient (L'invention d'une histoire et d'une géographie)*, n° 190.

Olivier Pétré-Grenouilleau : *Les traites négrières (Essai d'histoire globale)*, n° 148.

Léon Poliakov : *Auschwitz*, n° 145.

Michael Pollack : *Vienne 1900 (Une identité blessée)*, n° 46.

Jacques Solé : *Révolutions et révolutionnaires en Europe 1789-1918*, n° 163.

Zeev Sternhell : *Aux origines d'Israël (Entre nationalisme et socialisme)*, n° 132.

Zeev Sternhell : *Les anti-Lumières (Une tradition du XVIIIe siècle à la guerre froide)*, n° 176.

Wassyla Tamzali : *Une éducation algérienne (De la révolution à la décennie noire)*, n° 196.

Alexis de Tocqueville : *De la Démocratie en Amérique*, I,

Alexis de Tocqueville : *De la Démocratie en Amérique*, II,

Patrick Verley : *La Révolution industrielle*, n° 77.

Nathan Wachtel : *La vision des vaincus (Les Indiens du Pérou avant la Conquête espagnole 1530-1570)*, n° 47.

Henri Wesseling : *Les empires coloniaux européens 1815-1919*, n° 166.

Henri Wesseling : *Le partage de l'Afrique 1880-1914*, n° 107.

L'HISTOIRE ET SES MÉTHODES

Michel de Certeau : *L'écriture de l'histoire*, n° 115.

Michel de Certeau : *Histoire et psychanalyse entre science et fiction* précédé d'« *Un chemin non tracé* » par Luce Giard, n° 116.

Collectif : *Faire de l'histoire (Nouveaux problèmes, nouvelles approches, nouveaux objets)*, n° 188.

Collectif : *Historiographies (Concepts et débats) I*, n° 179.

Collectif : *Historiographies (Concepts et débats) II*, n° 180.

Christian Delacroix, François Dosse et Patrick Garcia : *Les courants historiques en France (XIXe-XXe siècle)*, n° 158.

Christian Delage, Vincent Guigueno, *L'historien et le film*, n° 129.

Marc Ferro : *Cinéma et Histoire*, n° 55.

Marc Ferro : *L'histoire sous surveillance (Science et conscience de l'histoire)*, n° 19.

Geneviève Fraisse : *Les femmes et leur histoire*, n° 90.

François Hartog : *Évidence de l'histoire (Ce que voient les historiens)*, n° 157.

François Hartog : *Le miroir d'Hérodote (Essai sur la représentation de l'autre)*, n° 101.
Christian Jouhaud, Dinah Ribard, Nicolas Schapira : *Histoire, Littérature, Témoignage (Écrire les malheurs du temps)*, n° 167.
Jacques Le Goff : *Histoire et mémoire*, n° 20.
Gérard Noiriel : *Sur la « crise » de l'histoire*, n° 136.
Krzysztof Pomian : *Sur l'histoire*, n° 97.
Michel Vovelle : *Idéologies et mentalités*, n° 48.

Composition Interligne.
Impression CPI Bussière
à Saint-Amand (Cher),
en décembre 2012.
Dépôt légal : décembre 2012.
1er dépôt légal dans la collection : mai 2009.
Numéro d'imprimeur : 124493/1.
ISBN 978-2-07-036450-3./Imprimé en France.